de Gruyter Studienbuch

T. Alan Hall
Phonologie

T. Alan Hall

Phonologie

Eine Einführung

Walter de Gruyter · Berlin · New York
2000

♾ Gedruckt auf säurefreiem Papier,
das die US-ANSI-Norm über Haltbarkeit erfüllt.

Die Deutsche Bibliothek — *CIP-Einheitsaufnahme*

Hall, T. Alan:
Phonologie : eine Einführung / T. Alan Hall. — Berlin ; New
York : de Gruyter, 2000
(De-Gruyter-Studienbuch)
ISBN 3-11-015641-5

Umschlaggestaltung: Hansbernd Lindemann, Berlin
Druck: Werner Hildebrand, Berlin
Buchbinderische Verarbeitung: Lüderitz & Bauer-GmbH, Berlin

Dieses Buch ist meinem Sohn Julian gewidmet

Jedes Kapitel enthält zur Vertiefung eine Reihe von Übungsaufgaben. Lösungen dazu finden sich ab S. 335, sie sind aus Platzgründen auf die mit ● markierten Aufgaben beschränkt.

Ein Thema, das in diesem Buch nicht systematisch behandelt wird, ist die Intonation. Der Grund für den Verzicht auf eine Darstellung der Intonation ist auf die Natur dieses Bereiches zurückzuführen: Die Intonation erfordert nicht nur eine solide Grundlage der Phonologie, sondern auch Kenntnisse der Semantik und Pragmatik sowie der akustischen Phonetik. In diesem Sinne hat die Intonation einen anderen Status als die anderen 'rein' phonologischen Themen, die in diesem Buch behandelt werden.

Bei der Arbeit an diesem Lehrbuch habe ich von zahlreichen Kommentaren von Freunden und Kollegen profitiert. Ich möchte mich insbesondere bei sechs Menschen bedanken, die eine erste Fassung aller elf Kapitel gelesen und ausführliche inhaltliche und stilistische Verbesserungsvorschläge gegeben haben: Silke Hamann, Ursula Kleinhenz, Ewald Lang, Tine Mooshammer, Marzena Rochoń und Sabine Zerbian. Die zweifellos verbleibenden Schwächen dieses Buches gehen natürlich ausschließlich zu meinen Lasten.

Mein Dank gilt auch den folgenden Menschen, die ausgewählte Kapitel gelesen und kommentiert haben: Ilka Dietrich, Jochen Geilfuß-Wolfgang, Antony Green, Peter Janker, Dagmar Jung, Renate Musan, Bernd Pompino-Marschall und Hubert Truckenbrodt. Ich bedanke mich auch bei Jörg Dreyer, der mir bei der Erstellung der Abbildungen in Kapitel 1 geholfen hat, und bei den Studenten meiner Seminare an der Humboldt Universität und an der Universität Leipzig für ihre kritischen Fragen und wertvollen Anregungen.

Die Abbildung 1.2 auf S. 4 wurde mit Erlaubnis des Blackwell Verlags verwendet.

T. A. Hall,
Leipzig, Mai 2000

Vorwort

Das vorliegende Lehrbuch hat sich zwei Ziele gesetzt:

(i)   die Grundlagen der Phonologie sowie die phonetischen Voraussetzungen einer phonologischen Beschreibung der Lautstruktur von Sprachen für Leser, die über keinerlei linguistische Vorkenntnisse verfügen, verständlich darzustellen;

(ii)   mehrere einflußreiche phonologische Theorien, die in den letzten 25 Jahren entstanden sind, für Einsteiger illustrativ vorzustellen.

Um dem deutschsprachigen Publikum die Phonologie näher zu bringen, werden Beispiele aus dem Deutschen bevorzugt und ausführlich dargestellt. Eine umfassende Analyse der deutschen Phonologie wird jedoch nicht angestrebt. Eine zentrale These dieses Buches ist, daß die Sprachen der Welt — trotz ihrer Unterschiede — in ihren phonologischen Systemen über zahlreiche Gemeinsamkeiten verfügen. Folglich wird zur Illustration dessen eine große Bandbreite an Sprachen behandelt (siehe dazu das Sprachenregister auf S. 351).

Das Buch richtet sich hauptsächlich an Studierende der allgemeinen und germanistischen Linguistik im Grund- und im Hauptstudium. Es ist jedoch nicht nur als Grundlage für universitäre Seminare gedacht, sondern auch für das Selbststudium von interessierten Laien oder Vertretern benachbarter Wissenschaften.

Das Buch gliedert sich in zwei Teile: Kapitel 1-5 und Kapitel 6-11. Die ersten fünf Kapitel eignen sich als generelle Einführung in die Phonologie im Grundstudium, Kapitel 6-11 hingegen stellen spezifische Theorien dar, die als Stoff für Hauptseminare geeignet sind: autosegmentale Phonologie, Merkmalsgeometrie, Silbenphonologie, metrische Phonologie, lexikalische und prosodische Phonologie und Optimalitätstheorie.

Inhaltsverzeichnis

1 Phonetische Grundlagen

1.1 Gegenstand der Phonetik

Phonetik und Phonologie (vgl. griech. *phōnē* 'Laut') sind zwei verwandte, aber doch verschiedene Zweige der Sprachwissenschaft, die als gemeinsamen Gegenstand Laute untersuchen, die in natürlichen Sprachen vorkommen. Der Mensch kann verschiedene Geräusche produzieren (z.B. Husten, Stöhnen usw.), aber Phonetik und Phonologie befassen sich nur mit **Sprachlauten**. Synonym mit Sprachlaut werden in der Linguistik oft **Segment, Phon** oder einfach **Laut** verwendet. Die Phonetik behandelt die physikalischen Aspekte von Sprachlauten. Man unterscheidet drei Bereiche der Phonetik, die sich jeweils mit verschiedenen Aspekten von Sprachlauten beschäftigen: **artikulatorische Phonetik, akustische Phonetik** und **perzeptive** (oder **auditive) Phonetik.**

Die artikulatorische Phonetik beschäftigt sich mit der Erzeugung von Sprachlauten durch die Sprechorgane. Eine Untersuchung im Rahmen der artikulatorischen Phonetik könnte z.B. die Zungenbewegungen bei der Aussprache des Lautes 's' betreffen. Eine sprachvergleichende artikulatorische Studie würde sich mit der Zungenposition von 's' — oder von einem anderen Laut — in verschiedenen Sprachen befassen. Sprachlaute sowie alle anderen Klänge und Geräusche werden im Raum durch Schallwellen, d.h. Luftdruckschwankungen, übertragen. Die akustische Phonetik befaßt sich mit den physikalischen Eigenschaften der Schallwellen, die bei der Produktion von Sprachlauten auftreten. Akustische Phonetiker führen z.B. Studien durch, die die akustischen Ähnlichkeiten von zwei artikulatorisch verschiedenen Vokalen zeigen. Die perzeptive Phonetik untersucht die Wahrnehmung von Sprachlauten. So könnte sich ein perzeptives Experiment etwa mit der Frage befassen, wie der Hörer den Unterschied zwischen den zwei Vokalen in *Bett* und *Beet* wahrnimmt.

In den folgenden Unterkapiteln wird eine kurze Einführung in die lin-
guistischen Grundlagen der artikulatorischen Phonetik gegeben. Der
Verzicht auf eine Darstellung der akustischen und der auditiven Eigenschaften von Sprachlauten soll keineswegs bedeuten, daß diese zwei
Teilgebiete der Phonetik nicht ebenso wichtig wären. Der Grund weshalb in diesem Buch die artikulatorische Phonetik im Vordergrund
steht, ist, daß artikulatorische Faktoren einen stärkeren Einfluß auf die
Theorien der Phonologie haben.
Das Kapitel ist folgendermaßen aufgebaut. Nach einem kurzen Überblick über die phonetische Umschrift in §1.2 behandeln die folgenden
Abschnitte die systematische Beschreibung der artikulatorischen Phonetik. §1.3 erläutert die Sprechorgane, die an der Artikulation von
Sprachlauten beteiligt sind. Es folgt eine Beschreibung der Artikulation von Konsonanten (§1.4), Vokalen (§1.5) und suprasegmentalen
Eigenschaften (§1.6). §1.7 gibt eine Übersicht über die Sprachlaute
des Deutschen.

1.2 Phonetische Umschrift

Die Schriftzeichen unserer Orthographie garantieren kein sicheres
Erkennen der Lautwerte. Erstens kann ein und derselbe Laut durch
verschiedene Buchstaben wiedergegeben werden, und zweitens stellt
oft ein und derselbe Buchstabe verschiedene Laute dar. So erscheint
der Laut 's' als *s* (z.B. *Smaragd*), *ß* (z.B. *groß*) oder *ss* (z.B. *essen*),
während beispielsweise die Buchstabenfolge *ch* entweder als 'ich-
Laut' (z.B. *mich*) oder als 'ach-Laut' (z.B. *Bach*) oder als 'k' (z.B.
sechs) ausgesprochen werden kann. Solche Unzulänglichkeiten, die
auch durch die neuen Rechtschreibregeln von 1998 nicht wirklich
beseitigt wurden, machen es für Wissenschaftler, die sich mit Sprachlauten beschäftigen, notwendig, ein Schriftsystem zu benutzen, mit
dem man jeden Laut unmißverständlich darstellen kann.
Seit dem 19. Jahrhundert wurde eine ganze Reihe von phonetischen
Umschriftsystemen entwickelt (z.B. D. Jones, H. Sweet, O. Jespersen).
Heute ist das System der *International Phonetic Association* (IPA) am
weitesten verbreitet. Es wird auch in diesem Buch verwendet. Diese
phonetische Umschrift besteht aus einer Reihe von Symbolen und **diakritischen Zeichen**, die es ermöglichen, alle Sprachlaute in allen

natürlichen Sprachen eindeutig darzustellen (zu **transkribieren**). Die
IPA-Tabelle ist auf S. 362-363.
Phonetische Zeichen werden zwischen eckige Klammern '[...]' gesetzt,
um zum Ausdruck zu bringen, daß es sich um die **phonetische Reprä-
sentation** (oder **phonetische Form**) handelt. (1) zeigt einige deutsche
Wörter in phonetischer Repräsentation.

(1)   *Orthographie*   *phonetische Repräsentation*
        groß   [gʀoːs]
        mich   [mɪç]
        sechs   [zɛks]

Die **orthographische Repräsentation** wird, wenn erforderlich,
zwischen spitze Klammern gesetzt, z.B. [zɛks]: <sechs>.
Phonetische Transkriptionen werden in §1.7 im Zusammenhang mit
den Sprachlauten des Deutschen wieder aufgegriffen.
Wie oben erwähnt, gibt es außer dem IPA eine Reihe von anderen
Transkriptionssystemen, die teils dieselben und teils verschiedene
Symbole verwenden. Um ein kurzes Beispiel zu nennen: Es ist in der
amerikanischen Linguistik üblich, die zwei Laute [ʃ] und [ʒ] (wie z.B.
in *schön* und *Journal*) als [š] und [ž] zu transkribieren. Wenn man
Fachpublikationen über Phonologie oder Phonetik liest, ist es unver-
meidlich, daß man unvertrauten Symbolen begegnet. Der Leser sei auf
Pullum & Ladusaw (1996) verwiesen, die einen ausgezeichneten
Überblick über phonetische Symbole im IPA-System und in anderen
Traditionen bieten.

1.3 Die Sprechorgane

In diesem Abschnitt werden die wichtigsten Organe beschrieben, die
an der Produktion von Sprachlauten beteiligt sind. Diese Organe sind
in Abbildung 1.1 (nach Pompino-Marschall 1995: 175) und in Abbildung 1.2 (nach Roca & Johnson 1999: 16) dargestellt.
Fast alle Sprachlaute werden beim Ausatmen produziert, d.h. wenn die
Luft aus den Lungen in den **Kehlkopf** (oder den **Larynx**) und dann
durch eine von den **Stimmlippen** gebildete Öffnung strömt (siehe auch
Seite 14f.)

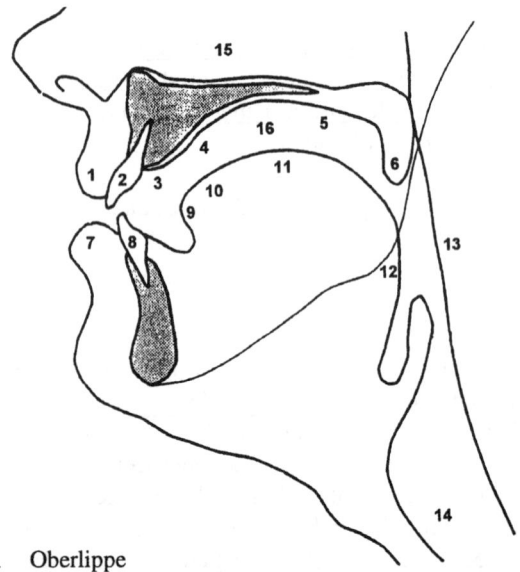

1 Oberlippe	
2 obere Schneidezähne	
3 Zahndamm (Alveolen)	10 Zungenblatt
4 harter Gaumen (Palatum)	11 Zungenrücken (Dorsum)
5 weicher Gaumen (Velum)	12 Zungenwurzel (Radix)
6 Zäpfchen (Uvula)	13 Rachenwand (Pharynx)
7 Unterlippe	14 Kehlkopf (Larynx)
8 untere Schneidezähne	15 Nasenhöhle (Nasenraum)
9 Zungenspitze (Apex)	16 Mundraum

Abbildung 1.1

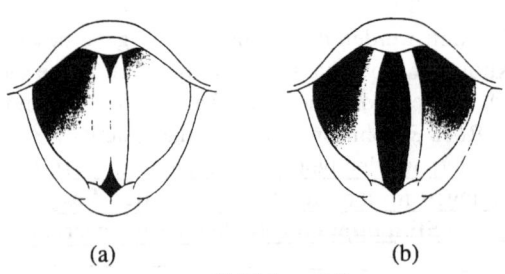

(a)   (b)

Abbildung 1.2

Die Öffnung zwischen den Stimmlippen bezeichnet man als die **Glottis**. Die verschiedenen Positionen der Stimmlippen spielen bei der Sprachproduktion eine entscheidende Rolle. Bilden die Stimmlippen eine weite Öffnung wie bei (b) in Abbildung 1.2 (**Atmungsstellung**), kann die Luft ungehindert in den **Pharynx** und in den **Mundraum** gelangen. Liegen die Stimmlippen eng aneinander wie bei (a) in Abbildung 1.2 (**Phonationsstellung**), bringt sie der Druck des austretenden Luftstroms zum Vibrieren. Laute, die mit vibrierenden Stimmlippen gebildet werden, z.B. [b d g], sind **stimmhaft**, während Segmente, bei denen die Stimmlippen nicht vibrieren, z.B. [p t k], **stimmlos** sind. Die Stimmhaftigkeit wird in §1.4.4 näher behandelt.

Der gesamte Raum zwischen Larynx und Mundlippen heißt **Ansatzrohr**. Das Ansatzrohr besteht aus dem Mundraum (zwischen Pharynx und Lippen) und der **Nasenhöhle** (oder **Nasenraum**). Wenn das **Velum** gehoben ist — wie in Abbildung 1.1 — gelangt die Luft in den Mundraum. So gebildete Laute (z.B. [p t k b d g]) sind **oral**. Wenn das Velum gesenkt ist, strömt die Luft in die Nasenhöhle und dann durch die Nase. Solche Segmente (z.B. [m n ŋ]) sind **nasal**.

Die beweglichen Organe des Ansatzrohres, die bei der Produktion von Sprachlauten benutzt werden, heißen **Artikulatoren** (oder **artikulierende Organe**). Die meisten befinden sich am unteren Teil des Ansatzrohres, etwa die verschiedenen Teile der Zunge (d.h. der **vordere Zungenteil**, bestehend aus der **Zungenspitze** und dem **Zungenblatt**; der **Zungenrücken**, auch das **Dorsum** genannt, und die **Zungenwurzel**) sowie die **Unterlippe**.

Bei der Bildung konsonantischer Sprachlaute nähert sich ein Artikulator einer unbeweglichen Stelle am oberen Ansatzrohr. Diese relativ unbeweglichen Stellen heißen **Artikulationsstellen**. Dazu zählen die **Oberlippe**, die **oberen Schneidezähne**, der **Zahndamm**, der **harte Gaumen** (das **Palatum**), der **weiche Gaumen** (das **Velum**), das **Zäpfchen** (die **Uvula**), die hintere Rachenwand (der **Pharynx**) und die Stimmlippen.

1.4 Konsonanten

Konsonanten unterteilt man nach drei Parametern: **Stimmbeteiligung** bzw. **Stimmhaftigkeit**, **Artikulationsstelle** und **Artikulationsmodus** (oder **Artikulationsart**). Diesen drei Parametern entspricht die Lautklassifizierung nach IPA. [k] wird beispielsweise als 'stimmloser velarer Plosiv' und [g] als 'stimmhafter velarer Plosiv' bezeichnet. In §1.4.1 werden die Artikulationsstellen erläutert, in §1.4.2 und §1.4.3 die Artikulationsmodi und in §1.4.4 die Stimmbeteiligung.

1.4.1 Artikulationsstellen

Abbildung 1.3 (nach Pompino-Marschall 1995: 175) zeigt elf Artikulationsstellen. Laute, die durch eine Enge zwischen Unterlippe und Oberlippe gebildet werden, werden als **bilabial** bezeichnet. Wegen der Unbeweglichkeit des Unterkiefers ist dabei die Unterlippe der Artikulator und die Oberlippe die Artikulationsstelle. Bilabiale werden also mit beiden Lippen produziert, z.B. [p b]. Bei der Aussprache von **labiodentalen** Lauten bewegt sich die Unterlippe zu den oberen Schneidezähnen. Beispiele für solche Segmente sind [f v]. Laute, die am Zahndamm (vgl. lat. *alveolen*) artikuliert werden, sind **alveolar**. Diese Segmente werden gebildet, indem sich der vordere Zungenteil (d.h. Zungenspitze oder Zungenblatt) zum Zahndamm bewegt. Beispiele für alveolare Laute sind [t d s z]. In vielen Sprachen bewegt sich der vordere Zungenteil bei der Artikulation von [t d s z] nicht zum Zahndamm, sondern zu den oberen Schneidezähnen. Solche Segmente werden als **dental** (von lat. *dēns* 'Zahn') bezeichnet. Im Russischen sind beispielsweise [t d] dental und nicht alveolar. Im Englischen gibt es die zwei dentalen Laute [θ ð], vgl. den ersten Laut in *thin* 'dünn' und *then* 'dann'. Nach dem IPA-System werden dentale Konsonanten — im Gegensatz zu alveolaren — mit einem diakritischen Zeichen gekennzeichnet: [d̪] ist dental, [d] ist alveolar. In den meisten Sprachen kommen entweder dentale oder alveolare Laute vor, aber nicht beide. Deshalb transkribiert man in der Regel einen Laut wie 'd' ohne Diakritikum als [d], es sei denn, die Unterscheidung zwischen 'dental' und 'alveolar' ist für die jeweilige Sprache wichtig, weil in ihr dentale und alveolare Laute vorkommen. Dentale und alveolare Konsonanten können entweder mit der Zungenspitze oder mit dem Zungenblatt artikuliert werden. Laute, die mit der Zungenspitze gebildet werden, heißen **apikal** im Gegensatz zu den

laminalen, die mit dem Zungenblatt gebildet werden. In der Transkription können Apikale mit dem Diakritikum [ˌ] unter dem jeweiligen Laut und Laminale mit [ˌ] zum Ausdruck gebracht werden, z.B. [d̪] vs. [d̺]. In den meisten Sprachen ist die Unterscheidung zwischen apikalen und laminalen Konsonanten nicht von Belang, und man kann diese Diakritika weglassen.

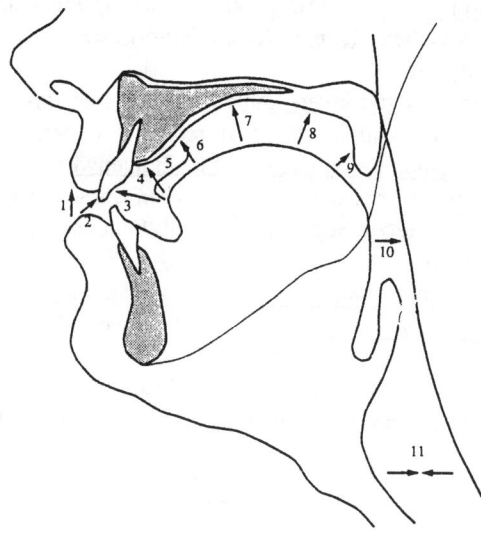

1	bilabial	5	retroflex	9	uvular
2	labiodental	6	postalveolar	10	pharyngal
3	dental	7	palatal	11	glottal
4	alveolar	8	velar		

Abbildung 1.3

Postalveolar (auch 'palatoalveolar') heißen Konsonanten, deren Artikulationsstelle unmittelbar hinter dem Zahndamm liegt. Diese Laute werden gebildet, indem sich das Zungenblatt diesem Punkt nähert, z.B. [ʃ ʒ] (wie in *schön* bzw. *Journal*). Postalveolare Laute sind also immer laminal. Bei der Artikulation von Lauten wie [ʃ ʒ] wird auch das vordere Dorsum angehoben.
Retroflexe Segmente werden gebildet, indem man die Zungenspitze hinter den Zahndamm legt. Retroflexe Laute sind also apikal. Das

englische 'r' (vgl. *read*) wird in vielen Dialekten retroflex ([ɻ]) realisiert.

<u>Palatale</u> sind Laute, die dadurch produziert werden, daß sich das (vordere) Dorsum dem harten Gaumen (dem Palatum) nähert. Der letzte Laut in *ich* ist ein Beispiel für das palatale Segment [ç]. Im Deutschen wird [ç] als 'ich-Laut' bezeichnet.

<u>Velare</u> Segmente werden artikuliert, indem sich der hintere Zungenteil (das Dorsum) zum weichen Gaumen (dem Velum) bewegt. Beispiele für velare Laute sind [k g].

Bei der Artikulation von **uvularen** Lauten bewegt sich das Dorsum zum Zäpfchen. Das Standarddeutsche [ʀ] in *reden* ist uvular.

Bei **pharyngalen** Segmenten nähert sich die Zungenwurzel der hinteren Rachenwand. Im Arabischen und in anderen Sprachen kommen Pharyngale vor, vgl. das letzte Segment in [muħ] 'Scheune' in der kaukasischen Sprache Agul.

Laryngale (oder **glottale**) Laute kommen zustande, indem sich die Stimmlippen einander annähern. Ein Beispiel für einen glottalen Laut ist [h].

Die Tabelle in (2) faßt die oben besprochenen Artikulationsstellen, die Artikulatoren und die üblichen Bezeichnungen für die entsprechenden Laute zusammen.

(2)

Laut- bezeichnung	Artikulator	Artikulationsstelle	Beispiel
bilabial	Unterlippe	Oberlippe	[p b m]
labiodental	Unterlippe	obere Schneidezähne	[f v]
dental	Zungenblatt	obere Schneidezähne	[d̪]
alveolar	Zungenspitze	Zahndamm	[d]
postalveolar	Zungenblatt	harter Gaumen	[ʃ ʒ]
retroflex	Zungenspitze	harter Gaumen	[ɻ]
palatal	Dorsum	harter Gaumen	[ç]
velar	Dorsum	weicher Gaumen	[k g]
uvular	Dorsum	Uvula	[ʀ]
pharyngal	Zungenwurzel	Rachenwand	[ħ]
laryngal	Stimmlippen	Stimmlippen	[h]

Postalveolare und retroflexe Laute werden am vorderen harten Gaumen produziert, die palatalen Laute am hinteren harten Gaumen.

Es gibt in den Sprachen der Welt eine sehr starke Tendenz, dentale Laute als laminal und alveolare Laute als apikal zu artikulieren (siehe Ladefoged & Maddieson 1996).
Einige der Artikulatoren in (2) werden mit anderen Begriffen gekennzeichnet, die gleichzeitig als Termini für bestimmte Gruppierungen verwendet werden. Laute, die mit der Unterlippe gebildet werden, heißen beispielsweise **labial** — eine Gruppe, die die bilabialen und labiodentalen Artikulationsstellen umfaßt.
Laute, die mit der Zungenwurzel artikuliert werden, werden als **radikal** bezeichnet (Radix = Zungenwurzel; siehe Ladefoged & Maddieson 1996). Der radikale Artikulator entspricht der pharyngalen Artikulationsstelle.
Konsonanten, die mit der Zungenspitze oder mit dem Zungenblatt gebildet werden, (= Apikale und Laminale), werden als **Koronale** bezeichnet. Koronale Laute umfassen somit die dentalen, alveolaren, postalveolaren und retroflexen Artikulationsstellen. Eine Frage, die seit einigen Jahren immer wieder diskutiert wird, ist, ob Palatale auch koronal seien. Der Leser wird auf Hall (1997: Kapitel 1) verwiesen, wo diese Debatte ausführlich beschrieben wird. Eine Diskussion zu diesem Thema findet sich in §4.2.4.
Die folgende Tabelle faßt die oben besprochenen Termini und Artikulationsstellen zusammen.

(3)	labial:	bilabial, labiodental
	koronal:	dental, alveolar, postalveolar, retroflex
	dorsal:	velar, uvular
	radikal:	pharyngal

1.4.2 Artikulationsmodi

Unter Artikulationsmodus versteht man die Art des Durchströmens bzw. der Hemmung des Luftstroms bei der Lautbildung.
Plosive (oder **Verschlußlaute**) werden durch einen totalen oralen Verschluß mit anschließender plötzlicher Lösung des Verschlusses gebildet. Das Velum bleibt in angehobener Position, so daß die Luft durch den Mundraum und nicht durch die Nase strömt.
[p b] sind bilabiale, [t d] alveolare und [k g] velare Plosive. Plosive können auch an weiteren Artikulationsstellen gebildet werden, z.B.

kommen retroflexe Plosive [ʈ ɖ] in der indo-iranischen Sprache Hindi
vor, palatale Plosive [c ɟ] im Ungarischen und uvulare Plosive [q ɢ] im
Tlingit.[1] Der glottale Plosiv [ʔ] (auch 'Knacklaut' genannt) kommt im
Deutschen vor anlautendem Vokal vor, z.B. *Ast* [ʔast].
Stimmlose und stimmhafte Plosive und ihre Transkriptionszeichen
sind in (4) zusammengefaßt:

(4)		*stimmlos*	*stimmhaft*
	bilabial	[p]	[b]
	alveolar	[t]	[d]
	retroflex	[ʈ]	[ɖ]
	palatal	[c]	[ɟ]
	velar	[k]	[g]
	uvular	[q]	[ɢ]
	glottal	[ʔ]	

Der glottale Plosiv ist immer stimmlos.
Bei den **Frikativen** wird der austretende Luftstrom verengt, so daß ein
Reibegeräusch entsteht. Frikative werden deshalb manchmal als
'Reibelaute' bezeichnet.
Frikative können an sehr vielen Artikulationsstellen gebildet werden.
Bilabiale Frikative [ɸ β] kommen nur in wenigen Sprachen vor, z.B.
im Ewe. Labiodentale Frikative [f v], alveolare Frikative [s z] und
postalveolare Frikative [ʃ ʒ] sind deutsche Sprachlaute. Die dentalen
Segmente [θ ð] zählen zu den Frikativen des Englischen, und retroflexe Frikative [ʂ ʐ] kommen im Mandarin-Chinesischen vor. Die
palatalen Frikative [ç ʝ] sind in sehr wenigen Sprachen belegt. Der
stimmlose Laut [ç] ist ein Sprachlaut des Deutschen, vgl. *mich*. Eine
Sprache, in der der stimmhafte Laut [ʝ] vorkommt, ist die afro-asia-
tische Sprache Margi. Velare Frikative [x ɣ] und uvulare Frikative
[χ ʁ] kommen u.a. im Grönländischen vor. Die pharyngalen Frikative
[ħ ʕ] sind Sprachlaute des Arabischen. Der stimmlose glottale Frikativ

---

[1] Die in diesem Kapitel aufgeführten Sprachen werden nach Maddieson (1984) und
Ladefoged & Maddieson (1996) zitiert.

[h] ist ein Sprachlaut des Deutschen, während das stimmhafte Gegenstück [ɦ] im Tschechischen belegt ist.[2]
Stimmlose und stimmhafte Frikative und die entsprechenden Transkriptionszeichen sind in (5) zusammengefaßt:

(5)   *stimmlos*   *stimmhaft*
    bilabial   [ɸ]   [β]
    labiodental   [f]   [v]
    dental   [θ]   [ð]
    alveolar   [s]   [z]
    postalveolar   [ʃ]   [ʒ]
    retroflex   [ʂ]   [ʐ]
    palatal   [ç]   [ʝ]
    velar   [x]   [ɣ]
    uvular   [χ]   [ʁ]
    pharyngal   [ħ]   [ʕ]
    glottal   [h]   [ɦ]

Eine wichtige Untergruppe der Frikative (und Affrikaten; siehe
§1.4.3.2) sind die **Sibilanten** (manchmal 'Zischlaute' genannt). Sibilanten haben eine akustische bzw. auditive Gemeinsamkeit: Sie sind
durch einen intensiven hochfrequenten Geräuschanteil gekennzeichnet.
Die sibilantischen Frikative sind [s z ʃ ʒ ʂ ʐ].
Nasale werden wie Plosive durch einen totalen oralen Verschluß gebildet. Im Gegensatz zu den Plosiven wird bei der Artikulation von
Nasalen das Velum gesenkt, so daß die Luft durch die Nase entweicht.
Der bilabiale Nasal [m], der alveolare Nasal [n] und der velare Nasal
[ŋ] kommen in vielen Sprachen vor, unter anderem im Deutschen, vgl.
Ding [dɪŋ]. Der labiodentale Nasal [ɱ] ist ein Sprachlaut, der nur in
wenigen Sprachen belegt ist, so z.B. in der Bantusprache Teke. Der
palatale Nasal [ɲ] ist ein Sprachlaut des Spanischen, der orthographisch als *ñ* in Wörtern wie *español* 'spanisch' wiedergegeben
wird. Der retroflexe Nasal [ɳ] kommt im Hindi vor, und der uvulare
Nasal [ɴ] im Japanischen. Nasale Laute sind (fast) immer stimmhaft;
siehe §1.4.4.

---

[2] Viele Phonetiker betrachten [h] als einen Approximanten (siehe S. 12) und nicht als
einen Frikativ (siehe Ladefoged & Maddieson 1996).

Die folgende Tabelle führt die phonetischen Zeichen für Nasale auf:

(6)   bilabial   [m]   palatal   [ɲ]
        labiodental   [ɱ]   velar   [ŋ]
        alveolar   [n]   uvular   [ɴ]
        retroflex   [ɳ]

Bei den **Approximanten** wird, ähnlich wie bei den Frikativen, eine Enge im Ansatzrohr gebildet. Im Gegensatz zu den Frikativen nähert sich jedoch der Artikulator bei den Approximanten nicht weit genug der Artikulationsstelle an, um ein Reibegeräusch zu erzeugen. Die Approximanten bestehen aus zwei Segmentklassen, nämlich den **lateralen Approximanten** und den **zentralen** (oder **nichtlateralen**) **Approximanten**).[3]

Laterale Approximanten (oder kurz **Laterale**) sind durch einen zentralen Verschluß gekennzeichnet, wobei die Luft an einer oder an den beiden Zungenseiten entlang strömt. Bei der Bildung dieser seitlichen Enge entsteht kein Reibegeräusch.

Im Gegensatz zu Plosiven, Frikativen und Nasalen sind Laterale an sehr wenigen Artikulationsstellen belegt. Der am häufigsten vorkommende Lateral in den Sprachen der Welt ist der alveolare bzw. dentale Laut [l]. Der palatale Lateral [ʎ] kommt im Italienischen vor, vgl. *gli* [ʎi] 'ihm'. Der retroflexe Lateral [ɭ] ist ein Sprachlaut in vielen australischen, sowie in einigen dravidischen Sprachen, z.B. Toda [paɭ] 'Armband'. Der velare Lateral [ʟ] ist ein Laut, der nur in einigen Sprachen Neuguineas belegt ist, z.B. Mittel-Waghi [aʟaʟe] 'schwindlig'. Laterale Laute sind (fast) immer stimmhaft; siehe §1.4.4.

Laterale und ihre Transkriptionszeichen werden in (7) dargestellt:

(7)   alveolar   [l]   palatal   [ʎ]
        retroflex   [ɭ]   velar   [ʟ]

Neben den lateralen Approximanten gibt es auch **Lateralfrikative**. Diese werden durch einen zentralen Verschluß bei seitlicher Enge gebildet, wobei ein Reibegeräusch entsteht. Die Transkriptions-

---

[3] 'Zentrale Approximanten' werden in der IPA-Tabelle als 'Approximanten' bezeichnet und 'laterale Approximanten' als 'Laterale'.

symbole für stimmhafte und stimmlose alveolare Lateralfrikative sind [ɬ ɮ]. Lateralfrikative sind in vielen Indianersprachen Nord- und Südamerikas belegt, z.b. Tahltan [nɛstɛɬ] 'ich bin schläfrig'.
Zentrale Approximanten werden durch eine Verengung in der Zungenmitte gebildet. Wenn die Luft durch diese Enge entweicht, wird kein Reibegeräusch ausgelöst. Im Gegensatz zu den Lateralen entweicht die Luft zentral und nicht an einer oder an beiden Seiten.
Die zwei in den Sprachen der Welt am häufigsten vorkommenden zentralen Approximanten sind der palatale Laut [j], z.b. das [j] in *ja*, und der labiovelare Laut [w]⁴, z.b. engl. *wed* [wɛd] 'heiraten'. Der retroflexe Approximant [ɻ] ist eine mögliche phonetische Realisierung des 'r' im amerikanischen Englisch, z.b. *red* [ɻɛd] 'rot'. In anderen englischen Dialekten tritt dieser Laut als ein alveolares [ɹ] auf. Der labiodentale Approximant [ʋ] kommt im Niederländischen vor, z.b. *water* [ʋatər] 'Wasser'. Der velare Approximant [ɰ] ist in der australischen Sprache Aranda belegt.
Die zwei zentralen Approximanten [j w] werden in der Phonologie traditionell als **Gleitlaute** (engl. **glides**) bezeichnet.
Die folgende Tabelle führt die Schriftzeichen der zentralen Approximanten auf:

(8)	labiodental	[ʋ]	retroflex	[ɻ]
	labiovelar	[w]	palatal	[j]
	alveolar	[ɹ]	velar	[ɰ]

Vibranten sind durch eine schnelle Folge oraler Verschlüsse gekennzeichnet. Wegen dieser speziellen Bildungsweise sind die Artikulationsstellen für die Vibranten sehr eingeschränkt: Eine schnelle Folge von Verschlüssen kann aus anatomischen Gründen nur im bilabialen, alveolaren und uvularen Bereich stattfinden.
Der alveolare Vibrant [r] (das sog. Zungenspitzen-'r') kommt als Sprachlaut in vielen süddeutschen Dialekten vor. Das gerollte 'Zäpfchen- 'r' (IPA [ʀ]) ist eine häufige Realisierung des Deutschen 'r'. Der

---

⁴ 'Labiovelar' ist ein Beispiel für eine 'Doppelartikulation'; siehe §1.4.3. [w] und [j] weisen viele artikulatorische Ähnlichkeiten mit den zwei Vokalen [u] bzw. [i] auf. Daher werden [u i] in vielen Sprachen in bestimmten Kontexten als [w j] realisiert (siehe Kapitel 8).

bilabiale Vibrant [ʙ] ist nur in einigen Papua-Sprachen Neuguineas
belegt.
In (9) sind die Transkriptionssymbole der Vibranten aufgelistet:

(9)   labial   [ʙ]
        alveolar   [r]
        uvular   [ʀ]

Geschlagene Laute (engl. taps oder flaps) sind durch einen totalen
oralen Verschluß gekennzeichnet, aber im Gegensatz zu den Vibranten
schlägt die Zungenspitze nur einmal an. Geschlagene Laute sind von
kürzerer Dauer als Plosive.
Der in den Sprachen der Welt am häufigsten vorkommende geschlagene Laut ist das alveolare Segment [ɾ]. [ɾ] tritt beispielsweise im
amerikanischen Englisch als Realisierung von 't' oder 'd' auf, z.B.
sitting [sɪɾɪŋ] 'sitzen' (Partizip), *lady* [leɪɾi] 'Dame'. In einigen
Sprachen kommt [ɾ] als Realisierung von 'r' vor, z.B. Spanisch *pero*
[peɾo] 'aber'. Außer dem alveolaren Laut [ɾ] ist der retroflexe geschlagene Laut [ɽ] in vielen Sprachen Indiens belegt.
Wie bereits erwähnt, geht der Luftstrom bei den meisten Sprachlauten
von der Lunge aus und strömt von dort aus in das Ansatzrohr. Solche
Laute heißen **egressiv**, weil der Luftstrom durch die Ausatmung
initiiert wird, und da die Luft von den Lungen ausströmt, heißen sie
pulmonal (lat. *pulmo* 'Lunge'). Alle bisher besprochenen Laute sind
also egressiv pulmonal.
Einige Sprachen haben Konsonanten, die mit einem **nichtpulmonalen
Luftstrommechanismus** artikuliert werden. Bei solchen Lauten wird
der Luftstrom nicht in den Lungen initiiert, sondern entweder oberhalb
der Glottis oder im Mundraum. Sie sind also entweder durch einen
glottalen Luftstrommechanismus oder durch einen **velaren** (oder
oralen) **Luftstrommechanismus** gekennzeichnet.
Der glottale Luftstrommechanismus kommt bei **Ejektiven** und **Implosiven** vor. Ejektive sind egressiv und Implosive **ingressiv**, weil hier
die Luft durch Absenken des Kehlkopfes eingezogen wird.
Bei Ejektiven wird ein oraler Verschluß gebildet, während gleichzeitig
der Kehlkopf durch die Glottis verschlossen wird. Zum Zeitpunkt der
Verschlußlösung wird der Kehlkopf abrupt gehoben. Aufgrund des
Glottisverschlusses (siehe §1.4.4) sind Ejektive immer stimmlos. In

der Transkription werden diese Laute durch ein hochgestelltes [']
gekennzeichnet, z.B. [p']. Ejektive kommen in vielen Sprachen Nord-
und Südamerikas vor, sowie in einigen afrikanischen Sprachen (z.b.
Amharisch [t'ɨl] 'Streit').
In vielen Dialekten des Englischen werden stimmlose Plosive (z.b.
't' in *but* 'aber') in bestimmten Kontexten mit einem gleichzeitigen
Glottisverschluß gebildet — eine Artikulation, die starke Ähnlichkeiten mit Ejektiven aufweist. Das IPA-System hat kein Diakritikum
für solche Laute. In diesem Buch werden sie mit einem hochgestellten
[ˀ] transkribiert, z.B. [bʌtˀ].
Bei den Implosiven strömt die Luft körpereinwärts. Während der Verschlußphase hebt sich der glottal (fast) verschlossene Kehlkopf und
bei der Verschlußlösung senkt er sich abrupt. Da die Glottis teilweise
geöffnet ist, sind Implosive häufig stimmhaft. Implosive kommen in
vielen afrikanischen Sprachen vor, z.B. Uduk [ɓaʔ] 'Nacken'.
Die folgende Tabelle führt die Transkriptionszeichen für Ejektive und
Implosive auf:

(10)		*Implosive*	*Ejektive*
	bilabial	[ɓ]	[p']
	alveolar	[ɗ]	[t']
	palatal	[ʄ]	[c']
	velar	[ɠ]	[k']
	uvular	[ɢ]	[q']

Ein weiteres Beispiel für nichtpulmonale Lautartikulation ist der oben
erwähnte velare Luftstrommechanismus, der für die Erzeugung von
Schnalzlauten (oder clicks) notwendig ist. Schnalzlaute sind sowohl
aufgrund ihrer komplexen Bildungsweise als auch aufgrund ihrer
Seltenheit in den Sprachen der Welt — sie sind nur in einigen Sprachen Südafrikas belegt — eine phonetische Besonderheit. Schnalzlaute
werden artikuliert, indem zusätzlich zum Verschluß an der primären
Artikulationsstelle mit dem Dorsum ein velarer Verschluß gebildet
wird. Die Zunge wird zwischen diesen beiden Verschlüssen abgesenkt.
Das 'Schnalzen' kommt zustande, indem der Verschluß an der
primären Artikulationsstelle vor dem Verschluß am Velum gelöst
wird. Schnalzlaute sind wie Implosive ingressiv.

Aufgrund des velaren Verschlusses ist die Zahl der möglichen Artikulationsstellen bei Schnalzlauten relativ klein. Zwei Beispiele sind
bilabial [☉] und dental [|], vgl. !Xóõ [k☉ʔáa] 'brennen', [k|ʔâa]
'sterben'.

1.4.3 Weitere Aspekte der Artikulationen

1.4.3.1 Sekundäre Artikulationen

Die Laute, die in §1.4.1-§1.4.2 behandelt wurden, haben (mit der Ausnahme der Schnalzlaute) eine einzige Artikulationsstelle. Im Prinzip
können Konsonanten aber mehr als eine Artikulationsstelle haben. Ein
Beispiel ist der zentrale Approximant [w], der oben als 'labiovelar'
bezeichnet wurde, weil er sowohl mit gerundeten Lippen als auch mit
gleichzeitig gehobenem Dorsum artikuliert wird.
Eine bestimmte Art von solchen **Doppelartikulationen** wird als
sekundäre Artikulation bezeichnet. Darunter versteht man eine zur
primären Ansatzrohrverengung zusätzlich auftretende Verengung ge-
ringeren Grades an einer anderen Artikulationsstelle. Die häufigsten
sekundären Artikulationen sind die **Palatalisierung**, die **Labialisierung,** die **Velarisierung** und die **Pharyngalisierung**.
Bei der Palatalisierung wird zusätzlich zur Engenbildung an einer
primären Artikulationsstelle der vordere Zungenteil (das Zungenblatt)
gehoben und in die Lage eines palatalen Gleitlautes ([j]) gebracht. In
der phonetischen Transkription wird daher die Palatalisierung durch
ein hochgestelltes [ʲ] zum Ausdruck gebracht. Beispiele von palatali-
sierten Lauten sind [pʲ bʲ tʲ dʲ kʲ gʲ sʲ zʲ nʲ]. Palatalisierte Segmente
kommen in den meisten slavischen Sprachen vor, z.B. russ. [bratʲ]
'nehmen'.
Ein palatalisierter Laut ist nicht dasselbe wie ein palataler Laut.
Beispielsweise ist der Laut [nʲ] ein alveolarer Laut, der mit gleichzeitig
gehobenem Zungenblatt ausgesprochen wird. Der Laut [ɲ] dagegen ist
ausschließlich palatal und wird nicht am Zahndamm gebildet. Palatalisierte Laute wie [pʲ tʲ kʲ] sind Einzelsegmente, d.h. sie bestehen nicht
aus einer Abfolge [p t k] + [j]. Vielmehr wird die Palatalisierungs-
komponente *gleichzeitig mit* der primären Artikulationsstelle gebildet.
Labialisierte Laute sind durch primäre konsonantische Artikulation
und gleichzeitige Lippenrundung gekennzeichnet. Labialisierung wird

in der phonetischen Transkription durch ein hochgestelltes [ᵂ] gekennzeichnet. Der Laut [kᵂ] ist beispielsweise ein 'stimmloser labialisierter
velarer Plosiv', d.h. ein [k], das mit gleichzeitiger Lippenrundung
ausgesprochen wird. Ein Beispiel für eine Sprache mit [kᵂ] ist die
tschadische Sprache Haussa, vgl. [kᵂálábá:] 'Flasche'.

Bei der Velarisierung wird zusätzlich zur Engenbildung an einer primären Artikulationsstelle der hintere Zungenteil (das Dorsum) angehoben. In der phonetischen Transkription wird Velarisierung durch ein
hochgestelltes [ˠ] oder mit einer Tilde [~] durch das entsprechende
Symbol zum Ausdruck gebracht, z.B. [ɫ] oder [pˠ tˠ kˠ]. In den
meisten Dialekten des Englischen ist 'l' in bestimmten Positionen im
Wort velarisiert, z.B. *fill* [fɪɫ] 'füllen', siehe §2.1.2.

Die Pharyngalisierung wird durch das Zurückziehen der Zungenwurzel
an die Rachenwand gebildet, eine Artikulation, die in der Transkription durch ein hochgestelltes [ˤ] gekennzeichnet wird, z.B. [pˤ tˤ kˤ].
Pharyngalisierte Konsonanten kommen im Arabischen vor, z.B. [χalˤ]
'Essig'.

Die folgende Tabelle enthält eine kurze phonetische Beschreibung und
die entsprechende Transkription der vier besprochenen sekundären
Artikulationen:

(11)	*phonetischer Terminus*	*Beschreibung*	*Beispiel*
	Palatalisierung	Hebung des Zungenblatts	[tʲ sʲ lʲ]
	Velarisierung	Hebung des Dorsums	[pˠ bˠ tˠ ɫ]
	Labialisierung	Rundung der Lippen	[pᵂ tᵂ]
	Pharyngalisierung	Zurückziehen der Zungenwurzel	[nˤ lˤ]

1.4.3.2 Affrikaten

Affrikaten sind Plosive, die in Frikative übergehen, wobei die Verschlußphase und die Frikativphase dieselbe (oder annähernd dieselbe)
Artikulationsstelle haben. (Benachbarte Laute, die dieselbe Artikulationsstelle haben, werden **homorgan** genannt.) Ein Beispiel für eine
Affrikate ist der stimmlose alveolare Laut 'ts' in *Zeit*. Das [ks] in
Wörtern wie *sechs* ist dagegen keine Affrikate, weil [k] und [s] nicht
homorgan sind, denn [k] ist velar und [s] alveolar.

Nach der üblichen Definition gehören sowohl die Verschluß- als auch
die Frikativphase einer Affrikate zum selben **Morphem** — dem

kleinsten bedeutungstragenden Element (siehe Kapitel 2). Das 'ts' in *Blitz* ist also eine Affrikate, während dieselbe Abfolge in *Monats* als zwei Segmente zählt, [t] + [s]. Das IPA-System hat keine besondere Transkription für Affrikaten. In diesem Buch werden Affrikaten in der phonetischen Transkription als Plosiv und Frikativ mit dem Diakritikum ⁀ gekennzeichnet, z.B. [t͡s]. Eine Abfolge von Plosiv+Frikativ wird dagegen ohne Diakritikum transkribiert.

Affrikaten sind in den Sprachen der Welt an vielen Artikulationsstellen belegt. Die dentalen Affrikaten [t͡θ d͡ð] sind in der nilo-saharischen Sprache Luo belegt. Die drei Affrikaten [p͡f t͡ʃ d͡ʒ] sind in deutschen Wörtern wie *Pfennig*, *Cello* und *Job* zu finden.[5] [d͡z] kommt im Ungarischen vor und [b͡v] in der Bantusprache Teke. Die stimmlose retroflexe Affrikate [t͡ʂ] ist ein Sprachlaut des Mandarin-Chinesischen und das stimmhafte Gegenstück [d͡ʐ] einer der nordamerikanischen Keressprache Acoma. Die stimmlose velare Affrikate [k͡x] kommt in Dialekten des Schweizerdeutschen vor, z.B. im ersten Laut in *Kind*.

Wie Frikative werden bestimmte Affrikaten als Sibilanten bezeichnet. Zu den sibilantischen Affrikaten zählen [t͡s d͡z t͡ʃ d͡ʒ t͡ʂ d͡ʐ].

Eine in der Phonologie oft gestellte Frage ist, ob Affrikaten Einzelsegmente sind oder ob sie aus einer Abfolge von Plosiv+Frikativ bestehen: Ist das 'pf' in *Pfennig* und *Kopf* ein einzelner Laut oder eine Abfolge von [p] + [f]? Diese Problematik wird in §2.5.1 kurz besprochen.

1.4.3.3 Geminaten

Eine **Geminate** (lat. *geminus* 'Zwilling') ist eine Abfolge von zwei identischen Konsonanten. Solche Sequenzen kommen im Deutschen nur zwischen Wörtern bzw. Morphemen vor, wie [nn] in *in Nürnberg* und das [nn] in *unnatürlich*. Der Terminus 'Geminate' bezieht sich aber normalerweise auf eine **tautomorphemische** Abfolge, d.h. wenn die beiden Konsonanten zum selben Morphem gehören.[6] Solche 'echten' Geminaten kommen im Deutschen nicht vor, aber sie treten

---

[5] In anderen (d.h. nicht-IPA) Umschriften werden [t͡ʃ d͡ʒ] als [č ǰ] wiedergegeben.

[6] Die doppelten Konsonanten in der Rechtschreibung sollten nicht mit Geminaten verwechselt werden, z.B. *bitte* ist phonetisch [bɪtə] und nicht [bɪtːə].

u.a. im Italienischen auf, z.B. *notte* [nɔtːe] 'Nacht' und *bello* [bɛlːo] 'schön'.

1.4.4 Stellung der Stimmlippen: Stimmhaftigkeit und Aspiration

In §1.3 wurde erwähnt, daß Konsonanten 'stimmhaft' oder 'stimmlos' sein können, wobei [p t k] als Beispiele für stimmlose Plosive und [b d g] für die entsprechenden stimmhaften Laute genannt wurden. Eine andere laryngale Artikulation, die bei Konsonanten auftritt, ist die **Aspiration**. Aspiration wird in der phonetischen Transkription mit einem hochgestellten [ʰ] gekennzeichnet, z.B. [pʰ tʰ kʰ]. Die aspirierten Laute [pʰ tʰ kʰ] kommen u.a. im Englischen vor, z.B. *pin* [pʰɪn] 'Nadel', *ten* [tʰɛn] 'zehn', *can* [kʰæn] 'Büchse', aber auch im Standarddeutschen, z.B. *Panne* [pʰanə], *Tanz* [tʰants͡], *Kasse* [kʰasə]. Stimmlosigkeit, Stimmhaftigkeit und Aspiration ergeben sich aus der zeitlichen Koordination von Verschlußlösung und Zustand der Stimmlippen, d.h. ob diese noch schwingen, wenn der Verschluß gelöst wird. Diese Thematik wird im folgenden behandelt.

Abbildung 1.4 (nach Catford 1988: 58) zeigt die vier verschiedenen Zeitabläufe von der Lösung des zur Bildung eines Plosivs nötigen Verschlusses bis zum Beginn der Stimmhaftigkeit bei einem folgenden Vokal.

In der Abbildung stellt die obere horizontale Linie in (a)-(d) die Verschlußphase eines Plosivs dar, z.B. die Schließung der Lippen bei [p]. Die Lösung dieses Verschlusses wird durch die Verzweigung angezeigt. Die unteren horizontalen Linien in (a)-(d) zeigen die Glottisöffnung. Das Vibrieren der Stimmbänder wird durch Wellenlinien angezeigt, die Verzweigung entspricht dem Öffnungsgrad der Glottis.

Das Diagramm in (a) stellt die Erzeugung eines stimmlosen unaspirierten Plosivs+Vokal dar. Der erste Laut ist stimmlos, weil die Stimmlippen während der Verschlußphase geöffnet sind und nicht vibrieren. Die Stimmhaftigkeit, d.h. das Vibrieren der Stimmlippen, setzt zeitgleich mit der Lösung des Verschlusses ein.

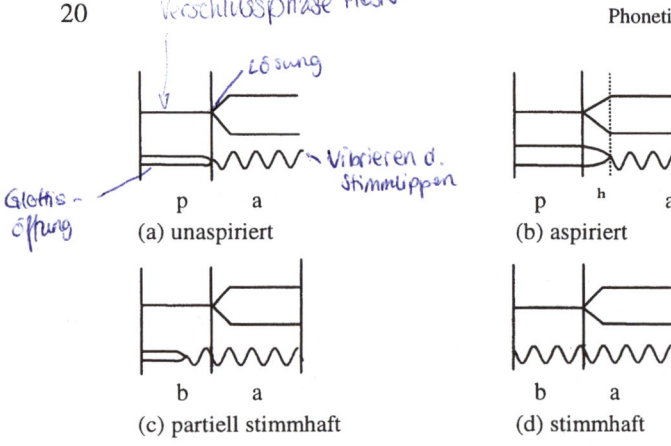

Verschlußphase Plosiv

Lösung

Glottis-öffnung

Vibrieren d. Stimmlippen

p   a
(a) unaspiriert

p   h   a
(b) aspiriert

b   a
(c) partiell stimmhaft

b   a
(d) stimmhaft

Abbildung 1.4

In (b) wird ein aspirierter Plosiv (z.B. [pʰ]) in prävokalischer Stellung dargestellt. [pʰ] unterscheidet sich von [p] durch mindestens zwei Faktoren. Erstens ist die Glottis während der Verschlußphase bei dem aspirierten Laut weit gespreizt. Zweitens fängt die Stimmhaftigkeit des Vokals nach [pʰ] nicht zeitgleich mit der Lösung des Verschlusses an, sondern erst kurze Zeit danach. Als Konsequenz ist die erste Phase in (b) nach Verschlußlösung stimmlos. Diese 'Stimmlosigkeit' wird in der phonetischen Transkription mit [ʰ] zum Ausdruck gebracht.

[p] und [pʰ] sind stimmlose Konsonanten, weil die Stimmbänder während der Verschlußphase nicht vibrieren.

In (c) wird ein **partiell stimmhafter** Laut dargestellt. Der Laut ist während des größten Teils der Verschlußphase stimmlos, aber noch in der Verschlußphase setzt die Stimmhaftigkeit ein. Wortinitial sind 'b d g' im Englischen meistens partiell stimmhaft.

(d) stellt einen vollständig stimmhaften Konsonanten dar, weil die Stimmbänder während der gesamten Verschlußphase vibrieren.

Aspirierte Plosive wie in (b) sind stimmlos. Nach der obigen Diskussion sollte es eigentlich keine Laute geben, die sowohl stimmhaft als auch aspiriert sind. Der Grund ist, daß die Aspiration eine weit gespreizte Glottis während der Verschlußphase erfordert, wie in (b) gezeigt wird, stimmhafte Laute jedoch per definitionem während der Verschlußphase vibrierende Stimmlippen haben. Laute, die als 'stimmhafte aspirierte Plosive' bezeichnet werden, z.B. [b̤ d̤], sind

indes in vielen indoarischen Sprachen Indiens belegt, vgl. Hindi [b̥al]
'Stirn'. Diese Laute sind phonetisch gesehen jedoch nicht aspiriert,
weil die Glottis während der Verschlußphase nicht weit gespreizt ist.
Es gibt bei der Artikulation von [b̥ d̥] ein 'Flüstern', das nach der
Verschlußlösung einsetzt, aber bevor die Stimmlippen anfangen zu
vibrieren. [b̥ d̥] usw. werden meistens als **behauchte** (engl. **murmured**) Plosive bezeichnet.[7]

Abbildung 1.4 zeigt Stimmhaftigkeit und Aspiration von Plosiven.
Auch Frikative können stimmhaft, stimmlos oder aspiriert realisiert
werden. Stimmlose Frikative wie [f s x] werden also wie [p t k] ohne
Vibration der Stimmbänder ausgesprochen, während [v z] usw. mit
vibrierenden Stimmlippen produziert werden. Im Unterschied zu aspirierten Plosiven sind aspirierte Frikative in sehr wenigen Sprachen
belegt. Ein Beispiel ist das Burmesische, eine Sprache mit [s] und [sʰ],
vgl. [sà] 'hungrig sein' vs. [sʰà] 'Brief'.

Nasale, Laterale und zentrale Approximanten wie [m n l ɹ] sind in fast
allen Sprachen der Welt stimmhaft. Es gibt aber auch einige Sprachen
mit den entsprechenden stimmlosen Lauten. In der phonetischen
Transkription wird die Stimmlosigkeit mit dem Diakritikum [˳] unter
dem jeweiligen Laut gekennzeichnet. Ein Beispiel für eine Sprache mit
stimmlosen (und stimmhaften) Nasalen ist das Burmesische, vgl. [mà]
'gesund' vs. [m̥à] 'Ordnung'. In der dravidischen Sprache Toda sind
sowohl stimmhafte als auch stimmlose Laterale belegt, z.B. [kal]
'Perle' vs. [kal̥] 'studieren'.

1.4.5 Zusammenfassung

Die folgende Tabelle führt die wichtigsten konsonantischen Artikulationsmodi und einige Beispielsegmente auf:

---

[7] Der Terminus 'behaucht' wird in anderen Lehrbüchern oft mit 'aspiriert' gleichge-
setzt. In diesem Lehrbuch wird jedoch zwischen 'aspiriert' (engl. *aspirated*) und
'behaucht' (engl. *murmured*) unterschieden.

(12)

Artikulationsmodus	Beispiel	
Plosiv	[p b t d k g]	
Affrikate	[p͡f t͡s t͡ʃ]	← Obstruenten
Frikativ	[f v s z ʃ ʒ]	

Nasal	[m n ŋ]	
Vibrant	[r ʀ]	
geschlagener Laut	[ɾ]	← Sonoranten
lateraler Approximant	[l]	
zentraler Approximant	[ɹ ɻ j w]	
Gleitlaut	[j w]	

Die Artikulationsmodi in (12) lassen sich in zwei Klassen einteilen, die eine wichtige Rolle in den folgenden Kapiteln spielen werden, nämlich **Obstruenten** und **Sonoranten**. Obstruenten sind Laute, die durch eine Verengung im Ansatzrohr erzeugt werden, nämlich Plosive, Affrikaten und Frikative. Im Gegensatz dazu kann der Luftstrom bei den Sonoranten ungehindert ausströmen. Sonoranten umfassen Nasale, Vibranten, geschlagene Laute, laterale Approximanten, zentrale Approximanten und auch Vokale. Die Definition von Obstruent und Sonorant wird in Kapitel 4 näher behandelt.

Ein weiterer wichtiger Terminus ist **Liquid**, die Klasse der 'l'- und 'r'-Laute. Im Deutschen umfaßt die Klasse der Liquiden lediglich [l] und [ʀ]. Die Klasse der 'r'-Laute (engl. **rhotics**) ist in den Sprachen der Welt jedoch sehr umfangreich. Sie umfaßt die zentralen Approximanten wie [ɹ ɻ], die Vibranten wie [r ʀ] und geschlagene Laute wie [ɾ].

1.5 Vokale

Bei Vokalen ist der Grad der Verengung zwischen den Artikulatoren und Artikulationsstellen so, daß die Luft ungehindert durch den Mundraum strömen kann. Die Vokale sind also ein klares Beispiel für Sonoranten.

Die wichtigsten Parameter bei der Artikulation von Vokalen sind die **Zungenhöhe**, die **Zungenlage** und die **Lippenrundung**. Sie werden anhand der drei Vokale [i], [u] und [a] kurz erläutert.[8] Der Parameter Zungenhöhe bezieht sich auf die vertikale Lage des höchsten Zungenpunktes im Mundraum. Abbildung 1.5 (aus Pompino-Marschall 1995: 212) zeigt die Zungenposition für [i], [u] und [a]. Man kann dieser Abbildung entnehmen, daß der höchste Zungenpunkt von [i] und [u] höher ist als der von [a].

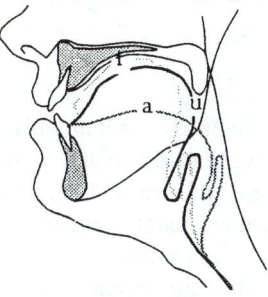

Abbildung 1.5

Je weiter oben im Mundraum der höchste Zungenpunkt liegt, desto höher ist der Vokal. [i u] sind also höher als [a]. Anders gesagt: [i u] sind **hohe Vokale**, [a] ein **tiefer Vokal**. Im IPA-System werden auch die Begriffe **geschlossen** (engl. **close**) und **offen** (engl. **open**) verwendet, in dem Sinne, daß der Kanal, durch den die Luft strömt, entweder 'groß', d.h. offen, oder 'klein', d.h. geschlossen ist. [i u] sind also geschlossener als [a] bzw. [a] ist offener als [i u].

Der Parameter der Zungenlage bezieht sich auf die horizontale Lage des höchsten Zungenpunktes im Mundraum. Vergleichen Sie die Zungenposition von [i] und [u] in Abbildung 1.5. Man sieht, daß [i] weiter vorne produziert wird als [u] bzw. [u] wird weiter hinten produziert als [i]. [a] liegt weiter vorn als [u] aber weiter hinten als [i]. [i] ist ein **vorderer Vokal** (oder **Vorderzungenvokal**), [u] ein **hinterer Vokal** (oder **Hinterzungenvokal**) und [a] ein **zentraler Vokal**.

---

[8] Ein Beispiel für ein deutsches Wort mit [a] ist *Mann* [man]. Die zwei (langen) Vokale [iː uː] kommen in Wörtern wie *viel* [fiːl] und *Schule* [ʃuːlə] vor.

Vokale können entweder mit gerundeten oder mit ungerundeten
Lippen produziert werden. Bei [u] sind die Lippen gerundet, bei [i a]
sind sie nicht gerundet. [u] wird deshalb als **gerundeter Vokal**
bezeichnet und [i a] als **ungerundete Vokale**.
Der Bereich des Mundraums, in dem die drei Vokale [i u a] gebildet
werden, wird als **Vokaldreieck** bezeichnet, vgl. (13):

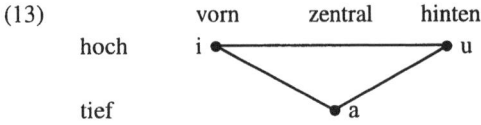

(13)   vorn   zentral   hinten
    hoch   i   u

    tief   a

Die drei Vokale [i u a] bilden drei artikulatorische Extreme. [i] ist der
höchste vordere Vokal; wenn man versuchen würde, die Zunge bei der
Aussprache von [i] vorzuverlagern und weiter an den Gaumen anzu-
nähern, würde kein Vokal entstehen, sondern ein palataler Konsonant,
z.b. der Gleitlaut [j] oder der Frikativ [ʝ]. Der Vokal [a] ist der tiefste
Vokal, und [u] bildet den hintersten hohen Vokal. Alle anderen
Vokale befinden sich mehr oder weniger zwischen den drei Eckvokalen in (13).
Der Leser sei darauf hingewiesen, daß die Vokale [i u a] in (13) nicht
Vokale in einer bestimmten Sprache darstellen sollen, sondern Be-
zugsvokale. Der Grund ist, daß [i u a] und die anderen Vokale nicht in
allen Sprachen artikulatorisch identisch sind. Der Vokal [i] kann
beispielsweise in einer Sprache tiefer oder weiter hinten artikuliert
werden als in einer anderen Sprache. Eine rein artikulatorische Deutung der Begriffe 'hoch-tief', aber auch 'vorn-hinten' ist also unzureichend. Allerdings verfügen Vokale über auditive Eigenschaften, die
das Dreieck in (13) als universell gültig rechtfertigen. Man sagt, daß
eine Sprache den Vokal [i] besitzt, auch wenn er sich in artikulatorischen Details vom [i] anderer Sprachen unterscheidet.
Andere Vokale nehmen Zwischenstufen zwischen den drei Eckvokalen
in (13) ein. Betrachten wir die Vokale [e o].[9] Der höchste Zungenpunkt von [e] und [o] liegt zwischen dem von [i] und [u] und [a]. [i u]
sind höher bzw. geschlossener als [e o], und [e o] sind höher bzw.
geschlossener als [a]. [e o] sind **halbgeschlossene Vokale** (engl.

---

[9] Die zwei (langen) Vokale [eː oː] kommen in *See* [zeː] und *roh* [ʁoː] vor.

close-mid). Der höchste Zungenpunkt von [e] ist weiter vorn als der
von [o] und [a]. [e] wird also neben [i] als vorderer Vokal bezeichnet,
und [o] neben [u] als hinterer Vokal. [o] unterscheidet sich von [e]
auch dadurch, daß ersteres gerundet und letzteres ungerundet ist.
Die zwei Vokale [ɛ ɔ] (z.B. *Bett* [bɛt], *flott* [flɔt]) sind eine Stufe tiefer
bzw. offener als [e o]; [ɛ ɔ] werden deshalb als **halboffene Vokale**
(engl. **open-mid**) bezeichnet. Ein Unterschied zwischen [ɛ] und [ɔ]
ist, daß [ɛ] weiter vorn liegt als [ɔ]. [ɛ] zählt somit zu den vorderen
Vokalen und [ɔ] zu den hinteren. Ein weiterer Unterschied zwischen
[ɛ] und [ɔ] ist, daß [ɔ] gerundet ist und [ɛ] ungerundet.
Der einzige bisher besprochene tiefe Vokal ist [a]. 'a' kann aber je
nach Sprache verschiedene phonetische Realisierungen haben. Nach
dem IPA-System wird [a] als vorderer Vokal bezeichnet, aber in
einigen Sprachen, u.a. im Deutschen, zählt [a] eher zu den zentralen
Vokalen. Es gibt auch einen hinteren 'a'-Laut — ein Vokal, der im
IPA-System als [ɑ] transkribiert wird. Norwegisch ist ein Beispiel für
eine Sprache, die über den tiefen hinteren Vokal [ɑ] verfügt.
Die Tabelle in (14) führt die acht bisher besprochenen Vokale [i e ɛ a
u o ɔ ɑ] auf.

(14)

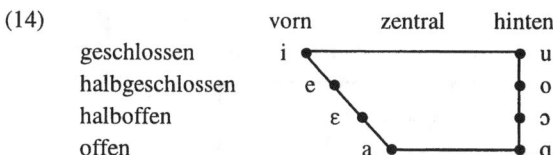

Die vier Vokale [i e ɛ a] sind auf einer Schräge angeordnet, weil sie
nicht alle gleich weit vorn sind: [i] ist etwas weiter vorn als [e] und [e]
wiederum etwas weiter vorn als [ɛ] usw. Bei den hinteren Vokalen
existiert keine solche Verschiebung; deshalb befinden sie sich auf
einer geraden senkrechten Linie.
Die acht Vokale in (14) stellen das System der (primären) **Kardinalvokale** dar — ein System, das von Daniel Jones (1918) entwickelt
wurde. Die Kardinalvokale sind Bezugspunkte, die auf artikulatorischen und auditiven Kriterien basieren und zur Identifizierung von
Vokalen dienen.
Von den Kardinalvokalen in (14) haben die fünf ungerundeten [i e ɛ a
ɑ] jeweils ein gerundetes Gegenstück und die drei gerundeten [u o ɔ]

ein ungerundetes Gegenstück. Die Transkriptionszeichen dieser sech-
zehn Vokale sind in (15) aufgeführt:[10]

(15)

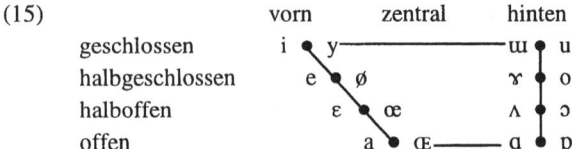

Die acht Vokale [y ø œ Œ ɯ ɤ ʌ ɒ] sind sekundäre Kardinalvokale.
Außer 'geschlossen', 'halbgeschlossen', 'halboffen' und 'offen' gibt es
noch drei weitere Vokalhöhen. Die drei Vokale [ɪ ʏ ʊ] (z.B. *mit* [mɪt],
müssen [mʏsən], *muß* [mʊs]) sind offener als [i y ɯ u], aber geschlossener als [e ø ɤ o]. [ɪ ʏ] sind vordere Vokale, [ʊ] ist ein hinterer Vokal, [ɪ] ist ungerundet, [ʏ ʊ] sind gerundet. Das **Schwa** [ə] (z.B.
komme [kɔmə]) ist offener als [e ø ɤ o] und geschlossener als
[ɛ œ ʌ ɔ]. Die zwei Vokale [ɐ æ] (z.B. *Mutter* [mʊtɐ], engl. *man*
[mæn] 'Mann') sind eine Stufe tiefer als [ɛ œ ʌ ɔ] und eine Stufe
höher als [a ɑ]. [ɐ æ] sind ungerundet.
Die bisher behandelten Vokale sind in (16) angegeben:

(16)

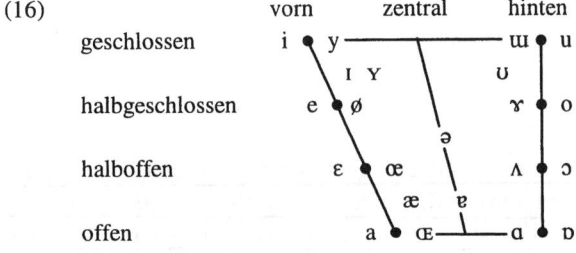

---

[10] Die zwei (langen) Vokale [y: ø:] sowie [œ] sind deutsche Sprachlaute (z.B. *Mühe*
[my:ə], *schön* [ʃø:n], *möchte* [mœçtə]).
[ʌ] ist ein Vokal des Englischen, z.B. *thumb* [θʌm] 'Daumen'. Die zwei hinteren
ungerundeten Vokale [ɯ ɤ] kommen nur in sehr wenigen Sprachen vor. [ɯ] tritt im
Japanischen auf und [ɤ] im Vietnamesischen. Der hintere gerundete Vokal [ɒ]
kommt in Dialekten des britischen Englisch vor, z.B. *bomb* [bɒm] 'Bombe'. Der
vordere gerundete Vokal [œ] ist in einem österreichischen Dialekt des Deutschen
belegt (Ladefoged & Maddieson 1996).

Es gibt neben den Vokalen in (16) einige weitere Vokale im zentralen Bereich, die hier nicht besprochen werden. Der Leser kann die Transkriptionszeichen dieser Vokale der IPA-Tabelle auf S. 363 entnehmen. Betrachten wir nun die beiden Vokalgruppen [i y u o] und [ɪ ʏ ʊ ɔ]. Nach dem IPA-System besteht der Hauptunterschied zwischen den beiden Gruppen darin, daß die Vokale in der ersten Gruppe höher bzw. geschlossener produziert werden als die entsprechenden Vokale in der zweiten. Ein weiterer Unterschied ist, daß [i y u o] **gespannt** (engl. **tense**) sind und [ɪ ʏ ʊ ɔ] **ungespannt** (engl. **lax**). Eine genaue phonetische Deutung von Gespanntheit ist schwierig. Üblich ist die Definition, daß Vokale wie [i y u o] mit mehr Muskelspannung artikuliert werden als [ɪ ʏ ʊ ɔ], aber die experimentelle Phonetik hat diese Definition bisher weder bestätigt noch widerlegt. Einer anderen Definition zufolge werden gespannte Vokale mit vorverlagerter Zungenwurzel und ungespannte Vokale mit zurückverlagerter Zungenwurzel ausgesprochen.[11] Weil es in der Phonologie Tradition ist, von gespannten und ungespannten Vokalen zu sprechen, werden diese Termini in den folgenden Kapiteln verwendet. Die Tabelle (17) faßt die in (16) verwendeten IPA-Termini und die entsprechenden alternativen Bezeichnungen zusammen:

(17)

IPA	alternative Bezeichnungen	Beispiel
geschlossen	hoch gespannt	[i y u]
	hoch ungespannt	[ɪ ʏ ʊ]
halbgeschlossen	mittel gespannt	[e ø o]
halboffen	mittel ungespannt	[ɛ œ ʌ ɔ]
offen	tief ungespannt	[a ɑ]

Die Linguisten sind sich allerdings nicht einig, ob alle tiefen Vokale ungespannt sind, wie in (17) angenommen. Ramers (1988) hat bei-

---

[11] Eine neuere (und etwas anspruchsvollere) Diskussion der Definition von Gespanntheit in typologisch verschiedenen Sprachen findet sich bei Ladefoged & Maddieson (1996). Eine Untersuchung zur Gespanntheit bei den deutschen Vokalen bietet Ramers (1988).

spielsweise dafür plädiert, daß der lange tiefe Vokal [aː] im Deutschen
gespannt ist.
Sprachwissenschaftler, die von einem Gespanntheitsunterschied ausgehen, postulieren in der Regel nur drei Vokalhöhen wie in (17). Nach
dieser Vorstellung würde man die Vokale in (16) wie in (18) einteilen:

(18)

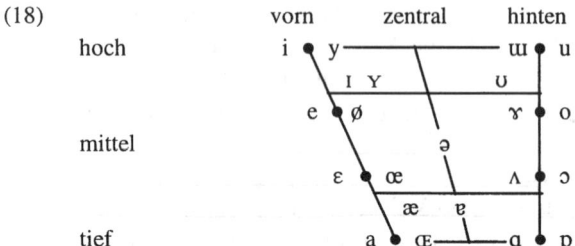

Alle oben besprochenen Vokale werden als **oral** bezeichnet, weil sie
mit einem gehobenen Velum ausgesprochen werden und die Luft
durch den Mund entweicht. Vokale können auch mit gesenktem Velum produziert werden. Dann werden sie als **Nasalvokale** bezeichnet,
weil die Luft auch durch die Nase entströmt. In der phonetischen
Transkription werden Nasalvokale mit dem Diakritikum [˜] über dem
betreffenden Laut gekennzeichnet, z.B. [ũ ã]. Die bekannteste euro-
päische Sprache mit Nasalvokalen ist Französisch, vgl. *bon* [bõ] 'gut'.
Ein weiterer Parameter, der bei der Artikulation von Vokalen eine
wichtige Rolle spielt, ist **Länge** (oder **Vokalquantität**; siehe auch
§1.6 und §8.6.2), wobei sich die Termini Länge und Vokalquantität
auf die Dauer des Segments beziehen. Vokale können, wie Konsonanten (vgl. Geminaten §1.4.3.3), kurz oder lang sein. Im Deutschen
kommen lange und kurze Vokale vor, vgl. *Stadt* [ʃtat] vs. *Staat* [ʃtaːt].
In vielen Sprachen der Welt gibt es einen engen Zusammenhang
zwischen Vokallänge und Gespanntheit. Die Generalisierung ist, daß
gespannte Vokale oft phonetisch lang sind und ungespannte Vokale
kurz, z.B. [iː eː uː oː] vs. [ɪ ɛ ʊ ɔ]; mehr über die deutschen Vokale
siehe §1.7.2. Lange ungespannte Vokale (z.B. [ɪː ɛː ʊː ɔː]) und kurze
gespannte Vokale (z.B. [i e u o]) sind zwar in einigen Sprachen belegt,
aber sie kommen nicht häufig vor.
Ein weiterer Parameter der Vokalquantität ist die Unterscheidung
zwischen **Monophthongen** und **Diphthongen**. Im allgemeinen wird

ein Diphthong als eine Abfolge von zwei Vokalen verstanden, die zusammen dieselbe Dauer haben wie ein einzelner langer Vokal, wobei diese beiden Vokale zur selben **Silbe** gehören (siehe Kapitel 8). Ein Beispiel eines Diphthongs ist die [a]+[i] Abfolge in *Zeit* oder die [a]+[u] Abfolge in *Haus*. Die zwei Vokale in *naiv* bilden dagegen keinen Diphthong, weil sie nicht zur selben Silbe gehören. Diphthonge werden in §8.6 behandelt.

Alle oben besprochenen langen und kurzen Vokale, die keine Diphthonge sind, sind Monophthonge. Monophthonge bestehen aus einem einzigen Vokal.

Es existieren mehrere Transkriptionszeichen für Diphthonge. Eine Möglichkeit ist, daß die beiden Vokale als solche geschrieben werden, z.B. [aʊ aɪ] oder [au ai]. Um zum Ausdruck zu bringen, daß die beiden Teile eines Diphthongs zur selben Silbe gehören, können sie auch mit dem Diakritikum [⌢] über den beiden Vokalen transkribiert werden, z.B. [a͡u a͡i]. Eine dritte Möglichkeit ist die Transkription mit Gleitlauten, z.B. [aw aj]. Eine vierte Variante ist die Transkription mit dem Diakritikum [˯] unter dem zweiten Vokal, z.B. [au̯ ai̯].

1.6 Suprasegmentale Eigenschaften

In den letzten Abschnitten wurden artikulatorische Parameter von einzelnen Lauten beschrieben. Außer diesen segmentalen Eigenschaften gibt es noch eine Reihe von Eigenschaften, die traditionell als **suprasegmental** bezeichnet werden (siehe Lehiste 1970), weil sie in einem gewissen Sinne von den Segmenten 'unabhängig' sind (lat. *supra* 'oberhalb'). Die genaue Bedeutung von 'unabhängig' in diesem Kontext mag auf den ersten Blick schwer erschließbar erscheinen; diese Thematik wird in Kapitel 6 bis 10 ausführlich behandelt. Typische suprasegmentale Eigenschaften sind u.a. **Akzent, Länge, Intonation** und **Ton**.

Der Akzent (oder die **Betonung**) hat kein einheitliches phonetisches Korrelat. Unter Akzent versteht man gewöhnlich die 'Hervorhebung' einer Silbe gegenüber den benachbarten Silben. Demzufolge hat die erste Silbe in dem Wort *Mantel* mehr Akzent als die zweite.[12] Eine

---

[12] Die Silbe gehört auch zu den suprasegmentalen Einheiten. Der Begriff 'Silbe' läßt sich nicht so leicht phonetisch definieren.

genaue phonetische Definition von 'Hervorhebung einer Silbe' betrifft
mehrere Faktoren. Man kann allgemein festhalten, daß betonte Silben
in vielen Sprachen über mindestens zwei phonetische Eigenschaften
verfügen, die sie von unbetonten Silben unterscheiden. Erstens sind
betonte Silben meist phonetisch länger als unbetonte. Zweitens sind
betonte Silben in der Regel lauter als unbetonte. Die phonologischen
Aspekte von Akzent werden in Kapitel 9 untersucht.

In der Transkription wird ein **Hauptakzent** mit einem hochgestellten
senkrechten Strich ['] unmittelbar vor der Silbe, die betont wird,
gekennzeichnet, und ein **Nebenakzent** mit einem tiefgestellten [ˌ], z.B.
Mantel ['mantəl], *Bahnhof* ['baːnˌhoːf]. Die genaue Bedeutung von
Hauptakzent und Nebenakzent wird in Kapitel 9 behandelt.

Der Leser sei an dieser Stelle darauf hingewiesen, daß in vielen phonologischen Arbeiten ein anderes Transkriptionssystem für Akzent
benutzt wird, in dem ein Hauptakzent durch [´] und ein Nebenakzent
durch [`] über dem Vokal gekennzeichnet wird, z.B. *Mantel* [mántəl],
Bahnhof [báːnhòːf]. In diesem Buch werden für Akzent die diakritischen Zeichen des IPA-Systems verwendet; die diakritischen Zeichen
[´] , [`] usw. werden stattdessen benutzt, um Töne darzustellen (siehe
S. 31).

Die Länge (d.h. kurze vs. lange Vokale, kurze Konsonanten vs. Geminaten) wird nicht nur von Phonetikern, sondern auch von den meisten
Phonologen als suprasegmentale Eigenschaft angesehen. Dieses
Thema wird in Kapitel 8 wieder aufgegriffen. Es gibt einen Zusammenhang zwischen Vokallänge und Akzent. Im Deutschen und in
vielen anderen Sprachen gilt, daß betonte gespannte Vokale lang sind
und unbetonte Vokale kurz.

Unter **Intonation** wird meistens die Änderung der **Tonhöhe** (engl.
pitch) im Verlauf der Äußerung eines Satzes verstanden. Die gram-
matisch determinierte Funktion von Intonation besteht u.a. darin, verschiedene Satztypen voneinander zu unterscheiden. Der Aussagesatz
Der Hase frißt eine Möhre wird beispielsweise mit fallender Intonation ausgesprochen, d.h. die Stimme setzt auf einer mittleren Tonhöhe ein, fällt zum Satzende hin graduell ab. Die Frage *Der Hase frißt
eine Möhre?* wird dagegen mit steigender Intonation produziert, d.h.
die mittlere Tonhöhe steigt zum Satzende hin graduell an.

In vielen Sprachen wird die Tonhöhe benutzt, um individuelle Wörter
zu unterscheiden. Solche Sprachen werden als **Tonsprachen** bezeich-

net; dabei bezieht sich **Ton** auf den Tonhöhenverlauf innerhalb von
Wörtern. In der Transkription werden Töne mit diakritischen Zeichen
(wie [´], [`]) über den jeweiligen Vokalen gekennzeichnet, z.B ist
[á] der Vokal [a] mit einem hohen Ton und [à] der Vokal [a] mit
einem tiefen Ton. Ein Beispiel für eine Tonsprache ist Thai, z.B. [náː]
'Tante' vs. [nàː] 'Spitzname'. Tonsprachen werden in Kapitel 6
behandelt.

1.7 Die Sprachlaute des Deutschen

In diesem Abschnitt wird eine kurze Übersicht über die Sprachlaute
des Standarddeutschen (nach Drosdowski et al. 1995) geboten.

1.7.1 Die Konsonanten

Die folgende Tabelle führt die Konsonanten des Standarddeutschen
auf; eine phonologische Analyse der deutschen Sprachlaute wird in
Kapitel 2 unternommen. Gemäß phonologischer Konvention werden
die Konsonanten einer Sprache in Form einer Tabelle repräsentiert,
wobei die Zeilen die Artikulationsstellen (= die erste Spalte in (2))
und die Spalten die Artikulationsmodi kennzeichnen.

(19)	bi-labial	labio-dental	alveolar	post-alveolar	palatal	velar	uvular	glottal
Plosiv	p b		t d			k g		ʔ
Affrikate		p͡f	t͡s	t͡ʃ d͡ʒ				
Frikativ		f v	s z	ʃ ʒ	ç	x		h
Nasal	m		n			ŋ		
Lateral			l					
Vibrant							ʀ	
Gleitlaut					j			

Die Konsonanten des Deutschen in (19) sind durch acht Artikulationsstellen und sieben Artikulationsmodi gekennzeichnet.
Beispiele für die Laute aus (19) sind in (20) angegeben:

(20)	[p]	sprechen	[d͡ʒ]	Job	[j]	ja
	[b]	aber	[f]	fein	[m]	machen
	[t]	Stamm	[v]	Wein	[n]	nicht
	[d]	wieder	[s]	Skat	[ŋ]	lang
	[k]	Skat	[z]	See	[l]	laut
	[g]	Regen	[ʃ]	Schiff	[ʀ]	rein
	[ʔ]	aber	[ʒ]	Genie		
	[p͡f]	Pfennig	[ç]	mich		
	[t͡s]	Zeit	[x]	Buch		
	[t͡ʃ]	Cello	[h]	Haus		

Einige Laute in (19) bedürfen der Erläuterung. Der glottale Plosiv [ʔ] wird in der deutschen Orthographie nicht wiedergegeben. Dieser Laut tritt z.B. vor wortinitialen Vokalen auf, vgl. *ab* [ʔap]. Es gibt eine Tradition in der deutschen Linguistik, den 'ach-Laut' immer als velar zu transkribieren, d.h. als [x]. Phonetisch gesehen hat jedoch der ach-Laut zwei Realisierungen, [x] und [χ] (siehe Kohler 1990). Der uvulare Laut [χ] kommt immer nach den zwei tiefen Vokalen [a aː] vor, z.B. [naːχ], während der velare Frikativ [x] beispielsweise nach [uː] auftritt, z.B. [buːx]. Der 'j'-Laut wird manchmal als 'stimmhafter Frikativ' (IPA [ʝ]) beschrieben (z.B. Drosdowski et al. 1995). Diese Realisierung gilt vielleicht für manche Sprecher, aber im allgemeinen wird 'j' ohne Reibegeräusch produziert, d.h. dieser Laut ist normalerweise ein Gleitlaut (siehe Kohler 1995, Pompino-Marschall 1995). In (19) werden drei stimmlose Plosive aufgeführt, nämlich [p t k]. Phonetisch können diese drei Laute je nach Kontext entweder aspiriert ([pʰ tʰ kʰ]) oder nicht aspiriert ([p t k]) realisiert werden.

Im Standarddeutschen gibt es einen stimmhaften uvularen 'r-Laut', der verschiedene phonetische Realisierungen haben kann. Eine mögliche Aussprache entsteht, indem das Zäpfchen eine Reihe von kurzen Verschlüssen produziert. In diesem Fall ist der r-Laut ein Vibrant (d.h. [ʀ] in [ʀoːt]). Für viele Sprecher entsteht bei der Aussprache von [ʀ] ein Reibegeräusch. In diesem Fall ist das '[ʀ]' also kein Vibrant, sondern ein Frikativ (d.h. [ʁ] in [ʁoːt]). Bei anderen Sprechern wird bei der Aussprache von 'r' weder ein Reibegeräusch, noch eine Reihe von kurzen Verschlüssen gebildet. In diesem Fall ist das [ʀ] weder ein Frikativ noch ein Vibrant, sondern ein Approximant. (Im IPA-System gibt es leider kein Symbol für einen uvularen Approximanten.) In

vielen süddeutschen Dialekten tritt 'r' als alveolarer Vibrant auf, d.h.
[r] in [roːt].
Außer den Lauten in (19) gibt es einige **silbische Konsonanten**.[13] In
der Transkription werden diese Laute mit einem senkrechten Strich
unter dem betreffenden Laut gekennzeichnet. Silbische Konsonanten
kommen als optionale Realisierung der Beispiele in (21) vor (siehe
Drosdowski et al. 1995: 33).

(21) Handel   [handəl]   [handl̩]
      Faden   [faːdən]   [faːdn̩]

Im Deutschen sind die silbischen Konsonanten entweder Nasale (z.B.
[m̩ n̩] oder Laterale ([l̩]). Silbische Konsonanten werden in Kapitel 8
behandelt.
Der Leser sei an dieser Stelle auf ein Problem hinsichtlich der phonetischen Transkriptionen hingewiesen. Im allgemeinen stellt sich die
Frage, wie viele phonetische 'Einzelheiten' die Trankriptionen enthalten sollen. Man kann beispielsweise das Wort *dich* als [dɪç] transkribieren, aber das [d] ist phonetisch apikal (Wängler 1981). Man kann
in den phonetischen Transkriptionen ein Diakritikum verwenden, um
das 'd' als apikal zu kennzeichnen, d.h. [d̺ɪç]. Die phonetische Form
[dɪç] ist aber nicht falsch; man hat in diesem Fall lediglich eine Transkription gewählt, die eine phonetische Einzelheit, nämlich die 'Apika-
lität', nicht berücksichtigt. Man bezeichnet phonetische Formen wie
[dɪç] als **weite Transkriptionen** und solche wie [d̺ɪç] als **enge Transkriptionen.** Weitere Beispiele sind oben erwähnt worden. Man kann
z.B. Wörter, die mit stimmlosen Plosiven anlauten, in einer weiten
Transkription als [p t k] und in einer engen Transkription als [pʰ tʰ kʰ]
wiedergeben. Der 'ach-Laut' kann in einer weiten Transkription als [x]
transkribiert werden, in einer engen Transkription jedoch als [x] oder
[χ].

---

[13] Die Termini 'silbisch' und 'silbische Konsonanten' werden in Kapitel 8 behandelt.

1.7.2 Die Vokale und Diphthonge

Die folgende Tabelle führt die Vokale des Standarddeutschen auf.

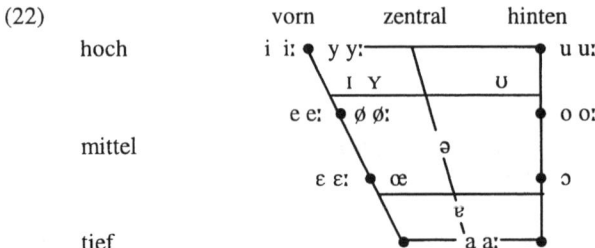

(22)

	vorn	zentral	hinten
hoch	i iː y yː	ɪ ʏ ʊ	u uː
mittel	e eː ø øː	ə	o oː
	ɛ ɛː œ	ɐ	ɔ
tief		a aː	

Beispiele für vordere Vokale in (22) sind in (23a) angegeben und für zentrale und hintere Vokale in (23b).

(23a)
[iː]	ihn	[yː]	Bühne
[i]	vital	[y]	düpieren
[ɪ]	Mitte	[ʏ]	Hündin
[eː]	Mehl	[øː]	schön
[e]	mechanisch	[ø]	möblieren
[ɛː]	Mädchen	[œ]	möchte
[ɛ]	Bett		

(23b)
[uː]	Ufer	[ɔ]	noch
[u]	kulant	[a]	kann
[ʊ]	Mutter	[aː]	Aas
[oː]	oben	[ɐ]	Kinder
[o]	Moral	[ə]	genau

Das Deutsche verfügt über ein kurzes und ein langes [a]. In (22) werden [a] und [aː] (nach Kohler 1995 und Pompino-Marschall 1995) als zentrale Vokale analysiert. Andere Autoren sind der Auffassung, daß der kurze tiefe Vokal zentral ist und das lange Gegenstück hinten, d.h. [ɑː] (siehe Wängler 1981).
Zu Vokallänge bzw. -gespanntheit sind einige Bemerkungen notwendig. Im Standarddeutschen gibt es sowohl kurze gespannte Vokale (d.h. [i y e ø u o]) als auch lange gespannte Vokale ([iː yː eː øː uː oː]). Beispiele für diese zwölf Laute sind den Wörtern in (23) zu ent-

nehmen. Von den elf ungespannten Vokalen [ɪ ɛ ɛː ʏ œ ʊ ɔ a aː ə ɐ] sind nur [ɛː aː] lang, alle anderen kurz.[14] Alle oben aufgeführten Vokale des Standarddeutschen sind oral. Es gibt aber auch einige Lehnwörter aus dem Französischen, die Nasalvokale enthalten, z.B. *Balkon* [balkɔ̃]. Außer den Vokalen in (22) hat das Standarddeutsche die drei Diphthonge in (24):

(24)   [aʊ]   Haus
       [aɪ]   Reis
       [ɔɪ]   Leute

Der letzte Diphthong in (24) wird manchmal mit [ʏ] statt [ɪ] transkribiert: [ɔʏ].

Weiterführende Literatur

Empfehlenswert als allgemeine Einführung in die artikulatorische Phonetik sind Catford (1988) und Ladefoged (1993). Ladefoged & Maddieson (1996) bietet einen ausgezeichneten (allerdings auch anspruchsvollen) Überblick über die Sprachlaute in den Sprachen der Welt. Eine sehr gute Einführung in die akustische Phonetik ist Ladefoged (1996).
Die Aussprache des Standarddeutschen wird im *Duden* (Drosdowski et al. 1995) beschrieben. Als Einführung in die Phonetik des Deutschen sind Wängler (1981), Kohler (1995) und Pompino-Marschall (1995) zu empfehlen.

Aufgaben

(1)   Erklären Sie, wie die folgenden Laute produziert werden.
       Beispiel: bilabiale Plosive
       Antwort: Die Unterlippe wird zur Oberlippe bewegt. Ein vollkommener oraler Verschluß wird gebildet.
(1a)   labiodentale Frikative   (1d) aspirierte Plosive   (1g) nasale Laute
(1b)   uvulare Frikative   (1e) laterale Laute   (1h) gerundete Vokale
(1c)   stimmhafte Plosive   (1f) vordere Vokale

---

[14] Drosdowski et al. (1995) transkribieren den deutschen Vokal [ɛː] fälschlicherweise als [æ].

(2)   Wie beschreibt man die folgenden Laute?
           Beispiel: [p]   *Antwort:* stimmloser bilabialer Plosiv
(2a)   [v]   (2c)   [k]   (2e)   [l]   (2g)   [aː]   (2i)   [œ]
(2b)   [ŋ]   (2d)   [iː]   (2f)   [ʁ]   (2h)   [ø]   (2j)   [ʊ]

(3)   Transkribieren Sie die folgenden Wörter in weiter IPA-Umschrift.
(3a)   Stadt, sechs, Fälle, krank, ich, Bach, Held, wenn, krumm, Möbel, möblieren
(3b)   kommt, Trost, stand, lag, ob, lang, regnerisch, König, lebend, müde, düpieren
(3c)   üppig, kühl, Bahn, Mann, Möhre, Mädchen, Ehe, Maus, heute, heiß
(3d)   Wandel, Halm, Atem, Amt, Laden, rot, Tier, fahren, Wirt, Vater, Drang

(4)   ● Notieren Sie das phonetische Symbol für die folgenden Konsonanten.
           Beispiel: bilabialer Nasal   *Antwort:* [m]
(4a)   stimmhafter labiodentaler Frikativ   (4e)   alveolarer Vibrant
(4b)   stimmloser aspirierter alveolarer Plosiv (4f)   stimmhafter velarer Plosiv
(4c)   alveolarer lateraler Approximant   (4g)   velarer Nasal
(4d)   stimmloser palatalisierter labialer Plosiv (4h)   stimmhafter velarer Frikativ

(5)   ● Notieren Sie das phonetische Symbol für die folgenden Vokale.
           Beispiel: kurzer hinterer ungespannter mittlerer gerundeter Vokal
           Antwort: [ɔ]
(5a)   kurzer vorderer ungespannter hoher ungerundeter Vokal
(5b)   langer mittlerer vorderer ungespannter ungerundeter Vokal
(5c)   kurzer hinterer gespannter hoher gerundeter Vokal
(5d)   langer tiefer hinterer ungerundeter Vokal
(5e)   mittlerer vorderer ungespannter gerundeter nasalierter Vokal

2 Phonologische Grundbegriffe

Man kann Sprachlaute unter mindestens zwei Gesichtspunkten untersuchen. Einerseits kann man sich mit den physikalischen Aspekten von Lauten beschäftigen, d.h. mit den artikulatorischen, auditiven und akustischen Eigenschaften. Sie sind — wie bereits in Kapitel 1 erwähnt — Gegenstand der Phonetik. Andererseits kann man die Systematik der Laute einer Sprache untersuchen, d.h. das Vorkommen bzw. Nichtvorkommen von Lauten in bestimmten Segmentfolgen. Diese Fragestellung ist Gegenstand der Phonologie.

2.1 Das Phonem

2.1.1 Kontrast

Die zwei Wörter *Tante* [tantə] und *Kante* [kantə] unterscheiden sich phonetisch in genau einem Laut. Das erste Wort enthält dort ein [t], wo das zweite ein [k] aufweist. Die beiden Laute [k] und [t] **kontrastieren**, d.h. sie können verschiedene Wörter bzw. Bedeutungen unterscheiden. Auch in anderen Positionen innerhalb eines deutschen Wortes können [k] und [t] Wörter unterscheiden. Sie treten also in demselben **Kontext** (oder in derselben **Umgebung**) auf, z.B. wortinitial in [kantə] vs. [tantə] oder wortintern zwischen zwei Vokalen in [matə] vs. [makə] oder wortfinal in [zat] vs. [zak]. Wenn zwei Laute im selben Kontext vorkommen, sagt man, daß sie einen **Kontrast** bilden. Wenn man die Kontexte ermittelt, in denen bestimmte Sprachlaute vorkommen, dann stellt man die **Verteilung** (oder **Distribution**) dieser Laute fest.
Wenn zwei Wörter sich in einem einzigen Laut unterscheiden, bilden sie ein **Minimalpaar** (engl. **minimal pair**). Das Wortpaar [tantə] vs. [kantə] ist ein Beispiel, ebenso [matə] vs. [makə] oder [zat] vs. [zak]. Wenn sich zwei Wörter durch mehr als einen Laut unterscheiden, spricht man dagegen nicht von einem Minimalpaar. In [zat] vs. [lak] kontrastiert zwar [t] mit [k], weil die beiden Laute im selben Kontext

vorkommen, nämlich wortfinal nach [a], aber [zat] vs. [lak] ist kein Minimalpaar, weil hier zwei Lautpaare kontrastieren, nämlich [z] vs. [l] sowie [t] vs. [k].
Man nennt Laute, die eine kontrastierende Funktion haben, **Phoneme** (engl. **phoneme**). Phoneme werden meist als 'kleinste bedeutungsunterscheidende Elemente' definiert. Im Deutschen sind also [t] und [k] Phoneme, weil sie in denselben Kontexten auftreten und dabei Bedeutungen unterscheiden.
Um Phoneme zu sein, müssen zwei Laute nicht immer ein Minimalpaar bilden; entscheidend ist, daß sie kontrastieren, d.h. im selben Kontext vorkommen. Auch muß ein Laut nicht in *jeder* Position innerhalb eines Wortes mit anderen Lauten kontrastieren, um ein Phonem zu sein. Im Deutschen kontrastiert beispielsweise [h] mit anderen Konsonanten in wortinitialer Position, vgl. das Minimalpaar [haʊs] vs. [maʊs]. Man kann daraus schließen, daß [h] ein Phonem ist. In wortfinaler Position kommt [h] jedoch nicht vor; [h] kontrastiert also in dieser Position nicht mit anderen Konsonanten. Man sagt, weil dieser Laut nicht in allen Kontexten vorkommt, daß [h] eine **defektive Verteilung** hat.
Wenn man andere Wortpaare des Deutschen betrachtet, kann man aufgrund solcher Kontraste feststellen, daß z.B. [p b t d k g] Phoneme des Deutschen sind, vgl. [pas] vs. [bas] usw. Auch Vokale können kontrastieren. Minimalpaare wie [tantə] vs. [tɪntə] und [ʃoːn] vs. [ʃøːn] zeigen, daß z.B. [a ɪ] bzw. [oː øː] Phoneme sind. Das **Phoneminventar** des Deutschen besprechen wir in §2.5.

2.1.2 Komplementäre Verteilung

Im Englischen kontrastiert [l] wie die folgenden Minimalpaare zeigen mit anderen Lauten in wortinitialer Position. Aus diesen Daten kann man folgern, daß 'l' ein Phonem des Englischen ist.

(1)   late   [leɪt]   'spät'   mate   [meɪt]   'Kumpel'
          gate   [geɪt]   'Tor'   date   [deɪt]   'Dattel'
          fate   [feɪt]   'Schicksal'

In vielen Dialekten des Englischen gibt es zwei verschiedene Aussprachen für das Phonem 'l', wie die folgenden Daten illustrieren:

(2a)	late	[leɪt]	'spät'	(2b)	feel	[fiːɫ]	'fühlen'
	leaf	[liːf]	'Blatt'		bell	[bɛɫ]	'Glocke'

Das 'l' in (2a) ist ein alveolarer Lateral (= [l]), während das 'l' in (2b) phonetisch ein velarisierter alveolarer Lateral ist, d.h. [ɫ]. Der erste Laut wird in der englischen Linguistik als 'clear l' und der zweite als 'dark l' bezeichnet.

Man ersieht aus den Daten in (2a), daß [l] in wortinitialer und [ɫ] in wortfinaler Position realisiert wird. [l] und [ɫ] kontrastieren aber nicht, weil sie nicht im selben Kontext auftreten: [l] kommt niemals am Ende und [ɫ] niemals am Anfang eines Wortes vor.[1]

Wenn zwei (oder mehr) Laute so verteilt sind, daß der erste Laut nur in einem, der zweite nur in einem anderen Kontext vorkommt, stehen die zwei Laute in **komplementärer Verteilung** (oder **komplementärer Distribution**). Im Englischen ist die Distribution von [l] und [ɫ] komplementär, weil es kein englisches Wort gibt, in dem [ɫ] am Anfang oder [l] am Ende steht.

Die Laute [l] und [ɫ] sind phonetisch sehr ähnlich, beide sind nämlich stimmhafte, alveolare Laterale. Der Unterschied zwischen [l] und [ɫ] besteht darin, daß [l] ein alveolarer nichtvelarisierter, [ɫ] ein velarisierter Laut ist. Phonetisch ähnliche Laute, die komplementär verteilt sind, stellen nicht verschiedene Phoneme, sondern Aussprachevarianten (oder **Allophone**) desselben Phonems dar.

Allerdings sind zwei oder mehr Laute, die in komplementärer Verteilung zueinander stehen, nicht immer Allophone desselben Phonems. Allophone sind notwendigerweise phonetisch ähnliche Segmente, wie z.B. die Laterale [l] und [ɫ]. Wenn zwei Laute, die *nicht* phonetisch ähnlich sind, in komplementärer Verteilung stehen, sind sie nicht Allophone eines Phonems. So gibt es im Deutschen die zwei Laute [h] und [ŋ], die (fast) in komplementärer Verteilung stehen: [h] kommt wortinitial vor ([haus], [hais]), aber niemals wortfinal, [ŋ] hingegen kommt am Ende eines Wortes vor ([laŋ], [dɪŋ]), aber niemals am Anfang. [h] und [ŋ] sind nicht Allophone desselben Phonems, weil [h] und [ŋ] nicht phonetisch ähnlich sind: [h] ist ein stimmloser glottaler

---

[1] [l] und [ɫ] kontrastieren auch in anderen Positionen nicht. [l] kommt z.B. zwischen zwei Vokalen vor (*feeling* [fiːlɪŋ] 'Gefühl'), [ɫ] aber nicht. Die Kontexte von [l] und [ɫ] sollen in Aufgabe 9 in Kapitel 8 genauer bestimmt werden.

Frikativ, [ŋ] ein stimmhafter velarer Nasal. Beide Laute haben eine defektive Verteilung, weil sie nicht in allen Kontexten auftreten. Das Verhältnis zwischen Phonen bzw. Allophonen und Phonemen wird in (3) anhand einiger englischer Konsonanten illustriert. Zur besseren Unterscheidung setzt man Phoneme in schräge Klammern, Phone und Allophone in eckige Klammern.

(3)   /g/   /f/   /d/   /m/   /l/   Phoneme

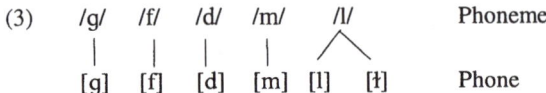

    [g]   [f]   [d]   [m] [l]   [ɫ]   Phone

Die Phoneme /g f d m/ usw. haben im Englischen jeweils ein Allophon, das Phonem /l/ hat zwei, nämlich [l] und [ɫ]. Der Terminus 'Allophon' bezieht sich also auf das Verhältnis zwischen Lauten (z.B. [l] und [ɫ]), während 'Phon' lediglich ein Synonym für 'Laut' ist.[2] In der Regel empfinden Muttersprachler die Allophone eines Phonems als 'einen Laut', zwei oder mehr Phoneme aber als 'verschiedene Laute'. Diesem Befund entspricht auch, daß es Sprechern des Englischen nicht bewußt ist, daß in ihrer Sprache zwei verschiedene 'l's existieren.[3] Die Unterscheidung von Phonemen und Allophonen findet sich auch in manchen Schriftsystemen. Als Faustregel gilt, daß in Alphabetschriften die Allophone eines Phonems nicht unterschieden werden. Alphabetschriften richten sich also nach Phonemen. So werden im Englischen [l] und [ɫ] beide <l> geschrieben, weil [l] und [ɫ] Allophone desselben Phonems sind. Phoneme hingegen werden in der

---

[2] Die Termini 'Laut' bzw. 'Phon' bzw. 'Segment' können zweideutig sein. Auf der einen Seite beziehen sie sich auf 'konkrete' Entitäten, die man hören und messen kann, z.B. [l] und [ɫ], aber auf der anderen Seite können sie sich auf die relativ 'abstrakten' Phoneme beziehen. Um Unklarheiten zu vermeiden, werden die Termini 'Laut', 'Segment' und 'Phon' in diesem Kapitel nur dann verwendet, wenn es sich um 'konkrete' Entitäten handelt, d.h. Elemente in der phonetischen Repräsentation, also die Phone in (3). Wenn abstrakte Entitäten gemeint sind, wird der Terminus 'Phonem' verwendet.

[3] Die hier zugrunde gelegte Definition des Phonems als 'mentale' Einheit geht auf Baudouin de Courtenay (1895) und Sapir (1921) zurück.

Regel mit verschiedenen Buchstaben notiert, z.B. /p/ und /b/ als <p> und <b>.

Die komplementäre Verteilung von Allophonen wird durch eine **phonologischen Regel** erfaßt. Die Regel für die Distribution von [l] und [ł] gemäß (2) wird als l-Velarisierung bezeichnet:

(4)   *l-Velarisierung:* /l/ → [ł] / ___ #

Das Phonem /l/ bildet in (4) den **Input** (Eingabe) der Regel und [ł] den **Output** (Ausgabe). Der Pfeil '→' bedeutet 'wird als ... realisiert' und der Schrägstrich '/' 'in der Umgebung'. Der horizontale Strich '___' ist der Stellvertreter des Lautes, auf den die Regel angewendet wird, also in (4) der Input /l/. '#' bezeichnet eine Wortgrenze. Dieses Symbol steht rechts vom horizontalen Strich, weil [ł] nur davor vorkommt und nicht danach. Man kann die Regel (4) folgendermaßen lesen: 'Das Phonem /l/ wird am Ende eines Wortes als [ł] realisiert', oder: 'Das Phonem /l/ am Ende eines Wortes hat die Aussprachevariante [ł]'. (Details zum Formalismus von Regeln finden sich in §2.7).

Da die l-Velarisierung die Verteilung von Allophonen erfaßt, ist sie eine **allophonische Regel**. Nicht alle phonologischen Regeln sind allophonischer Natur, wie in §2.3 illustriert wird.

Die l-Velarisierung besagt, daß die Distribution des Allophons [ł] **vorhersagbar** ist. Ein Laut ist vorhersagbar, wenn man einen Kontext festlegen kann, in dem dieser Laut vorkommt. [ł] hat eine vorhersagbare Distribution, weil es nur in wortfinaler Position auftritt.

In (3) wurde das Verhältnis zwischen einigen Phonemen und ihren Allophonen im Englischen illustriert. Zu beachten ist, daß zwei Sprachen dieselben Phone bzw. Sprachlaute haben können, sich aber durch das Verhältnis zwischen Phonemen und Phonen unterscheiden. Eine solche Situation wird anhand der zwei Sprachen Marschalesisch und Plains Cree gezeigt.

In der austronesischen Sprache Marschalesisch gibt es (wie im Englischen) die zwei Laterale [l] und [ł] (Ladefoged & Maddieson 1996), vgl. die Beispiele in (5):

(5)   [lale]   'Check'
       [ɬaɬ]   'klopfen'
       [laɬ]   'Erde'

Anders als im Englischen kontrastieren [l] und [ɬ] im Marschale-
sischen, weil sie Wörter unterscheiden können, d.h. sie sind Phoneme.
Die Beispiele [lale] und [laɬ] illustrieren, daß [l] am Anfang eines
Wortes vor [a] stehen kann und das Beispiel [ɬaɬ], daß [ɬ] in derselben
Position auftritt. Das Verhältnis zwischen Phonen und Phonemen im
Marschalesischen ist in (6) dargestellt:

(6)   /l/   /ɬ/   Phoneme
        | |
       [l]   [ɬ]   Phone

Ein weiteres Beispiel soll illustrieren, daß Laute, die z.B. im
Deutschen Phoneme sind, in einer anderen Sprache Allophone eines
Phonems sein können. Die Beispiele in (7) sind aus dem Plains Cree
(zitiert nach Davenport & Hannahs 1998).

(7)   [siːsiːp]   'Ente'   [tahki]   'immer'
       [taːnispiː]   'wann'   [tagosin]   'er kommt an'
       [paskuaːu]   'Prärie'   [nisida]   'meine Füße'
       [asabaːp]   'Faden'   [miːbit]   'Zahn'
       [naːbeːu]   'Mann'   [kodak]   'einander'
       [aːbihtaːu]   'Hälfte'

Man kann diesen Daten entnehmen, daß das Plains Cree über stimmhafte und stimmlose Plosive verfügt, nämlich [p b t d k g]. Im
folgenden wird gezeigt, wie man die Verteilung dieser Laute bestimmt.
Wenn man mit Daten einer unbekannten Sprache konfrontiert ist,
sollte man zuerst eine Hypothese aufstellen, die aufgrund weiterer
Daten entweder bestätigt, modifiziert oder widerlegt werden kann. Am
Ende dieses Kapitels finden sich Aufgaben, die dies vertiefen.
Wenn man die Distribution von [p] und [b] in (7) betrachtet, wird man
feststellen, daß [p] in drei Positionen vorkommt, nämlich wortinitial
(z.B. [paskuaːu]), wortintern nach [s] (z.B. ([taːnispiː]) und wortfinal
(z.B. [asabaːp]). [b] tritt dagegen nur in einer einzigen Position auf,

nämlich zwischen zwei Vokalen (in [asabaːp], [aːbihtaːu] und [miːbit]). Die Qualität der Vokale (z.B. vorn, hinten, hoch, tief usw.) ist hier unerheblich, d.h. sie spielt für die Generalisierung zur Verteilung der stimmhaften und stimmlosen Plosive keine Rolle.

Versucht man, aufgrund dieser Daten einen einheitlichen Kontext zu ermitteln, in dem [p] auftritt, dann hat man Schwierigkeiten, weil die drei Umgebungen 'wortinitial', 'wortintern nach [s]' und 'wortfinal' keine Gemeinsamkeiten haben. Man kann jedoch feststellen, daß [b] nur zwischen Vokalen, d.h. in der Umgebung 'Vokal__Vokal', auftritt. Dieser Analyse zufolge hat also nur [b], aber nicht [p] eine vorhersagbare Distribution. Man kann außerdem die Hypothese aufstellen, daß nicht nur [b], sondern auch die anderen stimmhaften Plosive nur zwischen Vokalen auftreten. Diese Hypothese ist plausibel, weil in vielen anderen Sprachen die ganze Gruppe der stimmhaften Plosive die gleiche Distribution aufweist, also nur zwischen Vokalen vorkommt.

Die oben aufgestellte Hypothese wird durch die übrigen Beispiele in (7) bestätigt, d.h. die stimmhaften Plosive [d] und [g] kommen immer zwischen Vokalen vor. Man kann also die folgende Generalisierung zur Verteilung der Plosive machen: [b d g] treten im Plains Cree nur zwischen Vokalen auf, und [p t k] kommen niemals in dieser Stellung vor.

Somit illustrieren die Wörter in (7), daß die stimmhaften Plosive [b d g] in komplementärer Verteilung zu den stimmlosen Plosiven [p t k] stehen und das Auftreten der stimmhaften Varianten vorhersagbar ist. Im Plains Cree stellt sich das Verhältnis von plosiven Phonen und Phonemen wie in (8) dar.

(8)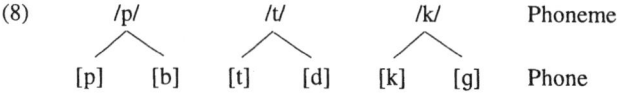

Vergleicht man die Distribution von stimmhaften vs. stimmlosen Plosiven im Plains Cree in (8) mit den entsprechenden Segmenten im Deutschen, dann sieht man, daß die beiden Sprachen die Gemeinsamkeit haben, über die sechs Phone [p b t d k g] zu verfügen. Zugleich unterscheiden sich die beiden Sprachen dadurch, daß im Deutschen [p

b t d k g] den jeweiligen Phonemen /p b t d k g/ entsprechen, während
im Plains Cree [p b t d k g] den drei Phonemen /p t k/ zugeordnet sind.
Die Distribution von [b d g] im Plains Cree wird durch die allophonische Regel in (9) zum Ausdruck gebracht, die besagt, daß die
drei Phoneme /p t k/ zwischen Vokalen als [b d g] ausgesprochen
werden:

(9)   /p t k/ → [b d g] / Vokal ___ Vokal

Wenn eine Liste von mehreren Segmenten im Input *und* im Output
einer Regel vorkommt wie in (9), interpretiert man die Regel so, daß
jedes Inputphonem durch sein 'entsprechendes' Outputsegment realisiert wird, d.h. /p/ wird nach (9) als [b] (und nicht etwa als [g])
realisiert und /t/ als [d] (und nicht als [b]).
Wir haben angenommen, daß die drei Allophone [b d g] auf die jeweiligen stimmlosen Phoneme, nämlich /p t k/ zurückzuführen sind. Als
Faustregel wird derjenige Laut als Phonem angesetzt, der eine
'weitere' Verteilung hat, in diesem Fall /p t k/, weil [p t k] in drei
verschiedenen Kontexten vorkommen, [b d g] nur in einem einzigen.
Der Laut, der als Phonem angesetzt wird, ist folglich das Allophon,
das in den meisten Kontexten auftritt. Diese Annahme wird dadurch
gestützt, daß die stimmhaften Laute — wie bereits oben erwähnt —
eine vorhersagbare Distribution haben, d.h. man kann einen Kontext
festlegen, in dem diese Laute auftreten, nämlich zwischen Vokalen.
Rein logisch gäbe es auch die Möglichkeit, daß /b d g/ die Phoneme
darstellen, und daß die Aussprache als [p t k] durch eine phonologische Regel gewährleistet wird. Diese Möglichkeit wird hier jedoch
aus verschiedenen Gründen verworfen. Wenn /b d g/ die Phoneme
wären, würde man Regel (9) durch die umgekehrte Regel ersetzen
müssen, d.h. /b d g/ → [p t k] /...... Das Problem dabei ist, daß [p t k]
in mindestens drei Kontexten auftreten, nämlich wortinitial, wortintern
nach Konsonanten und wortfinal. Die alternative Regel müßte also
auch diese Kontexte zusätzlich angeben, vgl. (10):

(10)   /b d g/ → [p t k] / $\left\{ \begin{matrix} \# \underline{\quad} \\ K \underline{\quad} \\ \underline{\quad} \# \end{matrix} \right\}$

Das Symbol 'K' steht für einen Konsonanten. Die geschweiften Klammern um die drei Kontexte in (10) besagen, daß [p t k] entweder am Anfang eines Wortes, nach einem Konsonanten oder am Ende eines Wortes vorkommen; siehe §2.7.
Mehrere Argumente sprechen gegen (10) und für (9). Die drei Kontexte in (10) bilden eine **Disjunktion**, d.h. eine Liste unverwandter Elemente (z.B. Kontexte). Disjunktionen sind im allgemeinen in der Sprachwissenschaft sehr umstritten, weil man nicht erklären kann, was die verschiedenen Elemente (hier Kontexte) eint. Mit anderen Worten, warum sollten [p t k] ausgerechnet in den drei Kontexten in (10) auftreten? Regel (10) ist auch deshalb unplausibel, weil es für die Kontexte 'nach K', 'am Anfang eines Wortes' und 'am Ende eines Wortes' keine einheitliche phonetische Erklärung gibt. Es ist also nicht überraschend, daß Regeln mit den drei Kontexten in (10) in den übrigen Sprachen der Welt unbekannt sind. Regeln wie in (9) mit einem stimmhaften Allophon in der Umgebung 'zwischen Vokalen' sind hingegen in vielen Sprachen anzutreffen.[4]
Im Gegensatz zu (10) hat (9) eine phonetische Erklärung: Bei dieser Regel handelt es sich um eine **Assimilation**. Bei Assimilationen gleicht sich ein Segment einem benachbarten Segment in mindestens einer phonetischen Eigenschaft an. In (9) werden (stimmlose) /p t k/ zwischen (stimmhaften) Vokalen als (stimmhafte) [b d g] realisiert. Eine phonologische Regel ist eine Assimilation, wenn das Outputsegment, d.h. der Laut unmittelbar rechts vom Pfeil, mindestens eine phonetische Eigenschaft mit dem Laut bzw. den Lauten in seiner Umgebung teilt. Assimilationen wie (9) sind 'natürlich' in dem Sinne, daß sie phonetisch erklärbar sind, aber auch, weil sie in verschiedenen Sprachen vorkommen. Kapitel 3 enthält eine kurze Übersicht über die verschiedenen Assimilationen und auch über andere Regeltypen, die den Sprachen der Welt vorkommen.
Die Plains Cree Daten in (7) machen deutlich, daß [p t k] und [b d g] als getrennte Gruppen funktionieren in dem Sinne, daß sie in komplementärer Verteilung zueinander stehen. Zugleich aber bilden sie keine arbiträren Mengen, sondern Gruppen, die gemeinsame phone-

---

[4] Die in diesem Absatz beschriebenen Probleme mit Regel (10) sollen als Faustregeln verstanden werden. Unter bestimmten Umständen sind Disjunktionen in Regeln unvermeidlich, wie unten in (33) gezeigt wird.

tische Eigenschaften haben: [p t k] sind stimmlos und [b d g] stimmhaft. Gruppen von Lauten, die mindestens eine phonetische Eigenschaft teilen, nennt man **natürliche Klassen** (engl. **natural classes**).
In den Sprachen der Welt sind viele Gruppen von Lauten vorstellbar,
z.B. [p n i], [o k r] usw. Die letztgenannten Gruppen sind aber keine
natürlichen Klassen, weil die betreffenden Segmente keine gemeinsamen phonetischen Eigenschaften teilen. Die formale Definition einer
natürlichen Klasse wird in §4.4 behandelt.

Regel (9) kann jetzt auf folgende Weise gedeutet werden: Wenn im
Plains Cree ein Plosiv zwischen Vokalen vorkommt, dann kann man
vorhersagen, daß dieser Laut stimmhaft ist. In Sprachen, in denen
stimmhafte und stimmlose Plosive kontrastieren, kann man jedoch
nicht immer vorhersagen, wann der eine oder der andere Laut auftritt.
Im Deutschen kommen beispielsweise zwischen Vokalen stimmhafte
und stimmlose Plosive vor, vgl. das Minimalpaar *leiten* [laɪtən] vs.
leiden [laɪdən]. Man kann daher im Deutschen nicht vorhersagen,
welcher Laut zwischen Vokalen auftritt.

2.1.3 Freie Variation

Die im vorigen Abschnitt besprochenen Daten illustrieren zwei mögliche Zusammenhänge zwischen zwei Lauten 'A' und 'B'. 'A' und 'B'
sind Phoneme, wenn sie kontrastieren, d.h. im selben Kontext vorkommen und dadurch Wörter unterscheiden. 'A' und 'B' sind dagegen
Allophone eines Phonems, wenn sie in komplementärer Verteilung
stehen (vorausgesetzt, die beiden Laute sind phonetisch ähnlich).
Eine dritte Möglichkeit, die unten illustriert werden soll, ist, daß 'A'
und 'B' im selben Kontext innerhalb desselben Wortes auftreten, d.h.
daß sie optionale Aussprachen darstellen. In diesem Fall spricht man
von **freier Variation** (engl. **free variation**) zwischen den betreffenden Lauten.
In dem Dialekt des Irischen, der in Ulster gesprochen wird, können
entweder lange oder kurze Vokale in derselben Position eines Wortes
stehen. Die folgenden Daten sind aus Green (1997: Kapitel 3).

(11)   ['eːnaxə]   ['enaxə]   'Hähnchen' (Plural)
        ['dʲaːrhər]   ['dʲarhər]   'Bruder'

In solchen Beispielen kommen die Phone [eː] und [e] bzw. [aː] und [a] im selben Kontext desselben Wortes vor. Man sagt, daß die langen Vokale in diesem Dialekt des Irischen in freier Variation zu den entsprechenden kurzen Vokalen stehen, weil sie untereinander austauschbar sind, ohne daß sich die Bedeutung des betreffenden Wortes ändert. Manche Soziolinguisten stellen freie Variation in Frage (Labov 1971), weil es häufig andere Faktoren gibt, die die Optionalität erklären; 'freie Variation' ist also nach dieser Auffassung nicht immer 'frei'. Im Deutschen scheint es beispielsweise eine freie Variation zwischen dem uvularen [ʀ] und dem alveolaren [r] zu geben, vgl. [ʀoːt] oder [roːt], aber die Wahl zwischen diesen Lauten ist nicht wirklich frei, weil die jeweilige Aussprache dialektabhängig ist: [roːt] kommt in süddeutschen Dialekten vor und [ʀoːt] in vielen Dialekten im Norden. Wenn innerhalb eines einzigen Dialekts freie Variation vorkommt, kann es andere Faktoren geben, die diese fakultativen Aussprachevarianten erklären, z.B. Sprechstil oder Sprechgeschwindigkeit. So können im Standarddeutschen Wörter, die auf [ən] auslauten, auch als [n̩] realisiert werden, vgl. §1.7.1, z.B. [laːdən] oder [laːdn̩]. Die Aussprachevarianten [laːdən] und [laːdn̩] sind jedoch keine echten freien Varianten, weil sie von Sprechstil bzw. -geschwindigkeit abhängig sind. [laːdən] kommt eher in förmlichen Situationen oder in langsamer Rede vor, während [laːdn̩] in der Umgangssprache oder in schneller Rede gebräuchlich ist.

2.2 Repräsentationsebenen

Man kann nicht nur jeden Einzellaut einer Sprache phonetisch und phonemisch transkribieren, sondern auch längere Ketten von Lauten, z.B. Wörter. Das englische Wort *feel* besteht beispielsweise aus drei Phonen und wird phonetisch als [fiːɫ] transkribiert. Wenn man dieses Wort nicht als eine Abfolge der Phone, sondern der entsprechenden Phoneme darstellen will, ergibt sich /fiːl/. Ein zweites Beispiel sei anhand des Plains Cree illustriert. Das Wort für 'einander' (siehe (7)) wird phonetisch als [kodak] und phonemisch als /kotak/ transkribiert. Man bezeichnet die Transkription [fiːɫ] bzw. [kodak] als **phonetische Repräsentation** oder **Oberflächenrepräsentation** und /fiːl/ bzw. /kotak/ als **zugrundeliegende Repräsentation** (engl. **underlying representation**). Synonyme hierfür sind **phonetische Form** bzw.

zugrundeliegende Form. Man bezeichnet die zwei Repräsentationen auch als **Repräsentationsebenen**. Es gibt drei Argumente, neben einer phonetischen Repräsentation eine zugrundeliegende Repräsentation anzunehmen. Diese Gründe werden auf S. 49-50 erläutert.

Es kommt oft vor, daß ein einzelnes Wort eine phonetische Repräsentation hat, die mit der zugrundeliegenden Repräsentation 'identisch' ist, z.B. das deutsche Wort *Ball* hat die phonetische Repräsentation [bal] und die zugrundeliegende Repräsentation /bal/. Man sollte aber immer im Auge behalten, daß die drei Einheiten 'b', 'a' und 'l' in den jeweiligen Repräsentationsebenen verschiedene Funktionen haben. Die phonetische Form [bal] ist eine Wiedergabe von drei konkreten Lauten, die man hören kann, während die zugrundeliegende Form /bal/ aus drei abstrakten Lauten besteht, d.h. Phonemen. Phonologen gehen davon aus, daß die zugrundeliegenden Formen im **Lexikon** — einer Art mentalem Wörterbuch — gespeichert sind, d.h. die zugrundeliegende Ebene ist in dieser Hinsicht 'mental'.

Nicht nur Wörter, sondern auch **Morpheme** haben eine zugrundeliegende (und eine phonetische) Repräsentation. Das Morphem wird hier und im folgenden in dem üblichen Sinne verstanden, d.h. als kleinste bedeutungstragende Einheit. Ein Morphem kann beispielsweise ein einfaches Wort sein, vgl. *Tisch, Auto, Papier*, oder ein **Affix**, d.h. ein **Suffix** (z.B. [st] in *lebst*, [ə] in *lebe*) oder ein **Präfix** (z.B. [mɪt] in *mitkommen*). Da phonologische Regeln sich oft auf die Grenzen zwischen Morphemen beziehen, werden sie in der zugrundeliegenden Form wiedergegeben. Das Wort *Tische* hat die zugrundeliegende Form /tɪʃ+ə/, wobei das Symbol '+' die Grenze zwischen zwei Morphemen darstellt. Wörter wie *Tisch, Auto, Papier* sind **monomorphemische Wörter** (oder **Monomorpheme**), d.h. sie bestehen aus einem einzigen Morphem. Wörter wie *Tische* sind **morphologisch komplex** (oder **heteromorphemisch**), d.h. sie bestehen aus mehr als einem Morphem. In *Tische* bezeichnet man *Tisch* als den **Stamm** (oder die **Wurzel**).

Die phonetischen Repräsentationen werden von der zugrundeliegenden Form durch Regeln **abgeleitet** (oder **generiert**). Man nennt den Vorgang, bei dem eine Regel auf einer zugrundeliegenden Repräsentation operiert und dadurch die phonetische Form erzeugt, eine

Ableitung (oder **Derivation**). (12) zeigt die Ableitung der englischen
Wörter *feel* und *leaf*

(12)   /fi:l/   /li:f/   ← zugrundeliegende Form

l-Velarisierung   fi:ł   -----

              [fi:ł]   [li:f]   ← phonetische Form

Man sagt, daß die Regel der l-Velarisierung bei der Derivation des
Wortes *feel* **angewendet** (oder **appliziert**) wird. Hingegen appliziert
die l-Velarisierung in *leaf* nicht, denn in diesem Beispiel steht das /l/
am Anfang und nicht am Ende eines Wortes. In einer Derivation
können mehrere Regeln applizieren. Konkrete Beispiele werden in
§2.3 und in Kapitel 5 behandelt.

Es gibt drei Argumente für die Notwendigkeit einer zugrundeliegenden Repräsentation:

(i) In der zugrundeliegenden Ebene sind nur *idiosynkratische*, aber
keine *vorhersagbaren* Informationen vorhanden. Es ist wichtig, daß es
ein Repräsentationsebene gibt, in der nur vorhersagbare Informationen
vorkommen, denn wenn es nur eine phonetische Repräsentation und
keine zugrundeliegende Repräsentation gäbe, wäre es schwierig, idiosynkratische und vorhersagbare Informationen auseinanderzuhalten.
Betrachten wir zur Illustration das englische Wort *feel* [fi:ł]. Daß
dieses Wort mit einem [f] (und nicht mit einem anderen Laut) anlautet,
ist eine idiosynkratische Eigenschaft dieses Wortes und ist folglich
nicht vorhersagbar. Ebenfalls idiosynkratisch an diesem Wort ist der
Vokal [i:]. Die Velarisierung des *l* in *feel* ist jedoch keine Eigenschaft
dieses einzelnen Wortes, denn im Englischen wird ein Lateral am
Wortende immer velarisiert. Die Velarisierung von [ł] ist also vorhersagbar, weil sie eine Regularität der englischen Lautstruktur darstellt.
Diese vorhersagbare Information (Velarisierung) wird folglich durch
eine phonologische Regel ausgedrückt.
In der zugrundeliegenden Form (z.B. /fi:l/) sind also nur die idiosynkratischen Informationen fixiert, während die vorhersagbaren Informationen durch phonologische Regeln geliefert werden.
(ii) Ein zweites Argument dafür, daß ganze Wörter bzw. Morpheme
über eine 'abstrakte' zugrundeliegende Repräsentation verfügen, ist,

daß Alphabetschriften sich nach dieser Repräsentationsebene richten
(siehe §2.1.2). Dies wird durch das englische Beispiel illustriert, denn
[l] und [ł] werden in der Schrift des Englischen nicht unterschieden.
Deutsche Beispiele, die denselben Punkt illustrieren, werden in §2.5
besprochen.
(iii) Das dritte Argument für die Existenz einer zugrundeliegenden
Ebene wird in §2.3 erläutert. Dort wird gezeigt, daß die zugrundeliegende Repräsentation notwendig ist, um 'Aussprachevarianten' von
Morphemen auszudrücken. Die bisherige Beschreibung der zugrundeliegenden Form als eine 'Kette von Phonemen' wird also in §2.3
modifiziert.

2.3 Allomorphie

In §2.1 wurde gezeigt, daß ein Phonem mehrere phonetische Realisierungen haben kann. Auch Morpheme können über mehr als eine
phonetische Realisierung verfügen. Im Deutschen wird beispielsweise
das zweite Person Singular Suffix 'st' manchmal als [st] realisiert, vgl.
kommst, rennst, läufst, manchmal als [əst], vgl. *arbeitest, redest.*
Deshalb sind [st] und [əst] nicht zwei verschiedene Morpheme,
sondern zwei verschiedene Realisierungen desselben Morphems. Der
Grund dafür ist, daß [st] und [əst] nicht nur dieselbe Bedeutung haben,
sondern auch in ihrer phonetischen Gestalt sehr ähnlich sind. Man
sagt: Das Morphem 'st' **alterniert**, d.h. es hat mehr als eine phonetische Realisierung, und man bezeichnet [st] und [əst] als **Allomorphe**
oder als **Alternanten** dieses Morphems.
Die Allomorphe eines Morphems stehen — wie die Allophone eines
Phonems — in komplementärer Verteilung zueinander. Bei vielen
(aber nicht allen) Alternationen kann man einen phonologischen Kontext festlegen, in dem die jeweiligen Allomorphe auftreten. Gegenstand dieses Abschnitts ist es, die Rolle solcher Alternationen in der
Phonologie zu besprechen.
Der Begriff der Alternation kann anhand der deutschen Daten in (13)
erläutert werden. Ein '+' in der orthographischen Repräsentation steht
für eine Morphemgrenze.

(13) Lob   [lo:p]   lob+e   [lo:bə]
      Rad   [ʀa:t]   Rad+es   [ʀa:dəs]
      Tag   [ta:k]   Tag+e   [ta:gə]
      Nerv   [nɛʀf]   nerv+ös   [nɛʀvø:s]
      Haus   [haʊs]   Haus+es   [haʊzəs]
      orange   [ʔoʀaŋʃ]   Orange   [ʔoʀaŋʒə]

Die Wörter in der ersten Spalte werden im folgenden als **Stämme** bezeichnet. Die morphologisch komplexen Wörter in der dritten Spalte bestehen aus den Stämmen der ersten Spalte plus vokalanlautendem Suffix. Alle Stämme in (13) lauten auf einen Obstruenten aus. Man kann den phonetischen Transkriptionen entnehmen, daß dieser Obstruent in der ersten Spalte stimmlos ist und in der zweiten Spalte stimmhaft. Die Morpheme bzw. Stämme *Lob*, *Rad* usw. alternieren, d.h. [lo:p] und [lo:b], [ʀa:t] und [ʀa:d] sind Alternanten oder Allomorphe der betreffenden Morpheme.

Man kann die Distribution der Allternanten in (13) auf folgende Weise zusammenfassen: Das Allomorph mit einem stimmlosen Obstruenten kommt am Ende eines Wortes vor, und das Allomorph mit einem stimmhaften Obstruenten vor vokalanlautendem Suffix. Das Allomorph mit stimmlosem Obstruent tritt allerdings auch in anderen Kontexten auf, z.B. vor /st/ in *lob+st* [lo:pst]. Im folgenden beschränken wir uns auf die Daten in (13). Eine ausführlichere Diskussion der Kontexte der Allternanten in (13) findet sich in Kapitel 8.

Wenn zwei Allomorphe 'A' und 'B' keine unabhängigen Morpheme sind, sondern Aussprachevarianten desselben Morphems, trägt man dem Rechnung, indem man eines der Allomorphe (also entweder 'A' oder 'B') als zugrundeliegend wertet. Der Kontext des nicht zugrundeliegenden Allomorphs wird dann durch eine phonologische Regel vorhergesagt. Diese Vorgehensweise wird anhand der deutschen Beispiele in (13) illustriert.

Wenn es mehr als ein Allomorph gibt, stellt sich die Frage, welches das zugrundeliegende ist. Betrachten wir das Morphem *Tag* mit den Allomorphen [ta:k] und [ta:g] als repräsentatives Beispiel für die Daten in (13). Zwei Hypothesen können aufgestellt werden.

(14a)   Das Allomorph mit stimmhaften Obstruenten ist zugrundeliegend, z.b. /taːg/ für *Tag* und /taːg+ə/ für *Tage*. Obstruenten im Deutschen werden am Ende eines Wortes als stimmlos realisiert, d.h. /taːg/ wird zu [taːk].

(14b)   Das Allomorph mit stimmlosen Obstruenten ist zugrundeliegend, z.B. /taːk/ für *Tag* und /taːk+ə/ für *Tage*. Obstruenten im Deutschen werden zwischen Vokalen als stimmhaft realisiert, d.h. /taːk+ə/ wird zu [taːgə].

Wie in diesem Abschnitt gezeigt wird, gibt es gute Argumente für (14a) und gegen (14b).
Die beiden Hypothesen in (14) können anhand der Daten in (15) getestet werden.

(15)	Typ	[tyːp]	Typ+en	[tyːpən]
	Rat	[ʀaːt]	Rat+es	[ʀaːtəs]
	Stück	[ʃtʏk]	Stück+e	[ʃtʏkə]

Die Stämme in (15), d.h. *Typ, Rat, Stück,* lauten auf einen Obstruenten aus. Im Gegensatz zu den Stämmen in den Beispielen in (13) zeigen die Stämme in (15) keine Alternationen, sondern sie lauten stets auf einen stimmlosen Obstruenten aus, auch wenn ein vokalanlautendes Suffix folgt.
Die Beispiele in der zweiten Spalte in (15) zeigen, daß die Hypothese in (14b) nicht stimmen kann, weil nicht alle Obstruenten im Deutschen vor Vokal als stimmhaft realisiert werden. Die Stämme in der ersten Spalte in (15) scheinen vielmehr mit (14a) im Einklang zu stehen. Hierfür sprechen auch zwei andere Tatsachen. Erstens gibt es kein deutsches Wort, das auf einen stimmhaften Obstruenten auslautet. Zweitens werden **Lehnwörter** (oder **Entlehnungen**) die auf einen wortfinalen stimmhaften Obstruenten in der Herkunftssprache auslauten, immer mit den entsprechenden stimmlosen Lauten eingedeutscht. Der letzte Laut in dem Wort *job* wird beispielsweise im Englischen als [b] ausgesprochen, d.h. *jo[b]*, im Deutschen aber als [p], d.h. *Jo[p]*. Beide Fakten lassen sich mit (14a), nicht aber mit (14b) erklären.
Man kann also schließen, daß (14b) falsch und (14a) richtig ist. Die Stämme in (13) lauten auf einen stimmhaften Obstruenten in der zugrundeliegenden Repräsentation aus, die Stämme in (15) auf einen

stimmlosen Obstruenten. Vier repräsentative Beispiele sind in (16) aufgeführt.

(16) Tag   /taːg/   [taːk]   Stück   /ʃtʏk/   [ʃtʏk]
      Tage   /taːg+ə/   [taːgə]   Stücke   /ʃtʏk+ə/   [ʃtʏkə]

Die Generalisierung in (14a), nämlich daß Obstruenten am Ende eines Wortes stimmlos sind, wird durch Regel (17) erfaßt. Sie wird im folgenden als **Auslautverhärtung** bezeichnet.

(17) *Auslautverhärtung*: /b d g v z ʒ/ → [p t k f s ʃ] / ____ #

Die Auslautverhärtung besagt, daß die Laute /b d g v z ʒ/, d.h. die natürliche Klasse der stimmhaften Obstruenten des Deutschen, am Ende eines Wortes als [p t k f s ʃ] ausgesprochen werden. Im Gegensatz zu der englischen Regel der l-Velarisierung ist die Auslautverhärtung keine allophonische Regel, weil die Outputsegmente in (17) Phoneme des Deutschen sind. Die Auslautverhärtung ist ein Beispiel für **Neutralisierung**, d.h. eine Regel, die den Kontrast zwischen zwei ähnlichen Phonemen in einem Kontext aufhebt (siehe auch §3.3.5). Mit anderen Worten, die Laute [p b t d k g f v s z ʃ ʒ] kontrastieren entweder wortinitial oder wortintern vor einem Vokal miteinander, aber diese Kontraste werden in wortfinaler Position durch die Auslautverhärtung aufgehoben. Die phonetischen Repräsentationen in (13) mit auslautenden stimmlosen Obstruenten werden durch die Auslautverhärtung abgeleitet. (18) zeigt die Ableitung der Wörter *Tag* und *Tage*.

(18)   /taːg/   /taːg+ə/

Auslautverhärtung   taːk   -----

                         [taːk]   [taːgə]

Das /g/ in /taːg/ unterliegt der Auslautverhärtung, weil das /g/ in diesem Beispiel am Ende des Wortes steht. Das /g/ in /taːg+ə/ steht nicht am Ende des Wortes und wird deshalb als [g] realisiert.

Man kann den Beispielen in (13) und (16) entnehmen, daß es einen
Zusammenhang zwischen der zugrundeliegenden Repräsentation und
der orthographischen Repräsentation gibt. Im allgemeinen gilt, daß ein
zugrundeliegender stimmhafter Obstruent mit dem entsprechenden
Buchstaben geschrieben wird, vgl. den letzten Laut in *Tag*. Solche
Beispiele illustrieren, daß die Orthographie Zugriff auf die zugrundeliegende (und nicht auf die phonetische) Repräsentation hat.
Es ist jedoch nicht der Fall, daß jedes geschriebene <b d g> usw. am
Ende eines Wortes als zugrundeliegendes /b d g/ usw. zu analysieren
ist. Es gibt im Deutschen einige Präpositionen und Konjunktionen, die
mit auslautendem <b d g> geschrieben werden, vgl. *ob* [ʔɔp], *und*
[ʔʊnt] und *weg* [vɛk]. Eine Hypothese, die allerdings unten verworfen
wird, besagt, daß die zugrundeliegenden Repräsentationen dieser
Wörter die entsprechenden stimmhaften Obstruenten enthalten, z.B.
/vɛg/ für *weg*. Man schließt jedoch nicht aufgrund der Orthographie
auf die zugrundeliegende Form, sondern aufgrund von Alternationen.
Mit anderen Worten, man sagt, daß das [k] in *Tag* auf ein zugrundeliegendes /g/ zurückzuführen ist, weil das Morphem *Tag* ein Allomorph mit [g] hat, z.B. in [taːgə]. Da Wörter wie *und*, *ob* und *weg*
keine Allomorphe mit den entsprechenden stimmhaften Obstruenten
haben, muß man also daraus schließen, daß ihre zugrundeliegenden
Formen stimmlose Obstruenten enthalten, z.B. /vɛk/ für *weg*. Wörter
wie *und*, *ob* und *weg* sind somit Beispiele für irreguläre orthographische Repräsentationen.
Auslautverhärtung und l-Velarisierung sind Beispiele für **produktive**
Regeln, d.h. Sprecher verwenden sie aktiv, z.B. bei neuen Entlehnungen und auch bei erfundenen Wörtern. Ein gutes Beispiel ist das
englische Wort *job* [d͡ʒɔb], das als [d͡ʒɔp] eingedeutscht wird. Auch
erfundene Wörter können Evidenz für die Produktivität einer Regel
liefern, z.B. wird das erfundene Wort im Englischen <smill> als [smɪɫ]
und nicht als [smɪl] ausgesprochen, was zeigt, daß l-Velarisierung im
Englischen eine produktive Regel ist.
Der oben eingeführte Begriff der Allomorphie wird im folgenden
anhand eines englischen Beispiels erläutert. Das Englische verfügt
über mehrere Pluralmuster, wie in (19) gezeigt.

(19) *Pluralbildung im Englischen*

		Singular	*Plural*	*phonetisch*	*Übersetzung*
(19a)	[ɪz]	face	faces	[feɪsɪz]	'Gesicht'
	[s]	hat	hats	[hæts]	'Hut'
	[z]	bag	bags	[bægz]	'Tasche'
(19b)	[ən]	ox	oxen	[ɑksən]	'Ochse'
	[ʊ-i]	foot	feet	[fiːt]	'Fuß'

Von diesen Pluraltypen sind nur die in (19a) produktiv: Neue Wörter
bilden den Plural entweder mit [s], [z] oder [ɪz], aber niemals mit [ən]
oder mit einem Wechsel des Stammvokals wie in (19b). Die drei Suf-
fixe [s], [z] und [ɪz] werden daher als die 'regulären' Pluralendungen
des Englischen bezeichnet.
Aus zwei Gründen wird zumeist angenommen, daß [s], [z] und [ɪz]
Allomorphe eines Morphems und nicht drei getrennte Morpheme sind.
Erstens haben die drei Suffixe dieselbe Bedeutung, nämlich 'Plural'.
Zweitens sind [s], [z] und [ɪz] — im Gegensatz zu [ən] oder [i] in
(19b) — phonetisch ähnlich. Im folgenden wird gezeigt, welche
Faktoren die Auswahl der Allomorphe in (19a) bestimmen.
In zahlreichen Sprachen wird Allomorphie durch ein Segment ausgelöst, das unmittelbar neben dem Allomorph auftritt. Man nennt Elemente, die nebeneinander stehen, **adjazent**. Da die Allomorphe [s], [z]
und [ɪz] Suffixe sind, können wir die Hypothese aufstellen, daß die
englische Pluralallomorphie durch den letzten Laut im Nominalstamm
ausgelöst wird. Da die Segmente, die Allomorphie auslösen, in vielen
Sprachen natürliche Klassen bilden, können wir ferner die Hypothese
aufstellen, daß die Laute, die [ɪz], [s] bzw. [z] auslösen, keine willkür-
lichen Mengen sind, sondern natürliche Klassen.
Mit diesen Hypothesen als Ausgangsbasis wenden wir uns einer
größeren Datenmenge zu. In (20a) sind englische Pluralformen mit
dem [ɪz] Allomorph aufgeführt, in (20b) mit [s] und (20c) mit [z].

(20a)	faces	[feɪsɪz]	'Gesichter'
	phases	[feɪzɪz]	'Phasen'
	dishes	[dɪʃɪz]	'Teller'
	beaches	[biːtʃɪz]	'Strände'
	bridges	[bɹɪdʒɪz]	'Brücken'

(20b)	hats	[hæts]	'Hüte'
	lips	[lɪps]	'Lippen'
	snakes	[sneɪks]	'Schlangen'
	giraffes	[d͡ʒɪɹæfs]	'Giraffen'
	myths	[mɪθs]	'Mythen'
(20c)	bags	[bægz]	'Taschen'
	labs	[læbz]	'Labore'
	seeds	[siːdz]	'Samen'
	waves	[weɪvz]	'Wellen'
	lathes	[leɪðz]	'Drehbänke'
	aims	[eɪmz]	'Ziele'
	fans	[fænz]	'Fächer'
	rings	[ɹɪŋz]	'Ringe'
	hills	[hɪɫz]	'Hügel'
	ears	[iːɹz]	'Ohren'
	bees	[biːz]	'Bienen'

Die Daten in (20) zeigen folgende Regelmäßigkeiten. Das Allomorph [ɪz] tritt nur nach den fünf Lauten [s z ʃ t͡ʃ d͡ʒ] auf, [s] nach [p t k f θ] und [z] nach [d b g v ð m n ŋ l ɹ] sowie nach allen Vokalen und Diphthongen.

Die Segmente, die das [ɪz] Allomorph auslösen, sind die Sibilanten des Englischen (siehe §1.4.2). Wir können also die Generalisierung (21a) formulieren. Die Segmente am Ende eines Substantivstammes, die [z] auslösen, sind sehr heterogen, aber sie haben alle die Gemeinsamkeit, daß sie stimmhaft sind, während die fünf Laute die das [s]-Allomorph auslösen (d.h. [p t k f θ]), stimmlos sind. Wir können also vorläufig die Generalisierungen (21b) und (21c) aufstellen.

(21a)   Nach Sibilanten erscheint [ɪz].

(21b)   Nach stimmlosen Lauten erscheint [s].

(21c)   Nach stimmhaften Lauten erscheint [z].

Man beachte, daß die Generalisierungen (21b) und (21c) nicht erklären können, warum [s] nicht nach Stämmen vorkommt, die auf [s ʃ t͡ʃ] auslauten, vgl. *faces* [feɪsɪz] und nicht [feɪss], und daß [z] nicht nach Stämmen auftritt, die auf [z d͡ʒ] enden, vgl. *phases* [feɪzɪz] und nicht [feɪzz]. Diese Daten werden weiter unten analysiert.

Wenn ein Morphem mehr als ein Allomorph hat, muß man ermitteln, welches der Allomorphe das zugrundeliegende ist und Regeln aufstellen, die die anderen Allomorphe ableiten. Im Prinzip kommen hier drei zugrundeliegende Repräsentationen in Frage: /s/, /ɪz/ oder /z/. In der englischen Phonologie ist man sich nicht einig, welche davon die richtige ist. Im folgenden wird das Allomorph mit der weitesten Verteilung als zugrundeliegend gewählt, nämlich /z/.
(22) zeigt drei repräsentative Beispiele mit ihren zugrundeliegenden und phonetischen Repräsentationen.

(22) faces   /feɪs+z/   [feɪsɪz]
     hats   /hæt+z/   [hæts]
     bags   /bæg+z/   [bægz]

Die phonetische und die zugrundeliegende Form von *bags* sind identisch. Im Gegensatz dazu unterscheiden sich die jeweiligen zugrundeliegenden und phonetischen Repräsentationen der ersten beiden Wörter. Wie kann man die phonetischen Formen [feɪsɪz] und [hæts] von den entsprechenden zugrundeliegenden Repräsentationen ableiten? Das Allomorph [s] in *hats* benötigt eine Regel, derzufolge /z/ nach stimmlosen Konsonanten als [s] realisiert wird. Die Regel dafür wird in (23a) aufgestellt.

(23a) *Assimilation:*   /z/ → [s] / stimmloser Konsonant ___ #
(23b) *Epenthese:*   Ø → [ɪ] / Sibilant ___ z

(23a) ist eine Assimilation, weil das stimmhafte /z/ nach stimmlosen Lauten als das stimmlose Segment [s] realisiert wird.
Um das [ɪz] Allomorph in [feɪsɪz] von /z/ abzuleiten, wird eine Regel gebraucht, die den Vokal [ɪ] nach Sibilanten einfügt, wie in (23b). Solche Regeln, die ein Segment einfügen, heißen **Epenthesen**. Das Symbol 'Ø' in (23b) bedeutet, daß die 'leere' Position '___' zwischen einem Sibilanten und /z/ durch [ɪ] besetzt wird, siehe §2.7.
Sowohl die Assimilation als auch die Epenthese haben eine phonetische Erklärung. Wenn man zwei Konsonanten am Ende eines Wortes ausspricht und der erste davon stimmlos ist, dann vibrieren die Stimmbänder nicht. Es würde zusätzlichen Aufwand kosten, wenn die Stimmbänder bei der Artikulation des zweiten Konsonanten plötzlich

vibrieren müßten, z.B. bei der Aussprache [pz]. Viel plausibler vom phonetischen Standpunkt ist die Aussprache [ps], weil die Stimmbänder geöffnet bleiben können. Die Assimilation in (23a) erfaßt diese phonetischen Fakten, denn sie konvertiert eine Abfolge aus stimmlosem und stimmhaftem Segment wie /pz/ zu [ps]. Die Epenthese in (23b) ist notwendig, um unzulässige Konsonanten im Wortauslaut des Englischen zu vermeiden. [feɪsz] ist beispielsweise nicht zulässig, weil englische Wörter nicht auf zwei Sibilanten auslauten können. Man braucht also die Epenthese, um die beiden adjazenten Sibilanten in zugrundeliegenden Formen wie /feɪs+z/ aussprechbar zu machen.

Die Regeln in (23) sind formuliert, um die Allomorphe in (20) zu erfassen, aber sie gelten für das gesamte morphologische bzw. phonologische System des Englischen. Assimilation und Epenthese tauchen auch in anderen Alternationen des Englischen auf. So wird das Suffix der dritten Person Singular 's' nach stimmlosen Lauten als [s] ausgesprochen, vgl. *looks* [lʊks] 'sieht', nach stimmhaften Nichtsilbilanten als [z], vgl. *reads* [ɹiːdz] 'liest', und nach Sibilanten als [ɪz], vgl. *loses* [luːzɪz] 'verliert'. Es gibt folglich im Englischen kein Wort, das auf eine Abfolge aus stimmlosem Konsonanten und stimmhaftem Konsonanten auslautet und nicht der Assimilation in (23a) unterliegen würde. Wie bereits oben erwähnt existiert außerdem kein englisches Wort, das auf eine Abfolge aus Sibilant plus [z] auslautet.

Daß Assimilation und Epenthese produktive Regeln des Englischen sind, kann man daran erkennen, daß ihnen auch neue Wörter unterliegen. Der Plural des Markennamens *Bick* ist beispielsweise [bɪks]. Erfundene Substantive wie [miːz] und [lʊb] bilden immer den Plural nach den in (23) aufgestellten Regeln, d.h. [miːzɪz] bzw. [lʊbz].

Wenden wir uns nun der Ableitung der phonetischen Repräsentationen in (22) von den entsprechenden zugrundeliegenden Formen zu. Betrachten wir die Derivation in (24).

(24)	/hæt+z/	/feɪs+z/	/bæg+z/
Assimilation	hæts	feɪss	----
Epenthese	----	-----	----
	[hæts]	*[feɪss]	[bægz]

Hier sind die phonetischen Formen [hæts] und [bægz] zwar richtig, aber [feɪss] ist falsch. Man kann (24) entnehmen, daß das /z/ in

/feɪs+z/ der Assimilation fälschlicherweise unterliegt, und daß die Epenthese nicht zur Anwendung gekommen ist. Die Epenthese operiert in diesem Wort nicht, weil sie (23b) zufolge nur vor /z/ ausgelöst wird. Man kann diese Probleme nicht umgehen, indem man die Epenthese umformuliert, damit sie vor /z/ *und* /s/ operiert, denn in diesem Fall würde man die falsche phonetische Form [feɪsɪs] vorhersagen. Die richtigen phonetischen Repräsentationen aller drei Wörter in (24) kommen zustande, wenn man die Reihenfolge der Anwendung von Assimilation und Epenthese umdreht. Diese Alternative wird in (25) gezeigt.

(25)	/hæt+z/	/feɪs+z/	/bæg+z/
Epenthese	----	feɪsɪz	----
Assimilation	hæts	-----	----
	[hæts]	[feɪsɪz]	[bægz]

Man kann der Derivation in (25) entnehmen, daß die Epenthese in *faces* operiert, und da /z/ und /s/ nach der Epenthese nicht mehr adjazent sind, unterliegt /z/ nicht der Assimilation. Der wichtige Punkt ist, daß nur die Reihenfolge in (25) die richtigen phonetischen Repräsentationen erzeugen kann.

Um die Distribution von [s], [z], [ɪz] zu erfassen, wurden eine zugrundeliegende Repräsentation aufgestellt, nämlich /z/, und zwei phonologische Regeln, nämlich Assimilation und Epenthese. Da diese Regeln in einer bestimmmten Reihenfolge operieren müssen, spricht man von einer **Regelordnung**. Bezogen auf unser Beispiel sagt man, daß die Epenthese der Assimilation **vorgeordnet** ist, bzw. daß die Assimilation der Epenthese **nachgeordnet** ist. Regelordnungen sind in der theoretischen Phonologie umstritten und werden nicht von allen Phonologen akzeptiert. Eine kurze Übersicht über verschiedene Regelordnungen, die in der Literatur vorgeschlagen wurden, findet sich in Kapitel 5.

2.4 Phonotaktik

Alle Sprachen unterliegen kombinatorischen Beschränkungen dergestalt, daß innerhalb eines Wortes bestimmte Kombinationen zulässig sind, andere nicht. Manche Beschränkungen gelten universell, andere

nur für Gruppen von Sprachen oder sogar nur für jeweils einzelne
Sprachen. Die **Phonotaktik** (vgl. griech. *taksis* 'Ordnung von Elemen-
ten') ist der Bereich der Phonologie, der sich mit möglichen und un-
möglichen Kombinationen von Segmenten befaßt.
Betrachten wir zur Illustration Kombinationen aus den zwei Klassen
'Plosiv' und 'Lateral' in wortinitialer Position im Deutschen.[5] Es gibt
Wörter, die mit [pl bl kl gl] anfangen, z.B. [plats͡], [blɪk], [klaŋ],
[glaːs], aber nicht mit [lp lb lk lg]. Man drückt solche Regularitäten
durch **phonotaktische Bedingungen** wie in (26a) und (26b) aus.
Synonyme für 'phonotaktische Bedingung' sind **phonotaktische Beschränkung** oder **phonotaktischer Constraint**.

(26a)   # Plosiv l   (26b)   *# l Plosiv   (26c)   * # tl dl

(26a) ist eine 'positive' Bedingung, weil sie eine bestimmte Segment-
abfolge — nämlich 'Plosiv plus l' in wortinitialer Position — zuläßt.
Im Gegensatz dazu ist (26b) eine 'negative' Bedingung, weil sie eine
Segmentabfolge — nämlich 'Lateral plus Plosiv' in wortinitialer
Position — als ungrammatisch spezifiziert. Die phonotaktische Beschränkung in (26a) läßt alle Plosive des Deutschen in wortinitialer
Position zu. Um [tl dl] in dieser Position auszuschließen, postuliert
man den negativen Constraint in (26c).
Die phonotaktischen Bedingungen in (26) bringen die Tatsache zum
Ausdruck, daß deutsche Wörter mit anlautendem [bl] wie [blɪk]
existieren, hypothetische Formen wie [lbɪk] jedoch nicht. Es lassen
sich aber Wörter mit anlautendem [bl] bilden, die zwar nicht existieren, aber durchaus deutsche Wörter sein könnten, z.B. [blɪp]. Man
bezeichnet [lbɪk] und [blɪp] als **Lücken**, weil diese Formen nicht
belegt sind. Es gibt aber einen fundamentalen Unterschied: [blɪp] ist
ein Beispiel für eine **zufällige Lücke** (engl. **accidental gap**). Man
nennt [blɪp] zufällig, weil diese Segmentabfolge den phonotaktischen
Gesetzmäßigkeiten des Deutschen entspricht; es ist daher reiner Zufall,
daß [blɪp] nicht mit einer Bedeutung belegt ist und somit kein
deutsches Wort ist. Obwohl das Wort [blɪp] im Wörterbuch nicht

---

[5] Dieses Beispiel wird in §8.5 ausführlicher behandelt. Dort wird u.a. gezeigt, daß die
in (26) aufgestellten Bedingungen am Anfang einer Silbe und nicht am Anfang eines
Wortes gelten.

aufgelistet ist, könnte es dieses Wort durchaus geben. Es steht gewissermaßen in Reserve — etwa für einen neuen Markennamen für Waschmittel oder dergleichen. Im Gegensatz dazu ist [lbɪk] ein Beispiel für eine **systematische Lücke** (engl. **systematic gap**), weil diese Segmentabfolge den phonotaktischen Gesetzmäßigkeiten des Deutschen nicht entspricht, d.h. [lbɪk] kann es nicht geben, weil kein deutsches Wort mit [lb] anfangen kann. Muttersprachler spüren einen intuitiven Unterschied zwischen zufälligen und systematischen Lücken. Während [blɪp] akzeptabel klingt, hört sich [lbɪk] fremd — für die meisten deutschen Sprecher sogar unaussprechbar — an.

Das Beispiel in (26) illustriert, daß sich phonotaktische Bedingungen ebenso wie phonologische Regeln meist auf zwei adjazente Segmente beziehen. Um defektive Verteilungen zu erfassen, können auch phonotaktische Beschränkungen für Einzelsegmente aufgestellt werden, wie in (27) illustriert:

(27a)   * # ŋ   (27b)   * h #

(27a) schließt [ŋ] in wortinitialer Position aus und (27b) [h] in wortfinaler Stellung. Diese Beschränkungen werden in §8.5 erläutert.

Die bisher besprochenen phonotaktischen Beschränkungen erfassen Segmente am linken oder am rechten Rand eines Wortes. Da sich viele phonotaktische Beschränkungen aber nicht auf das Wort, sondern auf die Silbe beziehen, wird die Phonotaktik in Kapitel 8 ausführlicher behandelt.

Phonotaktische Beschränkungen unterscheiden sich von phonologischen Regeln in einer wichtigen Hinsicht. Beschränkungen wie (26) und (27) sind 'statisch', d.h. sie beschreiben einen Zustand, während phonologische Regeln ein Element, z.B. ein Phonem, in einen anderen Laut verwandeln. Der Unterschied zwischen Regeln und Constraints hat sich in den letzten Jahren als wichtiges Thema in der Forschung etabliert. Diese Thematik wird in Kapitel 11 weiterbehandelt.

2.5 Das Phoneminventar des Deutschen

In §1.7 wurden die Konsonanten und Vokale des Deutschen auf der phonetischen Repräsentationsebene dargestellt. Im folgenden wird eine kurze Übersicht über das phonologische System des Deutschen gegeben. Die Liste der Phoneme einer Sprache wird als das **Phoneminventar** bezeichnet. Die Ermittlung der zugrundeliegenden Segmente einer Einzelsprache ist nicht immer einfach. Daher dürfte es kaum überraschen, daß viele Laute in der deutschen Phonologie einen umstrittenen Status haben. Im folgenden wird auf diese umstrittenen Segmente eingegangen.

2.5.1 Die Konsonanten

In (28) sind die konsonantischen Phoneme des Deutschen tabelliert.

(28)	bi-labial	labio-dental	alveolar	post-alveolar	palatal	velar	uvular	glottal
Plosiv	p b		t d			k g		
Affrikate		p͡f	t͡s	t͡ʃ d͡ʒ				
Frikativ		f v	s z	ʃ ʒ	ç			h
Nasal	m		n			ŋ		
Lateral			l					
Vibrant							ʀ	
Gleitlaut					j			

Um die Phoneme einer Sprache zu ermitteln, sucht man nach Minimalpaaren bzw. Kontrasten zwischen ihren Lauten. Für alle Laute in (28) bestehen Kontraste in mindestens einer Position im Wort. Zu beachten ist, daß (28) nur die konsonantischen Phoneme des Deutschen enthält, also nicht die zwei Laute [x] und [ʔ]. Der Status von [x] und [ʔ] wird im folgenden besprochen.

2.5.1.1 Die dorsalen Frikative

Zwei Laute, nämlich der 'ich-Laut' [ç] und der 'ach-Laut' [x], stehen in komplementärer Verteilung, wie die Daten in (29) illustrieren.[6]

---

[6] Die Literatur über die Verteilung vom deutschen [ç] und [x] ist sehr umfangreich. Eine Liste der Studien über dieses Thema findet sich in Hall (1992: Kapitel 5).

(29a)	mich	[mɪç]	(29b)	Buch	[buːx]
	Bücher	[byːçɐ]		Spruch	[ʃpʀʊx]
	Gerücht	[gəʀʏçt]		hoch	[hoːx]
	mechanisch	[meçaːnɪʃ]		doch	[dɔx]
	Recht	[ʀɛçt]		Bach	[bax]
	Löcher	[lœçɐ]		nach	[naːx]
	euch	[ʔɔɪç]		rauchen	[ʀaʊxən]
	leicht	[laɪçt]			

Die Beispiele in (29a) machen deutlich, daß [ç] nach vorderen Vokalen, z.B. [ɪ yː ʏ e ɛ œ] usw., und nach den zwei Diphthongen [aɪ ɔɪ] vorkommt. Im folgenden wird der Terminus 'Vokal' nicht nur für Monophthonge wie [iː ɪ] verwendet, sondern auch für beide Teile von Diphthongen. Man kann also folgern, daß [ç] nach vorderen Vokalen auftritt, weil die zweite Hälfte von [aɪ ɔɪ] vorne gebildet wird. Die Wörter in (29b) zeigen, daß [x] nach hinteren und zentralen Vokalen, d.h. [uː ʊ oː ɔ a aː aʊ] vorkommt. [ç] kommt aber nicht nach hinteren und zentralen Vokalen vor und [x] nicht nach vorderen. Fazit: [ç] und [x] kontrastieren nicht, weil sie nie in demselben Kontext auftreten.

[ç] und [x] stehen in komplementärer Verteilung, weil es kein deutsches Wort gibt, in dem [ç] nach den hinteren Vokalen vorkommt oder [x] nach den vorderen. Die komplementäre Verteilung von [ç] und [x] hat eine phonetische Erklärung. Der ich-Laut wird dadurch produziert, daß sich das vordere Dorsum dem harten Gaumen nähert. Vordere Vokale werden auf eine ähnliche Weise artikuliert: Der vordere Zungenteil (d.h. das vordere Dorsum) wird vorverlagert. Die Zungenposition von [ç] hat also eine starke Ähnlichkeit mit der Zungenposition der vorderen Vokale. Die hinteren Vokale [uː ʊ oː ɔ], die beiden zentralen Vokale [aː a] und die zweite Hälfte des Diphthongs [aʊ] haben dagegen starke artikulatorische Ähnlichkeiten mit dem ach-Laut. Bei [uː ʊ oː ɔ aː a aʊ] wird der Zungenrücken zum weichen Gaumen bzw. Zäpfchen zurückverlagert. Das ist genau die Position, wo [x] (und [χ]) produziert werden. Man kann daraus verallgemeinern, daß [ç] und [x] nach artikulatorisch ähnlichen Lauten auftreten.

Die Regel für die Distribution von [ç] und [x] ist die in (30):

(30)   *Dorsale Assimilation:* /ç/ → [x] / [uː ʊ oː ɔ aː a aʊ] ___

Dies ist ein Beispiel für Assimilation, denn die Position des Dorsums
bei /ç/ gleicht sich der des vorangehenden Vokals an.
Wir haben bis hierher angenommen, daß die zwei Allophone [ç] und
[x] auf das Phonem /ç/ zurückzuführen sind. Die andere logische
Möglichkeit, die von vielen Phonologen angenommen wird, besteht
darin, daß der ach-Laut das Phonem darstellt und die Distribution von
[ç] durch eine phonologische Regel erfaßt wird. Diese Möglichkeit
wird hier aus verschiedenen Gründen verworfen. Wenn /x/ das
Phonem wäre, müßte man die dorsale Assimilation in (30) durch die
'umgekehrte' Regel ersetzen, d.h. /x/ →[ç] / [iː ɪ yː ʏ eː ɛː ɛ øː œ aɪ ɔɪ]
___. Das Problem dabei ist, daß [ç] im Standarddeutschen auch in
anderen Positionen innerhalb des Wortes vorkommt, z.B. nach den
drei sonorantischen Konsonanten /n l ʀ/ wie in *Mönch, Dolch* und
durch und am Anfang eines Wortes wie in *Chemie*. Die alternative
Regel müßte also auch diese Kontexte zusätzlich angeben, wie in (31)
illustriert:

(31)   /x/ → [ç] / $\left\{ \begin{array}{l} \text{vordere Vokale} \\ \text{n l r} \\ \# \end{array} \right\}$ ___

In unserem Fallbeispiel wird derjenige Laut als Phonem angesetzt, der
die weitere Verteilung hat, in diesem Fall /ç/, weil [ç] in drei verschiedenen Kontexten vorkommt, [x] hingegen nur in einem einzigen (vgl.
(30)). Aus diesem Grund sollte man davon ausgehen, daß /ç/ das Phonem und die dorsale Assimilation in (30) die richtige Regel ist, und
nicht etwa die Regel (31).[7]

---

[7] Es wurde in §1.7 erwähnt, daß der 'ach-Laut' *zwei* phonetische Realisierungen hat,
nämlich [x] und [χ]. Dies bedeutet, daß /ç/ drei Allophone hat: [ç], [x] und [χ]. Die
genauen Kontexte, in denen [x] und [χ] auftreten, und die Regel, die [χ] generiert,
werden in Wiese (1996) besprochen.

2.5.1.2 Der glottale Plosiv

Die meisten Phonologen, die das Konsonantensystem des Deutschen untersucht haben, sind zu dem Schluß gekommen, daß der glottale Plosiv [ʔ] kein Phonem des Deutschen ist. Von manchen indes wird angenommen, daß [ʔ] doch phonemisch sei, weil es Minimalpaare zwischen [ʔ] und anderen Konsonanten gibt, vgl. [ʔaʊs] vs. [haʊs] (siehe Drosdowski et al. 1995). Der wichtige Punkt ist jedoch, daß es keinen Kontrast gibt zwischen Wörtern, die mit [ʔ] plus Vokal anlauten und Wörtern, die mit Vokal ohne [ʔ] anlauten, z.B. [ʔaʊs] vs. [aʊs]. Da [ʔ] in dieser Position vorhersagbar ist, sind wir der Auffassung, daß dieses Segment nicht zu den Phonemen des Deutschen zählt. Die Daten in (32a) und (32b) illustrieren die Kontexte, in denen [ʔ] auftritt. Man beachte dabei die Position des Akzents.

(32a) ost   [ˈʔɔst]   (32b)   Theater   [teˈʔaːtɐ]
       Idee   [ʔiˈdeː]   chaotisch   [kaˈʔoːtɪʃ]
(32c) Chaos   [ˈkaɔs]
       Duo   [ˈduːo]

Die Wörter in (32b) und (32c) zeigen, daß das Auftreten von [ʔ] oft vom Wortakzent abhängt. [ʔ] tritt nur dann zwischen Vokalen auf, wenn der zweite Vokal betont ist, vgl. (32b). Wenn der erste der beiden Vokale den Akzent trägt, dann folgt kein [ʔ], vgl. (32c). Die Daten in (32a) zeigen aber, daß [ʔ] wortinitial dennoch in einer Position vor unbetontem Vokal vorkommen kann. Wenn der Vokal am Anfang eines Wortes steht, ist es unerheblich, ob er betont ist oder nicht, [ʔ] wird immer eingefügt.
Man kann also aufgrund der Daten in (32) den Schluß ziehen, daß [ʔ] eine vorhersagbare Verteilung hat. Die folgende Epentheseregel erfaßt die Distribution von [ʔ].

(33)   *[ʔ]-Epenthese*: $\varnothing \rightarrow [ʔ] \mathbin{/} \left\{ \begin{array}{l} V\_\_ˈV \\ \#\_\_V \end{array} \right\}$

Die [ʔ]-Epenthese besagt, daß [ʔ] in zwei Kontexten eingefügt wird, nämlich wortintern zwischen einem Vokal und einem betonten Vokal und wortinitial vor jedem Vokal. Deutsche Wörter wie *ost* und *chaotisch* haben die zugrundeliegenden Formen /ɔst/ bzw. /kaoːtɪʃ/. [ʔ] wird durch die [ʔ]-Epenthese eingefügt, um die phonetischen Formen [ʔɔst] bzw. [kaʔoːtɪʃ] zu erzeugen.[8] Man beachte, daß die beiden Kontexte der [ʔ]-Epenthese eine Disjunktion bilden. Oben wurde erwähnt, daß Disjunktionen im allgemeinen vermieden werden sollten. Im Falle der [ʔ]-Epenthese ist die Disjunktion jedoch unvermeidlich, weil die beiden Kontexte nicht zu einem einzigen zusammengefaßt werden können.[9]

2.5.1.3 Der velare Nasal

Wir gehen davon aus, daß der velare Nasal [ŋ] zu den Phonemen des Deutschen zählt, weil er mit anderen Lauten kontrastiert, vgl. das Minimalpaar *sing* [zɪŋ] vs. *Sinn* [zɪn]. In den letzten 30 Jahren wurde vielfach angenommen, daß [ŋ] kein Phonem des Deutschen ist und [ŋ] entweder von /nk/ oder von /ng/ abgeleitet wird. [zɪŋ] und [kʀaŋk] sind nach dieser Auffassung von den zugrundeliegenden Formen /zɪng/ und /kʀank/ abgeleitet. Diese Analyse ist 'abstrakter' als die anderen, die in diesem Kapitel besprochen wurden, weil es kein Allomorph gibt, das diesen zugrundeliegenden Formen entspricht, d.h. [zɪng] oder [kʀank] werden niemals realisiert. Vertreter der abstrakten Analyse des velaren Nasals sind u.a. Isačenko (1963), Vennemann (1970), Kloeke (1982), Hall (1992) und Wiese (1996). Um die phonetischen Formen in Fällen wie /zɪng/ und /kʀank/ zu erklären, stellt man eine Assimilationsregel auf, nach der /n/ als [ŋ] vor velaren Plosiven realisiert wird, und eine Regel, die /g/ nach Nasalen tilgt (siehe die

---

[8] Es wird meistens angenommen, daß der Wortakzent im Deutschen nicht zugrundeliegt, sondern durch Regeln vorhergesagt werden kann (siehe Giegerich 1985). Wortakzentregeln werden in Kapitel 9 behandelt.

[9] Der zweite Kontext in (33) bedarf eines Kommentars. [ʔ] wird nicht nur *wort-*, sondern auch *stamminitial* vor Vokal eingefügt, vgl. *nacherzählen* [naxʔeɐ̯tseːlən]. Solche Beispiele legen nahe, daß ein dritter Kontext für die [ʔ]-Epenthese nötig wäre. Eine Alternative dazu ist jedoch, als Grenzsymbol zwischen Präfix und Stamm nicht '+', sondern '#' anzunehmen wie in *nach#erzählen* (siehe Chomsky & Halle 1968, die dies für das Englische vorgeschlagen haben). Die Epenthese von [ʔ] zwischen Präfix und Stamm erfolgt also durch den zweiten Kontext in (33). Zur Epenthese von [ʔ] siehe auch Kapitel 10, Aufgabe 1.

Diskussion dieser Regeln in §5.2). Die Verfechter der abstrakten Analyse sehen den Grund dafür, daß [ŋ] eine sehr eingeschränkte Verteilung hat, darin: [ŋ] kommt nur in einer einzigen Position vor, nämlich nach kurzen Vokalen. Weder nach Konsonanten, noch nach langen Vokalen oder Diphthongen noch am Anfang eines Wortes ist [ŋ] zulässig. Es gibt eine ganze Reihe von Argumenten für abstrakte zugrundliegende Formen wie /zɪng/. Der Leser wird auch auf die oben erwähnten Studien hingewiesen und auf Lass (1984: 205ff.), der die abstrakte Analyse des velaren Nasals im Deutschen kritisiert hat.

2.5.1.4 Die Affrikaten

Ein weiterer Streitpunkt in der Phonologie des Deutschen ist, ob die Affrikaten (z.B. [p͡f t͡s t͡ʃ]) tatsächlich Einzelsegmente sind oder ob sie aus zwei Segmenten bestehen, nämlich aus [p] und [f] bzw. [t] und [s] bzw. [t] und [ʃ]. Wenn die zweite Alternative zutrifft, gibt es im Deutschen drei Phoneme weniger, denn dann würden Laute wie /p͡f t͡s t͡ʃ/ in (28) fehlen. Die Argumente für und gegen eine 'monosegmentale' Analyse von 'pf' 'ts' und 'tʃ' basieren hauptsächlich auf der Phonotaktik. Im folgenden wird ein phonotaktisches Argument kurz skizziert, demzufolge 'pf' in wortfinaler Position eine Affrikate ist und keine Abfolge aus [p] und [f]. Viele deutsche Wörter lauten auf zwei Obstruenten aus, vgl. *Akt, Abt, sechs*. In diesen Beispielen ist der zweite Obstruent stets koronal. Es gibt jedoch kein deutsches Wort, das auf zwei nichtkoronale Obstruenten auslautet, z.B. [kakp], [tapk], [maxp]. Um solche systematischen Lücken zu erfassen, müßte man eine phonotaktische Beschränkung formulieren, derzufolge kein Wort auf zwei nichtkoronale Obstruenten auslautet. Dieser phonotaktische Constraint wird allerdings bei Fällen wie *Kopf*, die auf 'pf' auslauten, scheinbar verletzt. Wenn 'pf' in wortfinaler Position aus zwei Segmenten bestehen würde, z.B. [kɔpf] statt [kɔp͡f], dann wären Wörter wie *Kopf* die einzigen Ausnahmen zu dieser Beschränkung. Wenn wortfinales 'pf' dagegen eine Affrikate ist, also [kɔp͡f] statt [kɔpf], dann gilt die oben beschriebene phonotaktische Beschränkung ausnahmslos. Der Status der Affrikaten im Deutschen wird unter anderem in Trubetzkoy (1939), Kloeke (1982), Wurzel (1981) und Wiese (1996) behandelt.

Wenn man das Phoneminventar einer Sprache aufstellt, dann sollte man auch berücksichtigen, ob die jeweiligen Laute in **nativen** oder in **nichtnativen** Wörtern auftreten. Es kommt nämlich sehr oft vor, daß sich 'fremde' Laute phonologisch nicht wie die 'einheimischen' verhalten. Zwei der Konsonanten in (28) treten nur in nichtnativen Wörtern auf, nämlich [ʒ], vgl. franz. *garage*, deutsch [gaʀaːʒə], und [d͡ʒ], vgl. engl. *job*, deutsch [d͡ʒɔp]. Ein typisches Phänomen in den Sprachen der Welt ist, daß fremde Laute durch ähnliche einheimische Laute bzw. Lautsequenze ersetzt werden. Es gibt beispielsweise deutsche Entlehnungen aus dem Französischen mit Nasalvokalen, vgl. *Balkon* [balkõ]. Es besteht jedoch die Tendenz, Nasalvokale durch eine Abfolge des entsprechenden Oralvokals plus [ŋ] zu ersetzen, also [balkɔŋ]. Die Schlußfolgerung ist, daß Laute wie [õ] keine Phoneme des Deutschen sind, vgl. §2.5.2.

Obwohl der Frikativ [ʒ] und die Affrikate [d͡ʒ] im Deutschen nur in nichtnativen Wörtern belegt sind, gehen wir davon aus, daß sie Phoneme des Deutschen sind, weil [ʒ d͡ʒ] im Gegensatz zu [õ] nicht durch andere Laute ersetzt werden.

2.5.2 Die Vokale und Diphthonge

In (34) sind die Vokalphoneme des Deutschen zusammengefaßt.

(34)

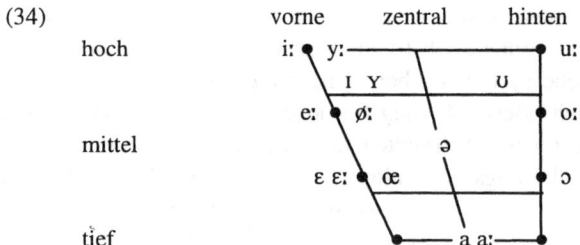

Minimalpaare bzw. Kontraste zwischen den einzelnen Vokalen zeigen, daß sie alle zugrundeliegend sind.

2.5.2.1 Die kurzen gespannten Vokale

Ein Unterschied zwischen den Vokalphonemen in (34) und den Vokalphonen in §1.7 besteht darin, daß die kurzen gespannten Vokale [i y u e ø o] nicht zu den Phonemen zählen, d.h. sie fehlen in (34). Der Status der kurzen gespannten Vokale ist in der Phonologie des Deutschen durchaus umstritten. Hall (1992) und Wiese (1988) argumentieren dafür, daß [i y u e ø o] keine Phoneme des Deutschen sind, während Wurzel (1981) und Giegerich (1985) der entgegengesetzten Meinung sind. Es wird im folgenden angenommen, daß [i y u e ø o] nicht zugrundeliegend sind, weil sie in komplementärer Verteilung zu den entsprechenden langen gespannten Vokalen stehen. Die Distribution der langen gespannten Vokale und ihrer kurzen Gegenstücke sei anhand der vier Beispiele in (35) illustriert. Die Wörter in (35a) enthalten [iː], die in (35b) den Vokal [i]. Die Verteilung von lang vs. kurz gilt nicht nur für diese beiden Vokale, sondern auch für alle anderen Paare, z.B. [eː] vs. [e] usw. Man beachte dabei die Position des Wortakzents.

| (35a) | viel | [ˈfiːl] | (35b) | Mutti | [ˈmʊti] |
| | Diele | [ˈdiːlə] | | vielleicht | [fiˈlaɪçt] |

Die Wörter in (35a) zeigen, daß [iː] nur dann auftritt, wenn dieser Vokal den Akzent trägt. Wenn ein gespannter Vokal nicht akzentuiert ist, dann ist er kurz, wie das [i] in (35b). Man kann also festhalten, daß die langen gespannten Vokale nur auftreten, wenn sie akzentuiert sind, und daß die kurzen gespannten Vokale umgekehrt nie den Akzent tragen. Wenn man davon ausgeht, daß die langen Vokale und nicht die kurzen die zugrundeliegenden sind, kann man die folgende Regel (nach Hall 1992 und Wiese 1996) aufstellen:

(36) *Vokalkürzung:*
/iː yː uː eː øː oː/ → [i y u e ø o] / ___ (wenn unbetont)

Die Vokalkürzung kürzt lange gespannte Vokale, wenn sie unbetont sind. Die in Klammern stehende Bedingung taucht in vielen Sprachen auf, weil es zwischen Akzent und Vokallänge einen grundsätzlichen

Zusammenhang gibt. Nach dieser Analyse haben Wörter wie *viel* und *vielleicht* die zugrundeliegende Form /fiːl/ bzw. /fiːlaɪçt/.

Die Alternative zur Vokalkürzung in (36) ist eine Regel, derzufolge /i y u e ø o/ zu [iː yː uː eː øː oː] gelängt werden, wenn sie den Akzent tragen. Nach der Vokallängungsanalyse haben Wörter wie *viel* und *vielleicht* die zugrundeliegende Form /fil/ bzw. /filaɪçt/.

Ein Argument gegen die zweite Alternative ist, daß sich die kurzen gespannten Vokale phonotaktisch wie lange Segmente verhalten. Diese Thematik wird in Ramers (1988), Hall (1992), Wiese (1996) und Becker (1988) besprochen.

2.5.2.2 Das Schwa

Der Vokal [ə] ist — wie die kurzen gespannten Vokale — stets unbetont. Da [ə] mit anderen Vokalen des Deutschen kontrastiert, z.B. [gəˈnaʊ] vs. [genˈjaːl], kann man den Schluß ziehen, daß [ə] ein Phonem des Deutschen ist.

Obwohl das /ə/ nach Meinung der meisten Forscher zu den Phonemen des Deutschen zählt, hat dieser Laut einen besonderen Status, denn seine Verteilung ist in vielen Fällen vorhersagbar. Die Wörter in der ersten Spalte in (37) zeigen, daß [ə] zwischen zwei Konsonanten auftreten kann, wobei der zweite am Ende des Wortes ist. Die Wörter in der zweiten Spalte zeigen, daß [ə] in einem ähnlichen Kontext zwischen zwei Konsonanten nicht vorkommt, daher lautet das von [hɪməl] abgeleitete Adjektiv [hɪmlɪʃ] und nicht [hɪmˈlɪʃ]. Man bezeichnet Fälle wie (37), wo Schwa mit Null alterniert, als 'Schwa-Null-Alternationen'.

(37)	Atem	[ʔatəm]	Atmung	[ʔatmʊŋ]
	Himmel	[hɪməl]	himmlisch	[hɪmlɪʃ]

Die meisten Linguisten, die sich mit dem deutschen Schwa auseinandergesetzt haben, sind zu der Auffassung gelangt, daß Schwa in solchen Alternationen nicht zugrundeliegt. Nach dieser Auffassung enthalten die Stämme in der ersten Spalte in (37) kein Schwa, z.B. /hɪml/, und das Deutsche verfügt über eine Regel der Schwa-Epenthese, wie in (38). ('K' ist eine Abkürzung für Konsonant.)

(38)   *Schwa-Epenthese*: Ø → [ə] / K __ K #

Die Schwa-Epenthese-Regel in (38) ist jedoch unvollständig, denn es bleibt zu klären, warum Schwa nur zwischen bestimmten Konsonanten eingefügt wird und zwischen anderen nicht. Das Wort *Halm* ist beispielsweise phonetisch [halm] und nicht [haləm]. Zur Diskussion des Schwa und der Schwa-Epenthese in der deutschen Phonologie vgl. Isačenko (1974), Giegerich (1987), Wiese (1988), Hall (1992), Noske (1993) und Becker (1998: Kapitel 7).

2.5.2.3 Das vokalisierte /ʀ/

Wie die kurzen gespannten Vokale und das Schwa wird auch der Vokal [ɐ] niemals betont. Nach Meinung der meisten Forscher ist [ɐ] kein Phonem des Deutschen, sondern ein Allophon von /ʀ/. [ɐ] wird daher meistens 'das vokalisierte /ʀ/' genannt. Diese Analyse des [ɐ] ist u.a. dadurch gerechtfertigt, daß es viele produktive Alternationen zwischen [ʀ] und [ɐ] gibt, vgl. (39).

(39)   Tier   [tiːɐ]   Tiere   [tiːʀə]
        Rohr   [ʀoːɐ]   Rohre   [ʀoːʀə]
        lehrt   [leːɐt]   lehre   [leːʀə]
        lehrst   [leːɐst]

Im allgemeinen gilt, daß [ɐ] am Ende eines Wortes nach einem Vokal vorkommt, wobei ein bis zwei Konsonanten zwischen [ɐ] und dem Wortende auftreten können, wie bei *lehrst* in (39). [ɐ] und [ʀ] stehen also in komplementärer Distribution. Die Verteilung von [ɐ] und [ʀ] wird durch die Regel (40) erfaßt.

(40)   *ʀ-Vokalisierung*: /ʀ/ → [ɐ] / V __ K_0^2 #

Das Symbol 'K_0^2' bedeutet, daß null bis zwei Konsonanten zwischen /ʀ/ und '#' auftreten können.

2.5.2.4 Die Diphthonge

Das Deutsche verfügt außer den Vokalen in (34) über die drei
Diphthonge [aɪ aʊ ɔɪ]. Umstritten ist, ob diese drei Diphthonge Einzelsegmente sind und zu den Phonemen des Deutschen zählen oder ob
[aɪ aʊ ɔɪ] aus je zwei Vokalphonemen bestehen. Die Argumente für
und gegen eine monosegmentale Analyse der deutschen Diphthonge
erinnern an die bei den Affrikaten (siehe §2.5.1.4). Ein ausführlicher
Überblick über diese Argumente findet sich in Becker (1998: Kapitel
8).

2.6 Standardsprache, Dialekt und Lautwandel

Viele Sprachen haben eine Varietät, die als die **Standardsprache**
bezeichnet wird. Im Deutschen beispielsweise ist damit die gemäßigte
Hochlautung nach Drosdowski et al. (1995) gemeint. Nach der
üblichen Definition wird **Dialekt** als regionale Varietät der Standardsprache definiert, obwohl Varietäten auch durch andere Faktoren
bedingt sein können, z.B. durch soziale Faktoren wie Alter. Die **Umgangssprache** wiederum ist eine Varietät, die in bestimmten Sprech-
situationen verwendet wird.

Es muß hier betont werden, daß phonologische Theorien nicht nur die
Daten aus Standardsprachen erklären können müssen, sondern auch
die aus regionalen bzw. sozialen Varietäten. Der Grund ist, daß Dialekte über eine Grammatik (=Phonologie, Morphologie, Syntax usw.)
verfügen, die nach denselben Prinzipien bzw. Theorien analysiert wird
wie die Standardsprache.

Sprachen unterscheiden sich phonologisch u.a. dadurch voneinander,
daß sie über verschiedene Phoneme, Regeln oder phonotaktische
Bedingungen verfügen. Das Deutsche etwa hat das Phonem /g/, das
Niederländische jedoch nicht. Das Deutsche verfügt über die Auslautverhärtung und die dorsale Assimilation, das Englische über die l-
Velarisierung. Bei den Dialekten ist es ähnlich. Es wurde bereits
erwähnt, daß es im Standarddeutschen das Phonem /ʀ/ gibt, während
viele süddeutsche Dialekte stattdessen über /r/ verfügen. In vielen süddeutschen Dialekten gibt es nur [x] und kein [ç], wie man an der Aussprache [mɪx] sehen kann. Dies deutet darauf hin, daß diese Dialekte
das Phonem /x/ haben und keine Regel der dorsalen Assimilation.

Alle gegenwärtigen Sprachen sind das Ergebnis vieler Änderungen des grammatischen Systems. Nehmen wir als phonologisches Beispiel das heutige Wort *Mensch*. Im Althochdeutschen wurde das entsprechende Wort [mɛnnisk] ausgesprochen und unterlag seither verschiedenen Änderungen: [sk] wurde zu [ʃ], das [i] wurde getilgt, die Geminate [nn] wurde zu [n] reduziert. Diese Änderungen sind Beispiele für den **Lautwandel** (engl. **sound change**). Lautwandel ist ein wichtiger Gegenstand der Phonologie, denn historische Prozesse zeigen oft dieselben phonologischen Regularitäten wie die gesprochenen Sprachen von heute (zum Lautwandel siehe Hock 1986a).

2.7 Notation phonologischer Regeln

Morpheme und Wörter werden in der Phonologie als Kette von Segmenten dargestellt. Zwei wichtige **Grenzsymbole** (engl. **boundary symbols**), die wir schon kennen, sind '+' und '#'. Das erste Symbol kennzeichnet eine Morphemgrenze, das zweite eine Wortgrenze. Das Wort *kommst* hat beispielsweise die zugrundeliegende Form /#kɔm+st#/.

Sätze werden als Ketten von Wörtern dargestellt. In (41) ist die zugrundeliegende Form des Satzes *Du kommst jetzt* dargestellt.

(41)   /# d uː # # k ɔ m + s t # # j ɛ t͡s t #/

Die generelle Form einer phonologischen Regel ist in (42) dargestellt.

(42a)   A → B / C __ D   (42b)   A → B / __ D   (42c)   A → B / C __

'A-D' stehen für Phoneme oder für den Wert 'Null'. 'A' bildet den **Input** (Eingabe) der Regel und 'B' den **Output** (Ausgabe). Der Pfeil '→' bedeutet 'wird als ... realisiert' und der Schrägstrich '/' 'in der Umgebung'. Die Informationen nach dem Schrägstrich werden als **strukturelle Beschreibung** (engl. **structural description**) bezeichnet. Der horizontale Strich '__' kennzeichnet die Stelle, wo sich die Regel auswirkt. Sowohl die vordere Umgebung (C) als auch die hintere Umgebung (D) können leer sein, vgl. (42b) bzw. (42c).

Wir haben im Laufe dieses Kapitels verschiedene phonologische Regeln besprochen. Eine davon ist die **Epenthese** eines Segments, z.B. beim englischen Pluralmorphem /z/, das in bestimmten Kontexten als [ɪz] auftritt, vgl. §2.3. Die Epenthese-Regel in (23b) hat die generelle Form (43a), wobei 'Ø' 'null' bedeutet. Mit anderen Worten: (43a) fügt den Laut B zwischen 'C' und 'D' ein bzw. /CD/ wird als [CBD] realisiert. Es gibt auch phonologische Regeln, die ein Segment tilgen (siehe Aufgabe 9 und §3.3.2). **Tilgungen** haben die allgemeine Form (43b), die besagt: Die zugrundeliegende Form /CAD/ wird als [CD] realisiert bzw. A wird zwischen C und D getilgt.

(43a) $Ø \rightarrow B / C \_\_ D$ (43b) $A \rightarrow Ø / C \_\_ D$

Zur Notationskonvention für phonologische Regeln gehören die geschweiften Klammern wie in (44a). Die Klammern um 'C' und 'D' bringen eine Disjunktion zum Ausdruck, d.h. es gilt entweder 'C' oder 'D'. Eine phonologische Regel gemäß der generellen Form (44a) ist die Regel der [ʔ]-Epenthese im Deutschen in (33). Zur Notationskonvention gehören auch einfache Klammern wie in (44b). Diese Klammern besagen, daß 'C' vorhanden sein kann, aber nicht muß. (44b) ist somit die Zusammenfassung von zwei Regeln: $A \rightarrow B / \_\_$ D und $A \rightarrow B / \_\_ C D$.

(44a) $A \rightarrow B / \_\_ \begin{Bmatrix} C \\ D \end{Bmatrix}$ (44b) $A \rightarrow B / \_\_ (C) D$

Schließlich umfaßt die Notationskonvention das sog. **transformationelle Regelformat**, wie es (45) illustriert:

(45)   A   B   C $\rightarrow$ 2 1 3
       1   2   3

Nach (45) werden die Positionen von 'A' und 'B' in einer Segmentkette 'ABC' vertauscht, d.h. durch Anwendung der Regel wird /ABC/ zu [BAC]. **Metathesen** kommen in einigen Sprachen vor, z.B. im Zoque tauschen ein wortinitiales /j/ und ein stamminitialer Konsonant ihre Plätze, so wird /j+pata/ 'seine Matte' als [pjata] realisiert, siehe §3.3.4. Metathesen werden formal mit dem Regelformat (45) erfaßt. Die Notation phonologischer Repräsentationen und Regeln wird in §4.3 wieder aufgegriffen.

Historischer Überblick und weiterführende Literatur

Die Theorie des Phonems entstand in der letzten Hälfte des 19. Jahrhunderts — vor allem durch die Werke von Kruszewski (1881), Baudouin de Courtenay (1895) und de Saussure (1916) — und rückte in der ersten Hälfte des 20. Jahrhunderts im **Struktura-lismus** in den Mittelpunkt der Forschung. In Sapir (1921: Kapitel 3), Bloomfield (1933: Kapitel 5), Trubetzkoy (1939), Pike (1947), Jones (1950) und Hockett (1955) finden sich die bekanntesten strukturalistischen Studien zur Phonologie. Dem Leser, der sich für verschiedene Definitionen des Phonems interessiert, seien auf diese Werke empfohlen.

Allomorphie zählt seit vielen Jahren zu den wichtigsten Themen in der Phonologie. Bereits Bloomfield (1939) hat in einer strukturalistischen Studie vorgeschlagen, die Alternationen eines Morphems auf eine einzige zugrundeliegende Repräsentation zurückzuführen und die Distribution der übrigen Allomorphe durch Regeln zu erfassen. Diese These hat sich dann in der Theorie der **generativen Phonologie** fortgesetzt. Zum Thema Alternationen in der Phonologie sei der Leser auf Chomsky & Halle (1968) verwiesen und auch auf Hooper (1976), die im Rahmen der **natürlichen generativen Theorie** eine andere Theorie der Alternationen vorschlägt.

Als frühes Standardwerk der generativen Phonologie gilt das bereits erwähnte Buch von Chomsky & Halle (1968): *The Sound Pattern of English*. Die generative Phonologie, wie sie sich in den Jahren nach 1968 entwickelt hat, wird in den folgenden Kapiteln ausführlich behandelt. Eine weiterführende Studie zur generativen Phonologie bietet Kenstowicz (1994), zur Phonologie des Deutschen Wiese (1996). Ein ausgezeichneter Überblick über die Geschichte der Phonologie findet sich in Anderson (1985).

Aufgaben

(1) ● Die folgenden Beispiele (Halle & Clements 1983) sind Wörter aus dem Südkongo

[zenga]	'schneiden'	[kunezulu]	'zum Himmel'
[ʒima]	'ausstrecken'	[nkoʃi]	'Löwe'
[lolonʒi]	'waschen'	[nzwetu]	'unser Haus'
[kesoka]	'schneiden lassen'	[aʒimola]	'Almosen'
[kasu]	'Ausmergelung'	[zevo]	'dann'

(1a) Besprechen Sie die Distribution der vier koronalen Frikative [s z ʃ ʒ]. Sind alle vier Laute Phoneme? Begründen Sie Ihre Entscheidung.

(1b) Stellen Sie eine Regel auf, die die Distribution von [s z ʃ ʒ] erfaßt.

(2) Im libanesischen Dialekt des Arabischen kommen die zwei gespannten Vokale [u i] und die ungespannten Gegenstücke [ʊ ɪ] vor. Die folgenden Daten (Cowan & Rakušan 1998) sind repräsentativ.

[kʊrsi]   'Stuhl'   [bɪʕi]   'er blieb'   [ʔɪntu]   'Sie'
[maʕi]   'mit mir'   [kʊtʊb]   'Bücher'
[fi]   'es gibt'   [ʃu]   'was'

Stellen Sie fest, ob die vier Vokale [u i ʊ ɪ] Phoneme sind oder ob [u i] zu [ʊ ɪ]
in komplementärer Verteilung stehen.

(3)   Die folgenden Beispiele sind aus dem Griechischen (Pearson 1977).

[xanɔ]   'verlieren'   [çinɔ]   'gießen'   [katɛxɔ]   'besitzen'
[xali]   'Teppich'   [ɔçi]   'nein'   [xtipo]   'schlagen'
[xufta]   'handvoll'   [xrima]   'Geld'   [ixa]   'hatte'

Stellen Sie eine phonologische Regel auf, die die griechischen Daten erfaßt. Ist
[ç] oder [x] zugrundeliegend? Begründen Sie Ihre Entscheidung.

(4)   Unaspirierte und aspirierte Plosive ([p t ʈ k] und [pʰ tʰ ʈʰ kʰ]) sind Sprachlaute
des Hindi, wie die folgenden Daten zeigen:

[tʰaːtiː] 'Eid'   [tiːn]   'drei'   [kaːm]   'Arbeit'   [taːzaː]   'frisch'
[aːʈʰ]   'acht'   [kʰaːʈ]   'Bett'   [pɪtaː]   'Vater'   [pʰɪr]   'wieder'

Stehen [p t ʈ k] und [pʰ tʰ ʈʰ kʰ] in komplementärer Verteilung oder
kontrastieren sie? Begründen Sie Ihre Entscheidung.

(5)   ● In der Irokesensprache Mohawk (Kenstowicz & Kisseberth 1977) kommen
kurze und lange Vokale vor. Die folgenden Daten sind repräsentativ.

['wisk]   'fünf'   ['keːsaks]   'ich suche es'
[raˈjʌthos]   'er pflanzt'   [roˈjoʔteʔ]   'er arbeitet'
['jekreks]   'ich schiebe es'   ['iːraks]   'er ißt es'
[raˈkeːtas]   'er schabt'   [nikaˈnuhzakeh]   'Häuser'
[rehˈjaːraʔa]   'er erinnert sich' [wahoˈjoʔdʌʔ]   'er arbeitete'
['raːkʌs]   'er sieht sie'   [raˈnuːweʔs]   'er mag es'

Die Länge des Vokals ist aufgrund des Kontexts vorhersagbar. Beschreiben
Sie den Kontext, in dem die langen Vokalen auftreten. [Hinweis: Beachten Sie
den Akzent!]

(6)   ● Der glottale Plosiv [ʔ] ist ein Sprachlaut des Hawaiianischen, wie die folgenden Daten illustrieren (Schütz 1995).

[ao]   'Wolke'   [ono]   'sechs'
[ʔoʔo]   'krähen'   [iʔa]   'Fisch'
[ʔahi]   'Thunfisch'   [moa]   'Hähnchen'

Besprechen Sie den phonemischen Status von [ʔ].

(7)   Die folgenden Daten illustrieren die Verteilung von [p t k] und [f θ x] im
Bibel-Hebräischen (Cowan & Rakušan 1998).

[pɛ]	'Mund'	[ʃta͡im]	'zwei'
[pol]	'Bohne'	[baθ]	'Tochter'
[miʃpaha]	'Familie'	[iθi]	'mit mir'
[af]	'eben'	[bexor]	'erstgeboren'
[sɛfɛr]	'Buch'	[kɛn]	'ja'
[kɛsɛf]	'Geld'	[axʃa͡u]	'Gesetz'
[teʃaʕ]	'neun'	[barux]	'gesegnet'

Stellen Sie eine Regel auf, die die Distribution von [p t k] und [f θ x] erfaßt.

(8)   Die folgenden Beispiele aus dem Ungarischen (Vago 1980a) zeigen Alternationen zwischen stimmhaften und den entsprechenden stimmlosen Obstruenten. Die erste Spalte besteht aus einem Stamm und die zweite aus demselben Stamm plus dem Suffix [ban] 'in'.

[kɑlɑp]	'Hut'	[kɑlɑbbɑn]
[rɑb]	'Gefangener'	[rɑbbɑn]
[kut]	'Brunnen'	[kudbɑn]
[kɑd]	'Wanne'	[kɑdbɑn]
[zɑk]	'Sack'	[zɑgbɑn]
[lɑkɑʃ]	'Wohnung'	[lɑkɑӡbɑn]
[vɑrɑӡ]	'Magie'	[vɑrɑӡbɑn]

(8a)   Einige der Stämme haben zwei Allomorphe. Listen Sie die beiden Allomorphe dieser Stämme auf.

(8b)   In welchem Kontext kommen die jeweiligen Allomorphe vor?

(8c)   Welches der Allomorphe der jeweiligen Stämme in (8a) ist zugrundeliegend? Begründen Sie Ihre Antwort.

(8d)   Stellen Sie eine Regel auf, die das vorhersagbare Allomorph ableitet.

(9)   Die folgenden Daten (Kenstowicz & Kisseberth 1977) sind aus dem Tagalog, der Amtssprache der Philippinen. Die erste Spalte enthält Stämme und die zweite und die dritte Spalte enthalten dieselben Stämme plus *in* oder *an*.

[bukas]	[buks+in]	[buks+an]	'offen'
[kapit]	[kapt+in]	[kapt+an]	'umarmen'
[tubos]	[tubs+in]	[tubs+an]	'wiederherstellen'
[banig]	[baŋg+in]	[baŋg+an]	'Matte'

(9a)   Was sind die zwei Allomorphe der jeweiligen vier Stämme?

(9b)   In welchem Kontext kommen die jeweiligen Allomorphe vor?

(9c)   Was sind die zugrundeliegenden Formen der vier Stämme? Welche Regeln braucht man, um die übrigen Allomorphe abzuleiten?

(10a)   Die folgenden Beispiele aus dem Standarddeutschen illustrieren die Distribution von [s] und [z] in sechs verschiedenen Kontexten.

(i) Sonne	[zɔnə]	(iv)	Ferse	[fɛʁzə]
Sicht	[zɪçt]		Hälse	[hɛlzə]
sehen	[zeːn]		Zinsen	[t͡sɪnzən]
(ii) Skat	[skaːt]	(v)	reisen	[ʁaɪzən]
Snob	[snɔp]		beißen	[baɪsən]
Smaragd	[smaʁakt]	(vi)	lesen	[leːzən]
(iii) es	[ʔɛs]		Riese	[ʁiːzə]
ˈKuß	[kʊs]		schließen	[ʃliːsən]
Gips	[gɪps]		stoßen	[ʃtoːsən]

(10a)   In welchen Kontexten kontrastieren [s] und [z]?

(10b)   In welchen Umgebungen kontrastieren [s] und [z] nicht?

(10c)   Stellen Sie phonotaktische Beschränkungen auf, die die defektive Verteilung von [s] bzw. [z] erfassen.

(11)   Sind die folgenden Lautsequenzen phonotaktisch wohlgeformte Wörter des Deutschen? Begründen Sie Ihre Antwort.

(11a)	[mɔntə]	(11d)	[ʃloː]	(11g)	[duːç]	(11j)	[seː]
(11b)	[mahʁə]	(11e)	[ʔəlfoː]	(11h)	[zoːŋ]	(11k)	[dɛlzə]
(11c)	[mank]	(11f)	[ʁoːh]	(11i)	[bət]	(11l)	[dand]

3 Phonologische Systeme und Prozesse

Wenn man die Phonologie von Einzelsprachen vergleicht, fallen die Unterschiede zwischen ihnen ins Auge. Diese Vielfalt kommt in den Aufgaben zu Kapitel 2 ganz deutlich zum Vorschein: Sprachen unterscheiden sich nicht nur in Zahl und Art ihrer Phoneme, sondern auch in ihren phonologischen Regeln. Trotz dieser Unterschiede haben zahlreiche Studien belegt, daß es viele wichtige Gemeinsamkeiten in der Phonologie aller Sprachen gibt. Eines der Ziele der Phonologie besteht darin, solche **Universalien** zu entdecken und zu systematisieren.

Einen Bereich der Phonologie, in dem die Universalien gründlich untersucht wurden, bilden die **Phoneminventare** aus Konsonanten und Vokalen, d.h. **phonologische Systeme** (vgl. §2.5 für das Deutsche). Bei allen Unterschieden gibt es in den Phoneminventaren der Sprachen systematische Gemeinsamkeiten. Davon behandelt §3.1. §3.2 faßt einige der Universalien zu phonologischen Systemen zusammen. Gezeigt wird, daß es verschiedene Arten von Universalien gibt, nämlich solche, die ausnahmslos sind, aber auch solche, die tendenziell gelten und somit Ausnahmen zulassen.

Einen zweiten Bereich der Phonologie, in dem es Gemeinsamkeiten zwischen Sprachen gibt, bilden phonologische Regeln bzw. Prozesse. Trotz der Vielfalt der sprachspezifischen Regeln, die in Kapitel 2 besprochen wurden, gibt es bestimmte Regeltypen, die in sehr vielen Sprachen vorkommen. Dies ist Gegenstand von §3.3.

3.1 Phoneminventare

Mit den Artikulatoren kann eine große Anzahl von Lauten erzeugt werden, von denen aber nie alle in einer Sprache vorkommen. Dies wirft einige Fragen auf: Welche Laute werden in den Sprachen der Welt am häufigsten verwendet? Was ist die höchste bzw. die niedrigste Anzahl von Konsonanten und Vokalen, die in einer Einzelsprache vorkommen? In diesem Abschnitt werden solche sprachübergreifenden

Fragen anhand der jeweiligen Phoneminventare kurz behandelt. Berücksichtigt werden jeweils die Phoneminventare. Die Beispiele entstammen der Studie von Maddieson (1984), in der Phoneminventare von mehr als 300 Sprachen aufgelistet und interpretiert werden. Es wird in diesem Abschnitt auch gezeigt, daß es in vielen Sprachen zwischen verschiedenen phonologischen Eigenschaften, z.b. Stimmhaftigkeit, Artikulationsstelle usw., Zusammenhänge gibt. Für das Inventar des Deutschen in §2.5 kann man beispielsweise die folgenden Beobachtungen machen: (i) Es gibt nur stimmhafte Sonoranten, aber stimmhafte und stimmlose Obstruenten, (ii) Nasale sind an drei Artikulationsstellen belegt, aber Plosive und Affrikaten zusammen an fünf, (iii) alle hinteren Vokale sind gerundet, aber es gibt gerundete und ungerundete vordere Vokale. Wenn man die Phoneminventare von verschiedenen Sprachen betrachtet, kann man feststellen, daß viele solcher Zusammenhänge, die für das deutsche System gültig sind, auch auf andere Sprachen zutreffen.

3.1.1 Konsonanten

Die Sprache mit der kleinsten Anzahl von Phonemen in Maddiesons Studie ist die Papua-Sprache Rotokas mit insgesamt 11, davon 6 Konsonanten /p t k g β ɾ/ und 5 Vokale /i e u o a/. Das andere Extrem bildet die südafrikanische Khoisan-Sprache !Xu, die über 141 Phoneme verfügt. Alle Sprachen haben Konsonanten und Vokale, aber in jeder einzelnen Sprache ist die Anzahl der Konsonanten stets größer als die der Vokale. Die Zahl der Konsonantenphoneme schwankt je nach Sprache zwischen 6 und 95 (Mittelwert: ca. 23), die der Vokale zwischen 3 und 46 (Mittelwert: ca. 8).
Im folgenden werden Konsonanteninventare nach der Artikulationsart kurz dargestellt.

3.1.1.1 Plosive

Alle in Maddieson (1984) verzeichneten Sprachen besitzen mindestens einen Plosiv, wobei der Terminus 'Plosiv' hier nicht nur Laute wie /p t k/, sondern auch Affrikaten wie /t͡s t͡ʃ/ einschließt. Die überwiegende Mehrheit der Sprachen hat drei Plosive, die bilabial, alveolar bzw.

velar gebildet werden. Ein typisches Plosivsystem ist etwa das des Maori in (1) mit /p t k/. Von den drei Lauten /p t k/ ist /t/ der weitaus häufigste: Alle Sprachen in Maddiesons Studie außer dem Hawaiianischen haben /t/, aber es sind viele Sprachen ohne /p/ oder /k/ belegt. Wenn eine Sprache eine vierte Artikulationsstelle zuläßt, ist diese meistens palatal (/c/) oder postalveolar (/t͡ʃ/), wie bei den zwei Sprachen Burera und Ainu in (1). Es gibt einige Sprachen mit fünf bis sechs Plosiven und ebenso vielen unterschiedlichen Artikulationsstellen. Eine Besonderheit von solchen Sprachen ist, daß sie manchmal einen Kontrast zwischen dentalen und alveolaren Lauten aufweisen, z.B. /t̪/ vs. /t/. Die meisten dieser Sprachen gehören zur australischen und zur dravidischen Sprachfamilie, vgl. die australische Sprache Nunggubuyu in (1).

(1) p t k   Maori
     p t c k   Burera
     p t t͡ʃ k   Ainu
     p t c k ʔ   Ao
     p t̪ t ṭ c k   Nunggubuyu

Stimmlose Plosive sind in den Sprachen der Welt viel häufiger als stimmhafte; so gibt es Sprachen wie die in (1), in denen nur stimmlose Plosive vorkommen, aber es ist keine Sprache belegt, die *ausschließlich* über stimmhafte Plosive verfügt.[1] In vielen Sprachen existiert ein Kontrast zwischen stimmlosen und stimmhaften Plosiven, z.B. im Deutschen. Das Sentani und das Französische in (2) sind weitere Beispiele. Kontraste zwischen stimmlosen und aspirierten Plosiven (z.B. /t/ vs. /tʰ/) kommen in ca. 17% aller Sprachen aus Maddiesons Studie vor. Auch dreifache Kontraste zwischen stimmlos, aspiriert und stimmhaft sind belegt, wie im Burmesischen. Ein vierfacher Kontrast zwischen 'stimmlos unaspiriert', 'stimmlos aspiriert', 'stimmhaft' und 'behaucht' kommt im Hindi vor. Kontraste zwischen Implosiven und Ejektiven wie im Maidu sind auch nicht ungewöhnlich.

---

[1] Es wird manchmal behauptet, daß es australische Sprachen gibt, die nur stimmhafte Plosive enthalten, vgl. Lass (1984: 167). In Maddieson (1984) ist die einzige Sprache dieser Art Bandjalang. Maddieson (1984: 27) schließt jedoch nicht aus, daß die ursprüngliche Quelle für diese Sprache falsch transkribiert wurde.

(2)

p	t	k		p	t	k		p	t	$\widehat{tʃ}$	k	ʔ		p	t	$\widehat{tʃ}$	k
	d			b	d	g		pʰ	tʰ	$\widehat{tʃ^h}$	kʰ			pʰ	tʰ	$\widehat{tʃ^h}$	kʰ

Sentani   Französisch

| | | | p | t | $\widehat{tʃ}$ | k | ʔ | | p | t | $\widehat{tʃ}$ | k |

b d $\widehat{dʒ}$ g   b d $\widehat{dʒ}$ g

Burmesisch   ɓ̣ ḍ $\widehat{dʒ}$ ɡ̣

               Hindi

ɓ ɗ

p' t' c' k'

p t c k

Maidu

Das System des Sentani in (2) weist ein 'asymmetrisches' Plosiv-
inventar auf: Hier kommen Plosive an drei Artikulationsstellen vor,
labial, alveolar und velar. /t/ hat ein stimmhaftes Gegenstück, nämlich
/d/, aber es fehlen /b/ und /g/. Solche Asymmetrien sind ungewöhnlich
in Plosivinventaren. Typisch ist also das 'symmetrische' System des
Französischen.

3.1.1.2 Frikative

93% der Sprachen in Maddieson (1984) weisen mindestens einen
Frikativ auf, auch wenn man, wie Maddieson, /h/ nicht als Frikativ
analysiert. Im Gegensatz zu den Plosiven sind aber einige (vornehm-
lich australische) Sprachen belegt, die über keine Frikative verfügen,
z.B. Nunggubuyu in (1). In den meisten Sprachen gibt es weniger
Frikative als Plosive, z.B. verfügt das Ainu in (1) über die vier Plosive
/p t $\widehat{tʃ}$ k/, aber nur über einen einzigen Frikativ, nämlich /s/. Die
meisten Sprachen haben bis zu vier Frikative. Mit 12 Frikativpho-
nemen verfügt das Margi über die meisten Frikative in Maddiesons
Studie.
Der häufigste Frikativ in den Sprachen der Welt ist der dentale bzw.
alveolare Sibilant /s/. Darauf folgen /ʃ/, /f/, /z/, /x/, /v/ und /ʒ/. Der
palatale Frikativ /ç/ ist ein äußerst seltener Sprachlaut: Er ist bei
Maddieson (1984) in nur 10 Sprachen belegt.
Stimmlose Frikative sind viel häufiger als stimmhafte. Viele Sprachen
haben nur stimmlose Frikative, aber keine Sprache hat nur stimmhafte
Frikative. Wenn eine Sprache nur wenige Frikative hat, dann sind
diese stimmlos. Die häufigsten 2-Frikativsysteme bestehen aus /f s/

(z.B. Kadugli) oder /s ʃ/ (z.B. Khasi), und das häufigste 3-Frikativsystem umfaßt /f s ʃ/ (z.B. Lappisch). Wenn eine Sprache vier oder mehr Frikative besitzt, wird meistens Stimmhaftigkeit in Anspruch genommen, vgl. die Sprachen in (3). Die ersten beiden Inventare stellen die häufigsten 4- bzw. 5-Frikativsysteme dar. Ein typisches 6-Frikativsystem ist das des Ungarischen. Das bereits erwähnte Frikativinventar des Margi verfügt über 12 Laute, darunter zwei Lateral-Frikative /ɬ ɮ/.

(3)   f   s   f   s   ʃ   f   s   ʃ   f   s   ɬ   ʃ   ç   x
       v   z   v   z   v   z   ʒ   v   z   ɮ   ʒ   ʝ   ɣ
       Bisa   Birom   Ungarisch   Margi

Es gibt einige Sprachen mit fünf oder mehr stimmlosen Frikativen. In solchen Sprachen kommen die Frikative an verschiedenen Artikulationsstellen vor oder sie verfügen über sekundäre Artikulationen, z.B. hat Squamisch /s ʃ xʷ χ χʷ/.

3.1.1.3 Nasale

97% aller Sprachen in Maddieson (1984) besitzen mindestens einen Nasal. Äußerst ungewöhnlich sind Sprachen ohne Nasale wie das Rotokas. Es kommt auch selten vor, daß eine Sprache nur einen Nasal hat; die meisten Sprachen (87%) verfügen über 2 bis 4 Nasale, wobei die zwei am häufigsten vorkommenden Segmente /n/ und /m/ sind. Der dritthäufigste Nasal ist /ŋ/ und der vierthäufigste der palatale Nasal /ɲ/. Beispiele für Nasalinventare mit jeweils zwei, drei, vier, fünf und sechs Segmenten sind in (4) aufgeführt. Die letzte Sprache illustriert, daß sechs die höchste Zahl von Artikulationsstellen bei Nasalen ist. Nunggubuyu und Tiwi sind u.a. deshalb bemerkenswert, weil sie sowohl ein dentales /n̪/ als auch ein alveolares /n/ haben.

(4)   m   n   Mongolisch
       m   n   ŋ   Deutsch
       m   n   ɲ   ŋ   Moro
       m   n̪   n   ɳ   ŋ   Tiwi
       m   n̪   n   ɲ   ɳ   ŋ   Nunggubuyu

Im Gegensatz zu Plosiven und Frikativen (d.h. den Obstruenten) sind die Nasale in fast allen Sprachen stimmhaft. Nur 3,4% aller Sprachen in Maddieson (1984) haben stimmlose Nasale wie /m̥ n̥/, z.B. das Burmesische. Es gibt einen Zusammenhang zwischen Nasalen und Plosiven: In keiner Sprache ist die Zahl der Artikulationsstellen für Nasale höher als die Zahl der Artikulationsstellen der Plosive (Ferguson 1963). Dies wird sogar durch Nunggubuyu bestätigt: Diese Sprache verfügt über die sechs Nasale in (4), aber auch über sechs Plosive /p ṭ t ṭ c k/ in (1).

3.1.1.4 Liquide

Liquid ist die gemeinsame Bezeichnung für die Klasse der Laterale ('l-Laute') und 'r-Laute'. Fast alle Sprachen in Maddieson (1984) (96%) haben mindestens einen Liquid, die meisten (74%) haben zwei. Ungewöhnlich sind also Sprachen ohne Liquide, wie Nootka. l-Laute sind in den Sprachen der Welt etwas häufiger als r-Laute. Wie Nasale sind Liquide fast immer stimmhaft.

Die meisten Sprachen (81%) besitzen mindestens einen Lateral. Die häufigste Artikulationsstelle für Laterale ist alveolar bzw. dental, d.h. /l/. Darauf folgen der retroflexe Laut /ɭ/ und das palatale /ʎ/. Es gibt auch Sprachen mit zwei von diesen Lauten oder mit allen vier, wie (5) zeigt. Einige australische Sprachen haben vier Laterale, wobei jeder dieser Laute an einer anderen Artikulationsstelle gebildet wird, vgl. Pitta-Pitta in (5). Dieses Inventar ist auch deshalb auffällig, weil es sowohl über ein dentales /l̪/ als auch über ein alveolares /l/ verfügt.

(5)	l	ɭ			Tiwi
	l	ɭ	ʎ		Alawa
	l̪	l	ɭ	ʎ	Pitta-Pitta

Die r-Laute umfassen Vibranten wie /r ʀ/, geschlagene Laute wie /ɾ/ sowie Approximanten wie /ɹ ɻ/. Die häufigste Artikulationsstelle für r-Laute ist alveolar, und die häufigste Artikulationsart ist der Vibrant. Der alveolare Vibrant [r] ist also der gebräuchlichste r-Laut in den Sprachen der Welt. Das uvulare /ʀ/ ist nicht sehr verbreitet; in Maddiesons Studie kommt dieses Phonem nur im Deutschen und im Französischen vor.

76% aller Sprachen in Maddieson (1984) haben einen einzigen r-Laut. Einige Sprachen haben zwei r-Laute, aber äußerst selten sind dagegen Sprachen mit drei r-Lauten. Mit zwei Vibranten und zwei geschlagenen Lauten verfügt das Sindhi über die meisten r-Laute. Die Sprachen, die über mehr als einen r-Laut verfügen, unterscheiden diese Segmente in der Regel eher durch den Artikulationmodus als durch die Artikulationsstelle. Es gibt beispielsweise mehr Sprachen mit dem alveolaren Vibranten /r/ und dem alveolaren geschlagenen Laut /ɾ/, als mit den zwei alveolaren Approximanten /ɹ/ und /ɻ/.

3.1.2 Vokale

Alle Sprachen haben Vokale. Das häufigste Vokalphonem in den Sprachen der Welt ist /i/; darauf folgen /a/, /u/, /o/ und /e/. Gespannte Vokale wie /i e u o/ sind viel häufiger als ungespannte wie /ɪ ɛ ʊ/. Es gibt wichtige Zusammenhänge zwischen Vokalrundung, also 'gerundet' vs. 'ungerundet', und Zungenlage, d.h. 'vorn' vs. 'hinten'. In der überwiegenden Mehrheit der Sprachen (94%) sind hintere, nichttiefe Vokale gerundet, d.h. /u o/ sind weitaus häufiger als /ɯ ɤ/. Umgekehrt sind in 94% der Sprachen vordere Vokale ungerundet, d.h. /i e/ sind viel häufiger als /y ø/. Das kleinste belegte Vokalsystem besteht aus drei Vokalen, wobei das Inventar /i u a/ am häufigsten ist. Die Höchstzahl von Vokalen liegt immerhin bei 24 in der Khoisan-Sprache !Xũ. Die meisten Sprachen verfügen über 5 bis 8 Vokalphoneme. In (6) sind einige typische Beispiele für 3- bis 6-Vokalsysteme aufgeführt.

(6a) i   u   e   o   (6b) e   o   i
          a   a   ə   e   o
      Aranda   Amuesha   a   a
                                            Squamisch   Klamath
(6c) i   u   i   ɯ   (6d) i   u   i   u
        e o   e ɔ   e ə o   e   o
          a   a   a   æ a
      Spanisch   Japanisch   Kanakuru   Chamorro

Vokalinventare werden einer Konvention entsprechend mit Hinblick auf ihren Artikulationsraum beschrieben, der das System der Kardinalvokale definiert (siehe §1.5). Bei vielen Sprachen sind die Vokale in weiten Abständen über diesen Raum verteilt, wobei sich oft geometrische Figuren ergeben. Viele Vokalsysteme haben beispielsweise 'dreieckige' Formen, vgl. Aranda, Amuesha, Spanisch und Japanisch. 'Asymmetrische' Vokalinventare sind aber — wie asymmetrische Plosivsysteme — ebenfalls belegt, vgl. Klamath in (6b).

Die Vokale in allen Sprachen in (6) sind oral. Nasalvokalphoneme kommen in 22% der Sprachen aus Maddieson (1984) vor, zwei Beispiele zeigt (7a).

(7a) i ĩ   i ĩ   u ũ   (7b)   i iː   u uː
         ε ε̃ o õ   e   o   ε ɔ
            a ã   ε ε̃   ɔ ɔ̃   a
                        a ã   Atayal

      Mazatec   Senadi

Die Beispiele in (7a) zeigen einen wichtigen Zusammenhang zwischen Nasal- und Oralvokalen: Die Anzahl der Nasalvokale ist in keiner Sprache höher als die der Oralvokale.

Kontraste zwischen kurzen und langen Vokalen wie in (7b) sind in ca. 20% aller Sprachen belegt. Lange Vokale sind meistens gespannt, kurze Vokale ungespannt, vgl. Kapitel 2. Das Beispiel in (7b) belegt jedoch, daß kurze gespannte Vokalphoneme wie /i u/ auch vorkommen.

3.2 Universalien und Markiertheit

Es gibt mindestens drei Arten von Universalien in Bezug auf Phoneminventare (Greenberg 1966b):

(a) Universalien in Gestalt von Aussagen, die ohne Ausnahme für alle Sprachen gelten

(b) Universalien in Gestalt von Aussagen, die für die große Mehrheit der Sprachen zutreffen, aber nicht für alle

(c) Universalien, die in Gestalt von **Implikationen** Gültigkeit beanspruchen.

Konkrete Beispiele für Universalien, die für alle Sprachen gelten, sind in (8a), Beispiele für Universalien, die für die meisten Sprachen zutreffen, sind in (8b) angeführt.

(8a)   i.   Alle Sprachen haben Vokale und Konsonanten.

        ii. Die Zahl der Nasalvokale in einer Sprache ist nie höher als die Zahl der Oralvokale in dieser Sprache.

       iii. Alle Sprachen haben mindestens einen Plosiv.

       iv. Die Zahl der Artikulationstellen für Nasale in einer Sprache ist niemals größer als die Zahl der Artikulationsstellen der Plosive in dieser Sprache.

(8b)   i.   Die meisten Sprachen haben mindestens einen Frikativ.

        ii. Die meisten 3-Vokalsysteme bestehen aus /i u a/.

       iii. Die meisten Sprachen haben zwei Liquide.

       iv. Vordere Vokale sind in den meisten Sprachen ungerundet.

Aus §3.1 wurde ersichtlich, daß in den Phoneminventaren bestimmte Laute viel häufiger vorkommen als andere. Ein Beispiel ist der Frikativ /s/, der in sehr vielen Sprachen belegt ist, im Gegensatz zu /ç/, der in sehr wenigen Sprachen auftritt. Es kommt häufig vor, daß die Existenz eines Segments die Existenz eines anderen Lautes in derselben Sprache impliziert. Ein Beispiel dafür sind die zwei Laute /s/ und /ç/: Wenn eine Sprache /ç/ besitzt, dann hat sie auch /s/, aber das Gegenteil trifft nicht zu, denn viele Sprachen verfügen über /s/, ohne zugleich über /ç/ zu verfügen. Dieses Beispiel illustriert eine Implikation. Implikationen haben stets die Form 'wenn X, dann Y', wobei X und Y in der Phonologie für Laute oder Gruppen von Lauten stehen. Ein zweites Beispiel für eine Implikation bezieht sich auf Nasale, z.B. /m n/. In fast allen Sprachen sind Nasale stimmhaft, aber es gibt einige wenige Sprachen, wie das Burmesische, die neben stimmhaften Nasalen wie /m n/ auch über stimmlose Nasale wie /m̥ n̥/ verfügen. Da also sowohl stimmhafte als auch stimmlose Nasale in den Sprachen der Welt belegt sind, ergeben sich rein logisch vier Sprachtypen: [2]

---

[2] Die stimmlosen Nasale des Burmesischen werden manchmal als aspirierte Nasale bezeichnet und entsprechend transkribiert (/mʰ nʰ/) (siehe Lombardi 1994). Man kann in (9b, c) auch 'stimmlose Nasale' durch 'aspirierte Nasale' ersetzen.

(9a)   Sprachen mit ausschließlich stimmhaften Nasalen
(9b)   Sprachen mit ausschließlich stimmlosen Nasalen
(9c)   Sprachen mit stimmhaften und stimmlosen Nasalen
(9d)   Sprachen ohne Nasale

Von diesen vier Sprachtypen sind jedoch nur drei belegt. Die meisten Sprachen, z.B. das Deutsche, sind vom Typ (9a). Das Burmesische ist ein Beispiel für (9c) und Rotokas für (9d). Es gibt jedoch keine Sprache vom Typ (9b). Man kann aus diesen Daten die folgende Implikation ableiten:

(10)   Wenn eine Sprache stimmlose Nasale hat, hat sie auch stimmhafte Nasale.

Die Implikation in (10) schließt (9b) aus.
Ein drittes Beispiel für eine Implikation betrifft stimmlose und stimmhafte Plosive. Es gibt Sprachen mit /p t k/ und auch Sprachen mit /p t k b d g/, aber keine Sprache hat *nur* /b d g/. Die Existenz von /b d g/ impliziert die Existenz von /p t k/ in derselben Sprache.
Das generelle Implikationsschema liegt auch dem Phänomen **Markiertheit** (engl. **markedness**) zugrunde in dem Sinne, daß markierte Strukturen ihre unmarkierten Gegenstücke implizieren. Aussagen wie 'X is markierter als Y' sind immer Instanzen des Schemas 'wenn X, dann Y'. Markierte Strukturen (z.B. Laute) sind ungewöhnlicher in Sprachen als ihre unmarkierten Gegenstücke. Angesichts der oben besprochenen Beispiele kann man also sagen, daß /ç/ und /m̥ n̥/ markierter sind als /s/ bzw. /m n/, weil es weitaus mehr Sprachen gibt mit /s/ bzw. /m n/ und sehr wenige mit /ç/ bzw. /m̥ n̥/. Umgekehrt kann man sagen, daß /s/ bzw. /m n/ weniger markiert sind als /ç/ bzw. /m̥ n̥/. Aber die Häufigkeit eines Segments ist nicht das alleinige Kriterium für seine Markiertheit. Im allgemeinen haben **markierte Laute** die folgenden Eigenschaften (Jakobson 1941, Trubetzkoy 1939):

(11a)	Sie kommen in weniger Sprachen vor als ihre unmarkierten Gegenstücke.
(11b)	Sie implizieren die Existenz der unmarkierten Gegenstücke.
(11c)	Sie werden von Kindern später als unmarkierte Laute erworben.
(11d)	Sie sind historisch instabil.

Beispiele für (11a) und (11b) wurden oben schon angeführt. Markierte Laute haben aber noch weitere Eigenschaften wie in (11c) und (11d). 'Historisch instabil' bedeutet, daß die markierte Struktur in einer späteren Sprachstufe entweder verschwindet oder sich in eine unmarkierte Struktur wandelt.

Nicht nur Laute können markiert oder unmarkiert sein. Das allgemeine Schema 'wenn X, dann Y' bezieht sich auf alle grammatischen Eigenschaften. Markiertheit in Zusammenhang mit der Phonotaktik wird in Kapitel 8 behandelt.

3.3 Phonologische Prozesse

In Kapitel 2 wurde eine Regel der Stimmhaftigkeitsassimilation für das Englische aufgestellt, die das Auftreten des regulären Pluralmorphems als [s] bzw. [z] so erfaßt, daß z.B. die zugrundeliegende Form /hæt+z/ 'Hüte' als [hæts] realisiert wird. Assimilationen wie diese werden oft als 'natürlich' bezeichnet, weil sie die Funktion haben, die Aussprache von zwei benachbarten Segmenten zu erleichtern. In diesem Beispiel ist die Abfolge [ts] einfacher auszusprechen als [tz], weil die Segmente [t] und [s] beide stimmlos sind. Obwohl es im allgemeinen schwierig ist, konkret zu definieren was eine 'leichte' Artikulation ist, herrscht in der Literatur Konsens, daß bestimmte phonologische Regeln phonetisch plausibler sind als andere. Aus diesem Grund tauchen 'natürliche' Prozesse, d.h. solche, die phonetisch motiviert sind, in vielen Sprachen auf.

Ziel dieses Abschnitts ist es, einen kurzen Überblick über solche phonologischen Prozesse in den Sprachen der Welt zu geben. Es wird dabei auch gezeigt, warum diese Regeln phonetisch plausibel sind. Auf eine genaue Formulierung dieser Prozesse nach dem Regelformat in §2.7 wird hier verzichtet. Die formalen Aspekte der folgenden Prozesse werden in Kapitel 4, 6 und 7 besprochen.

3.3.1 Assimilationen und Dissimilationen

Die in §2.3 diskutierte und oben wieder aufgegriffene Regel ist ein Beispiel für eine **Assimilation**, weil sich ein Segment einem benachbarten Segment in mindestens einer Eigenschaft angleicht. In der

Abfolge /hæt+z/ gleicht sich das /z/ dem letzten Konsonanten des Stammes hinsichtlich der Stimmhaftigkeit an.
Assimilationen sind die in den Sprachen der Welt am häufigsten vorkommenden phonologischen Prozesse. Sie können als Prozesse verstanden werden, die dem Sprecher die Artikulation erleichtern, weil durch Assimilation die betroffenen Laute einander ähnlicher oder sogar identisch werden.
Es gibt mindestens vier Parameter, durch die sich Assimilationen unterscheiden können:

(i)   die phonetischen Eigenschaften, die angeglichen werden
(ii) die Richtung der Assimilation: entweder wirkt sich der nachfolgende Laut auf den vorangehenden aus (**regressive Assimilation**) oder der vorangehende Laut wirkt sich auf den nachfolgenden aus (**progressive Assimilation**)
(iii) die Laute, die der Assimilation unterliegen
(iv) die Laute, die die Assimilation auslösen

In dem englischen Beispiel wird Stimmhaftigkeit angeglichen, die Assimilationsregel operiert von links nach rechts, d.h. die Regel ist progressiv. Der Laut, der der Assimilation unterliegt, ist /z/, und die Laute, die die Regel auslösen, sind die stimmlosen Obstruenten.
In den Sprachen der Welt kommen aber auch andere Arten der Assimilation vor. Dazu drei weitere Beispiele.
In vielen Sprachen unterliegen Nasale einer Assimilation an die Artikulationsstelle eines benachbarten Konsonanten. Ein Beispiel für einen solchen Prozeß liefert das Luganda. In dieser Sprache gibt es ein Präfix mit der Bedeutung 'ich', das die vier Allomorphe [m], [n], [ɲ] und [ŋ] aufweist, wie die folgenden Daten zeigen (Katamba 1989):

(12)   [mbala]   'ich zähle'   [ɲɟagala]   'ich mag'
       [mpa]   'ich gebe'   [ɲɲumja]   'ich unterhalte mich'
       [ndaga]   'ich zeige'   [ɲcoppa]   'ich werde mittellos'
       [ntema]   'ich schneide'   [ŋkola]   'ich arbeite'
       [nsika]   'ich ziehe'   [ŋgula]   'ich kaufe'
       [nneɲa]   'ich tadle'

Wenn man von einem zugrundeliegenden /n/ ausgeht, wird dieses
Morphem vor labialen Lauten als [m], vor palatalen Plosiven als [ɲ]
und vor velaren Lauten als [ŋ] realisiert. Die Assimilation in (12) hat
also die folgenden Parameter: (i) die phonetische Eigenschaft, die
angeglichen wird, ist die Artikulationsstelle, d.h. es handelt sich um
eine **Ortsassimilation**, (ii) die Richtung der Assimilation ist von
rechts nach links, d.h. die Assimilation ist regressiv, (iii) die Laute, die
die Regel auslösen, sind die Konsonanten, und (iv) der Laut, der der
Assimilation unterliegt, ist /n/.

Ein wichtiger Assimilationstyp, der in vielen Sprachen eine prägende
Rolle spielt, ist die **Vokalharmonie** (engl. **vowel harmony**) Vokalharmonie ist ein Assimilationsprozeß, bei dem alle Vokale innerhalb
einer bestimmten Domäne, z.B. dem Wort, in mindestens einer phonetischen Eigenschaft übereinstimmen müssen (siehe §6.4 und §10.2.2).
Bekannte Sprachen mit Vokalharmonie sind Türkisch, Finnisch und
Ungarisch. Die Vokalharmonie wird anhand der ungarischen Daten in
(13) illustriert. Diese Beispiele bestehen aus einem Stamm plus dem
Suffix mit der Bedeutung 'über' (Spencer 1996):

(13a) [teːrkeːprøːl] 'Landkarte'   (13b) [lɑːɲroːl]   'Mädchen'
      [føldrøːl]   'Land'   [uːrroːl]   'Herr'
      [yɟrøːl]   'Geschäft'   [fogroːl]   'Zahn'
      [siːnrøːl]   'Farbe'

In diesen Beispielen gibt es zwei Allomorphe: [røːl] und [roːl], wobei
das erste den vorderen Vokal [øː] enthält und das zweite den hinteren
Vokal [oː]. Das Allomorph [røːl] kommt nur nach Stämmen vor, die
vordere Vokale enthalten, vgl. (13a), während [roːl] nach Stämmen mit
hinteren Vokalen auftritt, vgl. (13b). Die Wörter in (13a) enthalten
also nur vordere Vokale und die in (13b) nur hintere. Es gibt keine
Wörter mit vorderen *und* hinteren Vokalen.[3]
Das Beispiel zeigt, daß die angeglichene phonetische Eigenschaft die
Zungenlage ist, also 'vorn' vs. 'hinten'. Die Richtung der Assimilation

---

[3] Die ungarischen Daten sind komplizierter als hier dargestellt. So kann z.B. der
hintere Vokal /ɑ/ auch in Wörtern vorkommen, die vordere Vokale enthalten. In
Vago (1980a) wird dies detailliert dargestellt. Siehe §6.4 für ein ähnliches Beispiel
aus dem Akan.

geht nach rechts (d.h. es handelt sich um eine progressive Assimilation), weil die Stammvokale den Vokal des Suffixes bestimmen und nicht umgekehrt. Auslöser der Vokalharmonie in (13) sind die Vokale des Stammes, und das Ziel des Prozesses ist der Vokal des Suffixes. Im Gegensatz zur englischen Stimmhaftigkeitsassimilation und zur Ortsassimilation im Luganda sind Auslöser und Ziel von Vokalharmonieprozessen nicht **adjazent**, d.h. sie stehen nicht unmittelbar nebeneinander. Die zwischen den Vokalen stehenden Konsonanten in (13) werden also ignoriert. Die Vokalharmonie in (13) ist folglich ein Beispiel für eine **Fernassimilation**.

Es gibt auch Sprachen mit **Konsonantenharmonie**, obwohl dieser Prozeß in deutlich weniger Sprachen belegt ist als die Vokalharmonie. Ein Beispiel für eine Sprache mit Konsonantenharmonie ist Chumasch (Beeler 1970). In dieser Sprache bezieht sich die Konsonantenharmonie speziell auf die Sibilanten, z.B. /s ʃ/. Innerhalb eines Wortes haben Sibilanten stets dieselbe Artikulationsstelle, z.B. gibt es Wörter mit [s] und [s] oder mit [ʃ] und [ʃ], aber kein Wort mit [s] und [ʃ]. Dies wird in (14) gezeigt. Man bezeichnet diese Art von Konsonantenharmonie als **Sibilantenharmonie**.

(14)   /k+sunon+us/   [ksunonus]   'ich gehorche ihm'
        /k+sunon+ʃ/   [kʃunonʃ]   'ich bin gehorsam'
        /uʃla/   [uʃla]   'mit der Hand'
        /uʃla+siq/   [uslasiq]   'mit der Hand fest drücken'

Die ersten beiden Beispiele zeigen, daß der Stamm /sunon/ das Allomorph [ʃunon] hat, wenn ein Suffix mit dem Sibilanten [ʃ] folgt. Die Konsonantenharmonie im Chumasch ist also regressiv. Dies wird auch an den letzten beiden Beispielen in (14) deutlich: /uʃla/ wird als [usla] realisiert, wenn ein Suffix folgt, das [s] enthält.[4]

Die bisher besprochenen Assimilationen sind **partiell**, weil bei ihnen nur eine einzige phonetische Eigenschaft angeglichen wird. Zahlreiche Sprachen verfügen über **totale Assimilationen** — Prozesse, bei denen *alle* Aspekte eines Lautes angeglichen werden. Totale Assimilation sei

---

[4] Eine weiterführende Studie zur Konsonantenharmonie bietet Shaw (1991). Nach Shaw ist die Sibilantenharmonie der in den Sprachen der Welt am häufigsten belegte Prozeß von Konsonantenharmonie.

anhand der folgenden Beispiele aus dem Toba Batak illustriert (Hayes 1986a):

(15) /maɲan##baoa##an/   [maɲabbaoaan]   'jener Mann ißt'
      /lean##lali/   [leallali]   'gib einem Hund'
      /boao##an##peddek/   [boaoappeddek]   'jener Mann ist klein'

Diese Daten zeigen, daß wortfinales /n/ totaler Assimilation unterliegt, denn dieser Laut gleicht sich dem folgenden Laut vollständig an. Nicht alle phonologischen Regeln sind Assimilationen; es gibt auch den umgekehrten Regeltyp, der als **Dissimilation** bezeichnet wird. Dissimilationen operieren, um Unterschiede zwischen ähnlichen Lauten hervorzuheben. So heißt z.b. das lateinische Wort [arbor] 'Baum' im Spanischen [arbol]. In der Entwicklung vom Lateinischen zum Spanischen wurde das letzte [r] in diesen und anderen Wörtern unter dem Einfluß des ersten [r] als [l] realisiert. Im Gegensatz zu Assimilationen haben Dissimilationen die Funktion, die relevanten Laute für den Hörer besser wahrnehmbar zu machen. Anders als Assimilationen sind Dissimilationen meistens irregulär in dem Sinne, daß sie viele Ausnahmen haben.
Ein Beispiel für eine reguläre Dissimilation wird anhand des Kirundi in (16) illustriert (Katamba 1989). In dieser Sprache gibt es Alternationen bei dem Präfix mit der Bedeutung 'erste Person Singular Präsens'. Das Allomorph [tu] tritt in den Beispielen in (16a) auf und [du] in (16b). Man beachte, daß der Konsonant im Präfix und der erste Stammkonsonant nicht adjazent sind.

(16a) *Imperativ*   *1. Sing. Präsens*
       [rja]   [turja]   'essen'
       [mwa]   [tumwa]   'rasieren'
       [va]   [tuva]   'stammen aus'
       [bona]   [tubona]   'sehen'
(16b) [soma]   [dusoma]   'lesen'
       [teːka]   [duteːka]   'kochen'
       [seka]   [duseka]   'lachen'
       [kubita]   [dukubita]   'schlagen'

Die Generalisierung ist, daß ein Präfix mit einem stimmlosen Konsonanten ([tu]) nur vor Stämmen vorkommt, die mit einem stimmhaften
Konsonanten anlauten, vgl. (16a), während ein Präfix mit einem
stimmhaften Konsonanten ([du]) vor Stämmen realisiert wird, die mit
einem stimmlosen Konsonanten anfangen, vgl. (16b). Dies ist ein
Beispiel für eine Dissimilation — sie wird in der Literatur zu den
Bantusprachen 'Dahls Gesetz' genannt —, weil der Konsonant im
Präfix und der erste Stammkonsonant sich hinsichtlich ihrer Stimmhaftigkeit unterscheiden müssen.

3.3.2 Epenthesen und Tilgungen

In vielen Sprachen wird in bestimmten Kontexten ein Segment eingefügt. Solche Prozesse werden als **Epenthesen** bezeichnet. Epenthesen
können einen Laut vor, hinter oder zwischen andere Laute einfügen.
In §2.3 wurde gezeigt, daß der Vokal [ɪ] zwischen einem Sibilanten
und /z/ im Englischen eingefügt wird, so wird die zugrundeliegende
Form /feɪs+z/ 'Gesichter' als [feɪsɪz] realisiert. In vielen Sprachen
haben Epenthesen die Funktion, einen Laut zwischen andere Laute
einzufügen, weil sonst eine phonotaktische Bedingung verletzt würde.
Im Englischen gibt es beispielsweise kein Wort, das in der phonetischen Form auf [sz] auslautet; die Epenthese stellt sicher, daß Sprecher eine Abfolge wie /s+z/ aussprechen können. In Fällen wie /hæt+z/
operiert die Epenthese nicht, weil die Assimilation die phonotaktisch
wohlgeformte phonetische Form [hæts] gewährleistet.
In vielen Sprachen werden Vokale in bestimmten Positionen im Wort
phonetisch nicht realisiert. Ein Beispiel für eine solche **Tilgung**
(Schane 1973) zeigt (17).

(17a) ['tabula]   (17b) ['tablə]   'Tisch'
       ['perdere]   ['perdrə]   'verlieren'
       ['arborem]   ['arbrə]   'Baum'

Die lateinischen Wörter in (17a) enthalten jeweils drei Vokale, der
erste davon trägt den Wortakzent. Die französischen Wörter in (17b)
haben nur zwei Vokale. Im Laufe der Entwicklung vom Lateinischen

zum Französischen wurde also der Vokal nach dem betonten Vokal getilgt, z.B. in /'tabula/ das /u/.[5]

Man nennt die Tilgung eines wortinternen Vokals wie in (17) eine **Synkope**. Ein zweites Beispiel für eine Synkope ist die Tilgung eines wortinternen Vokals im Tagolog (siehe Kapitel 2, Aufgabe 9), z.B. /bukas+in/ 'offen' wird als [buksin] realisiert. Die Tilgung eines finalen Vokals wird als **Apokope** bezeichnet. Ein Beispiel dafür liefert das Französische (Schane 1973): Es gibt Wörter wie [tablə] 'Tisch', wie in (17b), die auf Schwa auslauten. In der Umgangssprache werden diese Wörter ohne [ə] realisiert, also [tabl]. Diese Daten deuten also darauf hin, daß in der französischen Umgangssprache eine [ə]-Apokope appliziert.

Das Akzentmuster 'betont-unbetont' — auch **Trochäus** genannt — ist weniger markiert als beispielsweise ein **Daktylus**, d.h. 'betont-unbetont-unbetont' (siehe Kapitel 9). Angesichts solcher Markiertheitsverhältnisse kann man die Synkope in (17) als Prozeß ansehen, der zu einem weniger markierten Akzentmuster führt.

3.3.3 Längungen und Kürzungen

Auch die Längung von kurzen Vokalen ist ein weit verbreiteter phonologischer Prozeß. Es gibt in vielen Sprachen einen Zusammenhang zwischen Wortakzent und Längung bzw. Kürzung eines Vokals. Dies wird in (18) mit Beispielen aus dem Mohawk illustriert (siehe Kapitel 2, Aufgabe 5).

(18) /ra'ketas/   [ra'keːtas]   'er schabt'
      /reh'jaraʔa/   [reh'jaːraʔa]   'er erinnert sich'
      /'rakʌs/   ['raːkʌs]   'er sieht sie'
      /ra'nuweʔs/   [ra'nuːweʔs]   'er mag es'

Ein Beispiel für Vokalkürzung wurde in §2.5.2 erwähnt. Im Deutschen werden die langen Vokale /iː yː uː eː øː oː/ als [i y u e ø o] realisiert, wenn sie nicht betont sind.

---

[5] Die Daten in (17) illustrieren noch einen weiteren, damit zusammenhängenden, Prozeß, bei dem lateinische **Vollvokale** wie /i u a/ im Französischen als [ə] realisiert werden. Dieser Prozeß wird als **Vokalreduktion** bezeichnet.

In vielen Sprachen ist Längung bzw. Kürzung von Vokalen ein silbenbezogener Prozeß, z.B. die Längung eines Vokals am Ende einer
Silbe. Ein Beispiel dafür wird in Kapitel 8 (Aufgabe 1) besprochen.

3.3.4 Metathesen

Eine **Metathese** ist ein Prozeß, bei dem zwei Segmente innerhalb
eines Wortes vertauscht werden, z.B. wurde das altenglische Wort
brid 'Vogel' in einer späteren Stufe als *bird* realisiert. Wie die Dissimilation ist auch die Metathese in vielen Sprachen irregulär, weil sie
viele Ausnahmen zuläßt.
Eine ausnahmslos reguläre Metathese zeigt (19) anhand von Daten aus
dem Zoque (Wonderly 1951). In dieser Sprache nimmt das Possessiv-
pronomen 'sein' die Form des Präfixes /j/ an. (19a) zeigt, daß dieser
Laut in der phonetischen Form stets nach dem ersten Konsonanten des
Stammes auftritt. Im Gegensatz dazu erscheint /j/ am Wortanfang,
wenn der erste Laut des Stammes ein Vokal ist, vgl. (19b). Das Präfix
/j/ und der erste Konsonant des Stammes unterliegen also einer Metathese.

(19a)	/j+pata/	[pjata]	'seine Matte'
	/j+gaju/	[gjaju]	'sein Hahn'
	/j+faha/	[fjaha]	'sein Gürtel'
(19b)	/j+atsi/	[jatsi]	'sein älterer Bruder'

Metathesen wie die in (19) sind meistens durch die Phonotaktik motiviert: Zwei Konsonanten tauschen ihre Plätze, weil sie sonst die Phonotaktik der Sprache verletzen würden. Solche unzulässigen Konsonantenverbindungen entstehen u.a. bei Präfigierungen. Im Zoque ist
beispielsweise die Kombination [j] plus Konsonant am Wortanfang
nicht zulässig. Die Metathese in (19a) findet also statt, damit
zugrundeliegende Abfolgen von /j/ plus Konsonant ausgesprochen
werden können.
Die meisten Sprachen der Welt reparieren Folgen von Lauten, die phonotaktisch ausgeschlossen wären, durch Epenthesen oder Tilgungen.
Die Strategie der Metathese kommt dagegen nur in wenigen Sprachen
vor. Eine sprachübergreifende Übersicht über Metathesen bietet Ultan
(1978).

3.3.5 Neutralisierungen

Eine **Neutralisierung** ist ein Prozeß, der den Kontrast zwischen zwei oder mehr Lauten in einem bestimmten Kontext aufhebt. Ein bekanntes Beispiel für Neutralisierung ist die deutsche Auslautverhärtung, die in Kapitel 2 besprochen wurde: Der Kontrast zwischen /p/ und /b/, /t/ und /d/ usw. wird in wortfinaler Position zugunsten der stimmlosen Obstruenten aufgehoben.

In der Regel wird bei Neutralisierung ein Kontrast zwischen zwei Segmenten zugunsten des *unmarkierten* Segments aufgehoben (siehe Trubetzkoy 1939). Im Deutschen kommen beispielsweise in finaler Position nur stimmlose Segmente vor und nicht die stimmhaften, weil die stimmlosen Obstruenten weniger markiert sind als ihre stimmhaften Gegenstücke, vgl §3.2.

Der durchweg typische Kontext für Neutralisierung von Konsonanten ist die wort- bzw. silbenfinale Position. Dies bedeutet, daß wort- bzw. silbenfinale Positionen im allgemeinen unmarkierte Laute bevorzugen, wort- bzw. silbeninitiale Positionen hingegen markierte Laute. Den Extremfall einer Sprache, in der viele Laute als wortinitialer Konsonant und wenige in anderen Kontexten zugelassen sind, stellt !Xóõ (Traill 1985) dar. In dieser Sprache gibt es 111 zugrundeliegende Segmente, die meisten davon unterschiedliche Schnalzlaute. Alle 111 Phoneme kommen als wortinitialer Konsonant vor, während nur sechs davon intervokalisch und zwei wortfinal auftreten.

Die angeführten Befunde legen nahe, daß Neutralisierungen von Konsonanten deshalb vorwiegend in wortfinaler Position und kaum in wortinitialer Position auftreten, weil der Anfang eines Wortes in der Wahrnehmung 'wichtiger' ist als das Ende. Dies wird in psycholinguistischen Studien zur Wahrnehmung bestätigt, vgl. Cutler, Hawkins & Gilligan (1985).

Auch Vokale können Neutralisierungen unterliegen. Ein Prozeß, der in vielen Sprachen auftritt, ist die Neutralisierung von Vokalkontrasten, wenn die Vokale unbetont sind. So etwa gibt es im Russischen (Schane 1973) Kontraste zwischen den Vokalphonemen /i e u o a/ nur dann, wenn die Vokale betont sind. Wenn /i e u o a/ in unbetonter Stellung auftreten, werden /i/ und /e/ als [i], und /a/ und /o/ als [a] realisiert. Der Kontrast zwischen /i/ und /e/ bzw. /a/ und /o/ wird also in unbetonter Position aufgehoben, wie in (20a) gezeigt wird. /u/ wird sowohl in betonter als auch in unbetonter Position als [u] ausgesprochen, vgl. (20b).

(20a)	[ˈlʲes]	'Wald'	[lʲiˈsa]	'Wälder'
	[ˈgorat]	'Stadt'	[garaˈda]	'Städte'
(20b)	[ˈluk]	'Zwiebel'	[luˈka]	'Zwiebel' (Gen. Sg)

Weiterführende Literatur

Ein klassisches Werk zu sprachlichen Universalien ist Greenberg (1963a). Die darin enthaltenen Artikel von Greenberg (1963b) und Ferguson (1963) sind von besonderer Bedeutung, weil sie sich speziell mit Universalien in Phoneminventaren beschäftigen. Die ausführlichste Quelle zu Phoneminventaren ist das bereits zitierte Buch von Maddieson (1984) *Pattern of Sounds*. Die ersten neun Kapitel dieses Buches behandeln wichtige Beobachtungen zu Universalien in Inventaren. Zu den relevanten Studien über Inventare zählen auch Trubetzkoy (1939), Hockett (1955), Crothers (1978) und Lass (1984: Kapitel 7).

Implikationen werden in Jakobson (1941) und Greenberg (1963b) besprochen. Der Bereich der Sprachwissenschaft, der sich mit Implikationen und Sprachtypen (siehe (9)) befaßt, wird als **Sprachtypologie** bezeichnet. Eine empfehlenswerte Einführung in die Sprachtypologie ist Comrie (1981).

Über Markiertheit in der Linguistik ist viel geschrieben worden. Der in §3.2 beschriebene Ansatz beruht auf Greenberg (1963a, 1966a, b). Eine andere Theorie der Markiertheit wird in Chomsky & Halle (1968: Kapitel 9) aufgestellt.

Als weiterführende Literatur über phonologische Prozesse ist Lass (1984: Kapitel 8) zu empfehlen. Da die in §3.3 besprochenen Regeln oft auch diachronen Prozessen entsprechen, widmen sich viele Studien in der historischen Sprachwissenschaft der Frage der 'Regelplausibilität'. Eine empfehlenswerte Studie über diachrone phonologische Prozesse findet sich in Hock (1986a: Kapitel 5-7).

Es gibt seit Anfang der 70er Jahre die Theorie der **natürlichen Phonologie** (Stampe 1973, Donegan & Stampe 1977), die sich speziell mit der Natürlichkeit phonologischer Prozesse beschäftigt. Vertreter dieser Theorie sind der Ansicht, daß es sowohl 'phonologische Prozesse' als auch 'phonologische Regeln' gibt. Diese Unterscheidung beruht unter anderem auf der Annahme, daß 'Prozesse' angeboren sind, während 'Regeln' im Laufe des Spracherwerbs gelernt werden müssen. Eine kurze deutsche Zusammenfassung dieser Theorie findet sich in Hurch (1988: Kapitel 1).

Aufgaben

(1)   Erklären Sie, ob die folgenden Vokalsysteme symmetrisch oder asymmetrisch
        sind. Wie könnte man die asymmetrischen Inventare ändern, damit sie sym-
        metrisch werden?

i	ɯ		i		u		i		u		i y	ɯ u		i y		u
ɛ	ɔ		e		o		e		o		ɛ			ø		o
	a			ɛ	ɔ		æ	a			a			æ	a
					a										

Japanisch	Italienisch	Farsi	Chuvasch	Khalaj

(2)   Die folgenden vier hypothetischen Konsonanten- und Vokalinventare verletzen
        jeweils eines der in diesem Kapitel aufgestellten Prinzipien. Erklären Sie,
        gegen welches Prinzip verstoßen wird.

f	s	x		p	t	k		p	t		k		i ī			u ũ
v	z			v	z			f	s							
m	n			m	n	ŋ		m	n	ɲ	ŋ		e ẽ		o õ	
	l				l				l				ã			

(3)   In Kapitel 2 (Aufgabe 1) wurden die folgenden Beispiele aus der Bantusprache
        Südkongo aufgeführt:

[zenga]	'schneiden'	[kunezulu]	'zu Himmel'
[ʒima]	'ausstrecken'	[nkoʃi]	'Löwe'
[lolonʒi]	'waschen'	[nzwetu]	'unser Haus'
[kesoka]	'schneiden lassen'	[aʒimola]	'Almosen'
[kasu]	'Ausmergelung'	[zevo]	'dann'

Die Daten zeigen, daß /s z/ vor [i] als [ʃ ʒ] realisiert werden. Diese Regel wird
manchmal als **Palatalisierung** bezeichnet — ein Prozeß, der in vielen
Sprachen belegt ist.

Als was für ein Prozeß kann diese Palatalisierung eingeordnet werden?
Begründen Sie Ihre Antwort. Denken Sie dabei an die phonetische Motivation
für diese Art von Palatalisierung.

(4)   ● Das türkische Pluralsuffix hat zwei Alternanten [lar] und [ler], wie aus den
        folgenden Daten ersichtlich (Kenstowicz 1994).

[dal]	[dallar]	'Zweig'	[jel]	[jeller]	'Wind'
[kol]	[kollar]	'Arm'	[gøl]	[gøller]	'See'
[kɯz]	[kɯzlar]	'Tochter'	[diʃ]	[diʃler]	'Zahn'
[kul]	[kullar]	'Sklave'	[gyl]	[gyller]	'Rose'

(4a)   Beschreiben Sie unter welchen Bedingungen [lar] und [ler] auftreten.

(4b)   Wie bezeichnet man diesen Assimilationsprozeß? Ist die Assimilation regressiv
        oder progressiv?

(5)   In der drawidischen Sprache Tamil sind die zwei Vokale [ɯ] und [ʋ] Allophone des Phonems /ʋ/ (Carr 1993). Die folgenden Daten sind repräsentativ:

[ʈoːlʋ]	'Leder'	[ʈerɯ]	'Straße'
[puːʈʈʋ]	'Schloß'	[neːʈʈɯ]	'gestern'
[miːɳɯ]	'Fisch'	[aðɯ]	'es'
[ʈoːlʋ]	'Schulter'	[uːɾʋ]	'Dorf'

(5a)   In welchem Kontext kommen [ɯ] und [ʋ] vor? [Hinweis: Das Segment, das diesen Prozess auslöst, steht nicht unmittelbar neben [ɯ] bzw. [ʋ]].

(5b)   Wie bezeichnet man diesen Prozeß? Begründen Sie Ihre Antwort.

(6)   Die Beispiele in der ersten Spalte stammen aus dem Altgriechischen, die in der zweiten aus dem Neugriechischen (Spencer 1996). Diese Daten zeigen, daß in der Entwicklung vom Altgriechischen zum Neugriechischen zwei generelle Lautwandelprozesse stattgefunden haben. (Zur Erläuterung des Begriffs 'Lautwandel', siehe §2.6).

(i)	[fθinos]	[ftinos]	'billig'
	[sxolio]	[skolio]	'Schule'
(ii)	[epta]	[efta]	'sieben'
	[okto]	[oxto]	'acht'

(6a)   Stellen Sie eine Hypothese auf, warum sich die Konsonanten /θ x/ zu [t k] in (i) und /p k/ zu [f x] in (ii) entwickelten. [Hinweis: Durch welche Laute sind diese Regeln bedingt?] ⇒ *Dissimilation*

(6b)   Was für einen Regeltyp stellen die zwei Prozesse in (6a) dar?

(7)   ● Die hebräischen Reflexivformen in der zweiten Spalte in (i) bestehen aus dem Präfix /hit/ plus dem Aktivstamm (Cowan & Rakušan 1998).

	Aktiv	*Reflexiv*	
(i)	[konen]	[hitkonen]	'vorbereiten'
	[raʃam]	[hitraʃem]	'markieren'
	[raxet͡s]	[hitraxet͡s]	'waschen'
(ii)	[t͡sarax]	[hit͡starex]	'verbrauchen'
	[silek]	[histalek]	'entfernen'
	[ʃidek]	[hiʃtadek]	'heiraten'

(7a)   Beschreiben Sie, wie die Reflexivformen in (ii) gebildet werden. Berücksichtigen Sie dabei nur die Konsonanten und nicht die Vokale. Was für eine Gemeinsamkeit haben die stamminitialen Konsonanten in (ii)?

(7b)   Was für ein Prozeß operiert in den Beispielen in (ii)?

4 Distinktive Merkmale

In Kapitel 3 wurde gezeigt, daß Phoneminventare aus kleineren Segmentklassen bestehen. Man kann beispielsweise die Vokale und die Konsonanten voneinander abgrenzen. Die Vokale und die Konsonanten lassen sich ebenfalls jeweils in kleinere Gruppen einteilen, z.B. hohe Vokale, vordere Vokale, Plosive, Frikative, alveolare Laute. Solche Gruppen sind Beispiele für natürliche Klassen. Sprachlaute bestehen aus kleineren, phonetisch definierten Einheiten, die es ermöglichen, solche natürlichen Klassen zu erfassen. Man nennt sie **Merkmale**. Dieses Kapitel führt in die Theorie der Merkmale ein.

4.1 Warum braucht man Merkmale?

In Kapitel 2 wurde die folgende Regel für die Auslautverhärtung im Deutschen aufgestellt:

(1)   /b d g v z ʒ/ → [p t k f s ʃ] / __ #

Obwohl die Regel in (1) die deutschen Daten richtig erfaßt, hat sie eine offensichtliche Schwäche: Sie kann nicht zum Ausdruck bringen, daß die Eingabe /b d g v z ʒ/ eine natürliche Klasse ist, d.h. eine Gruppe von Lauten mit einer phonetischen Gemeinsamkeit (siehe Kapitel 2 für diese vorläufige Definition). Mit anderen Worten, man kann der Formulierung von (1) nicht entnehmen, daß sie eine Generalisierung über die stimmhaften Obstruenten des Deutschen macht und nicht etwa über eine 'arbiträre', also willkürlich ausgewählte Gruppe von Lauten. Um Regeln zu formulieren, die sich auf natürliche Klassen beziehen, muß man Segmente in kleinere Einheiten zerlegen: Merkmale. Die sechs Phoneme des Deutschen /b d g v z ʒ/ haben jeweils eine Reihe von phonetisch motivierten Eigenschaften, die die Artikulationsstelle, die Artikulationsart, die Stimmhaftigkeit usw. ausdrücken. Dies wird in (2) dargestellt.

(2)	b	d	g	v	z	ʒ
	bilabial	alveolar	velar	labiodental	alveolar	postalveolar
	Plosiv	Plosiv	Plosiv	Frikativ	Frikativ	Frikativ
	stimmhaft	stimmhaft	stimmhaft	stimmhaft	stimmhaft	stimmhaft
	Obstruent	Obstruent	Obstruent	Obstruent	Obstruent	Obstruent

Man kann die Eigenschaften 'stimmlos' bzw. 'stimmhaft' und 'Obstruent' bzw. 'Sonorant' mit jeweils zwei **binären** Merkmalen ausdrücken. Wenn man vom Phoneminventar des Deutschen ausgeht, bilden die Laute in (2) sowie /m n ŋ l ʀ j/ und alle Vokale die [+stimmhaften] Segmente, während die stimmlosen Laute /p t k f s ʃ ç/ [−stimmhaft] sind. Das Merkmal [sonorantisch] erfaßt Obstruenten ([−sonorantisch]), nämlich /p b t d k g f v s z ʃ ʒ/ und Sonoranten ([+sonorantisch]), nämlich /m n ŋ l ʀ j/, sowie alle Vokale. Die sechs Laute /b d g v z ʒ/ bilden also aufgrund der Merkmale [−sonorantisch, +stimmhaft] die natürliche Klasse der stimmhaften Obstruenten. Die Eingabe der Regel (1) kann somit wie in (3) ausgedrückt werden:

(3) $\begin{bmatrix} -\text{sonorantisch} \\ +\text{stimmhaft} \end{bmatrix} \rightarrow$ ......

In §4.3 wird auf Einzelheiten der Notation phonologischer Regeln mit Merkmalen eingegangen. Die Hauptmotivation für Merkmale besteht darin, natürliche Klassen wie die in (3) zu erfassen. In vielen Sprachen kommen Regeln oder phonotaktische Beschränkungen vor, die sich auf Gruppen von Lauten beziehen. Diese Gruppen sind nicht 'arbiträr', sondern sie bilden natürliche Klassen. Das Thema der natürlichen Klassen in der Phonologie wird in §4.4 erläutert.

Die meisten Merkmalstheorien basieren darauf, daß Merkmale artikulatorisch definiert sind, d.h. sie gehen von der Art und Weise, wie die Laute produziert werden, aus. Das Merkmal [stimmhaft] bezieht sich beispielsweise auf den Zustand der Stimmlippen. Eine andere Möglichkeit ist, Merkmale akustisch bzw. auditiv zu definieren. Hiernach beruht die Definition von Merkmalen auf den Geräuschen, die produziert werden. In §4.2 wird eine Reihe von Merkmalen dargestellt, die überwiegend artikulatorisch definiert werden. Ob akustisch motivierte Merkmale auch erforderlich sind, wird in §4.7 besprochen. Das Merkmal [stimmhaft] ist ein Beispiel für ein **distinktives Merkmal** des Deutschen. Dies bedeutet, daß sich zwei (oder mehr) Phoneme einzig durch das Merkmal [stimmhaft] unterscheiden können. So teilen /p/ und /b/ alle Merkmale der Artikulationsstelle, Artikulationsart usw. und unterscheiden sich nur durch [stimmhaft]. Im Gegensatz dazu ist ein Merkmal wie [aspiriert] kein distinktives Merkmal des Deutschen, weil das Deutsche keinen Kontrast zwischen aspirierten und nichtaspirierten Lauten hat, z.B. /p/ vs. /pʰ/. In anderen Sprachen können die Verhältnisse umgekehrt sein. Im Koreanischen ist [aspiriert] distinktiv, weil es Kontraste zwischen /p/ und /pʰ/ usw. gibt, [stimmhaft] ist dagegen im Koreanischen nicht distinktiv, weil es keine Kontraste wie /p/ vs. /b/ gibt. In diesem Kapitel werden die wichtigsten Merkmale besprochen, die in den Sprachen der Welt eine distinktive Funktion haben können (zu den distinktiven Merkmalen des Deutschen siehe §4.8). Dafür braucht man eine **Theorie der distinktiven Merkmale**, die in der Lage ist, alle Kontraste zwischen Sprachlauten in den Sprachen der Welt zu erfassen. Es gibt beispielsweise Sprachen wie das australische Nunggubuyu mit zwei 't'-Phonemen, einem dentalen und einem alveolaren, vgl. §3.1.1. In der Theorie der distinktiven Merkmale braucht man also ein Merkmal, um diesen Kontrast zu erfassen.

Die meisten Merkmalstheorien gehen davon aus, daß Merkmale binär sind, d.h. sie haben zwei **Werte**, '+' und '–', wobei sowohl Segmente, die mit dem '+' Wert, als auch die, die mit dem '–' Wert versehen sind, natürliche Klassen bilden können. Es gibt in den Sprachen der Welt sowohl Regeln, die sich auf [+sonorantisch] beziehen, als auch solche, die sich auf [–sonorantisch] beziehen. Die beiden Werte '+' und '–' dienen somit dazu Segmente in zwei getrennte Kategorien einzuordnen.

Es gibt aber auch Theorien, die den Standpunkt vertreten, daß bestimmte Merkmale nicht binär sind, sondern **privativ**. Im Gegensatz zu binären Merkmalen haben privative Merkmale einen *einzigen* Wert. Das heißt, ein Segment hat dieses Merkmal, oder es hat es nicht. Viele Linguisten sind beispielsweise der Meinung, daß das Merkmal [labial] privativ ist. Laute wie /p b/ sind also [labial], während für Segmente wie /t d k g/ dieses Merkmal nicht einschlägig ist. Die formalen

Unterschiede zwischen privativen und binären Merkmalen werden in §4.5 beschrieben.

Zusammengefaßt verfügen Merkmale über die folgenden Eigenschaften:

(4a) Merkmale erfassen natürliche Klassen.
(4b) Merkmale erfassen alle Kontraste in den Sprachen der Welt.
(4c) Merkmale haben phonetische Definitionen.
(4d) Merkmale sind entweder binär oder privativ.

4.2 Die Merkmale und ihre Definitionen

Die hier verwendeten Merkmale stellen im Grunde genommen das System von Chomsky & Halle (1968) dar, welches später von vielen Autoren (z.B. Halle & Clements 1983, McCarthy 1988) revidiert wurde. Da die folgenden distinktiven Merkmale artikulatorisch definiert sind, wird dem Leser empfohlen, die Übersicht der Konsonanten und Vokale in Kapitel 1 im Auge zu behalten.

Die nachfolgenden Merkmale werden in vier Gruppen aufgeteilt:

(i)   Oberklassenmerkmale
(ii)   laryngale Merkmale
(iii) Merkmale der Artikulationsart
(iv)   Ortsmerkmale

4.2.1 Die Oberklassenmerkmale

Die **Oberklassenmerkmale** sind notwendig, um 'große' Segmentklassen zu erfassen, z.B. Konsonanten, Obstruenten und Approximanten.

1. [±konsonantisch] (=[±kons]): Zwei wichtige Segmentklassen sind die Konsonanten und die Vokale — natürliche Klassen, die durch [±konsonantisch] ausgedrückt werden: Konsonanten, d.h. Plosive wie /p b t g/, Affrikaten wie /t͡s/, Nasale wie /m n/, Laterale wie /l/ sowie Vibranten wie /r/, geschlagene Laute wie /ɾ/ und die Approximanten /ɹ ɻ/ sind alle [+kons]. Laute mit dem Merkmal [+kons] sind durch eine Verengung im Ansatzrohr gekennzeichnet.

Diese Verengung ist entweder total, wie bei Plosiven, Affrikaten und Nasalen, oder eng genug, um Approximanten oder Frikative zu produzieren. Bei Lauten mit dem Merkmal [–kons] gibt es dagegen keine Verengung im Ansatzrohr. Zu solchen Segmenten zählen nicht nur Vokale, sondern auch Gleitlaute wie /w j/ und Laryngale wie /h ?/. Laryngale sind [–kons], weil ihre Verengung im *Larynx* stattfindet und nicht im Ansatzrohr. Evidenz für die natürliche Klasse von Vokalen, Gleitlauten und Laryngalen (die [–kons] Laute) sind Regeln, die sich auf diese Laute beziehen, vgl. die Sprache Arabela in §4.3.

2. [±sonorantisch] (=[±son]): Dieses Merkmal unterscheidet Obstruenten ([–son]) von Sonoranten ([+son]). Die erste Klasse umfaßt Plosive, Affrikaten und Frikative, die zweite sonorantische Konsonanten wie /m n l r ɾ ɹ ʀ/, Gleitlaute wie /w j/ sowie Vokale. Eine rein artikulatorische Definition von [±son] ist schwierig. Bei [+son] Lauten ist der Luftdruck vor und hinter der Verengung relativ gleich. Bei [–son] Segmenten ist dies nicht der Fall: [–son] Segmente haben eine Verengung im Ansatzrohr, die einen Anstieg des Luftdrucks an dieser Verengung verursacht (z.B. /f s t d/). Laryngale wie /h ?/ sind auch [–son], denn sie haben keine Verengung im Ansatzrohr.[1]

[+son] Laute sind **spontan stimmhaft** (engl. **spontaneously voiced**). Dies bedeutet, daß die ganze Konfiguration des Kehlkopfes und des Ansatzrohres automatisch dazu führt, daß die Stimmbänder vibrieren. Bei [+son] Lauten ist also keine zusätzliche Aktivität der Kehlkopfmuskulatur notwendig, um die Stimmbänder in Schwingung zu versetzen. [–son] Segmente können stimmhaft sein, vgl. /b d g v z/, aber diese Laute sind nicht *spontan* stimmhaft.

3. [±approximantisch] (=[±appr]): Bei [+appr] Segmenten verläßt der Luftstrom den Mund ohne einen totalen Verschluß oder eine Annäherung, die eng genug wäre, um ein Reibegeräusch zu produzieren (Clements 1990). Nach dieser Definition sind Laterale wie

---

[1] Manchmal wird [±son] so definiert, daß Laryngale wie /h ?/ [+son] sind, vgl. Chomsky & Halle (1968) und Halle & Clements (1983).

/l/, Approximanten wie /ɹ/, sowie Gleitlaute wie /w j/ und Vokale
[+appr]. [–appr] sind Plosive, Affrikaten, Frikative, Nasale, Vibranten wie /r ʀ/ und geschlagene Laute wie /ɾ/.[2] [±appr] hat in
einigen australischen Sprachen, in denen /r/ mit /ɹ/ kontrastiert,
eine distinktive Funktion (siehe Aufgabe 7 für ein Beispiel eines
ähnlichen Kontrasts).

Die folgende Tabelle zeigt, für welche Werte der drei Merkmale
[±kons], [±son] und [±appr] die fünf Kategorien 'Obstruenten',
'Nasale', Liquide', 'Laryngale' und 'Vokale' spezifiziert sind.

(5)	Obstruenten	Nasale	Liquide	Laryngale	Vokale
[kons]	+	+	+	–	–
[son]	–	+	+	–	+
[appr]	–	–	+	–	+

Anzumerken ist, daß die Kategorie 'Liquid' in (5) nur laterale Ap-
proximanten wie /l/ und zentrale Approximanten wie /ɹ/ umfaßt.
Vibranten wie /r ʀ/ und geschlagene Laute wie /ɾ/ sind nach der
obigen Definition [–appr].
Die drei Merkmale [–kons, +son, +appr] charakterisieren nicht nur
Vokale, sondern auch Gleitlaute wie /w j/. Der Unterschied zwischen
Vokalen und Gleitlauten wurde in vielen früheren Studien mit dem
Merkmal [±silbisch] zum Ausdruck gebracht (Chomsky & Halle
1968). Nach dieser Theorie sind Vokale wie /i u/ [+silbisch], weil sie
einen **Silbenkern** bilden, und Gleitlaute wie /j w/ sind [–silbisch], weil
sie keinen Silbenkern bilden. Die meisten gängigen Studien lehnen
jedoch dieses Merkmal ab und analysieren den Unterschied zwischen
/i/ und /j/ bzw. zwischen /u/ und /w/ mit verschiedenen Repräsentationen der Silbe. Dies bedeutet, daß sich /i/ und /j/ nicht durch ein
binäres Merkmal wie [±silbisch] unterscheiden, sondern durch ihre
jeweilige Position in der Silbe. Die Einzelheiten dieses Vorschlages
werden in §8.6 erläutert.

---

[2] Man beachte, daß Vokale gemäß der oben dargestellten Definition (nach Clements
1990, Gussenhoven & Jacobs 1998) [+appr] sind.

4.2.2 Die laryngalen Merkmale

Die **laryngalen Merkmale** drücken die verschiedenen Stellungen der Stimmbänder aus (vgl. §1.4.4). Laryngale Merkmale sind notwendig, um stimmhafte vs. stimmlose Segmente sowie aspirierte vs. nichtaspirierte Konsonanten zu differenzieren.

1. [±stimmhaft] (=[±sth]): Bei [+sth] Lauten werden die Stimmbänder einander so weit angenähert, daß sie vibrieren, wenn Luft sie durchströmt. Bei [−sth] Lauten vibrieren die Stimmbänder dagegen nicht. Nach dieser Definition umfassen die [+sth] Segmente Vokale, Gleitlaute wie /w j/, sonorantische Konsonanten wie /m n l r/ und stimmhafte Obstruenten wie /b d g z/. Die [−sth] Laute sind die stimmlosen Obstruenten wie /p t k s ʃ/ und die stimmlosen Sonoranten wie /m̥ n̥/.
   In vielen Sprachen, z.B. Deutsch, ist [±sth] nur für die Obstruenten distinktiv, d.h. es gibt nur einen Konstrast zwischen stimmhaften und stimmlosen Obstruenten, die Sonoranten hingegen sind immer stimmhaft, vgl. §3.1. Es gibt jedoch in einigen wenigen Sprachen Kontraste zwischen stimmhaften und stimmlosen Sonoranten, z.B. in der drawidischen Sprache Toda [kaḷ] 'Perle' vs. [kal] 'studieren' (Ladefoged & Maddieson 1996).

2. [±aspiriert] (=[±asp]): Die Stimmbänder werden bei [+asp] Lauten weit gespreizt (siehe Abbildung 1.4 auf S. 20). Bei [−asp] Lauten werden die Stimmbänder entweder leicht oder überhaupt nicht gespreizt. [+asp] Laute umfassen aspirierte Segmente wie /pʰ tʰ kʰ/, behauchte Plosive wie /b̤ d̤/ sowie /h/. Alle anderen Segmente sind [−asp].[3]

3. [±glottalisiert] (=[±glottal]): Bei [+glottal] Lauten werden die Stimmbänder einander angenähert, wobei sie entweder einen Ver-

---

[3] Das Merkmal [±asp] wird aufgrund dieser phonetischen Definition oft in der Literatur [±spread glottis] (=[±gespreizte Glottis]) genannt.

schluß bilden, wie bei /ʔ/ oder bei Ejektiven wie /t'/, oder fast verschlossen sind, wie bei Implosiven, z.B. /ɗ/.[4]

Die folgende Tabelle illustriert die drei laryngalen Merkmale [±sth], [±asp] und [±glottal] anhand der sechs alveolaren Laute /t tʰ t' d ḍ ɗ/ sowie der zwei laryngalen Laute /h ʔ/.

(6)	t	tʰ	t'	d	ḍ	ɗ	h	ʔ
[sth]	−	−	−	+	+	+	−	−
[asp]	−	+	−	−	+	−	+	−
[glottal]	−	−	+	−	−	+	−	+

4.2.3 Die Merkmale der Artikulationsart

Die folgenden **Merkmale der Artikulationsart** sind notwendig, um die Art der Hemmung des Luftstroms zum Ausdruck zu bringen. Damit erfaßt man natürliche Klassen wie Plosive, Frikative, Nasale und Laterale.

1. **[±kontinuierlich]** (=[±kont]): In vielen Sprachen gibt es einen Plosiv und einen Frikativ mit derselben Artikulationsstelle, z.B. /t/ vs. /s/. Das distinktive Merkmal für solche Kontraste ist [±kont]: Bei [−kont] Segmenten gibt es einen Verschluß im mediosagittalen Bereich. Den mediosagittalen Bereich muß man sich als die Kontur der Artikulatoren entlang der Längsschnittebene vorstellen, die sich von der Mitte der Lippen über Zungenspitze, Zungenblatt und Dorsum erstreckt. [+kont] Laute sind dadurch gekennzeichnet, daß der Luftstrom ohne Verschluß über diesen mediosagittalen Bereich fließt. [−kont] Laute umfassen Plosive wie /p b t d k ɡ/, Affrikaten wie /t͡s t͡ʃ/, nasale Konsonanten wie /m n ŋ/, laterale Approximanten wie /l/ und geschlagene Laute wie /ɾ/. Alle anderen Segmentklassen sind [+kont], z.B. Frikative wie /f v θ ð s z/, Vibranten wie /r/, zentrale Approximanten wie /ɹ/, Gleitlaute wie /w j/ und Vokale. Zu beachten ist, daß /l/ nach der obigen Definition [−kont] ist, weil bei der Artikulation von /l/ der mediosagittale Bereich

---

[4] Das Merkmal [±glottal] wird aufgrund dieser phonetischen Definition oft [±constricted glottis] (=[±verengte Glottis]) genannt.

verschlossen wird. Dies wird dadurch unterstützt, daß sich /l/ in vielen Sprachen analog zu anderen [–kont] Lauten verhält (siehe Aufgabe 4).[5]

Wir halten fest: Die Segmentklassen 'Plosiv' und 'Frikativ' werden mit Hilfe der Merkmale [±son] und [±kont] definiert. Plosive sind [–son, –kont] und Frikative [–son, +kont].

2. [±nasal] (=[±nas]): [+nas] Konsonanten wie /m n ŋ/ und nasale Vokale wie /õ ã/ werden mit gesenktem Velum artikuliert, [–nas] Konsonanten wie /p b s z l/ und orale Vokale wie /o a/ mit gehobenem Velum.

3. [±lateral] (=[±lat]): Bei [+lat] Lauten wird der Luftstrom in der Mitte des Mundraums durch einen zentralen oralen Verschluß blockiert und fließt seitlich über einen oder beide Ränder der Zunge. Das Merkmal [+lat] umfaßt sowohl laterale Approximanten wie /l/ als auch Lateralfrikative wie /ɬ/. Alle anderen Laute sind [–lat].

In der folgenden Tabelle wird anhand von sieben Artikulationsarten die Spezifikation der Merkmale [±kont], [±nas] und [±lat] sowie der beiden Oberklassenmerkmale [±son] und [±appr] illustriert.

(7)

	Plosiv	Frikativ	Nasal	Lateral	Vibrant	geschl. Laut	zent. Appr.
[son]	–	–	+	+	+	+	+
[appr]	–	–	–	+	–	–	+
[kont]	–	+	–	–	+	–	+
[nas]	–	–	+	–	–	–	–
[lat]	–	–	–	+	–	–	–

---

[5] Einige Autoren definieren jedoch [±kont] so, daß Laterale wie /l/ [+kont] sind, vgl. Chomsky & Halle (1968) und Hawkins (1984). Diese Klassifizierung wird dadurch unterstützt, daß sich /l/ in einigen Sprachen wie ein [+kont] Segment verhält, z.B. im Friesischen (Gussenhoven & Jacobs 1998). Das wechselhafte Verhalten von /l/ hinsichtlich des Merkmals [±kont] wird in Gussenhoven & Jacobs (1998: 73-74) behandelt.

4. [±sibilantisch] (=[±sibil]): [±sibil] ist ein distinktives Merkmal für
   Sprachen, die wie das Englische über /s/ und /θ/ verfügen. Alle
   Sibilanten (z.B. /s z ʃ ʒ ts tʃ dʒ/) sind [+sibil]. Alle anderen Laute,
   z.B. Frikative wie /θ ð ç x/ sind [–sibil]. [+sibil] Segmente sind
   durch einen intensiven hochfrequenten Geräuschanteil gekennzeichnet. Nur Frikative und Affrikaten können nach dieser Definition als [+sibil] spezifiziert sein. Im Gegensatz zu allen anderen
   Merkmalen ist [+sibil] kein artikulatorisches, sondern ein akusti-
   sches Merkmal.[6]

Die bisher vorgestellten Merkmale der Artikulationsart sind nicht in
der Lage, den Kontrast zwischen Plosiven und den entsprechenden
Affrikaten zu erfassen, z.B. /t/ vs. /ts/ oder /t/ vs. /tθ/. Chomsky &
Halle (1968) haben das Merkmal [±delayed release] (=[±verzögerte
Verschlußlösung]) vorgeschlagen, wonach Affrikaten [+delayed
release] sind und Plosive [–delayed release]. In Kapitel 7 werden
alternative Vorschläge beschrieben, mit denen der Kontrast zwischen
Plosiven und Affrikaten statt durch ein binäres Merkmal 'strukturell'
ausgedrückt wird.
Ein weiterer Kontrast, den die oben aufgeführten Merkmale nicht
erfassen können, ist der zwischen kurzen und langen Segmenten, z.B.
zwischen /a/ und /aː/. In vielen früheren Studien wurde dieser Kontrast
durch das Merkmal [±lang] ausgedrückt. Dieser Vorschlag erweist
sich jedoch aus verschiedenen Gründen als unzureichend; die meisten
Phonologen ziehen es vor, Kontraste zwischen langen und kurzen
Segmenten durch Repräsentationen mit verschiedenen 'Zeiteinheiten'
auszudrücken. Die Einzelheiten dazu werden in Kapitel 8 erläutert.

4.2.4 Die Ortsmerkmale

In den letzten beiden Abschnitten wurde eine Reihe von distinktiven
Merkmalen aufgeführt, die die verschiedenen Oberklassen, Stellungen
der Stimmbänder und Artikulationsarten beschreiben. In diesem Abschnitt werden Merkmale vorgestellt, die sowohl die Artikulationsstellen für Konsonanten als auch die Zungenposition für Vokale

---

[6] Statt [±sibil] wird in der englischsprachigen Literatur oft das Merkmal [±strident]
verwendet, vgl. Chomsky & Halle (1968).

erfassen. Diese Merkmale werden unter dem Begriff **Ortsmerkmale** zusammengefaßt.

Viele Theorien distinktiver Merkmale gehen davon aus, daß alle Ortsmerkmale binär sind (Chomsky & Halle 1968, Halle & Clements 1983). Es gibt aber auch neuere Ansätze, die den Standpunkt vertreten, daß die vier Ortsmerkmale, die den vier Artikulatoren entsprechen (vgl. §1.4.1), privativ sind, nämlich [LABIAL], [KORONAL], [DORSAL] und [RADIKAL]. (Privative Merkmale werden forthin in Kapitälchen und ohne '±' angegeben.) In diesem Kapitel widmen wir uns der letzteren Theorie. Der Leser wird auf §4.5 für einen kurzen Vergleich zwischen binären und privativen Merkmalen verwiesen.

Privative Merkmale sind nicht binär; sie sind entweder anwesend oder abwesend. /p/ ist also [LABIAL], aber nicht [KORONAL], und /t/ ist [KORONAL] und nicht [LABIAL]. Die Anwesenheit eines privativen Merkmals wird im folgenden mit einem '√' zum Ausdruck gebracht, und die Abwesenheit desselben mit einer Leerzeile, wie in (8) illustriert wird.

(8)

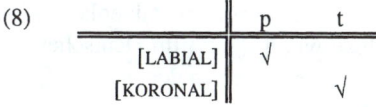

Es gibt aber auch binäre Ortsmerkmale, die Ortsdistinktionen innerhalb eines bestimmten 'Bereichs' spezifizieren. Im koronalen Bereich gibt es beispielsweise das binäre Merkmal [±anterior]. 'Vordere' koronale Laute wie /s/ sind [KORONAL, +anterior] und 'hintere' koronale Laute wie /ʃ/ [KORONAL, –anterior]. Dieser Punkt wird in den folgenden Abschnitten illustriert.

Es gibt insgesamt elf Ortsmerkmale:

1. [LABIAL] (=[LAB]): [LAB] Segmente werden mit einer oder beiden Lippen artikuliert. Beispiele hierfür sind Konsonanten wie /f v p b m/, Gleitlaute wie /w/ und gerundete Vokale wie /y ø u o/. [LAB] Laute können je nach Lippenstellung entweder [+rund] oder [–rund] sein:

2. [±rund]: Laute, die mit gerundeten Lippen gebildet werden, sind [+rund]. Alle anderen labialen Laute sind [–rund]. [+runde] Laute

umfassen also gerundete Vokale wie /y ø u o/, den Gleitlaut /w/, sowie labialisierte Konsonanten wie /kʷ/. Die Merkmale für labialisierte Laute wie /kʷ/ werden in Kapitel 7 kurz behandelt. Beispiele für [–runde] Laute sind /p b m f v/.

3. [KORONAL] (=[KOR]): [KOR] Laute werden mit der Zungenspitze oder dem Zungenblatt artikuliert. Koronale Segmente umfassen die Laute mit dentaler, alveolarer, postalveolarer oder retroflexer Artikulationsstelle, z.B. /t d s z n l r ʃ ʒ ʈ/ (vgl. §1.4.1). Palatale Plosive, Nasale, Laterale und Gleitlaute wie /c ɲ ʎ j/ zählen auch zu den [KOR] Lauten. Palatale Frikative wie /ç/ sind dagegen [DORSAL] (siehe Aufgaben 6 und 7). [KOR] Laute lassen sich weiter hinsichtlich der Merkmale [±anterior] und [±apikal] unterteilen:

4. [±anterior] (=[±ant]): [+ant] Laute werden am Zahndamm oder an den oberen Schneidezähnen artikuliert, [–ant] Segmente dagegen am (vorderen) harten Gaumen. Nach dieser Definition umfassen die [+ant] Laute alveolare Segmente wie /t d s z/, sowie dentale Laute wie /θ ð/. Beispiele für [–ant] Laute sind postalveolare Segmente wie /ʃ ʒ t͡s t͡ʃ/ und Retroflexe wie /ʈ ɖ ʂ ʐ/. Im Deutschen ist [±ant] ein distinktives Merkmal, denn es unterscheidet /s/ von /ʃ/.[7]

5. [±apikal] (=[±apik]): [+apik] Laute werden mit der Zungenspitze artikuliert und [–apik] Segmente mit dem Zungenblatt. [–apik] Laute sind laminale Laute, z.B. postalveolare Frikative und Affrikaten wie /ʃ ʒ t͡ʃ d͡ʒ/. Beispiele für [+apik] Laute sind retroflexe

---

[7] In vielen früheren Studien wurde angenommen, daß das Merkmal [+ant] alle Laute erfaßt, die am Zahndamm oder davor artikuliert werden und daß die Spezifikation [–ant] alle Segmente charakterisiert, die im postalveolaren Bereich oder dahinter gebildet werden, vgl. Chomsky & Halle (1968), Halle & Clements (1983). Nach dieser Definition sind nicht nur alveolare Laute wie /t s/ [+ant], sondern auch labiale Laute wie /p f/; [–ant] sind nicht nur postalveolare Laute wie /ʃ/, sondern auch palatale, velare und uvulare Laute wie /ç x χ/. Die in diesem Abschnitt postulierte Definition von [±ant] stützt sich auf Sagey (1986), Hume (1992) und Hall (1997).

Laute, wie /ʈ ʂ ɻ/.[8] [±apik] ist ein distinktives Merkmal in vielen australischen Sprachen, die über einen apikalen und einen laminalen Plosiv verfügen, z.B. /t̪/ vs. /t̺/.

Das Merkmal [±apik] unterscheidet auch retroflexe Laute wie /ʈ ʂ/ ([+apik]) von postalveolaren Lauten wie /ʃ/ ([–apik]) und palatalen Lauten wie /c/ ([–apik]). Kontraste zwischen /ʂ/ und /ʃ/ kommen in vielen drawidischen Sprachen vor, z.B. dem Toda.

Das Merkmal [±apik] wird auch verwendet, um dentale und alveolare Laute auseinanderzuhalten: Dentale Segmente wie /t̪ s̪/ sind [–apik] und alveolare Segmente wie /t s/ [+apik].

Etliche drawidische und australische Sprachen weisen die vier koronalen Plosive /t̪ t ʈ c/ auf. In der folgenden Tabelle wird gezeigt, wie diese vier Laute durch die zwei Merkmale [±ant] und [±apik] voneinander abgegrenzt werden.

(9)

	t̪	t	ʈ	c
[KOR]	√	√	√	√
[ant]	+	+	−	−
[apik]	−	+	+	−

6. **[DORSAL]** (=[DORS]): [DORS] Laute werden mit dem Dorsum artikuliert. Palatale Frikative wie /ç/, velare Laute wie /k g x ŋ/, uvulare Laute wie /χ ʀ/ sowie der Gleitlaut /w/ sind [DORS].[9] Es wird auch meistens angenommen, daß alle Vokale [DORS] sind. Dorsale Segmente werden durch die Merkmale [±hinten], [±hoch] und [±tief] spezifiziert:[10]

---

[8] Das hier verwendete Merkmal [±apik] wird oft in der englischsprachigen Literatur [±distributed] genannt, wobei [+distributed] laminale Laute und [–distributed] apikale Laute kennzeichnet.

[9] Man beachte, daß der Gleitlaut /w/ sowohl [DORS] als auch [LAB] ist. Dieses Beispiel illustriert, daß ein einzelner Laut zwei privative Ortsmerkmale haben kann. In Kapitel 7 werden weitere Beispiele für solche 'komplexen' Segmente besprochen.

[10] In einigen Studien wird angenommen, daß postalveolare Laute wie /ʃ/ [KOR] *und* [DORS] sind, vgl. Pulleyblank (1989), Gussenhoven & Jacobs (1998).

7. [±hinten] (=[±hint]): Bei [–hint] Lauten wird das Dorsum vorverlagert, bei [+hint] Lauten wird es zurückgezogen. Die [–hint] Laute
   umfassen die vorderen Vokale wie /i y e ø/ und palatale Frikative
   wie /ç/. Die [+hint] Laute sind die hinteren und zentralen Vokale
   wie /u o a/ sowie velare und uvulare Konsonanten wie /k g χ ʀ/.

8. [±hoch]: Für [+hohe] Laute wird das Dorsum zum Palatum oder
   zum Velum angehoben. Bei [–hohen] Segmenten wird das Dorsum
   nicht gehoben. [+hohe] Segmente umfassen hohe Vokale wie /i y
   u/, palatale Laute wie /ç/ sowie velare Laute wie /k g x ŋ/. Uvulare
   Segmente wie /χ ʀ/ sowie mittlere und tiefe Vokale wie /e o a/ sind
   dagegen [–hoch].

9. [±tief]: Bei [+tiefen] Lauten ist das Dorsum nach unten verlagert.
   Alle dorsalen Laute, bei denen das Dorsum nicht nach unten verlagert wird, sind [–tief]. [+tiefe] Laute sind tiefe Vokale wie /æ a/.
   [±tief] ist nur für Vokale distinktiv, z.B. im Englischen, um /ɛ/
   ([–tief]) von /æ/ ([+tief]) zu unterscheiden. Palatale, velare und
   uvulare Laute wie /ç x χ/ sind stets [–tief].

Die folgende Tabelle zeigt, wie die beiden binären Merkmale [±hoch]
und [±hint] palatale, velare und uvulare Frikative unterscheiden.

(10)

	ç	x	χ
[DORS]	√	√	√
[hint]	–	+	+
[hoch]	+	+	–

Die Merkmale für palatale Laute bedürfen eines Kommentars. Palatale
Plosive, Nasale, Laterale und Gleitlaute wie /c ɲ ʎ j/ sind [KOR], vgl.
(9), während palatale Frikative wie /ç/ [DORS] sind, vgl. (10). Diese
Klassifizierung ist phonetisch motiviert, weil Laute wie /ç/ weiter
hinten artikuliert werden als Laute wie /c ɟ ɲ j/ (Recasens 1990). Es
gibt auch phonologische Evidenz, daß /c ɟ ɲ j/, aber nicht /ç/ koronale
Laute sind (Hall 1997: Kapitel 1; Aufgaben 6 und 7).
Vokale lassen sich ebenfalls mit den Merkmalen [±hoch], [±hint] und
[±tief] einteilen. Die folgenden Tabellen geben die Werte dieser drei
Merkmale für zwei Vokalsysteme an, nämlich /i u a/ und /i e u o a/.

(11a)

	[–hint]	[+hint]
[+hoch, –tief]	i	u
[–hoch, +tief]		a

(11b)

	[–hint]	[+hint]
[+hoch, –tief]	i	u
[–hoch, –tief]	e	o
[–hoch, +tief]		a

Vordere Vokale wie /i e/ sind [–hint], hintere und zentrale Vokale [+hint]. Die drei Vokalhöhen 'hoch', 'mittel' und 'tief' lassen sich mit [±hoch] und [±tief] ausdrücken: 'hoch' = [+hoch, –tief], 'mittel' = [–hoch, –tief] und 'tief' = [–hoch, +tief]. Die zwei binären Merkmale [±hoch] und [±tief] sagen voraus, daß die maximale Zahl der Vokalhöhen in den Sprachen der Welt drei ist (d.h. [+hoch, –tief], [–hoch, +tief] und [–hoch, –tief]). Segmente, die [+hoch, +tief] sind, kommen aus artikulatorischen Gründen niemals vor, weil es unmöglich ist, das Dorsum zu heben und gleichzeitig zu senken. Dennoch sind einige Sprachen mit *vier* Vokalhöhen belegt, z.B. Dänisch und Imonda. Der Leser sei auf Clements & Hume (1995) verwiesen, die ein Merkmalssystem aufgestellt haben, das solche Sprachen erfassen kann.

Die Merkmale für Vokale in (11) bedürfen noch eines Kommentars. Alle Vokale werden hier als [DORS] analysiert, und der Kontrast zwischen vorderen und hinteren Vokalen wird mit dem binären Merkmal [±hint] ausgedrückt, z.B. /y/ ist [DORS, –hint] und /u/ ist [DORS, +hint] (siehe Sagey 1986, die diese Auffassung vertritt). In anderen Ansätzen zu distinktiven Merkmalen sind nur die hinteren Vokale [DORS], während die vorderen Vokale [KOR] sind (siehe z.B. Lahiri & Evers 1991, Hume 1992 und Clements & Hume 1995). Nach dieser Theorie ist /y/ [KOR] und /u/ [DORS]. Eine weiterführende Diskussion zu den beiden Ansätzen findet sich in Kenstowicz (1994: Kapitel 9).

10. [±gespannt] (=[±gesp]): [+gesp] Laute wie /i e u o/ werden mit einer Zungenposition artikuliert, die weiter vom Zentrum des Vokalraums entfernt ist als bei ihren [–gesp] Gegenstücken wie /ɪ ɛ ʊ ɔ/. Der Leser sei aber auch an die Schwierigkeiten bei der Definition von 'gespannt' und 'ungespannt' erinnert (vgl. Kapitel 1).

Man begegnet in der phonologischen Literatur über Gespanntheit oft dem Merkmal [±ATR] ([±Advanced Tongue Root] = [±vorgeschobene Zungenwurzel]) statt [±gespannt], wobei gespannte Laute wie /i e u o/ als [+ATR], ungespannte wie /ɪ ɛ ʊ ɔ/ als [–ATR] analysiert werden (siehe §6.4 für ein Beispiel). Ein Vergleich zwischen [±ATR] und [±gespannt] findet sich in Ladefoged & Maddieson (1996).

11. [RADIKAL] (=[RAD]): [RAD] Segmente werden mit der Zungenwurzel artikuliert. Beispiele für solche Segmente sind pharyngale Laute wie [ħ ʕ].

Die meisten Laute haben nur ein privatives Ortsmerkmal, weil sie mit einem einzigen Artikulator produziert werden, z.B. /p/ ist [LAB], /t/ [KOR] und /k/ [DORS]. Es gibt aber auch Segmente, die für zwei privative Merkmale spezifiziert sind. Ein Beispiel ist der Gleitlaut /w/, der sowohl [LAB] als auch [DORS] ist, vgl. Fußnote 9. Ein weiteres Beispiel sind gerundete Vokale wie /y ʏ ø œ u ʊ/, die für [LAB] und [DORS] spezifiziert sind. Im Gegensatz dazu haben Laryngale wie /h ʔ/ *keine* Ortsmerkmale. Der Grund ist, daß keiner der vier Artikulatoren an der Produktion von /h ʔ/ beteiligt ist.

In Kapitel 1 wurden die Artikulationsstellen für Konsonanten aufgeführt. Dort wurden die traditionellen phonetischen Begriffe wie 'dental', 'alveolar', 'velar', 'uvular' usw. verwendet. Es sei darauf hingewiesen, daß viele der in diesem Kapitel aufgestellten Ortsmerkmale keinem dieser phonetischen Begriffe entsprechen. Velare Laute wie /k g/ sind beispielsweise [DORS, +hoch, +hint] und nicht '[+velar]' und alveolare Laute wie /t d/ sind [KOR, +ant] und nicht '[+alveolar]'. Der Grund für den Verzicht auf Merkmale wie '[+velar]' und '[+alveolar]' ist, daß sie bestimmte natürliche Klassen nicht erfassen können. Zwei Beispiele solcher natürlicher Klassen sind (i) velare und uvulare Laute; und (ii) alveolare und postalveolare Laute. In dem hier postulierten System haben die Laute in (i) die gemeinsamen Merkmale [DORS, +hint] und die in (ii) [KOR].

In (12)-(14) sind die Merkmale für Obstruenten, Sonoranten, Gleitlaute, Laryngale und Vokale aufgeführt.

(12) *Merkmale für Obstruenten*

	p	t	t	c	k	q	b	d	d	ɟ	ɡ	ɢ	f	θ	s	ʃ	ç	x	χ	ħ	v	ð	z	ʒ	j	ɣ	ʁ	ʕ
[kons]	+	+	+	+	+	+	+	+	+	+	+	+	+	+	+	+	+	+	+	+	+	+	+	+	+	+	+	+
[son]	−	−	−	−	−	−	−	−	−	−	−	−	−	−	−	−	−	−	−	−	−	−	−	−	−	−	−	−
[appr]	−	−	−	−	−	−	−	−	−	−	−	−	−	−	−	−	−	−	−	−	−	−	−	−	−	−	−	−
[sth]	−	−	−	−	−	−	+	+	+	+	+	+	−	−	−	−	−	−	−	−	+	+	+	+	+	+	+	+
[asp]	−	−	−	−	−	−	−	−	−	−	−	−	−	−	−	−	−	−	−	−	−	−	−	−	−	−	−	−
[glottal]	−	−	−	−	−	−	−	−	−	−	−	−	−	−	−	−	−	−	−	−	−	−	−	−	−	−	−	−
[kont]	−	−	−	−	−	−	−	−	−	−	−	−	+	+	+	+	+	+	+	+	+	+	+	+	+	+	+	+
[nas]	−	−	−	−	−	−	−	−	−	−	−	−	−	−	−	−	−	−	−	−	−	−	−	−	−	−	−	−
[lat]	−	−	−	−	−	−	−	−	−	−	−	−	−	−	−	−	−	−	−	−	−	−	−	−	−	−	−	−
[sibil]															+	+							+	+				
[LABIAL]	⌐						⌐						⌐								⌐							
[rund]	−						−						−								−							
[KORONAL]		⌐	⌐					⌐	⌐					⌐	⌐	⌐						⌐	⌐	⌐				
[anterior]		+	−					+	−					+	+	−						+	+	−				
[apikal]		+	+					+	+					−	+	−						−	+	−				
[DORSAL]				⌐	⌐	⌐				⌐	⌐	⌐					⌐	⌐	⌐						⌐	⌐	⌐	
[hinten]				−	+	+				−	+	+					−	+	+						−	+	+	
[hoch]				+	+	−				+	+	−					+	+	−						+	+	−	
[tief]				−	−	−				−	−	−					−	−	−						−	−	−	
[RADIKAL]																				⌐								⌐

(13) *Merkmale für Sonoranten, Gleitlaute und Laryngale*

	m	n	ɳ	ɲ	ŋ	l	ʟ	ʎ	r	ɹ	ɾ	j	w	h	ʔ
[kons]	+	+	+	+	+	+	+	+	+	+	+	−	−	−	−
[son]	+	+	+	+	+	+	+	+	+	+	+	+	+	+	+
[appr]	−	−	−	−	−	+	+	+	−	+	−	+	+	−	−
[sth]	+	+	+	+	+	+	+	+	+	+	+	+	+	−	−
[asp]	−	−	−	−	−	−	−	−	−	−	−	−	−	+	−
[glottal]	−	−	−	−	−	−	−	−	−	−	−	−	−	−	+
[kont]	−	−	−	−	−	−	−	−	+	+	−	+	+	+	−
[nas]	+	+	+	+	+	−	−	−	−	−	−	−	−	−	−
[lat]	−	−	−	−	−	+	+	+	−	−	−	−	−	−	−
[sibil]	−	−	−	−	−	−	−	−	−	−	−	−	−	−	−
[LAB]	√												√		
[rund]	−												+		
[KOR]		√	√	√		√	√	√	√	√	√	√			
[ant]		+	−	−		+	−	−	+	+	+	−			
[apik]		+	+	−		+	+	−	+	+	+	−			
[DORS]					√								√		
[hint]					+								+		
[hoch]					+								+		
[tief]					−								−		

(14) *Merkmale für Vokale*

	i	ɪ	y	ʏ	e	ɛ	ø	œ	æ	u	ʊ	ɯ	o	ɔ	a
[kons]	−	−	−	−	−	−	−	−	−	−	−	−	−	−	−
[son]	+	+	+	+	+	+	+	+	+	+	+	+	+	+	+
[appr]	+	+	+	+	+	+	+	+	+	+	+	+	+	+	+
[sth]	+	+	+	+	+	+	+	+	+	+	+	+	+	+	+
[kont]	+	+	+	+	+	+	+	+	+	+	+	+	+	+	+
[DORS]	√	√	√	√	√	√	√	√	√	√	√	√	√	√	√
[hint]	−	−	−	−	−	−	−	−	−	+	+	+	+	+	+
[hoch]	+	+	+	+	−	−	−	−	−	+	+	+	−	−	−
[tief]	−	−	−	−	−	−	−	−	+	−	−	−	−	−	+
[gesp]	+	−	+	−	+	−	+	−	−	+	−	−	+	−	−
[LAB]			√	√			√	√		√	√		√	√	
[rund]			+	+			+	+		+	+		+	+	

4.3 Die Notation phonologischer Repräsentationen und Regeln

In §2.7 wurden einige Konventionen für die Regelschreibung in der generativen Phonologie beschrieben, aber diese Regeln bezogen sich auf Segmente und nicht auf Merkmale. In diesem Abschnitt wird die Notation phonologischer Regeln und Repräsentationen mit Merkmalen erläutert.

Es wurde oben festgestellt, daß ein Segment lediglich eine Abkürzung für ein Bündel distinktiver Merkmale ist. In (15) wird /t/ nach den in §4.2 vorgeschlagenen Merkmalen dargestellt.

$$
(15) \quad
\begin{bmatrix}
+\text{kons} \\
-\text{son} \\
-\text{appr} \\
-\text{sth} \\
-\text{asp} \\
-\text{glottal} \\
-\text{kont} \\
-\text{nas} \\
-\text{lat} \\
-\text{sibil} \\
\text{KOR} \\
+\text{ant}
\end{bmatrix}
$$

Die Liste der Merkmale in (15) ist ein Beispiel für eine **Merkmalsmatrix**.
Morpheme und Wörter werden als Ketten von Merkmalsmatrizen dargestellt. Das Wort *kommst* hat die 'abgekürzte' zugrundeliegende Form /#kɔm+st#/. Die vollständige phonologische Repräsentation dieses Wortes wird in (16) dargestellt:

$$
(16) \quad \#
\begin{matrix}
k \\
\begin{bmatrix}
+\text{kons} \\
-\text{son} \\
-\text{appr} \\
-\text{sth} \\
-\text{asp} \\
-\text{glottal} \\
-\text{kont} \\
-\text{nas} \\
-\text{lat} \\
-\text{sibil} \\
\text{DORS} \\
+\text{hint}
\end{bmatrix}
\end{matrix}
\begin{matrix}
ɔ \\
\begin{bmatrix}
-\text{kons} \\
+\text{son} \\
+\text{appr} \\
+\text{sth} \\
+\text{kont} \\
-\text{nas} \\
-\text{sibil} \\
\text{DORS} \\
+\text{hint} \\
-\text{gesp} \\
\text{LAB} \\
+\text{rund}
\end{bmatrix}
\end{matrix}
\begin{matrix}
m \\
\begin{bmatrix}
+\text{kons} \\
+\text{son} \\
-\text{appr} \\
+\text{sth} \\
-\text{asp} \\
-\text{glottal} \\
-\text{kont} \\
+\text{nas} \\
-\text{lat} \\
-\text{sibil} \\
\text{LAB} \\
-\text{rund}
\end{bmatrix}
\end{matrix}
+
\begin{matrix}
s \\
\begin{bmatrix}
+\text{kons} \\
-\text{son} \\
-\text{appr} \\
-\text{sth} \\
-\text{asp} \\
-\text{glottal} \\
+\text{kont} \\
-\text{nas} \\
-\text{lat} \\
+\text{sibil} \\
\text{KOR} \\
+\text{ant}
\end{bmatrix}
\end{matrix}
\begin{matrix}
t \\
\begin{bmatrix}
+\text{kons} \\
-\text{son} \\
-\text{appr} \\
-\text{sth} \\
-\text{asp} \\
-\text{glottal} \\
-\text{kont} \\
-\text{nas} \\
-\text{lat} \\
-\text{sibil} \\
\text{KOR} \\
+\text{ant}
\end{bmatrix}
\end{matrix}
\#
$$

In Kapitel 2 wurden phonologische Regeln nach dem generellen Muster in (17) formuliert, wobei 'A', 'B', 'C' und 'D' Segmente sein können:

(17)   A → B / C __ D

Ein– und Ausgaben phonologischer Regeln werden jedoch genauer statt mit Segmenten, wie in (17), mit Merkmalen formuliert. Das allgemeine Regelschema mit Merkmalen sieht folgendermaßen aus:

$$(18) \quad \begin{bmatrix} ...... \end{bmatrix} \quad \rightarrow \quad [\ ] \quad / \quad \begin{bmatrix} ...... \end{bmatrix} \quad - \quad \begin{bmatrix} ...... \end{bmatrix}$$

↑	↑	↑	↑
kleinste Anzahl von Merkmalen, die die Eingabe bilden	Merkmale, die sich verändern	kleinste Anzahl von Merkmalen im linken Kontext	kleinste Anzahl von Merkmalen im rechten Kontext

Als konkretes Beispiel für eine Regel nach dem Schema in (18) betrachten wir die deutsche Regel der Auslautverhärtung. Die Inputsegmente sind die stimmhaften Obstruenten, eine Klasse, die durch die beiden Merkmale [–son, +sth] ausgedrückt wird, vgl. (3). Das Merkmal [+sth] kann jedoch in der Eingabe weggelassen werden, und die Regel funktioniert weiterhin richtig. Mit anderen Worten, die Eingabe der Auslautverhärtung besteht nur aus dem Merkmal [–son], wie in (19) illustriert. Nach (19) werden alle Obstruenten in wortfinaler Position stimmlos. Stimmlose Obstruenten wie z.b. das /k/ in weg /vɛk/ durchlaufen Regel (19) **leer** (engl. **vacuously**), d.h. das Merkmal [–sth] ändert sich nicht.

(19)   [–son] → [–sth] / __ #

Die 'allgemeine' Regel mit der Eingabe [–son] in (19) ist einer Regel mit der Eingabe [–son, +sth] aus folgendem Grund vorzuziehen: Regel (19) kann auch als Aussage über die Oberflächenrepräsentation verstanden werden, denn sie drückt die Tatsache aus, daß alle Obstruenten am Ende eines deutschen Wortes stimmlos sind.

In (19) steht ein einziges Merkmal nach dem Pfeil, nämlich [–sth], weil [sth] das einzige Merkmal ist, das sich verändert. Da alle anderen Merkmale konstant bleiben, kommen sie nach dem Pfeil nicht vor. Die Notation in (19) mit Merkmalen unterscheidet sich von der segmentalen Notation in (17). (19) zeigt, daß phonologische Regeln kein komplettes Segment durch ein anderes ersetzen, sondern nur einzelne Merkmale verändern. Ein Segment in der Eingabe mit dem Merkmal [–son] bekommt zusätzlich ein Merkmal [–sth], und alle Merkmale des Eingabesegments, die sich nicht ändern, bleiben erhalten. Der Output von (19) hat also immer noch das Merkmal [–son].

Als zweites Beispiel für eine Regel nach dem Schema in (18) wählen wir eine Assimilation. Im Arabela werden alle Vokale, Gleitlaute und Laryngale nach einem nasalen Konsonanten nasaliert, z.b. /nuwa/ [nũw̃ã] 'Rebhuhn' (Howard 1973). Die segmentale Regel der Nasalierung ist in (20a) formuliert.

(20a) /i e o u a j w h/ → [ĩ ẽ õ ũ ã j̃ w̃ h̃] / [m n] __ (iterativ)
(20b) [–kons] → [+nas] / [+kons, +nas] __ (iterativ)

Der Input dieser Regel ist die natürliche Klasse der Vokale, Gleitlaute und Laryngale, also [–kons]. Der Output ist [+nas], und die zwei Konsonanten, die diesen Prozeß auslösen, sind [+nas, +kons]. Regel (20b) ist **iterativ**, denn sie kommt mehrfach zur Anwendung, vgl. das Wort /nuwa/, in dem drei Segmente nasaliert werden.
Eine Regel beschreibt dann eine Assimilation, wenn ein Merkmal in der Ausgabe identisch ist mit einem Merkmal im rechten oder im linken Kontext. (20b) ist somit eine Assimilation, weil das Merkmal rechts vom Pfeil, nämlich [+nas], identisch ist mit dem Merkmal [+nas] im linken Kontext.
Eine weitere notationelle Konvention ist notwendig, um Daten wie die in (21) zu erfassen:

(21a) [yɟ+rø:l]   'Geschäft'   (21b) [u:r+ro:l]   'Herr'
       [si:n+rø:l]   'Farbe'   [fog+ro:l]   'Zahn'

Die Beispiele in (21) illustrieren die Vokalharmonie im Ungarischen (mehr dazu in §3.3.1). Im Ungarischen sind alle Vokale innerhalb

eines Wortes entweder [–hint] wie in (21a) oder [+hint] wie in (21b).
Die Vokalharmonie ist in (22) aufgeführt:

(22)   [–kons] → [αhint] / [αhint] K_0 + K_0 ___ K_0 #

Das Symbol 'K_0' bezeichnet Null oder mehr Konsonanten. In (22)
wird der griechische Buchstabe 'α' als **Variable** verwendet, mit
anderen Worten α kann '+' oder '–' sein. Regel (22) besagt, daß der
Wert des Merkmals [hint] im Suffixvokal vom Wert desselben
Merkmals im Stamm abhängt. Ein Suffixvokal wird also entweder
[+hint], wenn der Stammvokal [+hint] ist, oder [–hint], wenn der
Stammvokal diesen Wert hat.
Die Notation phonologischer Regeln und Repräsentationen wird in
Kapitel 6 und 7 erneut aufgegriffen.

4.4 Natürliche Klassen

In Kapitel 2 wurde eine natürliche Klasse als Gruppe von Sprachlauten definiert, die mindestens eine phonetische Eigenschaft miteinander teilen. Diese Definition muß folgendermaßen präzisiert werden:

(23)   Zwei oder mehr Laute bilden eine natürliche Klasse nur dann, wenn
        weniger Merkmale gebraucht werden, um diese Klasse zu spezifi-
        zieren, als ein einzelner Laut hat, der zu dieser Klasse gehört.

Diese Definition wird anhand einer Sprache illustriert, die über die
fünf Vokale /i e u o a/ verfügt. Die beiden Vokale /i e/ in diesem
System bilden die natürliche Klasse der vorderen Vokale, die mit den
zwei Merkmalen [–kons, –hint] erfaßt werden kann. Man braucht aber
drei Merkmale, um entweder /i/ oder /e/ alleine zu erfassen, wie in
(24a) illustriert wird.

(24a)   /e/   /i/   (24b)   /o/

$$
\begin{bmatrix} -\text{kons} \\ -\text{hint} \\ -\text{hoch} \end{bmatrix}
\qquad
\begin{bmatrix} -\text{kons} \\ -\text{hint} \\ +\text{hoch} \end{bmatrix}
\qquad\qquad
\begin{bmatrix} -\text{kons} \\ +\text{hint} \\ -\text{hoch} \\ -\text{tief} \end{bmatrix}
$$

Ein zweites Beispiel ist die folgende Gruppe von Lauten im Deutschen: /p b p͡f f v m/. Diese Laute bilden die natürliche Klasse der labialen Konsonanten — eine Klasse, die durch die beiden Merkmale [+kons, LAB] erfaßt wird. Jeder Laut in dieser natürlichen Klasse erfordert jedoch mindestens *drei* Merkmale, um ihn von den anderen Lauten in der Gruppe /p b p͡f f v m/ abzugrenzen. /m/ ist beispielsweise [+kons, LAB, +nas] und /p/ [+kons, LAB, –kont, –sth].

Es wurde oben angenommen, daß /i e/ durch die *zwei* Merkmale [–kons, –hint] charakterisiert werden, obwohl /i e/ viele andere gemeinsame Merkmale haben, z.B. [+son, +sth, +kont, DORS, –tief] usw. Selbst wenn man alle anderen Merkmale berücksichtigen würde, gilt die in (23) aufgestellte Definition einer natürlichen Klasse: /i e/ können auch durch sieben Merkmale erfaßt werden, nämlich [–kons, –hint, +son, +sth, +kont, DORS , –tief], während /i/ bzw. /e/ dann durch *acht* charakterisiert werden müssen, z.B. /i/ = [–kons, DORS, –hint, +hoch, +son, +sth, +kont, –tief].

In der Phonologie geht man aber davon aus, daß natürliche Klassen mit der kleinstmöglichen Anzahl von Merkmalen erfaßt werden. /i e/ sind also [–kons, –hint]; die Merkmale [+son, +sth, +kont, DORS] teilen *alle* Vokale und nicht nur die vorderen; [–tief] sind nicht nur vordere Vokale, sondern auch die hinteren Vokale /u o/. Die labialen Konsonanten des Deutschen werden durch die zwei Merkmale [+kons, LAB] erfaßt und nicht durch [+kons, LAB, –appr, –lat].

Ein sehr wichtiger Punkt ist, daß nicht jede vorstellbare Gruppe von Lauten durch die in (23) angegebene Definition als natürliche Klasse erfaßt wird. In dem oben besprochenen System mit fünf Vokalen /i e u o a/ bilden die zwei Vokale /i o/ beispielsweise *keine* natürliche Klasse. Dies kann gezeigt werden, wenn man versucht, Merkmale aufzustellen, die nur /i o/ erfassen und keine anderen Laute. /i o/ haben einige gemeinsame Merkmale, z.B. [–kons, DORS]. Man kann jedoch /i o/ nicht als die natürliche Klasse der [–kons, DORS] Laute bezeichnen, weil diese zwei Merkmale auch andere Laute einschließen, die nicht zu dieser Gruppe gehören, z.B. /e u a/. Um *nur* /i o/ mit Merkmalen zu charakterisieren, muß man die Merkmale für /i/, siehe (24a), und die für /o/, siehe (24b), logisch vereinbaren: /i o/ bedeutet also [–kons, –hint, +hoch] *oder* [–kons, +hint, –hoch, –tief]. Dies ist ein Beispiel für eine **Disjunktion**, d.h. eine Liste nicht verwandter Elemente (vgl. Kapitel 2). Um /i o/ und keine anderen Vokale mit Merkmalen zu erfassen, braucht man also insgesamt sieben Merkmale: die drei in (24a) für /i/ und die vier in (24b) für /o/. Um /i/ oder /o/ als einzelnen Laut zu erfassen, braucht man aber *weniger* als sieben Merkmale, wie in (24) gezeigt wurde.

Ob zwei oder mehr Laute eine natürliche Klasse bilden, hängt immer von der jeweiligen Sprache ab. In einer Sprache mit den fünf Vokalen /i e u o a/ sind die zwei Vokale /i o/ keine natürliche Klasse, aber in einer Sprache mit den drei Vokalen /i o a/ bilden /i o/ die natürliche Klasse der nichttiefen Vokale — charakterisiert durch die drei Merkmale [–kons, –tief].

Die in (23) aufgestellte Definition von natürlichen Klassen erfaßt das intuitive Urteil, daß die zwei Laute /i e/ in dem System mit den fünf Vokalen /i e u o a/ 'zusammengehören', /i o/ aber nicht. Diese Intuition wird durch die Phonetik bestätigt: /i e/ haben eine gemeinsame phonetische Eigenschaft, die kein anderer Vokal in diesem System hat, während /i o/ eine 'arbiträre' Gruppe von Lauten ist. Es gibt jedoch nicht nur phonetische Belege, daß zwar /i e/, aber nicht /i o/ zusammengehören. Man sagt auch, daß es **phonologische Evidenz** für natürliche Klassen gibt. Die Faustregel dafür lautet, daß zwei oder mehr Segmente eine natürliche Klasse bilden, wenn (mindestens) eines der folgenden Kriterien erfüllt ist:

(25a) Die zwei Laute unterliegen einer phonologischen Regel;
(25b) Die zwei Laute kommen im Kontext einer phonologischen Regel oder im Kontext einer phonotaktischen Beschränkung vor.

Wenn zwei oder mehr Laute eine der Bedingungen in (25) erfüllen, bilden sie eine natürliche Klasse. Die sechs Laute /b d g v z ʒ/ unterliegen beispielsweise der deutschen Auslautverhärtung und erfüllen somit (25a). Diese Laute bilden die natürliche Klasse der stimmhaften Obstruenten im Deutschen.

Es ist zwar möglich, daß zwei Laute eines der Kriterien in (25) erfüllen, ohne daß sie eine natürliche Klasse bilden, aber dies kommt in den Sprachen der Welt selten vor. Ein Beispiel ist die Regel im Türkischen, die das Phonem /v/ nach einem labialen Konsonanten oder nach einem Vokal tilgt (Sezer 1986). Die zwei Gruppen 'Labiale' und 'Vokale' bilden jedoch keine natürliche Klasse und müssen als Disjunktion im Regelkontext vermerkt werden.

4.5 Binäre vs. privative Merkmale

In den letzten Abschnitten wurde ein System distinktiver Merkmale beschrieben, bei dem die Ortsmerkmale, die den vier Artikulatoren entsprechen, privativ sind. Es wurde angenommen, daß alle anderen Merkmale binär sind. In diesem Abschnitt werden die formalen Unterschiede zwischen binären und privativen Merkmalen beschrieben. Es wird außerdem dafür argumentiert, daß Merkmale wie [LAB] und [DORS] privativ und nicht binär sind. Betrachten wir zur Illustration Sprachen mit den drei Plosiven /p t k/. In dem oben postulierten Merkmalssystem braucht man die drei privativen Ortsmerkmale [LAB], [KOR] und [DORS], um diese drei Laute auseinanderzuhalten. Dies wird in (26a) gezeigt. (Hier werden die binären Merkmale [±rund], [±ant] usw. der Einfachheit halber nicht berücksichtigt.)

(26a)	p	t	k	(26b)	p	t	k
[LAB]	√			[lab]	+	−	−
[KOR]		√		[dors]	−	−	+
[DORS]			√				

Eine Alternative zu dem System in (26a) mit drei privativen Merkmalen ist ein binäres System wie in (26b). Hier braucht man nur zwei binäre Merkmale, z.B. [±lab] und [±dors], um /p t k/ zu unterscheiden. In (26b) bezeichnet das Merkmal [−lab] alle Laute, die nicht mit den Lippen, und [−dors] alle Segmente, die nicht mit dem Dorsum artikuliert werden.

Aus den beiden Merkmalssystemen in (26) folgen zwei verschiedene Vorhersagen über natürliche Klassen. Nach dem binären System in (26b) werden beispielsweise die zwei natürlichen Klassen in (27) vorhergesagt:

(27) /t k/ = [−lab]
      /p t/ = [−dors]

Im Gegensatz dazu sagt das System in (26a) zutreffend vorher, daß die zwei Gruppen in (27) *keine* natürlichen Klassen sind. Der Grund ist, daß es in (26a) weder ein gemeinsames Merkmal für /t k/ noch für /p t/ gibt. Viele sprachübergreifende Studien haben sich mit der Frage auseinandergesetzt, ob die zwei Gruppen in (27) in den Sprachen der Welt existierende natürliche Klassen sind. Mit anderen Worten: Gibt es Regeln in irgendeiner Sprache, in denen [–lab] oder [–dors] entweder den Input bilden, vgl. (25a), oder in denen [–lab] oder [–dors] im Kontext vorkommen, vgl. (25b)? Die überwiegende Mehrheit dieser Studien ist zu dem Ergebnis gekommen, daß es keine solchen Regeln gibt, d.h. das binäre System in (26b) läßt unnötig viele natürliche Klassen von Lauten zu (siehe Sagey 1986, McCarthy 1988). Daher verwenden viele Phonologen heute ein Merkmalssystem wie in (26a) mit privativen Merkmalen.

4.6 Redundanz und Unterspezifikation

In Kapitel 3 wurde gezeigt, daß in den Phoneminventaren vieler Sprachen Korrelationen auftreten. In Sprachen mit den neun Konsonanten /p t k f s m n l r/ sind beispielsweise alle Obstruenten stimmlos und alle Sonoranten stimmhaft. In diesem Abschnitt werden weitere Beispiele für solche Zusammenhänge besprochen und ihr Bezug zu Merkmalen gezeigt.

Betrachten wir zur Illustration die Merkmale der fünf Vokale in (28). Ein Beispiel für eine Sprache mit diesen Vokalen ist das Spanische.

(28)

	i	e	u	o	a
[hint]	–	–	+	+	+
[hoch]	+	–	+	–	–
[tief]	–	–	–	–	+
[LAB]			√	√	
[rund]			+	+	

Es gibt in (28) einen Zusammenhang zwischen [±hoch] und [±tief]: Wenn ein Vokal [+tief] ist, hat derselbe Vokal immer den Wert [–hoch]. Alle [+hohen] Vokale sind analog dazu [–tief]. Solche Zusammenhänge werden mit **Redundanzregeln** (oder **Defaultregeln**) wie in (29) zum Ausdruck gebracht. Der Pfeil '⇒' in den Redundanzregeln bedeutet 'impliziert'.

(29a)   [+tief]   ⇒   [–hoch]
(29b)   [+hoch]   ⇒   [–tief]

Die Regeln in (29) besagen, daß eine phonologische Eigenschaft eines
Segments vorhersagbar ist, wenn man eine andere kennt. Wenn es
beispielsweise eine Sprache mit einem [+tiefen] Vokal wie /a/ gibt, ist
die Spezifikation [–hoch] für diesen Vokal vorhersagbar.
(29a) und (29b) sind Beispiele von Redundanzregeln, die universelle
Zusammenhänge ausdrücken. In allen Sprachen der Welt sind tiefe
Vokale aus anatomischen Gründen nicht hoch (siehe §4.2.4), und aus
demselben Grund sind hohe Vokale notwendigerweise nicht tief.
Es gibt aber in dem System in (28) auch redundante Informationen, die
nicht universell sind. /i e/ sind beispielsweise die einzigen vorderen
Vokale. Da diese Laute nicht tief sind, kann man die sprachspezifische
Redundanzregel in (30) aufstellen.

(30)   [–hint]   ⇒   [–tief]

Die Redundanzregel in (30) besagt, daß [–hint] den Wert [–tief]
impliziert. Obwohl (30) für die Sprache in (28) gilt, ist sie für andere
Sprachen ungültig, z.B. für das Englische, das über den tiefen
vorderen Vokal /æ/ verfügt.
Zwei weitere Redundanzregeln für das System in (28) beziehen sich
auf das Merkmal [LAB]: Erstens sind alle labialen Laute rund und
zweitens sind alle labialen Laute hinten. Diese zwei Aussagen werden
mit den Redundanzregeln in (31a) und (31b) zum Ausdruck gebracht.[11]

(31a)   [LAB]   ⇒   [+rund]   (31c)   [+tief]   ⇒   [+hint]
(31b)   [LAB]   ⇒   [+hint]

Eine weitere Redundanzregel bezieht sich auf das Merkmal [+tief]:
Alle tiefen Vokale sind [+hint]. Diese Regel ist in (31c) formuliert.

---

[11] Wenn die Sprache in (28) auch labiale Konsonanten hat wie /p b m/, dann müßte der
Input für (31a) und (31b) [–kons, LAB] sein, da nur labiale *Vokale* [+rund] und
[–hint] sind.

Es wurde oben erwähnt, daß Redundanzregeln 'vorhersagbare' Informationen ausdrücken. Wenn es eine Sprache mit den fünf Vokalen in (28) gibt, ist das Merkmal [−hoch] für den [+tiefen] Vokal beispielsweise vorhersagbar. Viele Phonologen sind der Ansicht, daß solche vorhersagbaren Informationen in den Merkmalsmatrizen der zugrundeliegenden Formen nicht voll ausbuchstabiert zu werden brauchen. Nach dieser Ansicht ist beispielsweise das Phonem /a/ [+tief] und hat *keine* Spezifikation für [hoch]. Wenn man alle oben besprochenen vorhersagbaren Informationen betrachtet, dann kann man für die Vokale in (28) die folgenden Merkmalsmatrizen aufstellen.

(32)

	i	e	u	o	a
[hint]	−	−			
[hoch]	+	−	+	−	
[tief]		−		−	+
[LAB]			√	√	
[rund]					

Die Regeln in (29)-(31) heißen also Redundanzregeln, weil das Merkmal rechts vom Pfeil 'redundant' oder 'überflüssig' ist, wenn man das Merkmal links vom Pfeil kennt.
Die Matrizen in (32) sind für alle redundante Werte **unterspezifiziert** (engl. **underspecified**). Das Phonem /a/ ist beispielsweise unterspezifiziert für [hoch] und /i/ für [tief]. Die zwei Vokale /u o/ sind unterspezifiziert für [hint] und [rund]. Da keiner der fünf Laute für [rund] spezifiziert ist, ist dieses Merkmal in diesem System nicht distinktiv.
Nach den meisten Theorien der Unterspezifikation gelten unterspezifizierte Matrizen wie in (32) nur für die zugrundeliegende Repräsentation. Die Redundanzregeln operieren als phonologische Regeln und fügen für alle unterspezifizierten Merkmale die '+'- und '−'-Werte ein. Die daraus resultierenden **vollspezifizierten** (engl. **fully specified**) Matrizen gelten für die Oberflächenrepäsentation.
Ein wichtiges Argument für unterspezifierte Matrizen wie in (32) ist auf die Idee zurückzuführen, daß vorhersagbare Informationen nicht in den zugrundeliegenden Repräsentationen anwesend sein sollen, sondern immer durch Regeln eingefügt werden. Neuere Studien (z.B. Mohanan 1991) stellen jedoch diese Annahme in Frage.

In Merkmalsmatrizen sieht man oft Lücken, die wie eine Unterspezifikation aussehen. Betrachten wir zur Illustration die vollspezifizierten Merkmalsmatrizen in (33).

(33)
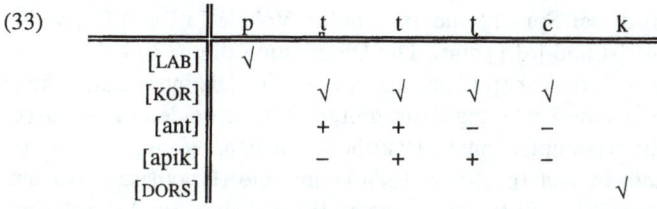

	p	t̪	t	t̺	c	k
[LAB]	√					
[KOR]		√	√	√	√	
[ant]		+	+	−	−	
[apik]		−	+	+	−	
[DORS]						√

In (33) ist das Phonem /p/ für das Merkmal [LAB] spezifiziert, aber nicht für [DORS] oder [KOR], und /k/ ist für [DORS] spezifiziert, aber nicht für [LAB] oder [KOR]. Es ist zu beachten, daß /p/ und /k/ keine Spezifikation für [±ant] oder [±apik] haben. Der Grund ist den Definitionen dieser beiden Merkmale zu entnehmen: [+ant] bezeichnet Laute, die am Zahndamm oder an den oberen Schneidezähnen artikuliert werden. [−ant] bezeichnet dagegen nicht 'alle anderen Laute', sondern nur diejenigen Segmente, die am vorderen weichen Gaumen artikuliert werden. Da diese Definitionen für [+ant] und [−ant] weder auf /p/ noch auf /k/ zutreffen, sind diese beiden Segmente für [±ant] nicht spezifiziert. Man sagt aber *nicht*, daß /p/ und /k/ in (33) für [ant] unterspezifiziert sind, weil es keine Redundanzregeln gibt, die dieses Merkmal einfügen könnten.

4.7 Artikulatorische vs. akustische Merkmale

Die oben aufgestellten Merkmale sind fast ausschließlich artikulatorisch, d.h. sie haben Definitionen, die sich auf die artikulatorische Phonetik beziehen. Noch ungelöst ist die Frage, ob es auch akustische bzw. auditive Merkmale gibt, wie Jakobson & Halle (1956) und Jakobson & Waugh (1979) vorgeschlagen haben. Ein Beispiel ist das in §4.2.3 angeführte Merkmal [±sibil], das über eine Definition verfügt, die sich nicht auf die Artikulation bezieht, sondern eher auf das Geräusch, das produziert wird.

Die Notwendigkeit von zusätzlichen akustischen Merkmalen sei anhand eines einfachen Beispiels aus dem Feʔfeʔ-Bamileke illustriert (Hyman 1975):

(34)   [vap]   'peitschen'
        [fæt]   'essen'
        [t͡ʃak]   'suchen'

Es gibt in dieser Sprache die zwei tiefen Vokale [æ] und [a], wobei
[æ] [–hint] ist und [a] [+hint]. Die Distribution dieser Vokale ist vorhersagbar: [a] tritt vor [p k] auf und [æ] vor [t]. Die interessante Frage
lautet, ob es eine Erklärung dafür gibt, daß diese beiden Laute ausgerechnet diese komplementäre Distribution haben. Warum kommt der
hintere Laut [a] vor [p k] vor? Man könnte die Hypothese aufstellen,
daß [a] vor [k] auftritt, weil sowohl [k] als auch [a] [+hint] sind.
Dieses artikulatorische Argument kann jedoch nicht erklären, warum
[a] auch vor [p] vorkommt.
Die zwei Phoneme /p k/, die die Regel auslösen, haben eine gemeinsame *akustische* Eigenschaft, obwohl sie artikulatorisch sehr ver-
schieden sind. [p] und [k] (aber nicht [t]) sind dadurch gekennzeichnet, daß sie eine Energiekonzentration in den niedrigen Frequenzen
des Lautspektrums produzieren. [t] hat dagegen eine Energiekonzentration in den *oberen* Frequenzen des Lautspektrums. In dem akus-
tisch-motivierten Merkmalssystem von Jakobson & Halle (1956) sind
labiale und velare Laute zusammen '[+grave]', wobei dieses Merkmal
sich auf die oben beschriebene akustische Definition bezieht. Wichtig
dabei ist, daß hintere Vokale wie [a] [+grave] sind, und vordere Vokale wie [æ] [–grave]. Wenn man vom Phonem /a/ ausgeht (siehe
Hyman 1975), kann die Regel für Feʔeʔ-Bamileke wie in (35)
postuliert werden.

(35)   /a/ → [–grave]/ __ [–grave, +kons]

Die Regel in (35) erfaßt eine Assimilation, weil das Merkmal rechts
vom Pfeil, nämlich [–grave], identisch ist mit einem Merkmal im
nachfolgenden rechten Kontext.

4.8 Die distinktiven Merkmale des Standarddeutschen

In §4.2 wurden 21 Merkmale dargestellt, die in den Sprachen der Welt
eine distinktive Funktion haben können. Individuelle Sprachen wählen
jedoch nur eine kleinere Anzahl als distinktiv aus. Das deutsche Vo-

kalsystem (siehe §2.5) erfordert beispielsweise nur sieben distinktive Merkmale, wie in (36) gezeigt:

(36)   *Distinktive Merkmale der deutschen Vokalphoneme*

	iː	ɪ	yː	ʏ	eː	ɛ	ɛː	øː	œ	uː	ʊ	oː	ɔ	a	aː	ə
[kons]	–	–	–	–	–	–	–	–	–	–	–	–	–	–	–	–
[hint]	–	–	–	–	–	–	–	–	–	+	+	+	+	+	+	+
[hoch]	+	+	+	+	–	–	–	–	–	–	+	+	–	–	–	–
[tief]	–	–	–	–	–	–	–	–	–	–	–	–	–	+	+	–
[LAB]			√	√				√	√	√	√	√	√			
[gesp]	+	–	+	–	+	–	–	+	–	+	–	+	–	–	–	–
[lang]	+	–	+	–	+	–	+	+	–	+	–	+	–	–	+	–

Die Merkmale [±gesp] und [±lang] bedürfen eines Kommentars.[12] [+gesp] impliziert immer den Wert [+lang]; mit anderen Worten, es gibt in (36) kein [+gesp] Segment, das [–lang] ist. Die ungekehrte Korrelation trifft jedoch nicht immer zu, denn [+lang] impliziert nicht konsequent [+gesp] (weil die [+langen] Vokale /ɛː/ und /aː/ [–gesp] sind). Das Merkmal [–lang] impliziert immer [–gesp]; die umgekehrte Implikation stimmt nicht immer.

Fünfzehn Merkmale sind im deutschen Vokalsystem nicht distinktiv. Die zwei Oberklassenmerkmale [±son] und [±appr], die drei laryngalen Merkmale [±sth], [±asp], [±glottal], die drei Merkmale der Artikulationsart [±lat], [±sibil] und [±kont] sowie die Ortsmerkmale [DORS], [RAD], [KOR], [±ant] und [±apik] sind in keiner Sprache distinktiv für Vokale.[13] Die Werte dieser Merkmale werden folglich durch Redundanzregeln wie in (37a) eingefügt.

(37a)   [–kons]   ⇒   [+son]   [–kons]   ⇒   [DORS]

        [–kons]   ⇒   [+sth]   [–kons]   ⇒   [–lat]

        [–kons]   ⇒   [–asp]   [–kons]   ⇒   [+kont]

---

[12] Das binäre Merkmal [±lang] wird in der Phonologie nicht mehr verwendet (siehe die Diskussion in §4.2.3). Man unterscheidet kurze von langen Segmenten mit verschiedenen silbischen Repräsentationen, wie in Kapitel 8 gezeigt wird. Das Merkmal [±lang] in (36) ist folglich nur eine Abkürzung für eine Repräsentation mit Silben.

[13] Der Leser sei jedoch auf den in §4.2.4 erwähnten alternativen Vorschlag hingewiesen, demzufolge vordere Vokale [KOR] und zentrale und hintere Vokale [DORS] sind.

(37b)   [−kons, LAB]   ⇒   [+rund]

Weitere Beispiele für nicht distinktive Merkmale sind [±nas] und [±rund]. [±nas] ist distinktiv für Vokalsysteme wie das Französische mit einem Kontrast zwischen oralen und nasalen Vokalen, z.B. /a/ vs. /ã/. Das Merkmal [±rund] ist nicht distinktiv im deutschen Vokalsystem, wenn gerundete Vokale zugrundeliegend [LAB] sind. Die Redundanzregel in (37b) stellt den Zusammenhang zwischen [LAB] und [+rund] her. Das deutsche Konsonantensystem (siehe §2.5) erfordert neun distinktive Merkmale, wie in (38) gezeigt. In (38) werden Affrikaten nicht berücksichtigt. Siehe Kapitel 7 für eine Diskussion zu den Merkmalen für Affrikaten.

(38)   *Distinktive Merkmale der deutschen Konsonantenphoneme*

[−sth]	p	t	k	f	s	ʃ	ç							h
[+sth]	b	d	g	v	z	ʒ		m	n	ŋ	l	R	j	
[kons]	+	+	+	+	+	+	+	+	+	+	+	+	−	−
[son]	−	−	−	−	−	−	−	+	+	+	+	+	+	+
[kont]	−	−	−	+	+	+	+	−	−	−	−	+	+	+
[nas]	−	−	−	−	−	−	−	+	+	+	−	−	−	−
[LAB]	√			√				√						
[KOR]		√			√	√			√		√			
[ant]					+	−								
[DORS]			√				√			√		√	√	

Zwölf Merkmale sind für das deutsche Konsonantensystem nicht distinktiv, nämlich [±appr], [±glottal], [±asp], [±rund], [±apik], [RAD], [±tief], [±gesp], [±lat], [±sibil], [±hoch] und [±hint]. Die sieben Merkmale [±appr], [±glottal], [±asp], [±rund], [±apik], [±hint] und [RAD] sind nicht distinktiv, weil die relevanten Kontraste im Deutschen fehlen. [±asp] ist beispielsweise nicht distinktiv, weil es keine Kontraste im Deutschen zwischen aspirierten und nicht aspirierten Lauten gibt, z.B. /t/ vs. /tʰ/. [±apik] ist nur in Sprachen distinktiv, in denen ein apikaler Laut mit einem laminalen Laut kontrastiert, z.B. /t̺/ vs. /t̻/. [hint] ist ebenso kein distinktives Merkmal des Deutschen, denn es gibt keinen Kontrast zwischen /ç/ ([−hint]) und /x/ ([+hint]).

Die oben erwähnten nicht distinktiven Merkmale werden durch Redundanzregeln wie in (39a) eingefügt:

(39a) [+kons]   ⇒   [−glottal]
       [+kons, LAB]   ⇒   [−rund]
(39b) [−son, +kont, KOR]   ⇒   [+sibil]

Die zwei Merkmale [±lat] und [±sibil] bedürfen eines Kommentars. Es kommt oft in den Sprachen der Welt vor, daß zwei Laute durch zwei (oder mehr) Merkmale distinkt sind und nicht nur durch ein einziges. /f/ und /s/ bzw. /v/ und /z/ unterscheiden sich beispielsweise dadurch, daß /f v/ [LAB] und [−sibil], /s z/ [KOR] und [+sibil] sind. In der Phonologie wird oft angenommen, daß nur eines der Merkmale distinktiv ist, während das andere durch eine Redundanzregel eingeführt wird. In (38) wurde beispielsweise angenommen, daß /f v/ und /s z/ durch Ortsmerkmale und nicht durch [±sibil] unterschieden sind; das Merkmal [+sibil] wird folglich durch Redundanzregel (39b) eingefügt. Ein zweites Beispiel betrifft das Merkmal [±lat]: Dieses Merkmal ist nicht distiktiv, wenn /l/ und /r/ durch [±kont] (oder durch Ortsmerkmale) unterschieden werden.

Historischer Überblick und weiterführende Literatur

Einer der ersten Versuche, eine Theorie der distinktiven Merkmale zu entwickeln, wurde von Trubetzkoy (1939) unternommen. Trubetzkoy interessierte sich hauptsächlich für Oppositionen (=Kontraste), die in den Sprachen der Welt vorkommen, und für die entsprechenden phonetischen Parameter, die diese Kontraste erfassen, z.B. aspiriert vs. nichtaspiriert, stimmhaft vs. stimmlos. Die erste gründlich ausgearbeitete Theorie der distinktiven Merkmale stammt von Roman Jakobson. Zwei sehr wichtige Werke sind Jakobson, Fant & Halle (1952) und Jakobson & Halle (1956), in denen akustisch motivierte Merkmale aufgestellt wurden. Diese jakobsonschen Merkmale wurden später von Chomsky & Halle (1968) durch artikulatorische Merkmale ersetzt. Die meisten Studien über Merkmale in der Zeit nach 1968 gehen von artikulatorisch motivierten Merkmalen aus. Der Leser wird auf Hyman (1975: Kapitel 2) verwiesen, das einen Vergleich zwischen den Merkmalssystemen von Trubetzkoy, Jakobson und Chomsky & Halle anstellt. Durand (1990: Kapitel 2) bietet eine kurze Diskussion über akustische und auditive Merkmale.

In Jakobson, Fant & Halle (1952), Jakobson & Halle (1956) und Chomsky & Halle (1968) gingen die Autoren davon aus, daß alle Merkmale binär sind. In den letzten

Jahren haben viele Linguisten diese Annahme in Frage gestellt. Eine Modifikation der binären Theorie ist die Hypothese, daß die Ortsmerkmale [LAB], [KOR], [DORS] und [RAD] privativ sind. Diese Theorie wird unter anderem von Sagey (1986), McCarthy (1988) und Hume (1992) verteidigt. Eine empfehlenswerte Diskussion binärer vs. privativer Merkmale findet sich in Durand (1990: Kapitel 3). Eine weitere Theorie, die allerdings von den meisten Phonologen abgelehnt wird, besagt, daß bestimmte Merkmale weder binär noch privativ, sondern *graduell* sind. Im Gegensatz zu binären und privativen Merkmalen haben graduelle Merkmale mehrere Werte, z.B. [1nas], [2nas], [3nas] usw. Der interessierte Leser sei auf Williamson (1977) verwiesen, der eine Reihe von solchen graduellen Merkmalen postuliert hat. Eine Diskussion von graduellen Merkmalen findet sich auch in Durand (1990: Kapitel 3).

In den letzten Jahren haben sich viele Studien mit Unterspezifikation befaßt, und bestimmte Theorien zur Unterspezifikation daraus entwickelt. Die meisten dieser Theorien sind anspruchsvoll und nicht für Anfänger geeignet. Einen Überblick findet der interessierte Leser in Archangeli (1988), Roca (1994: Kapitel 2) und Steriade (1995). Unterspezifikation ist theoretisch nicht unumstritten. Einige neuere Studien haben beispielsweise gezeigt, daß Unterspezifikation zu Paradoxien führen kann (Mohanan 1991, McCarthy & Taub 1992).

Empfehlenswerte englische Darstellungen von distinktiven Merkmalen, die eine starke Ähnlichkeit mit den in diesem Kapitel postulierten Merkmalen haben, finden sich in Gussenhoven & Jacobs (1998: Kapitel 5) und in Spencer (1996: Kapitel 4).

Aufgaben

(1)   Betrachten Sie das folgende Phoneminventar:

p b	t d	c ɟ	k g		i		u
f v	s z				e		o
m	n		ŋ			a	
	l						
	ɹ						
w		j					

Zeichnen Sie Trennlinien zwischen den folgenden Klassen: [+kons] und [–kons], [+son] und [–son], sowie [+appr] und [–appr].

(2)   Die folgenden Daten sind aus dem Walisischen (Davenport & Hannahs 1998). [̥] ist ein Diakritikum, das Stimmlosigkeit kennzeichnet.

[kɛgɪn]	'Küche'	[əŋ̊ŋegɪn]	'meine Küche'
[bʊθm]	'Hütte'	[əmmʊθn]	'meine Hütte'
[tiː]	'Haus'	[ənɲiː]	'mein Haus'
[pɛntrɛ]	'Dorf'	[əmm̥ɛntrɛ]	'mein Dorf'
[dəfrɪn]	'Tal'	[ənnəfrɪn]	'mein Tal'
[kəmriː]	'Wales'	[əŋ̊ŋəmriː]	'mein Wales'

(2a)   Der wortinitiale Plosiv in den Wörtern in der linken Spalte verändert sich zu einem anderen Laut in der rechten Spalte, wenn das Wort 'mein' vorangeht. Welche Merkmale ändern sich?

(2b)   Stellen Sie eine Regel mit Merkmalen auf, die die walisischen Stammalternationen erfaßt. Gehen Sie davon aus, daß die linke Spalte die zugrundeliegende Form darstellt. Woran erkennt man, daß es sich um eine Assimilation handelt?

(3)   Im Maidu (Lombardi 1994) gibt es die folgenden Obstruentenphoneme:
       ɓ   ɗ
       p'   t'   c'   k'
       p   t   c   k
       In finaler Position kommen weder Implosive (/ɓ ɗ/) noch Ejektive (/p' t' c' k'/) vor. Stellen Sie eine negative phonotaktische Beschränkung auf, die diese sechs Laute in wortfinaler Position ausschließt. (Zu negativen phonotaktischen Beschränkungen siehe §2.4.)

(4)   ● Im schottischen Dialekt des Englischen kommen lange Vokale u.a. nur vor bestimmten Konsonanten vor (Davenport & Hannahs 1998). Diese Regularität wird als 'Aitkens Gesetz' bezeichnet.

[biːɹ]	'Bier'	[noːz]	'Nase'
[bin]	'Bohne'	[fil]	'fühlen'
[sup]	'Suppe'	[lod]	'laden'
[muːv]	'umziehen'	[sef]	'Safe'
[beːð]	'baden'	[fes]	'Gesicht'

Stellen Sie den Kontext dieser Vokallängung mit der kleinstmöglichen Anzahl von distinktiven Merkmalen auf.

(5)   Im Englischen hat die reguläre Pluralendung drei Allomorphe: [s], [z] und [ɪz], wie in den folgenden Daten aus Kapitel 2 illustriert.

[ɪz]	face	faces	[feɪsɪz]	'Gesicht'
[s]	hat	hats	[hæts]	'Hut'
[z]	bag	bags	[bægz]	'Tasche'

Nehmen Sie an, daß das Pluralsuffix die zugrundeliegende Form /z/ hat. Vervollständigen Sie den Kontext der folgenden Epentheseregel mit distinktiven Merkmalen. [Hinweis: Das Englische hat auch /θ ð/; vgl. *smiths* [smɪθs] 'Schmiede'.]

Vokalepenthese: Ø → [ɪ] / .....

(6)   In deutschen Dialekten um Düsseldorf unterliegt /ʀ/ der Auslautverhärtung zu [χ], wenn /ʀ/ vor bestimmten Konsonanten steht (Hall 1993). Dies wird in den Beispielen in (6a) illustriert. Vor anderen Konsonanten unterliegt /ʀ/ der Vokalisierung zu [ɐ], wie in (6b).

(6a)   Hirsch   [hɪχʃ]   (6b)   Dorf   [dɔɐf]
        Kurs   [kuχs]   Markt   [maɐkt]
        Wort   [vɔχt]   durch   [dʊɐç]

Charakterisieren Sie mit der kleinstmöglichen Anzahl von distinktiven Merkmalen die Konsonanten, die die Auslautverhärtung in (6a) auslösen.

(7)   Die australische Sprache Pintupi hat das folgende Inventar von Konsonanten (Hansen & Hansen 1969):

p   t   ʈ   c   k
m   n   ɳ   ɲ   ŋ
    l   ɭ   ʎ
r
        ɻ

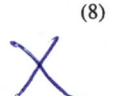

w   j

Die zehn Konsonanten /m n ɳ ɲ ŋ l ɭ ʎ r ɻ/ können als erster Konsonant in der Abfolge VKKV auftreten. Welche zwei Merkmale erfassen diese natürliche Klasse?

(8)   ● In Kapitel 2 wurde die folgende Regel der dorsalen Assimilation für das Deutsche aufgestellt: /ç/ → [x] / [uː ʊ oː ɔ a aː aʊ] ___. Schreiben Sie diese Regel mit distinktiven Merkmalen um. Woran erkennt man, daß es sich um eine Assimilation handelt?

(9)   ● Das Tavgy hat das folgende Phoneminventar (Maddieson 1984)

p b   t d   c ɟ   k g   ʔ   i y   ɨ   u
                        k͡x   e   ə   o
        ð   s   a
m   n   ɲ   ŋ
        l   ʎ
        r
                j

Verwenden Sie die kleinstmögliche Anzahl von distinktiven Merkmalen, um die folgenden natürlichen Klassen zu erfassen:

Beispiel: /l ʎ/   *Antwort*: [+lateral]

(9a)   /ð s r/   (9e)   /t d c ɟ ð s n ɲ l ʎ r j/

(9b)   /ð s/   (9f)   /t d ð s n l r/

(9c)   /m n ɲ ŋ l ʎ r/   (9g)   /u o y/

(9d)   /t d c ɟ ð s/   (9h)   /u o/

(10)   Ändern Sie für jedes Segment in der linken Spalte den Wert der angegebenen Merkmale und lassen Sie alle anderen Merkmale unverändert. Schreiben Sie das phonetische Symbol des so neu beschriebenen Segments.

	Merkmal(e)	*neues Segment*
/u/	[+hint]	/y/
(10a) /d/	[+sth]	
(10b) /t/	[−asp]	
(10c) /m/	[+nas, +son]	
(10d) /r/	[+son, −sibil]	
(10e) /ø/	[+gesp, −hint]	

(11)   Formulieren Sie die (hypothetischen) Regeln (11a) – (11e) nach dem folgenden Muster. Nehmen Sie das Lautinventar des Deutschen in §2.5 als Grundlage.

   Beispiel: Die Plosive werden stimmlos am Ende eines Wortes.

   Antwort: [−son, −kont] → [−sth] __ #

(11a)   Die stimmlosen Plosive werden zu den entsprechenden Frikativen am Anfang eines Wortes.

(11b)   Die Vokale, Gleitlaute und Laryngale werden vor nasalen Konsonanten nasaliert.

(11c)   Die alveolaren Frikative werden zu den entsprechenden postalveoraren Frikativen vor hohen Vokalen.

(11d)   Die velaren Plosive werden am Ende des Wortes getilgt.

(11e)   Die hinteren Vokale werden zu den entsprechenden vorderen Vokalen nach vorderen Vokalen.

(12)   Erfassen Sie die folgenden natürlichen Kassen mit der kleinstmöglichen Anzahl von distinktiven Merkmalen. Gehen Sie vom Phoneminventar des Deutschen in §2.5 und seinen distinktiven Merkmalen in §4.8 aus.

   Beispiel: /p b m/   *Antwort*: [−kont, LAB]

(12a) /m n ŋ l/   (12h) /uː ʊ oː ɔ/
(12b) /k g/   (12i) /a aː/
(12c) /m n ŋ/   (12j) /iː ɪ yː ʏ uː ʊ/
(12d) /ç k g ŋ ʀ/   (12k) /iː ɪ yː ʏ/
(12e) /f v s z ʃ ʒ ç h/   (12l) /yː ʏ øː œ uː ʊ oː ɔ/
(12f) /p b p͡f f v m/   (12m) /ɪ ɛ ɛː ʏ œ ʊ ɔ a aː/
(12g) /t d t͡s s z n l/

(13)   Welche Laute werden durch die folgenden Merkmalsmatrizen wiedergegeben?
        Gehen Sie vom Lautsystem des Deutschen in §2.5 und die distinktiven Merk-
        male dieser Sprache in §4.8 aus.
        Beispiel: [–son, LAB]   *Antwort*: /p b p͡f f v/
(13a)   [–kons, +hint]   (13e)   [–kont, DORS, +sth, –nas]
(13b)   [–kons, –hint, –gesp]   (13f)   [+nas, LAB]
(13c)   [–kont, DORS]   (13g)   [+kont, +son, +kons]
(13d)   [–kont, DORS, +sth]   (13h)   [+appr]

(14)   Die sieben Vokale /i y e ø a u o/ werden unten mit fünf Merkmalen spezifi-
        ziert:

	i	y	e	ø	a	u	o
[hint]	–	–	–	–	+	+	+
[hoch]	+	+	–	–	–	+	–
[tief]	–	–	–	–	+	–	–
[LAB]		√		√		√	√
[rund]		+		+		+	+

        Stellen Sie Redundanzregeln auf und postulieren Sie dabei unterspezifizierte
        Matrizen für das oben aufgeführte System.

(15)   Charakterisieren Sie die folgenden Segmentklassen mit der kleinstmöglichen
        Anzahl distinktiver Merkmale:
(15a)   Plosive   (15c)   velare Laute   (15e)   dentale Laute
(15b)   Frikative   (15d)   uvulare Laute   (15e)   alveolare Laute

5 Regelordnungen

Das in den letzten Kapiteln beschriebene Modell der Phonologie
basiert darauf, daß es zwei Ebenen der Repräsentation gibt — eine
zugrundeliegende Form und eine phonetische Form — wobei die
letztere von der ersteren durch phonologische Regeln abgeleitet wird.
Man nennt den Vorgang, bei dem phonologische Regeln nacheinander
applizieren, um die phonetische Form zu generieren, eine **Derivation**.
Regeln können miteinander interagieren. Mit anderen Worten: Die
Anwendung einer Regel kann die Anwendung einer anderen beeinflussen. Um die jeweilige phonetische Form abzuleiten, müssen
Regeln oft geordnet sein, d.h. eine Regel muß vor oder nach einer
anderen applizieren. In §2.3 wurde beispielsweise gezeigt, daß die
Regeln für Epenthese und Assimilation genau in dieser Reihenfolge
angewendet werden müssen, um die Distribution der drei regulären
Pluralallomorphe des Englischen [s], [z] und [ɪz] zu erfassen.

Dieses Kapitel widmet sich solchen Interaktionen zwischen phonologischen Regeln. In §5.1 wird die in §2.3 dargestellte Analyse des
Englischen mit einer alternativen Analyse verglichen, derzufolge
Regeln nicht geordnet sind, sondern simultan operieren. In §5.2
werden weitere Beispiele von Regelordnungen besprochen. Dort wird
gezeigt, daß es in den Sprachen der Welt vier mögliche Ordnungsbeziehungen zwischen Regeln geben kann. In §5.3 wird ein wichtiges
Prinzip dargestellt, demzufolge bestimmte Regelordnungen vorhersagbar sind, nämlich die sog. **Elsewhere-Bedingung**.

5.1 Geordnete vs. simultane Regeln

Nennen wir den Ansatz, der eine Regelordnung vorsieht, die *Hypothese der geordneten Regeln*. Eine Alternative, die vielfach vertreten
wird, wird hier als *Hypothese der simultanen Regeln* bezeichnet. Nach
diesem Ansatz appliziert jede Regel direkt auf der zugrundeliegenden
Repräsentation. Da Regeln sich hierbei nur auf die zugrundeliegende

Form und nicht aufeinander beziehen können, können sie nicht
geordnet sein. Die beiden Hypothesen werden in diesem Abschnitt
anhand unseres englischen Beispiels miteinander verglichen.
In §2.3 wurde gezeigt, daß im Englischen die Regeln Epenthese und
Assimilation in genau dieser Reihenfolge applizieren müssen. Die
beiden Regeln werden in (1a) mit Merkmalen formuliert. Die Ordnung
zwischen der Epenthese und der Assimilation wird in der Derivation
von *faces* in (1b) gezeigt:

(1a)   *Epenthese:* $\emptyset \rightarrow$ [ɪ] / [+sibil] ___ [+sibil] #

        Assimilation: /z/ $\rightarrow$ [−sth] / [−sth, +kons] ___ #

(1b)   /feɪs+z/   /hæt+z/

        Epenthese   feɪsɪz   -------

        Assimilation   -----   hæts

                         [feɪsɪz]   [hæts]

Die Hypothese der geordneten Regeln geht davon aus, daß die Reihenfolge zwischen zwei Regeln A, B in einer Sprache immer konstant ist,
z.B. A operiert vor B in jedem einschlägigen Wort dieser Sprache.
Fürs Englische bedeutete dies, daß die Epenthese der Assimilation in
jedem Fall vorgeordnet ist.
Nach der Hypothese der simultanen Regeln muß man davon ausgehen,
daß Epenthese und Assimilation nicht geordnet sind, sondern gleichzeitig operieren. Dies erfordert notwendigerweise eine Umformulie-
rung der Assimilationsregel, weil man verhindern muß, daß sie in
Fällen wie /feɪs+z/ zur Anwendung kommt. Mit anderen Worten, die
Neuformulierung der Assimilation muß zum Ausdruck bringen, daß
alle stimmlosen Segmente *außer* /s ʃ tʃ/ der Assimilation unterliegen,
d.h. nur /p t k f θ/. Diese fünf Segmente werden durch die Merkmale
[−sth, −sibil] erfaßt. Somit ergibt sich die alternative Regel in (2):

(2)   *Assimilation:*   /z/ $\rightarrow$ [−sth] / $\begin{bmatrix} -\text{sth} \\ -\text{sibil} \end{bmatrix}$ ___ #

Das Beispiel illustriert, daß man die Annahme einer Regelordnung
vermeiden kann, wenn man davon ausgeht, daß die Regeln gleichzeitig
zur Anwendung kommen. Zahlreiche Studien haben jedoch gezeigt,
daß andere Beispiele für Regelordnungen nicht erklärt werden können,

wenn die Regeln simultan applizieren. Konkrete Fälle werden im folgenden Abschnitt besprochen.

5.2 Regelordnungstypen

In den Sprachen der Welt kommen vier verschiedene Ordnungsbeziehungen zwischen Regeln vor:

(i)   **Feeding**
(ii)   **Counterfeeding**
(iii)   **Bleeding**
(iv)   **Counterbleeding**

Diese vier Regelordnungstypen werden im folgenden anhand konkreter Beispiele kurz erläutert.

Im Niederländischen gibt es eine Regel der Auslautverhärtung, wie die Alternationen in (3a) zeigen. Das Niederländische verfügt außerdem über eine Regel der progressiven Stimmlosigkeitsassimilation, wie in (3b) illustriert (Booij 1995). Die Daten zeigen, daß Frikative nach stimmlosen Obstruenten stimmlos werden.

(3a)	hand	/hand/	[hant]	'Hand'
	handen		[handən]	'Hände'
	dief	/diːv/	[diːf]	'Dieb'
	dieven		[diːvən]	'Diebe'
(3b)	pechvogel	/pɛx+voːɣəl/	[pɛxfoːɣəl]	'Pechvogel'
	straatgoot	/straːt+ɣoːt/	[straːtxoːt]	'Gosse'
(3c)	handzaam	/hand+zaːm/	[hantsaːm]	'handlich'
	hebzucht	/hɛb+zʏxt/	[hɛpsʏxt]	'Habsucht'

Die Regeln Auslautverhärtung und Assimilation sind in (4) formuliert:

(4)   *Auslautverhärtung*: $[-son] \rightarrow [-sth] / \_\_ \#$
       Assimilation: $[-son, +kont] \rightarrow [-sth] / [-son, -sth] \_\_$

Die Daten in (3c) illustrieren die Interaktion zwischen Auslautverhärtung und Assimilation: Alle silbenfinalen Obstruenten (hier /d/ und /b/) werden auslautverhärtet und diese stimmlosen Laute bilden wiederum den Input der Assimilation. Dies ergibt dann folgende Derivation:

(5)   /hand+za:m/

Auslautverhärtung   hant+za:m
Assimilation   hant+sa:m
                               [hantsa:m]

Man nennt diese Art von Regelordnung **Feeding** ('füttern'): Zwei
Regeln A und B stehen in einem Feeding-Verhältnis zueinander, wenn
A die Eingabe für B erzeugt.[1] Der Output der Auslautverhärtung in (5)
ist der stimmlose Laut [t], der dann zur Eingabe der Assimilation
gehört.
Nun gibt es durchaus auch Fälle, wo Regel A den Input für Regel B
bilden könnte, aber nur die *umgekehrte* Ordnung 'Regel B vor Regel
A' den richtigen Output erzeugt. Diese Ordnung bezeichnet man als
Counterfeeding. Mit anderen Worten, ein Counterfeeding-Verhältnis
'verhindert' ein Feeding-Verhältnis. Das Standarddeutsche bietet ein
Beispiel für solch ein Counterfeeding-Verhältnis. Die zwei relevanten
Regeln sind die dorsale Assimilation und die R-Vokalisierung (siehe
§2.5). Die beiden Regeln werden in (6) mit Merkmalen formuliert. Die
R-Vokalisierung erzeugt den Laut [ɐ], der zum Kontext der dorsalen
Assimilation gehört, denn [ɐ] ist [–kons, DORS, +hint].

(6)   R-*Vokalisierung*:   /R/ → [–kons]/ [–kons] ___ K_0^2 #

$$\textit{dorsale Assimilation:} \quad /\varsigma/ \rightarrow [+hint] \, / \begin{bmatrix} -\text{kons} \\ \text{DORS} \\ +\text{hint} \end{bmatrix} \_\_\_$$

Im Deutschen gibt es viele Wörter, die die Abfolge /Rç/ enthalten, z.B.
durch /duRç/ [duɐç], *Furcht* /fuRçt/ [fuɐçt] usw. Wenn die R-
Vokalisierung vor der dorsalen Assimilation applizieren würde, entstünden phonetische Formen wie [duɐx] und [fuɐxt], die im Standarddeutschen nicht vorkommen. Um die korrekten phonetischen Formen
[duɐç] und [fuɐçt] zu erzeugen, müssen die beiden Regeln in (6) in
der umgekehrten Reihenfolge operieren, vgl. die Derivation in (7a).

---

[1] Die in diesem Abschnitt verwendeten Termini (z.B. 'feeding') wurden von Kiparsky
(1968a) vorgeschlagen.

(7a)		/dʊʀç/	(7b)		/dʊʀç/
dorsale Assim.		-------	ʀ-Vokalisierung		dʊɐ̯ç
ʀ-Vokalisierung		dʊɐ̯ç	dorsale Assim.		dʊɐ̯x
		[dʊɐ̯ç]			*[dʊɐ̯x]

Die Regelordnung in (7a) ist ein Counterfeeding, denn die ʀ-Vokalisierung erzeugt einen [–kons] Laut, der zum Input der dorsalen Assimilation gehört, aber nur die umgekehrte Ordnung 'dorsale Assimilation vor der ʀ-Vokalisierung' erzeugt die richtige phonetische Form, nämlich [dʊɐ̯ç] statt *[dʊɐ̯x]. (7b) zeigt, daß die Ordnung 'ʀ-Vokalisierung vor der dorsalen Assimilation' ein Feeding wäre. Das Beispiel zeigt, daß die Regelordnung in (7a) für die Grammatik des Standarddeutschen **stipuliert** werden muß. Der Ausdruck 'stipulieren' hat einen negativen Beiklang. Wenn eine Regelordnung zwischen A und B stipuliert wird, dann bedeutet dies nicht nur, daß man die Reihenfolge 'A vor bzw. nach B' festlegen muß, sondern auch, daß diese Ordnung durch keine zusätzlichen Indizien gerechtfertigt ist.

Die in (7a) aufgestellte Counterfeeding-Ordnung gilt für das Standarddeutsche. In den deutschen Dialekten, in denen [dʊɐ̯x] und [lɛɐ̯xə] die richtigen phonetischen Formen sind, applizieren ʀ-Vokalisierung und dorsale Assimilation in der zu (7a) umgekehrten Reihenfolge (7b). Dieses Beispiel zeigt, daß sich Dialekte einer Sprache durch die Ordnung phonologischer Regeln unterscheiden können.[2]

Ein drittes Ordnungsverhältnis zwischen Regeln A und B tritt ein, wenn Regel A die Anwendung von Regel B verhindert. Dies geschieht, wenn Regel A einen Aspekt des Wortes ändert, auf den sich Regel B bezogen hätte. In diesem Fall wird die Ordnung 'Regel A vor Regel B' als **Bleeding** bezeichnet. Ein Beispiel zeigt (1b): Epenthese und Assimilation sind im Englischen zwei Regeln, die in der Derivation von Wörtern wie *faces* in einer Bleeding-Beziehung zueinander stehen. Dies ist darauf zurückzuführen, daß sich die Assimilation in (1b) auf eine zugrundeliegende Form mit zwei adjazenten Obstruenten wie /feɪs+z/ bezieht. Nach Anwendung der Epenthese ist die Adjazenz nicht mehr gegeben und Regel B ist **blockiert**.

---

[2] Die Tatsache, daß in verschiedenen Dialekten unterschiedliche Reihenfolgen derselben Regeln vorkommen, ist ein zusätzliches Argument gegen die Hypothese der simultanen Regeln (siehe §5.1).

Nun gibt es wiederum Fälle, wo Regel A Regel B verhindern könnte, aber nur die *umgekehrte* Ordnung 'Regel B vor Regel A' den richtigen Output erzeugt. Diese Ordnung bezeichnet man als **Counterbleeding.** Ein Counterbleeding-Verhältnis 'verhindert' folglich ein Bleeding-Verhältnis. In §2.5 wurde kurz ein 'abstrakter' Ansatz für den deutschen velaren Nasal erläutert, demzufolge [ŋ] kein Phonem ist, sondern aus /nk/ oder /ng/ abgeleitet wird. Dieser Analyse zufolge haben Wörter wie *krank* und *Ding* die zugrundeliegende Form /kʀank/ bzw. /dɪng/. Um daraus die phonetischen Formen [kʀaŋk] bzw. [dɪŋ] abzuleiten, applizieren sowohl die regressive Ortsassimilation als auch die g-Tilgung. Die beiden Regeln sind in (8) angeführt.

(8)   *Ortsassimilation:*   [+nasal] → [αOrt] / __ [−son, αOrt]

     g-Tilgung: /g/ → Ø / [ŋ] __ #

Das Merkmal '[αOrt]' in der Ortsassimilation ist eine Abkürzung für alle Ortsmerkmale, wie sie in Kapitel 4 besprochen wurden (z.B. [KORONAL], [DORSAL], [±hinten], [±hoch] usw.) Die Regel besagt, daß ein Nasal der Artikulationsstelle eines folgenden Obstruenten angeglichen wird. Die g-Tilgung tilgt ein wortfinales /g/ nach [ŋ].[3]
Die g-Tilgung interagiert mit der Auslautverhärtung. Im Standarddeutschen wird nämlich das /g/ in zugrundeliegenden Formen wie /dɪng/ getilgt und nicht auslautverhärtet. Dem kann man dadurch Rechnung tragen, daß die g-Tilgung der Auslautverhärtung vorgeordnet ist wie in der Derivation in (9a):

(9a)	/dɪng/	(9b)		/dɪng/
Ortsassimilation	dɪŋg		Ortsassimilation	dɪŋg
g-Tilgung	dɪŋ		Auslautverhärtung	dɪŋk
Auslautverhärtung	-----		g-Tilgung	-----
	[dɪŋ]			*[dɪŋk]

In (9a) stehen Ortsassimilation und g-Tilgung in einer Feeding-Beziehung, denn die erste Regel bildet den Kontext der zweiten. Im

---

[3] In Hall (1992: Kapitel 4) wird argumentiert, daß die g-Tilgung nicht am Ende eines Wortes, sondern am Ende einer Silbe zur Anwendung kommt. Der Kontext der g-Tilgung ist für die folgende Diskussion jedoch unerheblich.

Gegensatz dazu stehen g-Tilgung und Auslautverhärtung in einer Counterbleeding-Beziehung. Wenn die Auslautverhärtung vor der g-Tilgung zur Anwendung käme, entstünden falsche phonetische Formen wie beispielsweise [dɪŋk], vgl. (9b). In diesem Fall stünden Auslautverhärtung und g-Tilgung in einem Bleeding-Verhältnis. Daraus kann man schließen, daß das Gegenteil, · nämlich die Counterbleeding-Beziehung zwischen g-Tilgung und Auslautverhärtung in (9a), die richtigen phonetischen Formen für das Standarddeutsche erzeugt. In manchen norddeutschen Dialekten, in denen die phonetische Form [dɪŋk] lautet, stehen Auslautverhärtung und g-Tilgung in (9b) in einem Bleeding-Verhältnis.

Es ist anzumerken, daß bestimmte Ordnungen in den Grammatiken einzelner Sprachen nicht stipuliert werden müssen, wenn sie sich aus unabhängigen Prinzipien ergeben. Ein konkretes Beispiel für ein Prinzip, das die Reihenfolge bestimmter Regeln vorhersagt, wird in §5.3 besprochen. Bestimmte Ordnungen brauchen nicht stipuliert zu werden, wenn man annimmt, daß Regeln überall in der Derivation 'frei' applizieren können, sobald sie auf die notwendige Umgebung treffen. Dies wiederum bedeutet, daß die Feeding-Ordnung zwischen Ortsassimilation und g-Tilgung nicht festgelegt werden muß: Die g-Tilgung kommt erst nach der Ortsassimilation zur Anwendung, weil der Laut [ŋ], der die g-Tilgung auslöst, erst durch die Ortsassimilation zustandekommt. Man bezeichnet solche 'freien' Ordnungen, die nicht stipuliert werden müssen, als **intrinsisch**. Alle Phonologen, die von einer regelbasierten Grammatik ausgehen, nehmen intrinsische Ordnungen an.[4]

Nicht alle der oben beschriebenen Ordnungen sind intrinsisch. In der Derivation in (9a) applizieren beispielsweise g-Tilgung und Auslautverhärtung nicht frei, weil die Anwendung der zweiten Regel in manchen Fällen verhindert werden muß. Regelordnungen wie diese, die in der Grammatik der jeweiligen Sprache stipuliert werden müssen, werden als **extrinsisch** bezeichnet. Extrinsische Regelordnungen werden, wie gesagt, von vielen Phonologen abgelehnt; in den letzten

---

[4] Wenn man, wie in §2.5.1.3 vorgeschlagen, annimmt, daß /ŋ/ ein Phonem des Deutschen ist, gibt es keine g-Tilgung. *Ding* hat danach die zugrundeliegende Form /dɪŋ/ und eine Regelordnung zwischen g-Tilgung und Ortsassimilation ist überflüssig.

25 Jahren sind daher eine ganze Reihe von Vorschlägen gemacht
worden, wie man Daten, die eine extrinsische Ordnung zu erfordern
scheinen, anders analysieren kann (siehe 'Historischer Überblick und
weiterführende Literatur').

5.3 Die Elsewhere-Bedingung

Der oben beschriebenen Hypothese der geordneten Regeln zufolge
muß die extrinsische Ordnung von manchen phonologischen Regeln in
der jeweiligen Sprache stipuliert werden. Unter bestimmten Umständen ist die Festlegung der Reihenfolge jedoch nicht notwendig, nämlich bei Fällen, auf die ein übergeordnetes Prinzip der Linguistik, die
'Elsewhere-Bedingung', zutrifft: Wenn sowohl eine 'spezifische'
Regel als auch eine 'generelle' Regel auf eine zugrundeliegende Form
angewendet werden können, dann operiert die spezifische Regel vor
der generellen Regel (Kiparsky 1973). Dieses Prinzip ist in (10)
formuliert (nach Roca & Johnson 1998):

(10)   *Elsewhere-Bedingung:*
(10a)   Wenn zwei Regeln A und B
        (i) dieselbe Eingabe haben und
        (ii) Ausgaben haben, die miteinander inkompatibel sind, und
        wenn die Umgebung von B die Umgebung von A enthält und noch
        zusätzliche Informationen beinhaltet,
        dann appliziert Regel B vor Regel A.
(10b)   Die Anwendung von Regel B hat als Folge, daß die Anwendung von
        Regel A blockiert wird.

Die Elsewhere-Bedingung läßt sich anhand des Finnischen (Kiparsky
1973) illustrieren. Im Finnischen wird ein wortfinales /k/ getilgt, vgl.
(11a). Das erste Beispiel in (11b) zeigt, daß ein wortfinales /k/ einer
Ortsassimilation unterliegt, wenn das folgende Wort mit einem Konsonanten anfängt. Wenn das folgende Wort mit einem Vokal anlautet,
wird wiederum das /k/ getilgt, vgl. (11c).

(11a)   /menek/   →   [mene]   'gehen'
(11b)   /menek##pois/   →   [meneppois]   'weggehen'
        /menek##kotiin/ →   [menekkotiin]   'nach Hause gehen'

(11c)   /menek##alas/   →   [menealas]   'heruntergehen'

Die entsprechenden Regeln Ortsassimilation und k-Tilgung sind in
(12) angegeben.

(12)   *Ortsassimilation:*   /k/ → [αOrt] / __ # # [+kons, αOrt]
       k-Tilgung: /k/ → Ø / __ #

Die k-Tilgung besagt also, daß /k/ am Ende eines Wortes getilgt wird.
Um zu verhindern, daß das /k/ in (11b) getilgt ist, bevor die Assimilation darauf angewendet wird, müßte man stipulieren, daß die k-Tilgung der Assimilation nachgeordnet ist.
Dies erweist sich aber als unnötig, denn diese Regelordnung ist bereits
durch die Klausel (10a) der Elsewhere-Bedingung gewährleistet: k-
Tilgung und Ortsassimilation haben dieselbe Eingabe (nämlich /k/);
sie haben Ausgaben, die inkompatibel sind (nämlich 'Ortsmerkmale'
bzw. 'Ø'); die Umgebung beider Regeln enthält '__#', aber die
Ortsassimilation hat den spezifischeren Kontext: Neben '__#' noch '#
[+kons, αOrt]'. Sie ist also die spezifischere Regel und kommt daher
zuerst zur Anwendung.
Betrachten wir die Derivationen in (13):

(13)   /menek##pois/   /menek##alas/ /menek##kotiin/
     Ortsassimilation   menep##pois   -------------- menek##kotiin
     k-Tilgung   --------------- menealas   ---------------
                        [meneppois]   [menealas]   [menekkotiin]

Im ersten Beispiel in (13) kommt die Ortsassimilation zuerst zur
Anwendung, was verhindert, daß das /k/ getilgt wird. Im zweiten
Beispiel unterliegt das /k/ der Ortsassimilation nicht, weil der nachfolgende Laut kein Konsonant ist.
Es ist anzumerken, daß die Anwendung einer spezifischeren Regel
logischerweise vor der einer generellen Regel erfolgen *muß*. Bei um-
gekehrter Reihenfolge könnte die spezifische Regel niemals applizieren.
Betrachten wir jetzt das dritte Beispiel in (13). Es stellt sich die Frage,
wie man erklären kann, daß das erste /k/ in solchen Beispielen nicht
der k-Tilgung unterliegt. Die Antwort ergibt sich aus Klausel (10b) der

Elsewhere-Bedingung: Die erfolgte Anwendung der spezifischeren Regel blockiert die Anwendung der generellen Regel. Das dritte Beispiel in (13) zeigt, daß in der Derivation die Ortsassimilation für /menek##kotiin/ **leer** (engl. **vacuously**), d.h. ohne Auswirkungen, appliziert (vgl. die Diskussion in §4.3 zur leeren Anwendung der Auslautverhärtung auf das /t/ in Wörtern wie /kalt/). Wenn die Ortsassimilation in /menek##kotiin/ leer operiert, dann kommt die k-Tilgung gemäß Klausel (10b) der Elsewhere-Bedingung nicht zur Anwendung.

Vergleichen wir zum Schluß die in (13) beschriebene Ableitung für Beispiele wie /menek##kotiin/ mit einer Alternative, in der die leere Anwendung der k-Tilgung keine Rolle spielt. Die Analyse in (13) wird sich dabei als die plausiblere herausstellen.

Der wichtige Punkt ist, daß ein wortfinales /k/ im Finnischen nur dann *nicht* getilgt wird, wenn das folgende Wort mit einem /k/ anfängt. Eine mögliche alternative Analyse besteht darin, diese Generalisierung als Bedingung für die k-Tilgung einzubauen wie etwa in (14):

(14)   *k-Tilgung:*   /k/ → Ø / __ # (Wenn kein /k/ im Anlaut des
                                                       nächsten Wortes folgt)

Obwohl (14) die Daten korrekt erfaßt (weil [menekkotiin] und nicht [menekotiin] erzeugt wird) ist diese Regel aus mindestens zwei Gründen suspekt. Erstens taucht die kuriose Bedingung in anderen Sprachen nicht auf. Die Bedingung zu (14) ist kurios, weil sie ein negativer Ausschluß ist, der nicht durch Angabe einer natürlichen Klasse formuliert werden kann. Zweitens: Man muß im Auge behalten, daß Klausel (10b) der Elsewhere-Bedingung nicht nur das finnische Beispiel erklären soll, sondern eine ganze Klasse von Phänomenen, die sich in den Sprachen der Welt als Folge des logischen Prinzips 'spezifischere Regel vor genereller Regel' erklären lassen. Die Bedingung in (14) ist also fraglich, denn sie kann nur das finnische Beispiel, aber keine anderen erklären.

Historischer Überblick und weiterführende Literatur

In der frühen generativen Literatur beschäftigte man sich sehr viel mit den Ordnungsbeziehungen zwischen phonologischen Regeln, siehe z.B. Chomsky & Halle (1968),

Koutoudas, Sanders & Noll (1970) und Kenstowicz & Kisseberth (1977). Seit einigen Jahren stehen im Mittelpunkt der Forschung nicht mehr Regelordnungen, sondern eher Fragen zur **nichtlinearen Phonologie** (siehe Kapitel 7-10) und zur Rolle von Constraints (siehe Kapitel 11).

Ein häufig diskutiertes Thema ist, ob extrinsisch geordnete Regeln in der Phonologie notwendig sind. Ein Problem in diesem Zusammenhang ist die Frage des Spracherwerbs: Wie können Kinder die richtige Reihenfolge phonologischer Regeln abstrahieren, wenn sie nur Zugang zu phonetischen Formen haben? Viele Studien zu Regelordnungen haben daher Vorschläge vorgebracht, wie sich extrinsische Beziehungen zwischen Regeln aus anderen Prinzipien ableiten lassen (siehe die Beiträge in Goldsmith 1991). Andere Studien haben sogar Prinzipien aufgestellt, die extrinsische Beziehungen zwischen Regeln verbieten, wie beispielsweise Hooper (1976) im Rahmen der **natürlichen generativen Phonologie** .

Die Elsewhere-Bedingung basiert auf einem Prinzip, das in ähnlicher Form schon von Pānini in seiner Grammatik des Sanskrit von ca. 500 v.Chr. aufgestellt wurde. Es wird vielfach angenommen, daß die Elsewhere-Bedingung nicht nur in der Phonologie gilt, sondern ein allgemeines Prinzip sprachlicher Strukturbildung ist.

Aufgaben

(1)   ● Das Französische verfügt über eine Regel, die ein wortfinales Schwa tilgt. So wird die zugrundeliegende Form /pətit+ə##njɛs/ 'kleine Nichte' als [pətitnjɛs] realisiert (Gussenhoven & Jacobs 1998). Es gibt auch eine Regel, nach der ein Konsonant in wortfinaler Position getilgt wird, wenn das folgende Wort mit einem Konsonanten anlautet, z.B. /pətit##nəvø/ 'kleiner Neffe' wird als [pətinəvø] realisiert. Die beiden Regeln sind in (i) angegeben.

      (i)   *Schwa-Tilgung:*   ə → Ø / __ #

            Konsonantentilgung: [+kons] → Ø / __ # # [+kons]

(1a)   Zeigen Sie in einer Derivation von /pətit+ə##njes/ wie die phonetischen Form [pətitnjɛs] korrekt erzeugt wird.

(1b)   Wie bezeichnet man die Regelordnung in (1a)? Begründen Sie Ihre Antwort.

(2)   Im Litauischen (Carr 1993) gibt es sowohl eine Regel der Metathese (zur Diskussion von Metathesen siehe §3.3.4) als auch eine Regel der **Degeminierung** (d.h. Vereinfachung einer Geminate zu einem kurzen Konsonanten). Das zweite und das vierte Beispiel in (i) illustrieren die Degeminierung und das zweite Beispiel in (ii) die Metathese. Die beiden Regeln sind in (iii) angegeben.

      (i)

/ger+kite/	[gerkite]	'trinken' (Imperfekt, Plural)
/tek+kite/	[tekite]	'fließen' (Imperfekt, Plural)
/ger+siu/	[gersiu]	'trinken' (1.Person, Futur)
/kas+siu/	[kasiu]	'graben' (1. Person, Futur)

(ii)   /dresk+e/   [dreske]   'binden' (Vergangenheit)

       /dresk+kite/   [drekskite]   'binden' (Imperfekt, Plural)

(iii)   *Degeminierung:* $K_a + K_a \rightarrow K_a$

      Metathese: $K\ K + K \rightarrow K\ K\ + K$

                          1 2 3 4   2 1 3 4

(2a)   Zeigen Sie eine Derivation für das zweite Beispiel in (ii). In welcher Reihenfolge müssen die Regeln in (iii) operieren? Wie nennt man diese Ordnungsbeziehung? Begründen Sie Ihre Antwort.

(2b)   Das Wort /dresk+siu/ 'binden' (1. Person, Futur) wird als [dreksiu] realisiert. Geben Sie eine Derivation für dieses Beispiel. In welcher Reihenfolge müssen die Regeln in (iii) operieren? Wie nennt man diese Ordnung? Begründen Sie Ihre Antwort.

(3)   Im Standarddeutschen gibt es Alternationen zwischen /g/ und [ç], wie in (i). Diese Beispiele zeigen, daß ein /g/ als [ç] (und nicht als [k]) am Ende eines Wortes nach [ɪ] realisiert wird. Wenn der vorangehende Vokal nicht [ɪ] ist, unterliegt das /g/ der Auslautverhärtung, wie in (ii).

(i)   König   [køːnɪç]   (ii)   Tag   [taːk]

      Könige   [køːnɪgə]   Tage   [taːgə]

      wenig   [veːnɪç]   Herzog   [hɛɐ̯tsoːk]

      wenige   [veːnɪgə]   Herzöge [hɛɐ̯tsøːgə]

Es wird meistens angenommen, daß die Auslautverhärtung nötig ist, um die Daten in (ii) zu erfassen, aber daß das Deutsche auch über eine Regel der g-Spirantisierung verfügt, die bewirkt, daß /g/ in (i) nicht zu /k/ wird, sondern zu [ç]. Diese Regel ist in (iii) angegeben:

(iii)   *g-Spirantisierung:* /g/ $\rightarrow$ [ç] / ɪ __ #

(g-Spirantisierung und Auslautverhärtung werden üblicherweise als silbenbezogene (und nicht als wortbezogene) Prozesse analysiert. Der genaue Kontext dieser Regeln ist aber unerheblich für diese Aufgabe.)

(3a)   Formulieren Sie eine Derivation für /køːnɪg/ und /taːg/, in der die Auslautverhärtung der g-Spirantisierung vorgeordnet wird. Werden die phonetischen Repräsentationen in (i) korrekt abgeleitet? Wie bezeichnet man die Ordnungsbeziehung zwischen der Auslautverhärtung und der g-Spirantisierung in dieser Derivation? Begründen Sie Ihre Antwort.

(3b)   Stellen Sie eine Derivation für /køːnɪg/ und /taːg/ auf, in der die g-Spirantisierung der Auslautverhärtung vorgeordnet wird. Werden die phonetischen Repräsentationen in (i) korrekt abgeleitet? Wie bezeichnet man die Ordnungsbeziehung zwischen der Auslautverhärtung und der g-Spirantisierung in dieser Derivation? Begründen Sie Ihre Antwort.

6 Autosegmentale Phonologie

In Kapitel 4 wurden Morpheme bzw. Wörter als Abfolge von Merkmalsmatrizen dargestellt. Viele Studien haben aber gezeigt, daß solche
Repräsentationen eine ganze Reihe von phonologischen Phänomenen
nicht adäquat erklären können. Ein typisches Problem für das in
Kapitel 4 beschriebene Modell ist die Repräsentation von Tönen (bzw.
Tonmerkmalen), weil sich Töne 'unabhängig' von den übrigen Merkmalen wie [±son], [±hint], [KOR] usw. verhalten. Die **autosegmentale
Phonologie** (engl. **autosegmental phonology**) ist eine Theorie, die
u.a. dieses Verhalten von Tönen zu erklären versucht. In diesem Kapitel wird die autosegmentale Phonologie im Zusammenhang mit Tönen
behandelt. Zum Schluß wird gezeigt, daß diese Theorie auch andere
phonologische Phänomene erklären kann, die ebenfalls für das in
Kapitel 4 geschilderte Modell problematisch sind, z.B. die Vokalharmonie.

6.1 Tonsprachen

In vielen Sprachen ändert sich die Bedeutung eines Wortes allein
durch Variation der Tonhöhe, die Tonhöhe ist also distinktiv. Solche
Sprachen nennt man **Tonsprachen**. Der Terminus **Ton** bezieht sich in
diesem Fall auf den Tonhöhenverlauf innerhalb von Wörtern, z.B. im
Thai [náː] 'Tante' vs. [nàː] 'Spitzname'. Die diakritischen Zeichen [´]
und [`] stellen im hier verwendeten IPA-System jeweils einen **Hoch-
ton** bzw. einen **Tiefton** dar.
In den Sprachen der Welt sind Töne ein weitverbreitetes Phänomen.
Zu den Tonsprachen gehören viele afrikanische Sprachen, Indianersprachen Nord- und Südamerikas sowie viele ostasiatische Sprachen.
Die Zahl der distinktiven Töne in einer Sprache ist unterschiedlich.
Die geläufigsten Systeme verfügen über nur zwei Töne, hoch und tief,
wie das Thai (siehe oben) oder die Bantusprache Schona (Brauner
1993), vgl. (1a). In der westafrikanischen Sprache Nupe (Hyman
1975) gibt es dagegen drei kontrastive Töne: hoch, mittel und tief, vgl.

(1b). ([‾]=Mittelton.) Es sind auch Sprachen belegt, in denen es noch mehr Tonkontraste gibt, z.b. Chatino mit vier und Dan mit fünf (Maddieson 1978).

(1a)   [nhàngá]   'Jagdplatz'   (1b)   [bá]   'sauer sein'
       [nhàngà]   'Melone'   [bā]   'schneiden'
                                      [bà]   'zählen'

In den meisten Tonsprachen sind die Vokale die Segmente, die Töne tragen, aber manchmal können auch sonorantische Konsonanten wie /m n l/ einen Ton tragen.
In vielen Sprachen (z.B. in den meisten indogermanischen Sprachen) werden Tonhöhenkontraste nicht verwendet, um Wörter in ihrer lexikalischen Bedeutung zu unterscheiden. In solchen Sprachen gibt es zwar auch Tonhöhen, aber sie fügen nur eine Diskursbedeutung hinzu. Dies wird in (2) mit dem Namen *Julian* illustriert. Der Tonhöhenverlauf in (2a) ist die Antwort auf eine *wer*-Frage (z.B. *Wer hat geklingelt?*), während (2b) eine Frage ist (z.B. *Julian? Hast du geklingelt?*). Tonhöhenverläufe wie die in (2), die die lexikalische Bedeutung des Wortes nicht ändern, nennt man **Intonation**.

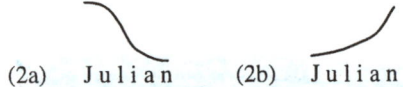

(2a)   J u l i a n   (2b)   J u l i a n

In diesem Kapitel werden Töne in Tonsprachen wie in (1) behandelt, nicht aber die Intonation.
Es gibt zwei Arten von Tönen. Manche bleiben auf einer Tonhöhe, während andere im Verlauf ihrer Artikulation die Höhe ändern. Die ersten werden als **Registertöne**, die zweiten als **Konturtöne** bezeichnet. Alle Töne in (1) sind Registertöne. Typische Konturtöne sind **steigende** und **fallende Töne**, wie die letzte Silbe in den Beispielen in (3a) und (3b) (Katamba 1989). Das Wort in (3a) ist aus der Sprache Gwari und das in (3b) aus dem Luganda. ([ˇ]=steigender Ton und [ˆ]=fallender Ton.) Ein weiteres Beispiel einer Sprache mit Konturtöne ist der Pekinger Dialekt des Mandarin-Chinesischen in (3c) (Hyman 1975), wobei die letzten drei Beispiele Konturtöne sind. Hier werden

alternative diakritische Zeichen für Töne verwendet (siehe IPA-Tabelle auf S. 362-363).

(3a) [òkpǎ]   'Länge'
(3b) [mùsànâ]   'Sonnenlicht'
(3c) hoch: [˥ ma]   'Mutter'
      hoch-steigend: [˦ ma]   'Hanf'
      fallend-steigend: [˩ ma]   'Pferd'
      hoch-fallend: [˥ ma]   'schimpfen'

Die Beispiele in (3c) zeigen, daß das Mandarin sowohl Register- als auch Konturtöne hat. Dies ist im Einklang mit einer sprachübergreifenden Implikation (im Kapitel 3 sind Implikationen erläutert worden), die von Maddieson (1984) aufgestellt wurde: Wenn eine Sprache Konturtöne hat, dann hat diese Sprache auch Registertöne. In den oben besprochenen Beispielen haben die Töne eine 'lexikalische' Funktion in dem Sinne, daß sie Wörter unterscheiden. In vielen Tonsprachen haben die Töne auch eine 'grammatische' Funktion. Im Beispiel in (4) aus dem Schona (Hyman 1975) kennzeichnen die Tonkontraste einen Unterschied, der dem zwischen einem Hauptsatz und einem Relativsatz entspricht:

(4)   [mwànáákàwúyá]   'das Kind ist gekommen'
      [mwànáàkáwùyà]   'das Kind, das gekommen ist'

In manchen Sprachen werden Töne verwendet, um Tempus oder Negation zum Ausdruck zu bringen.
In diesem Kapitel werden die folgenden diakritischen Zeichen des IPA für Töne verwendet:

(5)   *Zeichen*   *Ton*
        ´   hoch
        `   tief
        ¯   mittel
        ˇ   steigend
        ˆ   fallend

6.2 Töne in linearen phonologischen Repräsentationen

In Kapitel 4 wurde ein Phonem als Bündel distinktiver Merkmale repräsentiert. Morpheme und Wörter werden nach dieser Theorie als Ketten von Merkmalsmatrizen dargestellt wie z.b. das Wort *sechs* in (6).

$$/ \quad z \qquad \varepsilon \qquad k \qquad s \quad /$$

(6)

$$
\begin{bmatrix} +\text{kons} \\ -\text{son} \\ -\text{appr} \\ +\text{sth} \\ -\text{asp} \\ +\text{kont} \\ -\text{nas} \\ +\text{sibil} \\ \text{KOR} \\ +\text{ant} \end{bmatrix}
\begin{bmatrix} -\text{kons} \\ +\text{son} \\ +\text{appr} \\ +\text{sth} \\ +\text{kont} \\ -\text{nas} \\ \text{DOR} \\ -\text{hint} \\ -\text{hoch} \\ -\text{gesp} \end{bmatrix}
\begin{bmatrix} +\text{kons} \\ -\text{son} \\ -\text{appr} \\ -\text{sth} \\ -\text{asp} \\ -\text{kont} \\ -\text{nas} \\ -\text{sibil} \\ \text{DOR} \\ +\text{hint} \end{bmatrix}
\begin{bmatrix} +\text{kons} \\ -\text{son} \\ -\text{appr} \\ -\text{sth} \\ -\text{asp} \\ +\text{kont} \\ -\text{nas} \\ +\text{sibil} \\ \text{KOR} \\ +\text{ant} \end{bmatrix}
$$

Solche Repräsentationen für Wörter wurden von Chomsky & Halle (1968) eingeführt und bis in die 70er Jahre verwendet. Theorien, die Repräsentationen wie in (6) annehmen, werden **linear** genannt, weil Morpheme und Wörter als Abfolge von Merkmalsmatrizen wie auf einer 'horizontalen Linie' dargestellt werden.

Ein wichtiger Aspekt der Repräsentation in (6) ist der, daß Merkmale hier als Eigenschaften einzelner Segmente betrachtet werden. Dies bedeutet, daß die Merkmale für /z/, /ɛ/, /k/ und /s/ getrennt voneinander in den jeweiligen Merkmalsmatrizen aufgelistet sind. Ein zweiter Punkt zu (6) ist, daß die Merkmale innerhalb einer Matrix 'simultan', also zeitlich ungeordnet, zu verstehen sind.

Seit Wang (1967) werden Töne ebenfalls durch Merkmale dargestellt. Um eine Sprache wie Schona (vgl. (1a)) mit den zwei Registertönen 'hoch' und 'tief' zu erfassen, braucht man ein binäres Tonmerkmal [±H] (=[±Hochton]), wobei [+H] einen Hochton, [−H] einen Tiefton bezeichnet. Sprachen wie Nupe (vgl. (1b)) mit mehr als zwei Registertönen benötigen zwei binäre Tonmerkmale, z.B. [±H] und [±T] (=[±Tiefton]). Im folgenden werden nur Sprachen mit zwei Registertönen behandelt, also wird nur das binäre Merkmal [±H] verwendet. Um die Diskussion zu erleichtern, werden die zwei Symbole 'H' und 'T' so verwendet, daß H als [+H], T als [−H] zu verstehen ist.

Wang (1967) ging davon aus, daß es zwischen Tonmerkmalen und den anderen Merkmalen keinen formalen Unterschied gibt. Tonmerkmale gehören folglich zu den Merkmalsmatrizen von einzelnen Lauten. (7) illustriert /á/ und /à/. Die beiden Segmente bestehen aus den Merkmalen für /a/ plus dem relevanten Tonmerkmal.

(7)

/á/

$$\begin{bmatrix} -\text{kons} \\ +\text{son} \\ +\text{kont} \\ -\text{nas} \\ \text{DORS} \\ +\text{hint} \\ +\text{tief} \\ \text{H} \end{bmatrix}$$

/à/

$$\begin{bmatrix} -\text{kons} \\ +\text{son} \\ +\text{kont} \\ -\text{nas} \\ \text{DORS} \\ +\text{hint} \\ +\text{tief} \\ \text{T} \end{bmatrix}$$

In den Repräsentationen in (7) erscheinen Töne als Eigenschaften eines Segments wie die Merkmale [+hinten], [DORS] usw. In den 70er Jahren haben viele Phonologen diese linearen Repräsentationen angezweifelt, weil es reichlich Belege dafür gibt, daß die Tonmerkmale einen anderen Status haben als die nichttonalen Merkmale. Im folgenden Abschnitt wird diese Evidenz dargestellt und eine Alternative vorgeschlagen.

6.3 Die autosegmentale Repräsentation von Tönen

Schon bald nach der Einführung der distinktiven Merkmale haben verschiedene Phonologen dafür argumentiert, die segmentalen Merkmale und die Tonmerkmale nicht zusammen in einem Merkmalsbündel wie in (7), sondern unabhängig voneinander darzustellen (Leben 1973, Goldsmith 1976). Gemäß dieser Auffassung besteht ein Segment aus zwei getrennten Merkmalsbündeln — einer Gruppe von 'segmentalen' Merkmalen und den Tonmerkmalen. Den Hauptgrund für diese Annahme bilden Fälle, in denen sich Töne unabhängig von ihrem Segment verhalten (siehe §6.3.1). In dieser Theorie werden ein Hochton /a/ und ein Tiefton /a/ wie in (8) dargestellt.

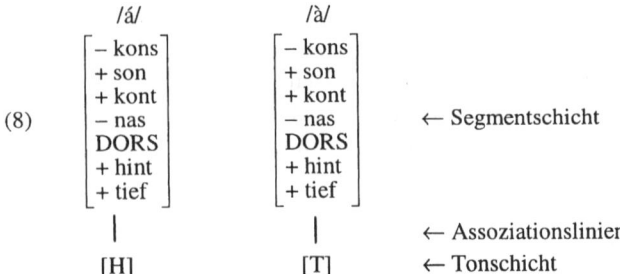

(8)

/á/ ← Segmentschicht

/à/

| ← Assoziationslinien

[H]   [T]   ← Tonschicht

In (8) befinden sich die segmentalen Merkmale und die Tonmerkmale
auf verschiedenen **Schichten** (engl. **tiers**). Diese Schichten werden im
folgenden als **Segmentschicht** und **Tonschicht** bezeichnet. Die beiden
Schichten sind durch eine **Assoziationslinie** verbunden. Man bezeichnet das Segment, mit dem der Ton verbunden ist (z.B. /a/ in (8)) als
das **tontragende Element** (engl. **tone bearing unit**; abgekürzt **TBU**).
Die Töne werden unabhängig von den Segmenten repräsentiert, weil
sie sich — wie unten gezeigt wird — phonologisch anders verhalten
als andere Merkmale. Solche unabhängigen (autonomen) 'Segmente'
wie 'H' bzw. 'T' werden als **Autosegmente** (griech. *autós* 'selbst,
eigen') bezeichnet. Die beiden Merkmalsmatrizen in (8) sind Beispiele
von **autosegmentalen** (oder **suprasegmentalen**) Repräsentationen.
Dementsprechend wird der theoretische Ansatz, wonach phonologische Repräsentationen aus mehreren unabhängigen Schichten bestehen, als **autosegmentale Phonologie** bezeichnet. Die Bezeichnung
soll zum Ausdruck bringen, daß bestimmte phonologische Parameter
(z.B. Ton) unabhängig von einzelnen Segmenten sind. In §6.4 wird
gezeigt, daß auch bestimmte segmentale Merkmale einen autosegmentalen Status haben können.
Wir betrachten nun ein Beispiel, in dem sich Tonmerkmale wie Autosegmente verhalten. In der Bantusprache Bakwiri gibt es eine Spielsprache, bei der die Silben von zweisilbigen Wörtern vertauscht werden (Durand 1990). Ein repräsentatives Beispiel ist in (9). Bakwiri
verfügt über zwei kontrastive Töne: H und T. In (9a) tragen beide
Vokale einen Hochton, in (9b) haben die beiden Vokale verschiedene
Töne.

(9a)   [kʷélí]   →   [líkʷé]   'tot'
(9b)   [kʷélì]   →   [líkʷè]   'fallend'

Es wäre denkbar, die Spielsprache in (9) in Form einer Transformation wie in (10) auszudrücken, die einfach die betreffenden Segmente permutiert. (Zum Formalismus siehe §2.7.)

(10) [+kons] [−kons] [+kons] [−kons]
         1   2   3   4   →   3 4 1 2

Regel (10) kann das Beispiel in (9a) problemlos erfassen. Wesentlich schwieriger für Regel (10) ist das Beispiel in (9b). Weil dieses Wort aber zwei verschiedene Töne hat, nämlich H und T, würde analog zu (9a) die Ausgabe von (9b) *[lìk^{w}é] sein. In (9b) werden aber nur die Segmente (= die Segmentschicht) vertauscht, das Tonmuster (= HT in (9b)) bleibt dagegen konstant. Wenn nun — wie es die Repräsentationen in (6) und (7) nahe legen — die Tonmerkmale Teil der segmentalen Merkmale sind, ist es schwierig zu erklären, warum sie nicht zusammen mit den übrigen Merkmalen permutiert werden. Werden Töne jedoch auf einer unabhängigen Schicht dargestellt wie in (8), kann man alle Daten in (9) erfassen. Es werden nur die Merkmale auf der segmentalen Schicht vertauscht, während die Töne konstant bleiben. Dies zeigt die Derivation von (9b) durch Regel (10) in (11):

(11)   k^w e l i   →   l i k^w e   (=[lík^{w}è])
          | | | | | | | |
          H   T   H   T

In den nächsten Abschnitten werden zwei weitere Argumente für die autosegmentale Repräsentation von Tönen dargelegt.

6.3.1 Die Repräsentation von Konturtönen

In der Literatur über Tonsprachen herrscht der Konsens, daß Konturtöne aus einer Abfolge von Registertönen bestehen. Demzufolge gibt es keine Merkmale [+steigender Ton] oder [+fallender Ton]. Vielmehr besteht ein fallender Ton aus einer Abfolge von einem hohen und einem tiefen Ton, ein steigender Ton aus einer Abfolge von einem tiefen und einem hohen Ton. Vieles spricht dafür, daß sich die HT- bzw. TH-Abfolgen auf einer unabhängigen Tonschicht befinden. Zwei solche autosegmentale Repräsentationen für Konturtöne mit den

Segmenten /â/ und /ǎ/ zeigt (12). Forthin werden die Merkmale der Segmentschicht mit den entsprechenden phonetischen Symbolen dargestellt.

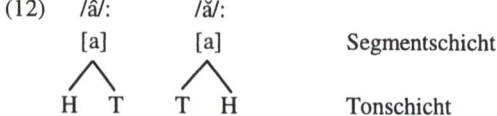

(12)   /â/:   /ǎ/:

    [a]   [a]   Segmentschicht

    H T   T H   Tonschicht

Die Tonabfolgen in (12) sind notwendigerweise zeitlich geordnet: In der Repräsentation von /â/ *geht* der Hochton dem Tiefton im zeitlichen Kontinuum *voran* und bei /ǎ/ umgekehrt. In dieser Hinsicht unterscheiden sich autosegmentale Repräsentationen wie in (12) von linearen Repräsentationen wie in (7): Während die Merkmale in den einzelnen Merkmalsmatrizen in (7) simultan repräsentiert sind, sind die Merkmale auf der Tonschicht in (12) zeitlich geordnet.

Daten aus vielen verschiedenen Tonsprachen unterstützen Repräsentationen für Konturtöne wie in (12). Im folgenden werden einschlägige Beispiele aus der Tonsprache Margi (Hoffmann 1963, Kenstowicz 1994) besprochen.

Im Margi gibt es drei Töne: hoch, tief und steigend, wie die folgenden Beispiele illustrieren.

(13)   [kᴵ í]   'Siedlung'
    [tì]   'Morgen'
    [f ǐ]   'schwellen'

Im Margi sind, wie in den meisten Tonsprachen, die Vokale die tontragenden Elemente (TBUs).

Einige Argumente sprechen dafür, den steigenden Ton als Abfolge der beiden Registertöne H und T wie in (12) zu analysieren. Es gibt im Margi Suffixe, die mit einem Vokal anlauten, der einen hohen Ton trägt. Ein Beispiel ist das Suffix /+árì/ mit der Bedeutung 'Definitheit'. Die Daten in (14a) zeigen, daß dieses Suffix als [árì] realisiert wird, wenn der vorangehende Stamm auf einen Konsonanten auslautet. Die Daten in (14b) zeigen, daß das Suffix /+árì/ eine Regel auslöst: Der letzte hohe Vokal eines Stammes wird vor vokalinitialen Suffixen als der entsprechende Gleitlaut realisiert (/i/ als [j] und /u/ als [w]). Man beachte, daß der letzte Stammvokal in (14b) stets einen Hochton trägt. Wenn stammfinale hohe Vokale einen Tiefton tragen, ändert sich das Tonmuster des Suffixes, wie in (14c) gezeigt.

(14a) [sál]   [sálárì]   'Mann'
       [kùm]   [kùmárì]   'Fleisch'
(14b) [ʔímí]   [ʔímjárì]   'Wasser'
       [kú]   [kwárì]   'Ziege'
       [tágú]   [tágwárì]   'Pferd'
(14c) [tì]   [tjǎrì]   'Morgen'
       [hù]   [hwǎrì]   'Grab'
       [úʔù]   [úʔwǎrì]   'Feuer'

Die Daten in (14b) und (14c) erfordern eine Regel der Gleitlautbildung, derzufolge /i u/ vor Vokalen als [j w] realisiert werden. Nach unserer bisherigen Kenntnis würde die Regel wie in (15) aussehen:

(15)   *Gleitlautbildung*: /i u/ → [j w] / __ [–kons]

Die Daten in (14c) erfordern eine zusätzliche Regel, die das Tonmuster des Suffixes ändert. Diese Regel wird auf S. 160 aufgestellt. Man muß hierbei wieder annehmen, daß sich die Töne auf einer unabhängigen autosegmentalen Schicht befinden. Betrachten wir zunächst ein Beispiel wie (16).

(16)   / u ʔ u + a r i /
          | | | |
          H   T   H   T

Die Regel der Gleitlautbildung in (15) hat eine wichtige Auswirkung auf die Tonstruktur: Wenn /i u/ als [j w] realisiert werden, verlieren diese Segmente ihren Status als TBUs, weil in dieser Sprache nur die Vokale Töne tragen können. Wenn die Regel der Gleitlautbildung in (15) in Kraft tritt, löst sich automatisch die Assoziationslinie zwischen /i u/ und dem entsprechenden Ton; mit anderen Worten, es entsteht ein Ton, der mit keinem Segment verbunden ist. In der Literatur über Tonsprachen werden solche Töne als **freischwebende Töne** (engl. **floating tones**) bezeichnet. (Freischwebende Töne werden üblicher-

weise mit einem Kreis gekennzeichnet.) Der Konturton [ǎ] entsteht
dadurch, daß sich der freischwebende Ton mit dem nachfolgenden
Vokal verbindet. Dieser Vorgang ergibt die folgende Derivation.

(17)   /u ʔ u + a r i/ → /u ʔ w + a r i/ → /u ʔ w + a r i/

        H   T   H   T   H   Ⓣ   H   T   H   Ⓣ   H   T

In der Derivation (17) operieren zwei Regeln: Gleitlautbildung in (15)
und eine Regel, derzufolge ein freischwebender Ton mit einem folgenden Vokal assoziiert wird. Da sich diese zweite Regel auf Elemente auf zwei verschiedenen Schichten bezieht, hat sie eine andere
Form als lineare Regeln wie sie in (15) oder in den Kapiteln 2, 4 und 5
formuliert wurden. Die autosegmentale Regel hat die folgende Form:

(18)   [–kons]

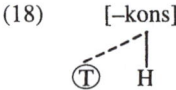

      Ⓣ   H

Regel (18) assoziiert einen freischwebenden Tiefton mit einem folgenden Hochton-Vokal. Die gestrichelte Linie in Regel (18) und in der
Derivation (17) stellt das Hinzufügen einer Assoziationslinie dar.
Eine zentrale Annahme der hier vorgestellten autosegmentalen Analyse ist, daß Konturtöne aus einer Abfolge von Registertönen bestehen. Wenn steigende Töne aus einer Sequenz von T und H bestehen, dann kann man erklären, warum der Hochton bei /á/ in (17)
nach einem tiefen Ton als steigender Ton realisiert wird. Wenn man
steigende Töne nicht als eine Abfolge aus T und H analysieren würde,
sondern mit einem *einzigen* Merkmal wie [S] (=[+steigender Ton]),
dann gäbe es keine zufriedenstellende Erklärung der Daten in (14c).[1]
Um die Änderung von /+árì/ zu [ǎrì] in (14c) zu erfassen, müßte man
Regel (19a) aufstellen, derzufolge ein hoher Ton eines Suffixes als
steigend nach einem tiefen Ton realisiert wird. Der letzte Laut des
Stammes muß als [w] oder [j] spezifiziert sein, denn /+árì/ wird nicht
zu [ǎrì] im zweiten Beispiel in (14a). Man bräuchte auch eine

---

[1] Siehe Wang (1967), der die Merkmale '[+rising]' (=[+steigend]) und '[+falling]'
(=[+fallend]) vorgeschlagen hat.

zusätzliche Regel, nach der der tiefe Ton des Stammes vor einem steigenden Ton getilgt wird, wie in (19b).

(19a)   H → S/ T [w j] + __   (19b)   T → Ø / __ + S

(19a) und (19b) können zwar die richtigen phonetischen Formen in (14c) erzeugen, aber sie sind als phonologische Regeln abzulehnen, denn sie können nicht erklären, warum ein hoher Ton nach einem tiefen Ton als steigend realisiert wird. Die Frage, warum ein tiefer Ton ausgerechnet vor einem steigenden Ton getilgt wird, bleibt ebenso ungeklärt.

Ein zweiter wesentlicher Punkt der autosegmentalen Analyse in (17) ist, daß sich die Töne auf einer unabhängigen Tonschicht befinden. Wenn man steigende Töne als Sequenz von T und H analysiert und versucht, diese Merkmale im Rahmen der linearen Phonologie darzustellen, dann ergibt dies für /ǎ/ eine Repräsentation wie in (20):

(20)
$$
\begin{bmatrix}
-\text{kons} \\
+\text{son} \\
+\text{kont} \\
-\text{nas} \\
\text{DORS} \\
+\text{hint} \\
+\text{tief} \\
\text{T H}
\end{bmatrix}
$$

In (20) gibt es nur eine einzige Schicht. Der Nachteil dieser Repräsentation ist der, daß die zwei Merkmale T und H zeitlich geordnet dargestellt sein müßten. Dies aber widerspräche dem oben beschriebenen Prinzip der linearen Phonologie, wonach Merkmale innerhalb eines Merkmalsbündels simultan auftreten.

In der Derivation in (17) wird eine wichtige Eigenschaft von Tönen sichtbar: **Tonstabilität** (engl. **tone stability**). In vielen Tonsprachen kann ein Vokal entweder getilgt werden oder, wie im Margi, seinen Status als tontragendes Element verlieren, wenn er als Gleitlaut realisiert wird. In solchen Fällen werden die entsprechenden Töne dann oft nicht getilgt, sondern sie bleiben erhalten und verbinden sich mit einem anderen Vokal. Die Tatsache, daß Töne von segmentalen

Tilgungsregeln nicht betroffen werden, spricht dafür, daß sie sich auf
einer unabhängigen Schicht befinden. Ein weiteres Argument dafür, daß Konturtöne aus der Abfolge zweier
Registertöne bestehen, liefern die Regeln der **Tonassimilation.** Be-
trachten wir die folgenden Beispiele aus dem Margi (Durand 1990).
Diese Wörter bestehen aus einem Stamm plus dem Infinitivsuffix +*na*.
+*na* hat in der zugrundeliegenden Form keinen Ton, es übernimmt den
letzten Ton des jeweiligen Stammes. Dies wird in den Beispielen in
(21a) verdeutlicht: Nach einem Hochton erscheint das Suffix als [ná]
und nach einem Tiefton als [nà]. Diese Beispiele illustrieren die Tonassimilation. Das entscheidende Beispiel ist (21b). Nach einem steigenden Ton wird das Suffix stets als [ná] realisiert:

(21a) /sá+na/   →   [sáná]   'verlieren'
       /ndàl+na/   →   [ndàlnà]   'werfen'
(21b) /nǎ+na/   →   [nǎná]   'planen'

Die autosegmentale Analyse der Tonassimilation bei /ndàl+na/ zeigt
(22a). Hier wird Assimilation als **Ausbreitung** (engl. **spreading**)
eines Tonmerkmals analysiert, d.h. daß sich hier das Merkmal T nach
rechts ausbreitet. Wenn steigende Töne als Abfolge von T und H analysiert werden, kann man Daten wie in (21b) analog behandeln: Hier
breitet sich der am weitesten rechts stehende Ton nach rechts aus, wie
in (22b) gezeigt wird.

(22a) /ndal+na/   →   /ndal+na/   (22b) /nə+na/   →   /nə+na/
          | |,   /\   /\,
          T   T   T H   T H

Die Regel der Tonassimilation ist in (23) dargestellt. Der Leser sei
daran erinnert, daß 'H' und 'T' lediglich Abkürzungen für das binäre
Merkmal [±H] sind, mit H=[+H] und T=[−H].

(23)   [−kons] [−kons]
           L‒ ‒ ‒ ‒
          [±H]

Im Gegensatz zu Regel (18) bezieht sich (23) nicht auf einen frei-schwebenden, sondern auf einen mit einer TBU verankerten Ton. (18) und (23) haben gemeinsam, daß sie für eine Oberflächenrepräsentation sorgen, in der jeder Ton (mindestens) eine TBU und jede TBU (mindestens) einen Ton hat.

Das Beispiel in (21b) beweist, daß der steigende Ton aus einer Abfolge aus zwei Registertönen besteht. Wäre der Ton bei /nɔ̌/ nur ein einzelner Ton, dann müßte die suffigierte Form analog zu (21a) *[nɔ̌nǎ] lauten.

Assimilationen als Ausbreitung eines Merkmals wie in (22) zu analy-sieren, widerlegt die Annahme der linearen Phonologie, daß jedes Merkmal einem *einzigen* Segment zugewiesen wird. Dies ist aus den Formen nach dem Pfeil in (22) ersichtlich. In (22a) gibt es einen einzigen Ton, nämlich T, der mit *zwei* Segmenten verbunden wird. Weitere Beispiele für Merkmale, die mit zwei (oder mehr) Segmenten verbunden sind, werden in den folgenden Abschnitten besprochen.

6.3.2 Wortbezogene Tonmuster

In vielen Tonsprachen haben die Töne eine eingeschränkte Distri-bution in dem Sinne, daß nur bestimmte Tonmuster für Wörter zuläs-sig sind. In diesem Abschnitt besprechen wir ein typisches Beispiel, nämlich die Tonmuster der Bantusprache Etung (Gussenhoven & Jacobs 1998; nach Leben 1973). Es wird gezeigt, daß diese und ähnliche Daten aus anderen Tonsprachen ein weiteres Argument für die autosegmentale Repräsentation von Tönen darstellen.

Im Etung gibt es neben einem Hochton und einem Tiefton zwei Konturtöne: fallend (=HT) und steigend (=TH):

(24)   H, T, HT, TH

Das Vorkommen der vier Töne in (24) ist manchmal vorhersagbar, wie unten illustriert wird.

In (25a)-(25c) sind Wörter des Etung aufgeführt, die aus ein bis drei Silben bestehen.

(25a)   eine Silbe: kpá, kpè, nâ, nɔ̌
(25b)   zwei Silben: óbá, èkát, òbô, ódà, ábŏ

(25c)   drei Silben: ékúé, ókpùgà, bìsóŋé, ádìmbá
(25d)   zwei Silben: *âbó, * ăbó
(25e)   drei Silben: *ádìmbâ, *ádîmbà, *âdìmbà
(25f)   drei Silben: *ádímbà, *àdìmbá

Die Töne des Etung unterliegen wichtigen Beschränkungen. Zwei davon sind in (26) aufgeführt.

(26a)   Konturtöne treten nur in zwei Positionen auf: (i) in der letzten Silbe von zweisilbigen Wörtern und (ii) in einsilbigen Wörtern.
(26b)   Die Tonmuster HHT und TTH sind in dreisilbigen Wörtern nicht zulässig.

(26a) zufolge gibt es keine Wörter wie in (25d) oder (25e). (26b) besagt, daß Wörter wie in (25f) nicht zulässig sind.

Nach Leben (1973) können die Daten in (25a-c) erklärt werden, wenn Töne nicht zu einzelnen Segmenten, sondern zu ganzen Wörtern gehören. Dieser Theorie zufolge hat jedes *Wort* des Etung ein bestimmtes Tonmuster, das sich auf der Tonschicht befindet. Die sechs Tonmuster, die nach (26) verbleiben, sind in (27) aufgeführt:

(27)   T, H, TH, HT, THT, HTH

Die Tonmuster in (27) sind in der zugrundeliegenden Repräsentation *nicht* mit den tontragenden Elementen verbunden, d.h. sie sind zunächst freischwebend. (28) zeigt das für die Beispiele /kpá/ und /nâ/ aus (25a).

(28)   /k p a/   /n a/
           H   H T

Töne und TBUs werden gemäß der Assoziierungskonvention (nach Goldsmith 1976) in (29) miteinander verbunden:

(29)   *Assoziierungskonventionen*
(29a)   Assoziiere Töne mit TBUs eins zu eins von links nach rechts.
(29b)   Assoziiere übriggebliebene TBUs mit dem letzten Ton.
(29c)   Assoziiere übriggebliebene Töne mit der letzten TBU.

Die drei Schritte in (29) erfolgen immer in genau dieser Reihenfolge.
(30) illustriert das an fünf Beispielen. Im Wort /ádìmbá/ ist die Anzahl
der Töne gleich der Anzahl der TBUs. Hier operiert folglich nur (29a).
Die Klausel 'von links nach rechts' in (29a) ist für dieses Beispiel
nicht wichtig, da die Assoziierung der Töne mit den TBUs auch von
rechts nach links erfolgen könnte. Im zweiten und im dritten Beispiel
in (30) ist die Anzahl der TBUs größer als die der Töne. In solchen
Fällen operiert zuerst (29a) und dann (29b). (29b) stellt die (**iterative**)
Ausbreitung eines Tonmerkmals dar (Assimilation). In Wörtern wie
/bisoŋe/ muß (29a) von links nach rechts erfolgen, sonst würde die
phonetische Form *[bìsòŋé] entstehen. Im vierten und fünften Wort in
(30) ist die Anzahl der Töne größer als die der TBUs. Hier operiert
zuerst (29a) und dann (29c). (29c) sichert, daß letztlich alle Töne mit
einer TBU verbunden sind und erzeugt somit Konturtöne.

(30)   /a d i m b a/   /b i s o ŋ e/   /e k u e/   /n o/   /o b o/
       HTH   TH   H   HT   THT

(a)   /a d i m b a/   /b i s o ŋ e/   /e k u e/   /n o/   /o b o/
      H T   H   T H   H   H T   T H T

(b)   -------------   /b i s o ŋ e/   /e k u e/   ----------   ---------
                  T H   H

(c)   -------------   -------------   -----------   /n o/   /o b o/
                                H T   T H T

    [ádìmbá]   [bìsóŋé]   [ékúé]   [nô]   [òbô]

Die Analyse in (30) expliziert die zwei Beschränkungen für Töne im
Etung in (26). (26a) ist eine Konsequenz der Assoziierungsrichtung in
(29a), die von links nach rechts verläuft und nicht von rechts nach
links. Dies wird anhand des Beispiels /obo/ in (30) sichtbar. Wenn
(29a) die Töne von rechts nach links assoziieren würde, ergäbe dies
die falsche phonetische Form [ŏbò]. In einem dreisilbigen Wort kann

es keinen Konturton geben (siehe (25e)), weil das größte Tonmuster aus drei Tönen besteht (siehe (27)). Die Beschränkung in (26b) wird in §6.3.3 expliziert.

Die beiden letzten Tonmuster in (27) haben eine eingeschränkte Distribution, weil sie niemals in einsilbigen Wörtern auftreten, d.h. es gibt keine Wörter im Etung wie [kpa], in denen die drei Töne HTH oder THT mit dem [a] assoziiert sind. Es gibt in dieser Sprache wie auch in den meisten anderen Tonsprachen eine Beschränkung für die Anzahl der Töne, die mit einer einzigen TBU assoziiert sein können. Diese Beschränkung ist in (31) angeführt:

(31)   *TBU

          Ton Ton Ton

Es gibt auch viele Tonsprachen ohne Konturtöne. In solchen Sprachen existiert dann eine Beschränkung, derzufolge die Assoziierung von zwei oder mehr Registertönen mit einer TBU ausgeschlossen ist.

Gussenhoven & Jacobs (1998: Kapitel 9) weisen darauf hin, daß die Assoziierungskonventionen nicht in allen Tonsprachen wie in (29) operieren. So gibt es in bestimmten Tonsprachen sprachspezifische Anwendungsbedingungen für die Assoziierungskonventionen in (29). In der Bantusprache Kikuyu erfolgt beispielsweise die Assoziierung von Tönen und TBUs wie in (29), aber (29a) assoziiert den Ton zuerst mit der *zweiten* TBU und nicht mit der ersten wie in (30). Der Ton auf der zweiten TBU breitet sich dann entsprechend (29b) nach links zur ersten TBU aus, vgl. (32b). Die zugrundeliegende Form des Wortes /mo+e+rɛk+aŋg+eriɛ/ 'wie man sich selbst schnell losläßt' mitsamt Tönen ist in (32a) angeführt. (/aŋg/ trägt keinen Ton). In (32b) operiert zuerst (29a) vom zweiten Vokal aus. (29b) breitet den letzten Hochton vom [e] auf [i] und [ɛ] aus:

(32a)   /mo+e+rɛk+aŋg+eriɛ/
            T H T   H
(32b)   mo+e+rɛk+aŋg+eriɛ   →   /mo+e+rɛk+aŋg+eriɛ/

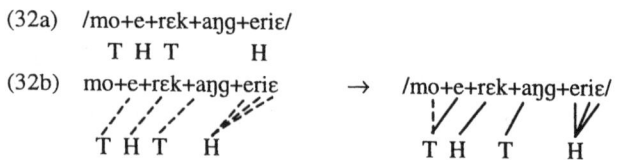

Das als universell gültig angenommene Prinzip in der autosegmentalen Phonologie ist das **Kreuzungsverbot** (engl. **no crossing constraint**) in (33).

(33)   *Kreuzungsverbot*: Assoziationslinien kreuzen sich nicht.

Aufgrund des Kreuzungsverbots sind Repräsentationen wie in (34a) für ein Wort wie [òbá] nicht wohlgeformt. Die korrekte Repräsentation eines solchen Wortes ist (34b).

(34a) *o b a   (34b)   o b a
       ╳   │ │
    H T   T H

Das Kreuzungsverbot erklärt, warum sich im Margi-Beispiel in (22b) der Hochton und nicht der Tiefton nach rechts ausbreitet: Wenn T assimiliert würde, entstünde eine Kreuzung von Assoziationslinien. Das Kreuzungsverbot spielt auch eine wichtige Rolle in autosegmentalen Analysen der Vokalharmonie, wie in §6.4 gezeigt wird.

6.3.3 Das OCP

Die oben beschriebene Analyse des Etung basiert darauf, daß benachbarte Silben mit identischen Tönen durch einen *einzigen* Ton repräsentiert werden. Die korrekte Repräsentation des Wortes [óbá] ist also (35a) und nicht (35b).

(35a) o b a   (35b)   o b a
     \ /   │ │
      H   H H

Zahlreiche Daten aus verschiedenen Tonsprachen deuten darauf hin, daß Repräsentationen wie in (35a) und nicht wie in (35b) richtig sind. Dies wird auf das **Prinzip der obligatorischen Kontur** (OCP; vgl. Goldsmith 1976, nach Leben 1973) zurückgeführt:[2]

---

[2] Das OCP ist eine Abkürzung für **Obligatory Contour Principle**. Eine umstrittene Frage ist, ob das OCP universell ist, also in allen Sprachen gilt. Eine Diskussion

(36)   *OCP*: Identische adjazente Töne sind ungrammatisch.

Das Wort 'adjazent' in (36) bedarf eines Kommentars: Die zwei Vokale [o] und [a] in (35b) sind auf der Segmentschicht nicht adjazent,
weil das [b] dazwischen liegt. So wie das OCP in (36) formuliert ist,
bezieht es sich jedoch auf die Tonschicht. Demnach sind die beiden
Töne H und H adjazent, weil das [b] keinen Ton trägt. Nach dem OCP
ist (35a), nicht aber (35b) wohlgeformt.

Bemerkenswert ist, daß das OCP auch erklären kann, warum HHT und
TTH keine zulässigen Tonmuster im Etung sind (vgl. (26b) und (27)):
Die Tonmuster HHT und TTH verletzen beide dieses Prinzip.

Ein weiteres Beispiel für eine Sprache, in der das OCP eine Rolle
spielt, ist das Margi. Betrachten wir die Daten in (37) (Kenstowicz
1994):

(37a)   [làgù]   [làgwárì]   'Straße'
        [màlà]   [màlárì]   'Frau'
(37b)   [tì]   [tjǎrì]   'Morgen'
        [úʔù]   [ùʔwǎrì]   'Feuer'

Die Stämme in (37a) bestehen aus jeweils zwei Silben mit einem tiefen
Ton. Wenn das Suffix +*ari* an Stämme wie die in (37a) affigiert wird,
wird der stammauslautende hohe Vokal /u/ im ersten Wort als [w]
realisiert. Dies erfolgt durch die in (15) aufgestellte Regel der Gleitlautbildung. Im zweiten Beispiel in (37a) wird der stammauslautende
Vokal /a/ durch eine weitere Regel getilgt. Der wichtige Punkt dabei
ist, daß sich das Tonmuster des Suffixes nicht ändert, denn /árì/ wird
als [árì] realisiert. In dieser Hinsicht verhalten sich die Fälle in (37a)
anders als die in (37b) (=(14c)). Zwar lauten die Stämme auf einen
tiefen Ton aus wie in (37a), aber das Tonmuster des Suffixes in (37b)
ändert sich zu [ǎrì].

Für die Stämme in (37a) wären zwei autosegmentale Repräsentationen
möglich, wie in (38) illustriert wird. (38) zeigt die Repräsentationen,
die entstehen, nachdem die Assoziierungkonventionen in (29) die zu-

---

findet der Leser in Odden (1986). Es wird oft angenommen, daß sich das OCP auch
auf adjazente segmentale Merkmale wie [±rund] und [±hinten] beziehen kann (ausführlicher dazu: McCarthy 1988).

grundeliegenden freischwebenden Töne mit den TBUs assoziiert haben.

(38a) l a g u   (38b) l a g u

(Die Daten-Abbildung mit Assoziationslinien zu T T bzw. T)

Die Daten in (37a) lassen sich erklären, wenn man (38b) als Repräsentation wählt. Dies wird aus den Derivationen in (39) ersichtlich. In (39a) wird gezeigt, daß (38a) falsch sein muß. Hier operiert die Regel der Gleitlautbildung in (15), wodurch die Assoziationslinie zwischen [w] und dem tiefen Ton gelöscht wird. ([w] ist kein TBU!) Regel (18) aus §6.3.1 bewirkt, daß der nun freischwebende tiefe Ton mit dem folgenden Vokal assoziiert wird. Das Resultat ist die ungrammatische phonetische Form [làgwǎrì].

(39a) l a g u + a r i   →   l a g w + a r i   →   *l a g w + a r i
        T T H   T   T T   H T   T T   H T

(39b) l a g u + a r i   →   l a g w + a r i
        T   H   T   T   H T

In (39b) wird von der Repräsentation (38b) mit nur einem zugrundeliegenden Ton ausgegangen. Wenn die Regel der Gleitlautbildung in (15) in Kraft tritt, löst sich eine der beiden Assoziationslinien des tiefen Tons, nämlich die zu [w]. Im Gegensatz zu (39a) ist der Tiefton danach aber nicht freischwebend, denn er ist immer noch mit dem [a] verbunden. Daher wird Regel (18), die sich ja nur auf freischwebende Töne bezieht, nicht ausgelöst.

6.4 Nichttonale Merkmale als Autosegmente

Autosegmentale Repräsentationen, wie wir sie in §6.3 besprochen haben, wurden ursprünglich nur für Tonmerkmale vorgeschlagen. Spätere Studien haben dafür plädiert, daß sich auch bestimmte nichttonale Merkmale unter Umständen wie Autosegmente verhalten. Ein

starkes Argument für diese Auffassung bietet die Vokalharmonie
(siehe Kapitel 3).

Im Asante Dialekt des Akan (Durand 1990) gibt es eine Art Vokalharmonie, nach der alle Vokale innerhalb eines Wortes entweder mit
einer vorgeschobenen Zungenwurzel oder mit einer rückverlagerten
Zungenwurzel realisiert werden. Die erste Gruppe (=[+ATR]) umfaßt
die Vokale [i e o u] und die zweite (=[–ATR]) die Vokale [ɪ ɛ a ɔ ʊ].[3]
Die Vokalharmonie im Akan erhellt aus den Beispielen in (40). Die
Wörter in (40a) sind Monomorpheme, die in (40b) sind heteromorphemisch. Zur Verdeutlichung enthalten die phonetischen Formen in
(40b) die entsprechenden Morphemgrenzen.

(40a) [fiti]   'durchstechen'   (40b) [e+bu+o]   'Nest'
       [cɪtɛ]   'zeigen'   [ɛ+bʊ+ɔ]   'Stein'
                                        [o+fiti+i] 'er hat es durchstochen'
                                        [ɔ+cɪtɛ+ɪ] 'er hat es gezeigt'

Die Wörter in (40a) haben entweder Vokale aus der Menge [i e o u]
oder aus [ɪ ɛ a ɔ ʊ]. Es gibt jedoch keine Wörter in dieser Sprache mit
[+ATR] Vokalen *und* [–ATR] Vokalen, z.B. *[fitɪ], *[cotɛ].[4] Man
bezeichnet die Vokalharmonie in dieser Sprache als die [ATR]-Har-
monie, und man nennt [ATR] das **harmonisierende Merkmal**.
Die Wörter in (40b) zeigen, daß bestimmte Affixe alternieren, z.B. ist
das Präfix in den ersten beiden Beispielen in (40b) [e] bzw. [ɛ] und
das Suffix [o] bzw. [ɔ]. Das passende Allomorph wird stets durch die
Vokale des Stammes bestimmt: Wenn der Stamm [bu] (mit dem
[+ATR] Vokal [u]) mit diesen Affixen auftritt, werden sie als die
[+ATR] Vokale [e] bzw. [o] realisiert. Wenn diese beiden Affixe an
den Stamm [bʊ] affigiert werden, erscheinen sie dagegen stets als [ɛ]
bzw. [ɔ]. Die Daten in (40) zeigen ferner, daß [±ATR] nur in Stämmen

---

[3] [±ATR] ist die englische Abkürzung für 'advanced tongue root' (='vorverlagerte
Zungenwurzel'), siehe §4.2.4. Obwohl in Kapitel 4 [±gespannt] statt [±ATR] benutzt
wurde, wird hier, wie in der Literatur über Sprachen mit der oben beschriebenen
Vokalharmonie üblich, das letztere Merkmal verwendet.

[4] Diese Aussage ist eine Faustregel. Unter bestimmten Bedingungen können Wörter
des Akan auch beides, [+ATR]- und [–ATR]-Vokale, enthalten, wie unten illustriert.

ein distinktives Merkmal ist (vgl. das Minimalpaar [bu] vs. [bʊ]), aber nicht in Affixen.

Die Beispiele in (40) legen es nahe, daß das Merkmal [±ATR] nicht als Eigenschaft einzelner Segmente zu analysieren, sondern eher als Merkmal, das zu einem ganzen *Wort* gehört. Die letzten beiden Beispiele in (40b) haben dieser Auffassung zufolge die Repräsentationen in (41):

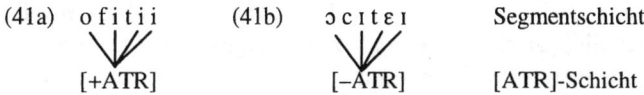

(41a)   o f i t i i   (41b)   ɔ c ɪ t ɛ ɪ   Segmentschicht

     [+ATR]   [–ATR]   [ATR]-Schicht

In den Repräsentationen in (41) befindet sich das Merkmal [±ATR] auf einer eigenen autosegmentalen Schicht, auf der nur das Merkmal [±ATR] angesiedelt ist. Dies bedeutet, daß die phonetischen Symbole wie [o i ɔ ɛ ɪ] auf der Segmentschicht in (41) Merkmalsmatrizen *ohne* [±ATR] darstellen und dieses Merkmal somit zu einer anderen Schicht gehört.

Zwei Unterschiede zwischen den Repräsentationen in (41) und den Merkmalsmatrizen in (6) fallen auf: Erstens ist in (41) ein einzelnes segmentales Merkmal auf einer anderen autosegmentalen Schicht angesiedelt als die übrigen. Zweitens wird ein Merkmal (=[±ATR]) mit mehreren Vokalen assoziiert, während es in (6) stets eine eins-zu-eins-Beziehung zwischen Merkmalen und Segmenten gibt.

In (40b) wurde gezeigt, daß die Affixe des Akan alternieren, je nachdem ob der Stammvokal [+ATR] oder [–ATR] ist. Es wird meistens angenommen, daß Affixe in Sprachen wie dem Akan für das harmonisierende Merkmal **unterspezifiziert** sind (zur Erläuterung des Begriffs Unterspezifikation siehe §4.6), denn man kann nicht feststellen, welcher Wert von [ATR] der zugrundeliegende ist. Die Vokalharmonie kann als Assimilation analysiert werden, weil sich das harmonisierende Merkmal nach rechts bzw. nach links ausbreitet. Dies wird an den Derivationen in (42) sichtbar. Das Präfix /O/ und das Suffix /I/ sind abstrakte Symbole für Vokale, die für [ATR] unterspezifiziert sind. [±ATR] ist in der zugrundeliegenden Form mit den Vokalen des Stammes assoziiert. Die gestrichelten Linien rechts vom Pfeil stellen Assimilationen dar.

(42a) / O + f i t i + I / → o + f i t i + i   (42b) / O + c ɪ t ɛ + I / → ɔ + c ɪ t ɛ + ɪ

  [+ATR]   [+ATR]   [−ATR]   [−ATR]

Die Vertreter der autosegmentalen Phonologie heben hervor, daß es
weder im Akan noch in anderen Vokalharmoniesprachen eine 'Regel'
der Vokalharmonie gibt. Autosegmentale Repräsentationen wie in (41)
ergeben sich automatisch, wenn die Assoziierungskonventionen in
(29) nicht nur die Verbindung zwischen Tönen und TBUs regeln,
sondern auch die zwischen *nichttonalen* Autosegmenten (wie [±ATR])
und Merkmalsmatrizen auf der Segmentschicht. Wenn diese erweiterte
Fassung der Assoziierungskonventionen in der Grammatik von Vokalharmoniesprachen festgelegt ist, können sie die Assoziierung von
beispielswiese [±ATR] mit den Vokalen vorhersagen. In (42) wird
gezeigt, wie die Assoziierungskonvention (29b) die Ausbreitung des
[±ATR]-Autosegments gewährleistet.

Viele Linguisten sind der Ansicht, daß die Vokalharmonie analog zur
Tonassoziierung analysiert werden sollte. In §6.3.2 wurde ein Argument angeführt, daß Tonmerkmale in der zugrundeliegenden Form
freischwebend sind und erst in der Derivation mit Vokalen verbunden
werden, siehe die Derivation in (30). Nach dieser Theorie ist [±ATR]
ebenfalls in der zugrundeliegenden Form in (42) *nicht* mit den Vokalen des Stammes verbunden, sondern freischwebend. Die Assoziierung
des Merkmals [±ATR] mit den einzelnen Vokalen erfolgt dann an-
schließend durch (29a) und (29b).

In vielen Vokalharmoniesprachen gibt es jeweils Vokale, die den
Gesetzmäßigkeiten der Vokalharmonie nicht unterliegen. Solche Segmente werden als **neutrale Vokale** (engl. **neutral vowels**) bezeichnet.
Der neutrale Vokal des Akan ist /a/. Dieser Vokal unterscheidet sich
von den anderen Vokalen im Akan dadurch, daß nur /a/ kein [+ATR]
Gegenstück hat, vgl. [i ɪ], [e ɛ], [u ʊ], [o ɔ] vs. [a]. Der Kontrast
zwischen [+ATR] und [−ATR] wird bei den tiefen Vokalen (=/a/)
'neutralisiert', siehe §3.3.5. Der neutrale Vokal /a/ im Akan wird auch
als **opak** (engl. **opaque** = 'undurchsichtig') bezeichnet, weil er über
die folgenden zwei Eigenschaften verfügt: (i) /a/ unterliegt der Vokalharmonie nicht; (ii) /a/ und nicht der vorangehende Vokal bestimmt
die Qualität des nachfolgenden Vokals. Das opake Verhalten von /a/
kommt beispielsweise im Stamm /bisa/ 'fragen' zum Vorschein.

Dieses Wort ist **disharmonisch**, weil es sowohl den [+ATR]-Vokal [i]
als auch den [–ATR] Vokal [a] enthält. Im Wort /bisa/ unterliegt das
/a/ jedoch nicht der Vokalharmonie, d.h. es wird nicht als der entsprechende [+ATR]-Vokal realisiert. Wenn Stämme wie [bisa], die
einen neutralen Vokal enthalten, mit Affixen auftreten, z.b. [o+bisa+ɪ]
'er hat es gefragt', zeigt sich die Regularität (ii): Der Vokal rechts vom
/a/ ist in diesem und in ähnlichen Wörtern [–ATR], während der Vokal
links vom /i/ [+ATR] ist. Die Positionen der [+ATR] und der [–ATR]
Vokale in solchen Wörtern ergeben sich, wenn der opake Vokal /a/
das Merkmal [–ATR] nach rechts und der nichtneutrale Vokal /i/ das
Merkmal [+ATR] nach links ausbreitet. Dies ist in (43a) veranschaulicht.

(43a) / O + b i s a + I /   →   o + b i s a + ɪ   (43b) * o + b i s a + i

     / |

  [+ATR] [–ATR]   [+ATR] [–ATR]   [+ATR] [–ATR]

Zwei wichtige Punkte müssen zu (43a) erläutert werden. Es stellt sich
zunächst die Frage, warum sich [+ATR] nicht auf das /I/ ausbreitet,
oder [–ATR] auf das /O/. Die autosegmentale Phonologie bietet eine
konkrete Antwort: Diese Assimilationen können nicht zustande kommen, denn sie würden wie in (43b) illustriert, zu einer unzulässigen
Kreuzung von Assoziationslinien führen und damit das Kreuzungsverbot in (33) verletzen.
Eine zweite Frage ist, ob es einen prinzipiellen Grund gibt, warum
sich in (43a) [+ATR] nicht auf /a/ bzw. [–ATR] nicht auf /i/ ausbreitet.
Diese Assimilationen sind nicht möglich, denn sie würden Segmente
erzeugen, die sowohl [+ATR] als auch [–ATR] sind. Dies kann nicht
vorkommen, weil der plus-Wert des Merkmals [ATR] den minus-Wert
desselben Merkmals ausschließt.
Die vorherige Diskussion bezog sich auf den opaken neutralen Vokal
/a/. In anderen Vokalharmoniesprachen existieren neutrale Vokale, die
aber anders als Akan /a/ **transparent** sind. Im Gegensatz zu opaken
neutralen Vokalen blockieren die transparenten neutralen Vokale die
Ausbreitung des harmonisierenden Merkmals nicht. Ein Beispiel für
einen transparenten neutralen Vokals (im Finnischen) findet der Leser
in Aufgabe 3.

Zur Veranschaulichung vergleichen wir die oben geschilderte Analyse des Akan mit einer Lösung im Rahmen der linearen Phonologie. Um die oben besprochenen Daten in der linearen Phonologie zu erklären, müßte man eine sprachspezifische Regel für das Akan wie die in (44) aufstellen. Der Leser sei auf die formalen Aspekte von linearen Regeln in §4.3, nämlich die Verwendung des griechischen Buchstaben 'α' als Variable, hingewiesen.

$$(44) \quad [-\text{kons}] \rightarrow [\alpha \text{ATR}] / \begin{Bmatrix} [\alpha \text{ATR}] K_0 + \underline{} \\ \underline{} + K_0 [\alpha \text{ATR}] \end{Bmatrix}$$

(44) assimiliert den [ATR]-Wert eines Vokals an den der benachbarten Vokale. Der erste Kontext in (44) soll sicherstellen, daß der erste Vokal des Stammes den plus- oder minus-Wert des Vokals des Präfixes festlegt. Der zweite Kontext stellt eine spiegelbildliche Anforderung an Suffixe: Der letzte Vokal des Stammes legt die Qualität des Vokals im Suffix fest.

Regel (44) erweist sich aus mindestens zwei Gründen als suspekt. Erstens kann (44) aufgrund der Morphemgrenze '+' nicht erklären, daß alle Vokale innerhalb eines Morphems über denselben Wert des Merkmals [ATR] verfügen. Man kann nicht behaupten, daß der *erste* Vokal des Stammes die Qualität des Präfixvokals bestimmt, denn der relevante Faktor ist der, daß *alle* Vokale des Stammes plus oder minus [ATR] sind. Zweitens kann Regel (44) das idiosynkratische Verhalten von /a/ nicht erklären.

Betrachten wir zum Schluß die folgenden Beispiele aus dem Türkischen, die zeigen, daß in dieser Sprache ein anderes Merkmal der Vokalharmonie unterliegt:

(45)	*Nom. Sg.*	*Gen. Sg.*	*Nom. Pl.*	*Gen. Pl.*	
	[ip]	[ip+in]	[ip+ler]	[ip+ler+in]	'Seil'
	[el]	[el+in]	[el+ler]	[el+ler+in]	'Hand'
	[kɯz]	[kɯz+ɯn]	[kɯz+lar]	[kɯz+lar+ɯn]	'Mädchen'
	[sap]	[sap+ɯn]	[sap+lar]	[sap+lar+ɯn]	'Stiel'

Man kann den Daten in (45) entnehmen, daß das Suffix in der zweiten Spalte entweder [in] oder [ɯn] ist, und daß das Suffix in der dritten

Spalte die Allomorphe [ler] und [lar] aufweist. In (45) bezieht sich die Vokalharmonie auf die Zungenlage: Nach Stämmen mit vorderen Vokalen folgen Suffixe mit vorderen Vokalen, und nach Stämmen mit hinteren Vokalen folgen Suffixe mit hinteren Vokalen. Auch Monomorpheme zeigen [hinten]-Harmonie, z.B. [dokuz] 'neun', [sekiz] 'acht'.

Die Daten in (45) legen nahe, daß sich das harmonisierende Merkmal [±hinten] auf einer unabhängigen Schicht befindet. Zwei repräsentative Beispiele sind in (46) angeführt.

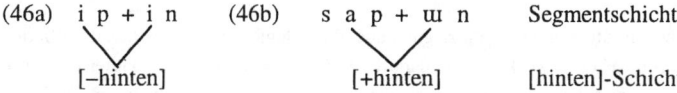

(46a) i p + i n   (46b) s a p + ɯ n   Segmentschicht

[−hinten]   [+hinten]   [hinten]-Schicht

Die Repräsentationen in (46) kommen zustande, wenn in der zugrundeliegenden Form das Merkmal [±hinten] mit den Stammvokalen verbunden wird und sich das [±hinten]-Autosegment gemäß der Assoziierungskonvention (29b) nach rechts ausbreitet.

Bisher wurde anhand der Vokalharmonie gezeigt, daß sich [±ATR] und [±hinten] auf einer unabhängigen Schicht befinden können. In anderen Sprachen unterliegen andere Merkmale der Vokalharmonie und befinden sich folglich auf anderen Schichten, z.B. [±rund] (im Tamil, siehe Aufgabe 5, Kapitel 3), [±hoch] (im Kinande), [±tief] (im Kikuyu). Es gibt auch Sprachen, in denen alle Vokale (und Konsonanten) innerhalb eines Wortes denselben Wert für [nasal] haben müssen, z.B. im Terena und im Malay (Durand 1990).

6.5 Nichtlineare Phonologie

In den folgenden Kapiteln wird gezeigt, daß die autosegmentalen Repräsentationen, die ursprünglich für Ton und später für segmentale Merkmale vorgeschlagen wurden, auch für andere Bereiche der Phonologie gelten. Kapitel 7 beschreibt, wie die autosegmentale Analyse der Vokalharmonie zu der Theorie der **Merkmalsgeometrie** führte. In vielen früheren Studien wurde gezeigt, daß auch die phonologische Länge (kurz vs. lang) sowie die Silbe eine autosegmentale Repräsentation erfordern (dazu Kapitel 8). Diese Vorschläge führten zu Darstellungen in der Theorie der **prosodischen Phonologie** (nach

Nespor & Vogel 1986), dazu Kapitel 10. Die Repräsentation von Akzent in der **metrischen Phonologie** hat ebenfalls starke Ähnlichkeiten mit den in Kapitel 8 postulierten Repräsentationen, dazu Kapitel 9. Im allgemeinen werden die Repräsentationen in Chomsky & Halle (1968) als **linear** bezeichnet, die neuen Vorschläge im Rahmen der autosegmentalen und der metrischen Phonologie als **nichtlinear** oder **suprasegmental**.

Historischer Überblick und weiterführende Literatur

Zu den ersten Studien über autosegmentale Phonologie zählen die bereits zitierten Arbeiten von Leben (1973) und Goldsmith (1976). Ein wichtiger Vorläufer der autosegmentalen Phonologie war die Theorie der 'prosodic phonology', die in den fünfziger Jahren von J. R. Firth und seinen Schülern entwickelt wurde (siehe Palmer 1970). Empfehlenswerte Studien über autosegmentale Phonologie sind Goldsmith (1990) und Kenstowicz (1994: Kapitel 7).

Eine ältere empfehlenswerte Einführung in die Tonphonologie ist Pike (1948). Zu den weiterführenden Studien über Ton im Rahmen der autosegmentalen Phonologie zählen Pulleyblank (1986), van der Hulst & Snyder (1993), Odden (1995) und Yip (1995).

Die Literatur über Vokalharmonie ist sehr umfangreich. Eine typologische Studie ist Aoki (1968). Zu den früheren autosegmentalen Studien über Vokalharmonie gehören Vago (1980b) und Clements (1980). Als weiterführende Studie ist van der Hulst & van de Weijer (1995) zu empfehlen.

Aufgaben

(1)   ● Die folgenden Daten sind aus der afrikanischen Sprache Mende (Kitamba 1989; nach Leben 1973).

      (i)   [kɔ́]   'Krieg'   (ii)   [kɔ́hú]

           [mbû]   'Eule'   [mbúhù]

           [mbǎ]   'Reis'   [mbǎhú]

           [pélɛ́]   'Haus'   [pélɛ́hú]

           [bɛ̀lɛ̀]   'Hose'   [bɛ̀lɛ̀hù]

(1a)   Gehen Sie davon aus, daß Töne in den zugrundeliedenden Repräsentationen nicht mit TBUs assoziiert sind (vgl. §6.3). Berücksichtigen Sie dabei das OCP. Was sind die zugrundeliegenden Formen der fünf Stämme in (i)?

(1b)   Zeigen Sie in einer Derivation, wie die Assoziierungskonventionen in (29) die phonetischen Formen in (i) erzeugen.

(1c)   Die phonetische Form des Suffixes +*hu* hat zwei verschiedene Realisierungen, nämlich [hú] und [hù]. Beschreiben Sie, unter welchen Umständen die jeweilige Form auftritt.

(1d)   Gehen Sie davon aus, daß das Suffix in (ii) in der zugrundeliegenden Form keinen Ton hat. Zeigen Sie in einer Derivation, wie die Tonmuster der fünf Beispiele in (ii) abgeleitet werden.

(2)   Das Tangale verfügt über die Vokale in (i) (van der Hulst & van de Weijer 1995). Die Daten in (ii) illustrieren die Vokalharmonie.

	(i)	i ɪ	u ʊ	(ii)	[ŋʊldɛdɛ]	'Hund'
		e ɛ	o ɔ		[seb+u]	'schauen' (Imperativ)
		a			[kɛn+ʊ]	'eintreten' (Imperativ)
					[war+ʊ]	'gehen' (Imperativ)
					[tug+o]	'schlagen' (Partizip)
					[wʊd+ɔ]	'züchten' (Partizip)

(2a)   Listen Sie die Allomorphe des Imperativsuffixes und des Partizipsuffixes auf.

(2b)   Was ist das harmonisierende Merkmal?

(2c)   Erstellen Sie zugrundeliegende Repräsentationen für [tug+o] und [wʊd+ɔ], in denen sich das harmonisierende Merkmal auf einer unabhängigen Schicht befindet. Zeigen Sie, wie die Assoziierungskonventionen in (29) die richtigen phonetischen Formen erzeugen.

(2d)   Der Vokal [a] ist neutral. Wie unterscheidet sich /a/ von den anderen Vokalen in (i)? Welche Probleme stellen Wörter wie [kulag] 'Bratpfanne' dar?

(2e)   Wenn Suffixe an Stämme wie [kulag] in (2d) affigiert werden, ist der Vokal des Suffixes stets [ɔ] bzw. [ʊ], z.B. [kulag+dɔ] 'ihre Bratpfanne'. Erklären Sie mit einer autosegmentalen Repräsentation, warum dieses Suffix nicht als [do] auftritt.

(3)   Das Finnische (Roca & Johnson 1999) verfügt über die Vokale in (i). Die Daten in (ii) illustrieren die Vokalharmonie:

	(i)	i y	u	(ii)	[talo+ssa]	'in dem Haus'
		e ø	o		[turu+ssa]	'in Turku'
		æ a			[kylæ+ssæ]	'in dem Dorf'
					[kæde+ssæ]	'in der Hand'
					[tuo+ko]	'das?'
					[tæmæ+kø]	'dies?
				(iii)	[pori+ssa]	'in Pori'
					[naise+lta]	'von der Frau'

(3a)   Listen Sie die Allomorphe der zwei Suffixe in (ii) auf.

(3b)   Was ist das harmonisierende Merkmal?

(3c)   Erstellen Sie zugrundeliegende Repräsentationen für [turu+ssa] und
         [kylæ+ssæ], in denen sich das harmonisierende Merkmal auf einer unab-
         hängigen Schicht befindet. Zeigen Sie, wie die Assoziierungskonventionen in
         (29) die richtigen phonetischen Formen erzeugen.

(3d)   Die Vokale /i e/ sind neutral. Wie unterscheiden sich /i e/ von den anderen
         Vokalen im Vokalsystem des Finnischen in (i)?

(3e)   Beispiele von Wörtern, die die neutralen Vokale /i e/ enthalten, sind in (iii)
         angeführt. Beschreiben Sie, wie sich /i e/ vom neutralen Vokal /a/ des Tangale
         in (2) unterscheiden. [Hinweis: /i e/ sind **transparente** neutrale Vokale.]

(3f)   Erstellen Sie eine zugrundeliegende Repräsentation von [pori+ssa], in der sich
         das harmonisierende Merkmal auf einer unabhängigen Schicht befindet. Wie
         könnte man erklären, daß der Vokal des Suffixes [a] und nicht [æ] ist?

7 Merkmalsgeometrie

In Kapitel 6 wurde anhand von Tonregeln und Vokalharmonie die autosegmentale Phonologie als ein Zweig der nichtlinearen Phonologie dargestellt. Aus der autosegmentalen Phonologie hat sich die Theorie der **Merkmalsgeometrie** (engl. **feature geometry**) entwickelt. Die Merkmalsgeometrie basiert auf der Hypothese, daß die segmentalen Merkmale wie [LAB], [±rund], [±kont] usw. in einem hierarchischen, durch Baumstrukturen darstellbaren Verhältnis zueinander stehen. Diese **Merkmalsbäume** sollen u.a. bestimmte Assimilationen erklären, die in vielen Sprachen vorkommen. In diesem Kapitel wird die Merkmalsgeometrie dargestellt. Dem Leser sei empfohlen, sich mit den in Kapitel 4 aufgestellten Inventar segmentaler Merkmale vertraut zu machen, bevor er Kapitel 7 liest.

7.1 Assimilation als Ausbreitung eines Merkmals

In Kapitel 4 wurde angenommen, daß alle Merkmale sich in einem 'ungeordneten Bündel' befinden. Dies wird in der Matrix in (1) für /n/ illustriert: Hier haben alle Merkmale den gleichen Status in dem Sinne, daß sie in jeder beliebigen Reihenfolge aufgelistet werden könnten. In der Repräsentation für /n/ in (1) ist beispielsweise [+kons] das erste Merkmal und [+ant] das letzte, aber es gibt keinen prinzipiellen Grund für diese Reihenfolge.

/n/

$$
(1) \quad \begin{bmatrix} +\text{kons} \\ +\text{son} \\ -\text{appr} \\ -\text{kont} \\ +\text{nas} \\ \text{KOR} \\ +\text{ant} \end{bmatrix}
$$

In Kapitel 6 legten die angeführten Daten aus der Vokalharmonie nahe, daß sich bestimmte segmentale Merkmale auf einer unabhängigen Schicht befinden. Zwei entsprechende Beispiele aus dem Türkischen sind in (2) dargestellt. Sie zeigen, daß das Merkmal [±hint] als Autosegment analysiert wird:

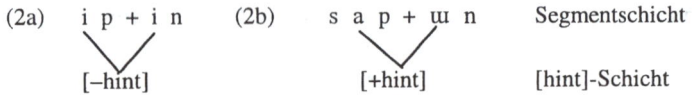

(2a) i p + i n   (2b) s a p + ɯ n   Segmentschicht

[–hint]   [+hint]   [hint]-Schicht

Die verzweigenden Strukturen in (2) kommen durch die Vokalharmonie — einer speziellen Art von Assimilation — zustande. In der autosegmentalen Phonologie haben Assimilationen das generelle Format in (3a), wobei C ein binäres Merkmal darstellt. Die nichtlineare Assimilation in (3a) nennt man auch die **Ausbreitung** (engl. **spread**) von [±C]. In Kapitel 6 wurden einige Sprachen besprochen, die diese Art von Assimilation haben, z.B. die Tonassimilation im Margi und die Vokalharmonie im Türkischen. Viele Sprachen verfügen allerdings über eine Vokalharmonie wie in (3b).

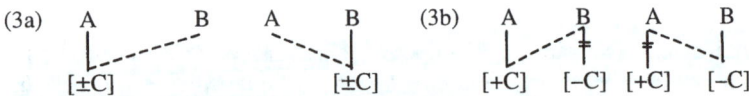

(3a) A   B   A   B   (3b) A   B   A   B

[±C]   [±C]   [+C]   [–C] [+C]   [–C]

(3b) unterscheidet sich von (3a) dadurch, daß ersteres auch eine Tilgung beinhaltet: Durch die Assimilation wird gleichzeitig ein Merkmal gelöscht. Die Tilgung eines Merkmals wird in der nichtlinearen Phonologie mit zwei horizontalen Strichen durch eine Assoziationslinie notiert. In diesem Kapitel werden Beispiele für Assimilationen der Form (3b) behandelt.

Eine Hypothese, die allerdings unten verworfen wird, besagt, daß binäre Merkmale wie [±hint] nur in Vokalharmoniesprachen wie dem Türkischen Autosegmente sind, während dieselben Merkmale in einer Sprache wie Deutsch oder Englisch *keine* Autosegmente sind, sondern Teil der Segmentschicht wie in (1).

Viele Phonologen sind eher der Ansicht, daß segmentale Merkmale in *allen* Sprachen Autosegmente sind. Wenn man diese Annahme macht, dann können alle Assimilationsregeln auf eine einheitliche Art und

Weise erfaßt werden, nämlich wie in (3a) oder (3b). Eine solche autosegmentale Analyse von segmentalen Merkmalen wird u.a. von Hayes
(1986a) verteidigt.

Als Illustration besprechen wir eine autosegmentale Analyse des
Englischen. Die Daten in (4a) kennen wir schon aus Kapitel 2. Es handelt sich hier um die progressive Assimilation des Merkmals [–sth].
Die lineare Regel hat die Form in (4b). In der autosegmentalen Phonologie erfaßt man dieselbe Regel auf folgende Art: [±sth] wird auf
einer eigenen Schicht angesiedelt, und die Assimilation breitet [–sth]
nach rechts aus, vgl. (4c). Hier hat die Assimilation die Form wie in
(3b), denn die Assimilation von [–sth] hat eine Tilgung von [+sth] zur
Folge.

(4a)   hats   /hæt+z/   [hæts]   'Hüte'
        lips   /lɪp+z/   [lɪps]   'Lippen'
        snakes   /sneɪk+z/   [sneɪks]   'Schlangen'
(4b)   /z/ → [–sth]/ [–sth] __ #
(4c)

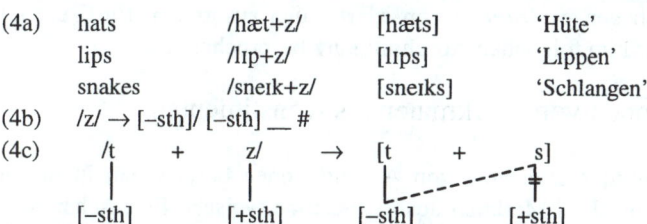

Die meisten segmentalen Merkmale, die in Kapitel 4 dargestellt
wurden (z.B. [±nas], [±lat] sowie die Ortsmerkmale), breiten sich
ebenfalls in Assimilationen aus. Allerdings sind keine Assimilationen
belegt, die die Oberklassenmerkmale [±kons], [±son] und [±appr] ausbreiten.[1]
Daraus folgt, daß alle Merkmale außer den Oberklassenmerkmalen
[±kons], [±son] und [±appr] Assimilationen unterliegen können. Dies
wird in der phonologischen Repräsentation dadurch zum Ausdruck
gebracht, daß sich außer [±kons], [±son] und [±appr] jedes Merkmal
auf einer unabhängigen Schicht befindet. Diese Annahme, die in dieser
verallgemeinerten Form für alle Sprachen gilt, ist in (5) dargestellt:

---

[1] Der Leser sei auf Kaisse (1992) verwiesen, die die Auffassung vertritt, daß [±kons]
     doch Assimilationen unterliegen kann.

(5)

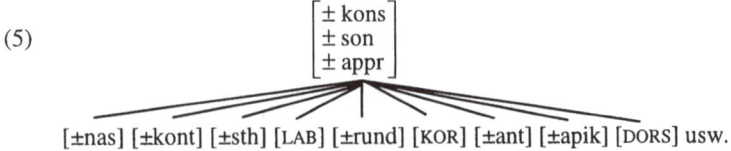

Die drei Merkmale [±kons], [±son], [±appr] bilden zusammen eine ungeordnete Gruppe, während sich alle anderen Merkmale auf ihrer jeweiligen Schicht befinden und somit Autosegmente sind. Diese Darstellung ist eine sehr einfache Form der Merkmalsgeometrie, die ja davon ausgeht, daß Merkmale in einem hierarchischen Verhältnis zueinander stehen. Diese Merkmalsbäume sollen unter anderem erklären, daß es in vielen Sprachen bestimmte Assimilationen gibt, in denen sich ganze *Gruppen* von Merkmalen ausbreiten. Ein Beispiel hierfür wird im folgenden Abschnitt kurz besprochen.

7.2 Gruppen von Merkmalen als Konstituenten

In §7.1 wurden Beispiele von Assimilationen besprochen, in denen sich ein einzelnes Merkmal ausbreitet. Eine typische Eigenschaft von Assimilationen ist jedoch, daß sie jeweils bestimmte Gruppen von Merkmalen betreffen können. Es kommt beispielsweise in vielen Sprachen vor, daß ein Nasal wie /n/ alle Ortsmerkmale eines benachbarten Konsonanten erbt, und nicht nur ein einziges. Ein konkretes Beispiel wird in §7.4 besprochen. In diesem Fall sagt man, daß die Ortsmerkmale, die zusammen einer Regel unterliegen, eine **Einheit** bilden. Eine Menge von Merkmalen, die als Einheit einer phonologischen Regel unterliegt, wird als **Konstituente** (engl. **constituent**) bezeichnet. Konstituenten wie die oben beschriebene sind 'natürlich' in dem Sinne, daß sie in phonologischen Regeln vieler Sprachen vorkommen, entweder als Merkmale, die sich verändern, oder als Merkmale, die die Veränderung auslösen (vgl. (25) in Kapitel 4).

Die Ortsmerkmale sind in (6a) dargestellt, weitere Konstituenten werden in den folgenden Abschnitten besprochen. Neben (6a) gibt es jedoch viele mögliche Kombinationen von Merkmalen, die weder in Assimilationen noch in anderen phonologischen Regeln vorkommen. Ein Beispiel ist in (6b) angeführt. Im Gegensatz zu (6a) bilden die Merkmale in (6b) keine Konstituente, d.h. [LAB], [±nas] und [±kont] stellen eine *arbiträre* Ansammlung von Merkmalen dar, die sich nie wie eine Konstituente verhält.

(6a) [LAB], [±rund], [KOR], [±ant], [±apik], [DORS], [±hint], [±hoch], usw.

(6b) [LAB], [±nas], [±kont]

Ein Problem mit dem einfachen nichtlinearen Modell in (5) besteht darin, daß es nicht in der Lage ist, Konstituenten wie die in (6a) zu erfassen. Mit anderen Worten, der Baum in (5) erlaubt es nicht, zwischen Konstituenten wie denen in (6a) und arbiträren Gruppen von Merkmalen wie denen in (6b) formal zu unterscheiden.

Die Theorie der Merkmalsgeometrie soll unter anderem erklären, warum bestimmte Kombinationen von Merkmalen in den Sprachen der Welt eine Konstituente bilden, z.b. (6a), andere Gruppen aber nicht, z.B. (6b). Bevor wir die Einzelheiten dieser Merkmalsbäume besprechen, werden im folgenden Abschnitt zunächst ihre formalen Eigenschaften und einige wichtige Begriffe kurz erläutert.

7.3 Die formalen Eigenschaften von Merkmalsbäumen

Betrachten wir die drei Strukturen in (7):

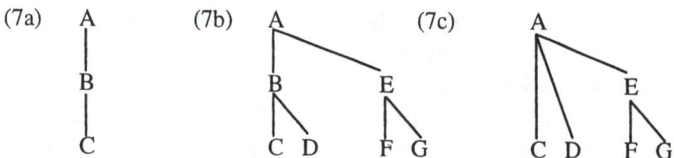

Die sieben Buchstaben A bis G stellen einzelne Merkmale dar. Die Striche, die A, B usw. miteinander verbinden, sind Assoziationslinien.

Es gibt eine Reihe von Begriffen, mit denen man die Relationen zwischen den Merkmalen in (7) strukturell charakterisiert. Man sagt beispielsweise, daß in (7a) A sowohl B als auch C **dominiert** und B C dominiert. Ein weiteres Beispiel für Dominanz kann man dem Baum in (7b) entnehmen: Hier dominiert A nicht nur B und E, sondern auch C, D, F und G. Man sagt ferner: A dominiert **unmittelbar** B in (7a), weil A die nächste Einheit ist, die B dominiert. In (7b) dominiert A unmittelbar B und E. C und D in (7b) sind Beispiele für **Schwestern**,

weil sie eine gemeinsame **Mutter** haben, nämlich B. In diesem Baum
sind F und G ebenfalls Schwestern. In (7b) sagt man, daß B und E
jeweils zwei **Töchter** haben, nämlich C und D bzw. F und G.
Die Schwesterbeziehung ist wichtig, denn alle Schwestern zusammen,
also z.b. C und D oder F und G in (7b), bilden immer eine Konstituente. Im Gegensatz dazu bilden C und F bzw. D und G in (7b) keine
Konstituente, weil es kein Merkmal gibt, das *nur* C und F bzw. D und
G dominiert.
Die Assoziationslinien in Merkmalsbäumen erfüllen zwei wichtige
Funktionen. Erstens drücken sie aus, daß alle Merkmale in (7a) und
(7b) jeweils gleichzeitig artikuliert werden. Dies bedeutet, daß in (7b)
C *nicht vor* D ausgesprochen wird.[2] Dies ist ein wichtiger Unterschied
zwischen Merkmalsbäumen in der Phonologie und Strukturbäumen in
der Syntax. Zweitens drücken die Assoziationslinien aus, daß be-
stimmte Merkmale eine Konstituente bilden, indem sie diese Merkmale mit einer gemeinsamen Mutter verbinden.
Die Theorie der Merkmalsgeometrie macht die Grundannahme, daß
nur diejenigen Merkmale, die eine Konstituente bilden, einer phonologischen Regel unterliegen können. Wenn sich beispielsweise zwei
Merkmale C und D (und keine anderen Merkmale) zusammen in einer
Assimilation ausbreiten, dann schließt man daraus, daß C und D eine
Konstituente bilden sollten, d.h. diese beiden Merkmale und keine
weiteren sollten eine gemeinsame Mutter haben. Ein Baum wie in (7c)
wäre somit für einen solchen Fall nicht die richtige Repräsentation,
denn es gibt keine Mutter, die nur C und D dominiert. Zutreffend für
diesen Fall ist (7b); die oben beschriebene Assimilation besagt also,
daß sich B ausbreitet. Ein wesentlicher Aspekt der Merkmalsgeometrie besteht darin, daß die Ausbreitung von B gleichzeitig die
Ausbreitung aller Merkmale impliziert, die von B dominiert werden.
Das obige Beispiel illustriert eine Grundannahme der Merkmalsgeometrie: Phonologische Regeln (z.B. Assimilationen) können jeweils
nur eine einzige Operation ausführen, z.B. nur der Ausbreitung eines
Merkmals und nicht von zweien (siehe Clements & Hume 1995).
Die Merkmalsbäume, die in der Merkmalsgeometrie aufgestellt wer-
den, sollen **universell** sein, also für alle Sprachen der Welt gelten.
Wenn beispielsweise Daten aus einer Sprache dafür sprechen, daß die

---

[2] Vgl. jedoch §7.10.2 zu potentiellen Ausnahmen von dieser Generalisierung.

Merkmale C und D eine Konstituente bilden, dann sollte dies in allen Sprachen der Fall sein.

7.4 Der Ortsknoten

In Kapitel 3 wurden die folgenden Daten aus dem Luganda als Beispiel einer Ortsassimilation dargestellt. In dieser Sprache weist das Präfix /n/ mit der Bedeutung 'ich' die vier Allomorphe [m], [n], [ɲ] und [ŋ] auf.

(8a)	[mbala]	'ich zähle'	(8c)	[ɲɟagala]	'ich mag'
	[mpa]	'ich gebe'		[ɲɲumja]	'ich unterhalte mich'
(8b)	[ndaga]	'ich zeige'		[ɲcoppa]	'ich werde mittellos'
	[ntema]	'ich schneide'	(8d)	[ŋkola]	'ich arbeite'
	[nsika]	'ich ziehe'		[ŋgula]	'ich kaufe'
	[nneɲa]	'ich tadle'			

Das Morphem /n/ wird vor labialen Lauten als [m], vor palatalen Lauten als [ɲ] und vor velaren Lauten als [ŋ] realisiert. Im Rahmen der linearen Phonologie würde man diese Assimilation mit drei Regeln wie in (9) erfassen:

$$(9a) \quad /n/ \rightarrow \begin{bmatrix} LAB \\ - rund \end{bmatrix} \ / \ \_ \begin{bmatrix} + kons \\ LAB \\ - rund \end{bmatrix} \qquad (9c) \ /n/\rightarrow \begin{bmatrix} DORS \\ + hint \\ + hoch \end{bmatrix} \ / \ \_ \begin{bmatrix} +kons \\ DORS \\ + hint \\ + hoch \end{bmatrix}$$

$$(9b) \quad /n/ \rightarrow \begin{bmatrix} -apik \\ - ant \end{bmatrix} \ / \ \_ \begin{bmatrix} + kons \\ - apik \\ - ant \end{bmatrix}$$

(9a) erfaßt die Daten in (8a), (9b) die Daten in (8c) und (9c) die Wörter in (8d).

Obwohl (9) korrekt vorhersagen kann, in welchem Kontext /n/ als [m], [ɲ] bzw. [ŋ] auftritt, hat diese lineare Analyse den Nachteil, daß sie *drei* unabhängige Regeln benötigt. Dies ist kontraintuitiv, weil alle drei Regeln in (9) dieselbe Funktion haben: Sie sollen gewährleisten, daß ein Nasal und der folgende Konsonant dieselbe Artikulationsstelle teilen. Es ist zudem festzuhalten, daß nur die Ortsmerkmale dieser Assimilation unterliegen und keine anderen Merkmale, z.B. [±sth].

Wie in §7.1 illustriert wurde, befindet sich jedes einzelne Ortsmerkmal auf einer unabhängigen Schicht. Dies ist notwendig, denn in Assimilationen können sich einzelne Ortsmerkmale ausbreiten. Um die Assimilation von *allen* Ortsmerkmalen als Einheit zum Ausdruck zu bringen, muß es ein Merkmal geben, das alle Ortsmerkmale (und nur diese) unmittelbar dominiert (siehe §7.3). Dieses Merkmal wird [ORT] (engl. [**place**]) genannt. [ORT] wird in Kapitälchen geschrieben, weil es privativ und nicht binär ist; entweder hat ein Segment [ORT] oder nicht. Beispiele für Segmente ohne [ORT] sind Laryngale wie /h ʔ/ (siehe §4.2.4). [ORT] wird in der Literatur über Merkmalsgeometrie als **Ortsknoten** (engl. **place node**) bezeichnet. [ORT] ist ein Beispiel für einen **Klassenknoten** (engl. **class node**), weil sich dieser Knoten auf eine ganze Klasse von Merkmalen bezieht.

[ORT] dominiert alle in Kapitel 4 aufgestellten Ortsmerkmale und wird wiederum von den drei Oberklassenmerkmalen dominiert. Die Oberklassenmerkmale bilden zusammen den **Wurzelknoten** (engl. **root node**), den höchsten Knoten in der Merkmalsgeometrie. Die erwähnten geometrischen Verhältnisse ergeben den Merkmalsbaum in (10).

(10)

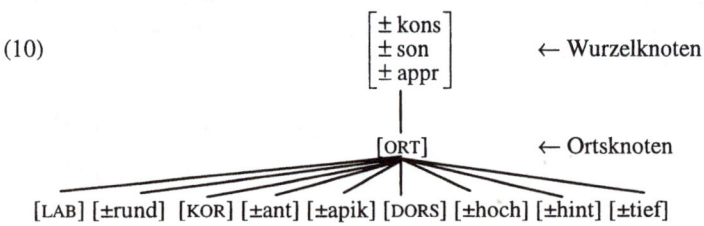

Die Repräsentation in (10) ist nur **partiell**, also nicht vollständig, denn einige Merkmale (z.B. [±sth], [±nas] usw.) wurden nicht berücksichtigt. Die Ortsmerkmale in (10) sind Schwestern, denn sie werden von dem Klassenknoten [ORT] unmittelbar dominiert. Die Annahme in (10), daß alle Ortsmerkmale Schwestern sind, wird allerdings in §7.5 revidiert.

Betrachten wir jetzt Repräsentationen von einigen Lauten in der Merkmalsgeometrie. Die partiellen Merkmalsbäume für /p n c k/ sind in (11) aufgeführt.

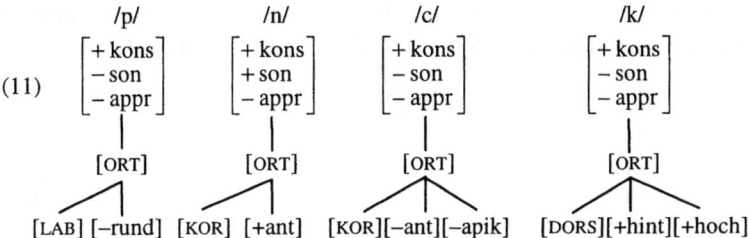

Jedes Segment in (11) verfügt über einen Ortsknoten, der die Ortsmerkmale des jeweiligen Lautes dominiert. In der Repräsentation von
/p/ dominiert [ORT] beispielsweise [LAB] und [–rund].
Wenn [ORT] alle Ortsmerkmale dominiert, kann man die Assimilation
von allen Ortsmerkmalen als Ausbreitung von [ORT] analysieren. In
(12a) wird illustriert, wie die Assimilation von /n/ zu [ŋ] vor [k] ausgedrückt wird und in (12b) wie die von /n/ zu [m] vor [p]. Anzumerken
ist, daß diese Assimilationen nicht nur das Hinzufügen einer Assoziationslinie bewirken, sondern auch die Tilgung der Ortsmerkmale von
/n/ (siehe (3b)). Der Einfachheit halber werden unter [ORT] nur [KOR],
[DORS] bzw. [LAB] gezeigt.

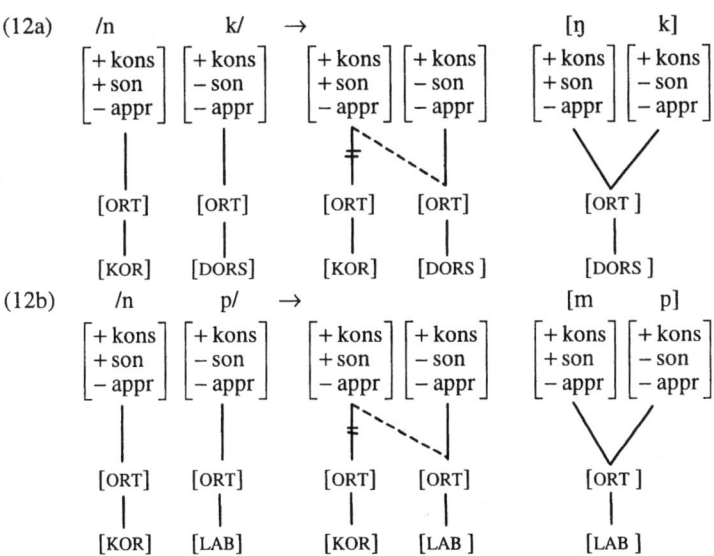

Man kann die Ortsassimilation im Luganda jetzt mit einer einzigen nichtlinearen Regel erfassen. Diese Regel hat die Form in (13):

(13)   *Die Regel der Ortsassimilation*

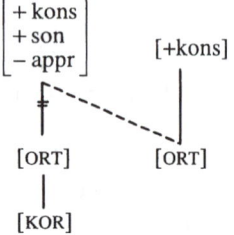

Diese Regel besagt, daß sich [ORT] von einem [+kons] Segment nach links ausbreitet und daß das Ziel der Ausbreitung ein koronaler Nasal ist.[3] Die Assimilation von [ORT] hat zur Folge, daß der Ortsknoten von /n/ sowie alle Merkmale darunter gelöscht werden.

7.5 Die Organisation der Ortsmerkmale: Artikulatorknoten

Nach dem in (10) aufgestellten Modell der Merkmalsgeometrie sind alle Ortsmerkmale Schwestern. Gute Argumente aus vielen verschiedenen Sprachen sprechen jedoch dafür, daß auch die Ortsmerkmale hierarchisch organisiert sind. Eine oft angenommene Struktur zeigt (14):

(14)

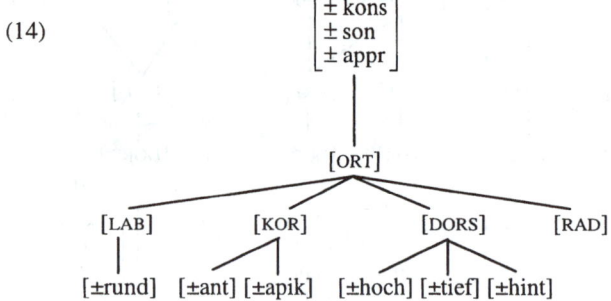

---

[3]   Die drei Oberklassenmerkmale [+kons, +son, –appr] erfassen die natürliche Klasse der Nasale. Der Status des Merkmals [±nas] in Merkmalsbäumen wird in §7.7 besprochen.

In dem Merkmalsbaum in (14) dominiert [ORT] unmittelbar die vier privativen Ortsmerkmale [LAB], [KOR], [DORS] und [RAD] — auch **Artikulatorknoten** (engl. **articulator nodes**) genannt, weil sie den vier Artikulatoren entsprechen (siehe §1.4.1). Diese Artikulatorknoten dominieren wiederum unmittelbar die entsprechenden binären Merkmale. (Der Leser sei auf die Definitionen der distinktiven Merkmale in §4.2 hingewiesen.) [LAB] dominiert [±rund], weil nur Segmente, die für [LAB] spezifiziert sind, [+rund] oder [−rund] sein können. Dieselbe Art von Logik gilt für die übrigen fünf binären Ortsmerkmale in (14): [KOR] dominiert [±ant] und [±apik], weil nur Laute, die koronal sind, für diese beiden binären Merkmale spezifiziert sein können. [DORS] dominiert [±hoch], [±hint] und [±tief], weil nur Laute, die mit dem Dorsum artikuliert werden, für diese binären Merkmale spezifiziert sein können.[4]

Drei der Artikulatorknoten in (14), nämlich [LAB], [KOR], [DORS], dominieren jeweils ein bis drei Merkmale. Das Modell in (14) beruht auf der Annahme, daß es Regeln gibt, die sich auf diese Konstituenten beziehen, z.B. Regeln, die einen einzigen Artikulatorknoten ausbreiten. Im folgenden besprechen wir ein Beispiel aus dem Sanskrit, das Evidenz für die Konstituente [KOR] (und die von ihr dominierten Merkmale) liefert.

Im Sanskrit verändert sich die Artikulationsstelle von anterioren Konsonanten wie /t d n/ vor den koronalen nichtanterioren Konsonanten. Die nichtanterioren koronalen Konsonanten des Sanskrit sind die Palatale (z.B. [c ɟ ɲ]) und die Retroflexe (z.B. [ʈ ɖ ɳ]). Lineare Regeln zur Beschreibung dieser Assimilation haben die Form in (15a). Die Assimilation ist anhand der Beispiele in (15b) (aus Whitney 1885 und Cho 1990) illustriert. Die Daten in (15c) sind wichtig, weil sie zeigen, daß nichtkoronale Laute wie /ḅ k/ die Assimilation nicht auslösen, z.B. wird /n/ als [n] und nicht als [ŋ] vor [k] realisiert. Die Merkmale für Palatale und Retroflexe sind in (15d) angegeben.

---

[4] Es wird manchmal angenommen, daß [±sibil] (=[±strident]; siehe §4.2.4) eine Tochter von [KOR] ist (siehe Shaw 1991), weil Sibilanten wie /s z ʃ ʒ/ koronale Laute sind. Dies ist allerdings umstritten, denn es scheint in einigen Sprachen der Fall zu sein, daß auch nichtkoronale Laute [±sibil] sein können (siehe Clements & Hume 1995). Siehe auch die Diskussion in §7.10.3 zu Affrikaten und Fußnote 10. Das Merkmal [±gesp] (=[±ATR]) wird manchmal als Tochter von [RAD] analysiert.

(15a) /t d n/ → [c ɟ ɲ]/ ___ [c ɟ ɲ]
       /t d n/ → [ʈ ɖ ɳ]/ ___ [ʈ ɖ ɳ]

(15b) /tat+ɖaukate/   [taʈɖaukate]   'nähert es'
       /etat+cʰattram/   [etaccʰattram]   'dieser Regenschirm'
       /taːn+ɟanaːn/   [taːɲɟanaːn]   'jene Menschen'
       /taːn+ɖimbạːn/   [taːɳɖimbạːn]   'jene Säuglinge'

(15c) /mahaːn+kavih/   [mahaːnkavih]   'großer Poet'
       /mahaːn+bạːgah/   [mahaːnbạːgah]   'berühmt'

(15d) [c ɟ ɲ]:   [KOR, −ant, −apik]
       [ʈ ɖ ɳ]:   [KOR, −ant, +apik]

Die Daten in (15b) und (15c) legen nahe, daß sich der Artikulatorknoten [KOR] (und die von ihm dominierten Merkmale) von
[c ɟ ɲ ʈ ɖ ɳ] nach links ausbreiten. Die Regel ist in (16) dargestellt:

(16)   *Koronalassimilation im Sanskrit*

       [+kons]   [+kons]
         | |
       [ORT]   [ORT]
         ⌐- - - - - - - - - - - -⌐
       [KOR]   [KOR]
                              |
                           [−ant]

Die Koronalassimilation breitet [KOR] von rechts nach links aus, und
der Artikulatorknoten [KOR] des adjazenten Lautes wird getilgt. Beispiele für Regeln, die sich auf die Konstituenten [LAB] bzw. [DORS]
beziehen, sind belegt und werden unter anderem von Sagey (1986)
und Clements & Hume (1995) besprochen.

Auch einzelne Tochtermerkmale der vier Artikulatorknoten können
sich ausbreiten. Das zeigt die in §2.5 besprochene Regel der dorsalen
Assimilation im Deutschen, vgl. /baç/ → [bax]. Die lineare Regel ist in
(17) angegeben (siehe Kapitel 4, Aufgabe 8):

(17)   [+kons, −son, +kont, DORS] → [+hint] / [−kons, +hint] ___

Alle Vokale verfügen über einen Dorsalknoten und sind durch die
binären Merkmale [±hint] und [±hoch] unterschieden. Drei (partielle)

Beispielsrepräsentationen sind in (18a) aufgeführt. Der palatale Frikativ /ç/ hat die Repräsentation in (18b).⁵ In (18) werden nur die distinktiven Merkmale des Deutschen berücksichtigt (siehe §4.8).

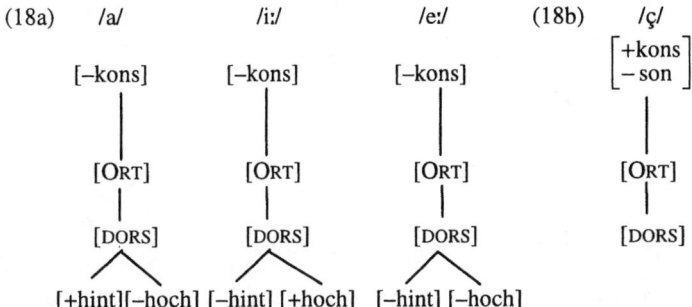

(19) zeigt, wie die Abfolge /aç/ zu [ax] wird: [+hint] breitet sich nach rechts aus.

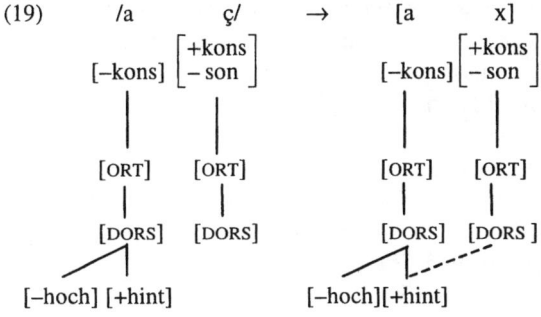

7.6 Der Laryngalknoten

Es gibt aus vielen Sprachen robuste Evidenz, daß die drei Merkmale [±sth], [±asp] und [±glottal] eine Konstituente bilden.⁶ Dies wird im

---

⁵ In (18b) und (19) fehlt [+kont]. Der Status dieses Merkmals in Merkmalsbäumen wird in §7.7 besprochen.

Merkmalsbaum mit dem Klassenknoten [LARYNGAL] zum Ausdruck gebracht, der diese drei laryngalen Merkmale unmittelbar dominiert, wie in (20). Dieser **Laryngalknoten** (engl. **laryngeal node**) wird unmittelbar vom Wurzelknoten dominiert, wie in (20) illustriert:

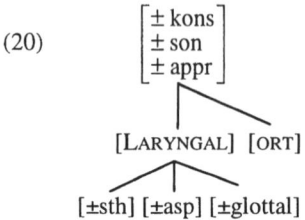

(20)

$$\begin{bmatrix} \pm \text{kons} \\ \pm \text{son} \\ \pm \text{appr} \end{bmatrix}$$

[LARYNGAL] [ORT]

[±sth] [±asp] [±glottal]

Nach dem hier beschriebenen Modell sind der Ortsknoten und der Laryngalknoten Schwestern.

Die Annahme, daß die drei laryngalen Merkmale eine Einheit bilden, wird unter anderem dadurch gerechtfertigt, daß es Assimilationen gibt, die diese Merkmale zusammen ausbreiten. Zur Erläuterung sei ein Beispiel aus dem attischen Dialekt des Griechischen wird herangezogen. In dieser Sprache gibt es einen Kontrast zwischen stimmhaften Plosiven, stimmlosen unaspirierten Plosiven und stimmlosen aspirierten Plosiven, d.h. /b d g p t k pʰ tʰ kʰ/ sind Phoneme. Dies bedeutet, daß [±sth] und [±asp] (aber nicht [±glottal]) distinktive Merkmale dieser Sprache sind.

Die folgenden Daten (aus Steriade 1982) zeigen, daß es in dieser Sprache eine regressive Assimilation gibt. Hier stimmen die laryngalen Merkmale ([±sth] und [±asp]) des ersten Konsonanten des Suffixes mit denen des letzten Konsonanten des Stammes überein.

(21) /plek+dɛːn/   [plegdɛːn]   'eingewickelt'
      /te+tʰlib+tai/   [tetʰliptai]   'ist gequetscht worden'
      /strepʰ+tos/   [streptos]   'gewendet'
      /e+tʰlib+tʰen/   [etʰlipʰtʰen]   'ich wurde gequetscht'

---

[6] Anzumerken ist, daß diese Beobachtung auch in einigen Arbeiten zu finden ist, die bereits vor den ersten Veröffentlichungen über die Merkmalsgeometrie erschienen sind, z.B. Lass (1976), Thráinsson (1978).

Im ersten Wort wird /k/ zu [g] vor [b] ([+sth] unterliegt der Assimilation), und im zweiten Beispiel wird /b/ zu [p] vor [t] ([–sth] breitet sich aus). Das dritte Wort illustriert die Assimilation von [–asp]: Hier wird /pʰ/ zu [p] vor [t]. Das vierte Beispiel in (21) zeigt, daß /b/ als [pʰ] vor [tʰ] realisiert wird, d.h. [+asp] und [–sth] assimilieren. Wenn alle laryngalen Merkmale von einem Laryngalknoten dominiert werden, kann man die Assimilation in (22) als einheitlichen Prozeß der Ausbreitung von [LARYNGAL] analysieren. Als Beispiel wird in den folgenden partiellen Repräsentationen gezeigt, wie /btʰ/ zu [pʰtʰ] wird:

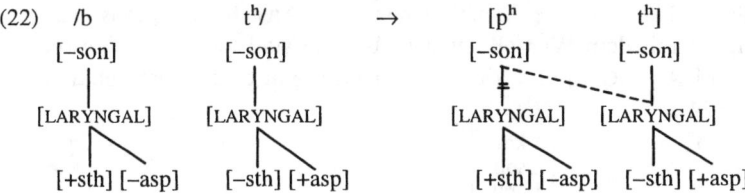

(22)

In (22) breitet sich [LARYNGAL] von rechts nach links aus, gleichzeitig werden der Laryngalknoten von /b/ und alle von ihm dominierten Merkmale getilgt.
Die Regel der Laryngalassimilation für das Sanskrit ist in (23) dargestellt.

(23) [–son]   [–son]

    [LARYNGAL]   [LARYNGAL]

Außer der oben besprochenen Assimilation gibt es in vielen Sprachen Regeln, die alle laryngalen Merkmale in einem Kontext (meist in finaler Position) tilgen, z.B. im Koreanischen werden aspirierte Laute wie /pʰ tʰ kʰ/ und Ejektive wie /p' t' k'/ zu [p t k]. Solche Prozesse werden in der Merkmalsgeometrie als Tilgung von [LARYNGAL] dargestellt. Ein Beispiel für eine solche Tilgung wird in §7.9 besprochen.

7.7 Der Status der Merkmale der Artikulationsart

Bisher wurden die drei Merkmale der Artikulationsart (engl. **manner features**), also [±nas], [±kont], [±lat], nicht berücksichtigt. Die hier relevante Frage ist, ob diese Merkmale zusammen oder mit anderen Merkmalen eine Konstituente bilden. In einer frühen Version der Merkmalsgeometrie ging Sagey (1986) davon aus, daß es einen [MANNER] Klassenknoten gibt, der [±nas] und [±kont] dominiert. Die meisten späteren Versionen der Merkmalsgeometrie haben diesen Klassenknoten verworfen, denn Assimilationen, die diese Konstituente ausbreiten, scheint es nicht zu geben (McCarthy 1988). McCarthy und auch andere Phonologen sind der Ansicht, daß [±nas], [±kont] direkt mit dem Wurzelknoten verbunden sind und somit Schwestern von [LARYNGAL] und [ORT] sind. Dies ergibt eine Repräsentation wie in (24):

(24)

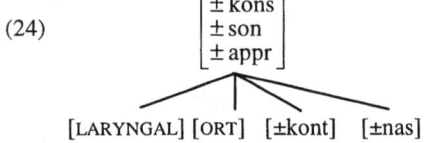

$$\begin{bmatrix} \pm\,\text{kons} \\ \pm\,\text{son} \\ \pm\,\text{appr} \end{bmatrix}$$

[LARYNGAL] [ORT]   [±kont]   [±nas]

Der Merkmalsbaum in (24) macht die korrekte Vorhersage, daß [±kont], [±nas] nur einzeln Assimilationen unterliegen können.

Der Status von [±lat] in der Merkmalsgeometrie ist sehr umstritten. Während Sagey (1986) der Meinung ist, daß [±lat] von dem oben erwähnten [MANNER] Klassenknoten dominiert wird, gehen andere Autoren davon aus, daß dieses Merkmal eine Tochter von [KORONAL] ist (Blevins 1994).

7.8 Zusammenfassung

In den vorangegangenen Abschnitten wurde ein Modell der Merkmalsgeometrie vorgestellt, das aus einem Wurzelknoten besteht, der wiederum einen Laryngalknoten und einen Ortsknoten dominiert. Die drei laryngalen Merkmale sind Töchter von [LARYNGAL] und die vier Artikulatorknoten [LAB], [KOR], [DORS] und [RAD] sind Töchter von [ORT]. Die Artikulatorknoten dominieren wiederum die entsprechenden binären Merkmale. Die zwei binären Merkmale [±kont] [±nas]

werden direkt vom Wurzelknoten dominiert. Die gesamte oben beschriebene Merkmalsgeometrie ist in (25) dargestellt:

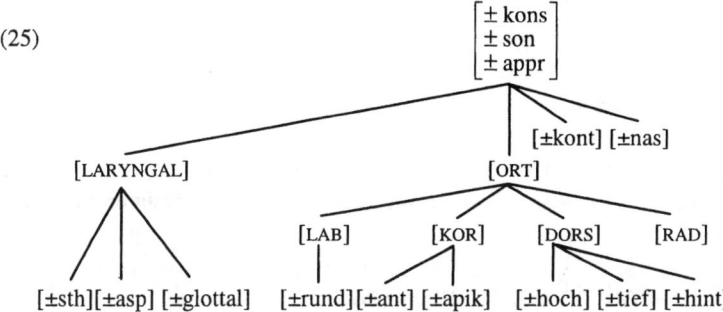

Drei der in Kapitel 4 aufgestellten Merkmale werden aufgrund ihres
umstrittenen Status nicht im Merkmalsbaum in (25) gezeigt, nämlich
[±lat], [±sibil] und [±gesp].
Der Merkmalsbaum in (25) legt nahe, daß das 'Segment' in dieser
Theorie als eine Ansammlung von Merkmalen, Klassenknoten und
Assoziationslinien zu verstehen ist. Mit anderen Worten, das Segment
wird in der Merkmalsgeometrie als Gebilde aus distinktiven Merk-
malen, Klassenknoten und Assoziationslinien verstanden, die mit
einem *einzigen* Wurzelknoten verbunden sind.
Das Segment als ganzes spielt in phonologischen Regeln eine wichtige
Rolle, denn viele Sprachen verfügen über **totale Assimilationen** —
Prozesse, die alle Merkmale eines Lautes ausbreiten und nicht nur eine
Teilmenge davon (siehe §3.3.1). Totale Assimilation sei anhand der
folgenden Beispiele aus dem Toba Batak illustriert (Hayes 1986a):

(26)   /maɲan##baoa##an/ →   [maɲabbaoaan]   'jener Mann ißt'
       /lean##lali/   →   [leallali]   'gib einem Hund'
       /boao##an##peddek/ →   [boaoappeddek] 'jener Mann ist klein'

Diese Daten zeigen, daß /n/ alle Merkmale eines folgenden Konsonanten erbt.
In der Merkmalsgeometrie werden solche Daten durch die Ausbreitung des Wurzelknotens erfaßt. Da der Wurzelknoten alle anderen
Merkmale und Knoten dominiert, unterliegen auch diese der Assimi-

lation. Die totale Assimilation von /n/ zu [b] vor [b] ist in (27) gezeigt.
Das Symbol 'X' ist eine **Skelettposition** — eine Einheit, die den Wurzelknoten dominiert. Die Skelettpositionen werden in §8.6 erläutert.

(27)   X   X   →   X   X
       | | |⌐---------------⌐
       n   # #   b   n   b

Die Symbole 'n' und 'b' in (27) sind lediglich Abkürzungen für die
entsprechenden Wurzelknoten und alle von ihnen dominierten Merkmale.

7.9 Neutralisierungen und privative Merkmale

In der Merkmalsgeometrie haben Regeln der Neutralisierung und der
Dissimilation den Effekt, bestimmte Assoziationslinine zwischen zwei
Merkmalen (und alle von ihnen dominierten Merkmale) zu löschen.
Betrachten wir als Beispiel die Regel der Auslautverhärtung, die in
finaler Position stimmhafte Obstruenten in die entsprechenden stimmlosen verwandelt. In der Merkmalsgeometrie könnte man diese Regel
wie in (28a) formulieren: Die Regel besagt, daß [+sth] in finaler Position getilgt wird ([LARYNGAL] ist von [−son] dominiert). Um zum
Ausdruck zu bringen, daß alle Laute, die (28a) unterliegen, phonetisch
stimmlos sind, gäbe es nach dieser Analyse eine Redundanzregel
(siehe §4.6), die besagt, daß alle Laute, die keine Spezifikation für
[±sth] haben, [−sth] sind. Diese Redundanzregel hat die Form in (28b):
Sie fügt [−sth] hinzu.

(28a)   [LARYNGAL] #   (28b)   [LARYNGAL]
            ‡   ¦
         [+sth]   [−sth]

Eine andere Möglichkeit zur Erfassung von Neutralisierungen wie der
Auslautverhärtung, die von einigen Phonologen vorgeschlagen wurde
(siehe z.b. Lombardi 1994), besteht darin, das Merkmal [sth] als ein
privatives Merkmal zu analysieren (siehe §4.5). Dies bedeutet, daß
stimmhafte Obstruenten wie /b d g/ in der zugrundeliegenden Form

[STH] sind, während die stimmlosen Gegenstücke wie /p t k/ für das Merkmal nicht spezifiziert sind.
Wenn diese Analyse des Merkmals [STH] zutrifft, hat dies Konsequenzen für die Neutralisierung in (28a): Die Neutralisierung tilgt das Merkmal [STH] in finaler Position und die Redundanzregel in (28b) ist überflüssig. Laute wie [p t k], die über keine laryngalen Merkmale verfügen, werden in der Phonetik als stimmlos interpretiert.

7.10 Komplexe Segmente

Viele Sprachen verfügen über **komplexe Segmente** (engl. **complex segments**) — Sprachlaute, die aus zwei Segmenten zu bestehen scheinen, obwohl sie als Einzelsegmente realisiert werden. Beispiele sind u.a. Labiovelare wie [w] und Affrikaten wie [p͡f t͡s]. Im Rahmen der nichtlinearen Phonologie (bzw. der Merkmalsgeometrie) wurden in den letzten Jahren einige Vorschläge zur Repräsentation komplexer Segmente gemacht, die in diesem Abschnitt kurz erläutert werden.

7.10.1 Segmente mit zwei Artikulatorknoten

Viele Sprachen verfügen über Segmente, die mit zwei Artikulatoren ausgesprochen werden. Das sind Laute, die in der Phonetik als Doppelartikulationen bezeichnet (siehe §1.4) und in der Merkmalsgeometrie mit zwei Artikulatorknoten dargestellt werden. Ein Beispiel ist der labiovelare Approximant [w], z.B. im Englischen *win* [wɪn] 'gewinnen'. Labiovelare Laute werden sowohl mit den Lippen als auch mit dem Dorsum artikuliert. Der Ortsknoten von [w] dominiert folglich die zwei Merkmale [LAB] und [DORS] wie in der partiellen Repräsentation in (29a) gezeigt:

(29a)   [ORT]   (29b)   [ORT]

   [LAB]   [DORS]   [KOR]   [DORS]

Ein wichtiger Aspekt der Repräsentation in (29a) ist der, daß die zwei Artikulatorknoten [LAB] und [DORS] phonetisch simultan realisiert werden. Dies bedeutet, daß diese beiden Merkmale in der phonologischen Repräsentation entweder in dieser Reihenfolge dargestellt sein können, oder in der umgekehrten, d.h. [DORS] vor [LAB].

Ein zweites Beispiel für einen labiovelaren Laut sind die komplexen Plosive [k͡p] und [g͡b], die in einigen Sprachen Westafrikas belegt sind, z.b. Igbo [ag͡ba] 'Kiefer'. Labiovelare Plosive wie [k͡p] und [g͡b] sind keine Abfolgen von [k]+[b] bzw. [g]+[b], sondern Einzellaute, deren zwei Bestandteile simultan realisiert werden. [k͡p] und [g͡b] haben folglich auch die partielle Repräsentation in (29a).

Ein drittes Beispiel für Laute, die über die partielle Repräsentation in (29a) verfügen, sind gerundete Vokale wie [y ø u o]. Diese Segmente werden mit gerundeten Lippen und einem gehobenen Dorsum realisiert. Der Ortsknoten von allen gerundeten Vokalen dominiert folglich sowohl [LAB] als auch [DORS] wie in (29a).

Ein weiteres Beispiel für komplexe Segmente mit zwei Artikulatorknoten sind Schnalzlaute (siehe Kapitel 1). Der dentale Schnalzlaut [|] in der Sprache !Xóõ, z.B. [k|ʔâa] 'sterben', wird beispielsweise mit einer simultanen Artikulation von Zungenblatt und Dorsum ausgeführt. In der Merkmalsgeometrie wird dieser Laut mit einem Ortsknoten dargestellt, der sowohl [KOR] als auch [DORS] dominiert, vgl. (29b)

Man beachte, daß die zwei Artikulatorknoten aller bisher beschriebenen komplexen Segmente alle übrigen Merkmale teilen. Die beiden 'Teile' von [g͡b] sind beispielsweise [+sth], [–kont] usw. Es gibt aber auch komplexe Segmente, deren zwei Artikulatorknoten über verschiedene Merkmale der Artikulationsart verfügen, nämlich Segmente mit einer sekundären Artikulation. Dies sind beispielsweise palatalisierte Segmente wie [pʲ tʲ kʲ] und labialisierte Laute wie [pʷ tʷ kʷ]. Die genaue Form der Merkmalsbäume solcher Segmente ist sehr umstritten; alle bisher postulierten Modelle müssen zum Ausdruck bringen, daß die relevanten Artikulatorknoten 'nur eine Hälfte' der Repräsentation beschreiben. Dies wird sei mit der folgenden Repräsentation für /tʷ/ illustriert:

(30)   /tʷ/:

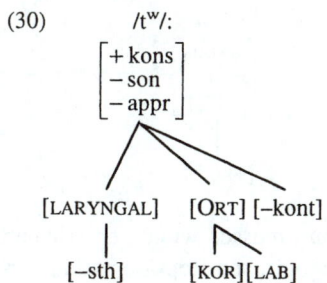

Der Merkmalsbaum in (30) kann nicht zum Ausdruck bringen, daß sich [+kons, –son, –appr], [–kont], [–sth] und [KOR] nur auf /t/ und nicht auf /w/ beziehen. Merkmalsbäume für sekundäre Artikulationen werden u.a. von Sagey (1986) und Clements & Hume (1995) behandelt.

7.10.2 Kontursegmente

In diesem Abschnitt werden wir Laute besprechen, die sowohl über den '+' als auch den '–' Wert von [±kont] verfügen, nämlich die Affrikaten. Aus Gründen, die unten erläutert werden, werden diese Laute manchmal als **Kontursegmente** (engl. **contour segment**) bezeichnet.

Phonetisch gesehen nehmen Affrikaten ungefähr dieselbe Zeit ein wie einfache Plosive, z.B. [p t k]. Im Rahmen der Merkmalsgeometrie wird folglich angenommen, daß sowohl Affrikaten als auch Plosive (und Frikative) jeweils einen einzigen Wurzelknoten haben. Wenn man nur das Merkmal [±kont] berücksichtigt, sind Plosive wie /p b t d/ [–kont] und Frikative wie /f v s z/ [+kont], vgl. die partiellen geometrischen Repräsentationen in (31b) und (31c). Nach einer vielfach angenommenen Repräsentation von Affrikaten wie /p͡f t͡s/ sind solche Segmente [–kont] *und* [+kont]. Nach diesem Vorschlag unterscheiden sich die zwei Segmente /t/ und /t͡s/ nur dadurch, daß /t/ [–kont] ist und /t͡s/ [–kont] und [+kont]. Dies ist in (31a) gezeigt.[7]

---

[7] Repräsentationen für Affrikaten wie die in (31a) wurden u.a. von Sagey (1986) und Lombardi (1990) verteidigt.

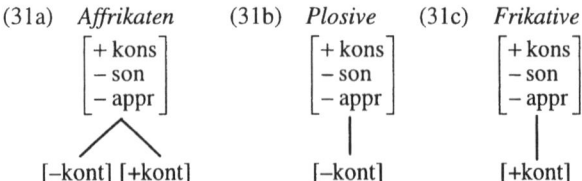

(31a) *Affrikaten*   (31b) *Plosive*   (31c) *Frikative*

Die beiden Merkmale [–kont] und [+kont] müssen wie unten erläutert wird, in dieser Reihenfolge in der phonologischen Repräsentation vorkommen.

Die vollständigen Bäume für Affrikaten schließen auch laryngale Merkmale, Ortsmerkmale sowie andere Merkmale der Artikulationsart ein. Die zwei Repräsentationen in (32) stellen /p͡f/ und /t͡s/ dar:

(32)   /p͡f/   /t͡s/

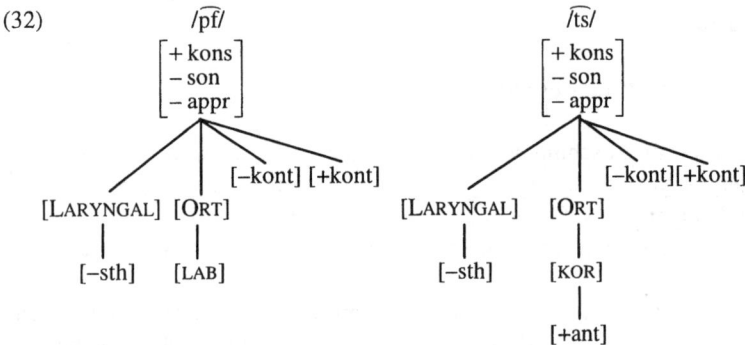

Die oben beschriebene Analyse der Affrikaten unterscheidet sich von Merkmalsrepräsentationen in der linearen Phonologie (siehe Kapitel 4) und von den bisher besprochenen nichtlinearen Merkmalsbäumen in zwei wesentlichen Aspekten:

(i) In der linearen Phonologie wird angenommen, daß ein einzelnes Segment nur eine *einzige* Spezifikation eines binären Merkmals haben kann; mit anderen Worten, der '+' Wert eines Merkmals schließt den '–' Wert desselben Merkmals aus;

(ii) In der linearen Phonologie wird angenommen, daß alle Merkmale eines Segments zeitlich ungeordnet sind (siehe §6.2); in den Repräsentationen in (32) jedoch geht die [−kont] Phase einer Affrikate der [+kont] Phase voraus.[8]

Aufgrund von (ii) werden Affrikaten oft Kontursegmente genannt, denn sie ähneln Repräsentationen für Konturtöne wie [â], in denen ein Ton einem anderen im zeitlichen Kontinuum vorausgeht, siehe z.b. (12) in §6.3.1.[9]

7.10.3 Evidenz für komplexe Segmente

Eine fundamentale Frage ist, ob 'Abfolgen' von [p] und [f] bzw. [t] plus [s] in einer Sprache tatsächlich als Sequenzen zweier Segmente oder ob sie als Einzelsegmente zu werten sind. Ein kurzes Beispiel wurde in §2.5 besprochen. Es sollte zeigen, daß 'pf' in wortfinaler Position im Deutschen eine Affrikate ist. In der Regel wird die Phonotaktik als Hauptargument verwendet, d.h. wenn 'pf' sich wie ein einziges Segment in einer Sprache verhält, dann wird 'pf' als Affrikate analysiert (siehe Aufgabe 2).

Betrachten wir jetzt die Repräsentation für Affrikaten in (32). Diese Strukturen sagen vorher, daß (i) Affrikaten und Plosive zusammen die natürliche Klasse der [−kont, −son] Laute bilden, und (ii) Affrikaten und Frikative zusammen die natürliche Klasse der [+kont, −son] Laute bilden.

Vorhersage (i) wird in vielen Sprachen bestätigt. Ein typisches Beispiel liefert das Zoque (Wonderly 1951). In dieser Sprache werden

---

[8] Der Leser sei daran erinnert, daß man auch in der Merkmalsgeometrie annimmt, daß alle Merkmale eines Segments gleichzeitig artikuliert werden. Die in Fußnote 2 erwähnten 'Ausnahmen' sind z.b. die Affrikaten.

[9] Anzumerken ist, daß Lombardi (1990) versucht, die 'Konturrepräsentation' von Affrikaten abzuschaffen. Die alternativen Merkmale für Affrikaten im folgenden Abschnitt kommen auch ohne Kontursegmente aus.

Ein anderes Beispiel für Kontursegmente sind **pränasalierte Plosive** (engl. **prenasalized stops**). Dies sind 'Kombinationen' eines (stimmhaften) Plosivs und eines homorganen Nasals, die sich phonetisch und phonologisch wie Einzelsegmente verhalten. Pränasalierte Plosive werden folglich wie Einzelsegmente transkribiert, nämlich [^{m}b ^{n}d $^{\eta}$g], z.b. Suaheli [^{n}dizi] 'Banane'; Sinhala [la^{n}da] 'blind' (vgl. das Wort [landa] 'Dickicht' in derselben Sprache). Nach einer vielfach angenommenen Repräsentation für pränasalierte Plosive (siehe Sagey 1986) werden [+nas] und [−nas] in dieser Reihenfolge direkt mit dem Wurzelknoten verbunden.

stimmlose Plosive nach Nasalen immer als ihre stimmhaften Gegenstücke realisiert, wie in (33a) gezeigt. (33b) illustriert, daß die Affrikaten derselben Regel unterliegen, denn /t͡ʃ/ erscheint in diesem Kontext stets als [d͡ʒ]. Die Daten in (33c) zeigen, daß Frikative wie /s/ der
Regel der Stimmhaftigkeitsassimilation nicht unterliegen.

(33a)   /maŋ+pa/   [maŋba]   'er geht'
        /ken+pa/   [kenba]   'er sieht'
        /min+tam+ʌ/   [mindamʌ]   'komm!'
        /pʌn+kʌsi/   [pʌngʌsi]   'auf einem Mann'
(33b)   /pʌn+t͡ʃʌki/   [pʌnd͡ʒʌki]   'Figur eines Mannes'
(33c)   /win+saʔu/   [winsaʔu]   'er hat sich erholt'

Wichtig hierbei ist, daß Plosive und Affrikaten zusammen die natürliche Klasse der [−kont, −son] Segmente bilden, denn sie lösen die
Regel aus.

Eine Schwäche der oben beschriebenen Repräsentation von Affrikaten
besteht darin, daß Vorhersage (ii) nicht bestätigt wird (siehe Clements
1999). Obwohl sich einige Regeln in den Sprachen der Welt auf Affrikaten und Frikative zusammen beziehen, sind diese Segmente immer
Sibilanten wie /s ʃ t͡s/. Mit anderen Worten, es gibt so gut wie keine
Regeln, in denen Affrikaten und nichtsibilantische Frikative wie /θ ç x/
etc. zusammen eine natürliche Klasse bilden.

Clements (1999) (auch schon Rubach 1994; basierend auf Jakobson et
al. 1952) folgert daraus, daß Affrikaten als 'strident stops' zu analysieren sind, also /t͡s t͡ʃ/ usw. [−kont, −son, +sibil] sind. Diese Analyse
hat nicht nur den Vorteil, daß die oben beschriebene natürliche Klasse
von Affrikaten und sibilantischen Frikativen erfaßt werden kann, sondern auch, daß Affrikaten nicht mehr als Kontursegmente analysiert
werden müssen.[10]

---

[10] In Fußnote 4 wurde darauf hingewiesen, daß manche Linguisten der Ansicht sind,
daß [±sibil] eine Tochter von [KOR] ist. Ein Argument gegen dieses geometrische
Verhältnis besteht darin, daß es auch nichtkoronale Affrikaten wie /p͡f/ gibt.

Historischer Überblick und weiterführende Literatur

Zu den ersten Studien über Merkmalsgeometrie zählen die bereits zitierten Arbeiten von Clements (1985), Sagey (1986) und McCarthy (1988). Der letzte Aufsatz bietet eine gute Darstellung der Merkmalsgeometrie für Einsteiger. Generelle weiterführende Werke sind Keyser & Stevens (1994), Kenstowicz (1994: Kapitel 9) und Clements & Hume (1995).

In den letzten Jahren sind zahlreiche Studien zu verschiedenen Aspekten der Merkmalsgeometrie erschienen. Lombardi (1994) ist eine ausführliche Arbeit über die laryngalen Merkmale, Iverson & Salmons (1995) bespricht speziell die laryngalen Merkmale in den germanischen Sprachen. Paradis & Prunet (1991), Hume (1992) und Hall (1997) behandeln koronale Laute, wobei Hume (1992) den Zusammenhang zwischen koronalen Konsonanten und vorderen Vokalen hervorhebt. Die Konstituenz unter den vier Artikulatorknoten ist Thema mehrerer Studien. Rice (1994) und Hall (1997) argumentieren beispielsweise dafür, daß [LAB] und [DORS] eine Einheit bilden. Im Gegensatz dazu plädieren Clements & Hume (1995) dafür, daß [KOR] und [DORS] von einem [LINGUAL] Knoten dominiert sind. Der Zusammenhang zwischen den Ortsmerkmalen und dem Merkmal [±kont] wird unter anderem in Clements (1987) und van de Weijer (1994) untersucht. Die erstgenannte Studie stellt die Hypothese auf, daß [±kont] und [ORT] von einem gemeinsamen [ORAL CAVITY] Knoten dominiert wird, der eine unmittelbare Tochter des Wurzelknotens ist. Der in diesem Kapitel erwähnte umstrittene Status von [±lat] wird unter anderem in Rice & Avery (1991) und Blevins (1994) behandelt.

Eine der ersten detaillierten Studien über die nichtlineare Repräsentation von komplexen Segmenten ist Sagey (1986). Historisch gesehen gehen die in diesem Kapitel dargestellten Repräsentationen auf ältere Vorschläge zurück, z.B. Campbell (1974). Ein empfehlenswertes weiterführendes Werk zum selben Thema ist van de Weijer (1994). Zu den in letzter Zeit erschienenen Arbeiten speziell über Affrikaten zählen Clements &⁷ Keyser (1983), Lombardi (1990), Rubach (1994) und Clements (1999).

In den letzten Jahren sind Theorien entstanden, die statt der in diesem Kapitel dargestellten Merkmalsbäumen andere geometrische Repräsentationen für Segmente verwenden. Zu diesen Theorien zählen **Dependency Phonology** (Anderson & Ewen 1987) und **Charm and Government Phonology** (Kaye, Lowenstamm & Vergnaud 1985). Der interessierte Leser sei auf Roca (1994) hingewiesen, der diese beiden Theorien kurz darstellt.

Aufgaben

(1)   Gehen Sie in dieser Aufgabe vom folgenden Lautsystem aus:

p b   t d   k g   i   u
f v   s z   x ɣ   e   o
m   n   a

Stellen Sie vollständige Merkmalsbäume nach dem Modell in §7.8 für diese
Segmente auf. Berücksichtigen Sie dabei nur die distinktiven Merkmale, die in
Kapitel 4 dargestellt werden.

(2)   In der afrikanischen Sprache Ewe wird das Partizip Präsens durch die **Reduplikation** des Verbstammes gebildet (Sagey 1986). Reduplikation ist ein
morphologischer Prozeß, bei dem ein Teil eines Wortes wiederholt wird. Die
Beispiele in (i) legen nahe, daß die Reduplikation die Form in (ii) hat:

(i) *Stamm*   *Übersetzung*   *redupl. Form*   *Übersetzung*
     /fo/   'schlagen'   [fofo]   'schlagen' (Präs. Part.)
     /zo/   'gehen'   [zozo]   'gehen' (Präs. Part.)
     /fja/   'brennen'   [fafja]   'brennen' (Präs. Part.)
     /fle/   'kaufen'   [fefle]   'kaufen' (Präs. Part.)

(ii) *Reduplikation*: $/K_a(K_b)(K_c)V/ \rightarrow [K_aV+K_a(K_b)(K_c)V]$

(iii) /kplo/   'führen'   [kpokplo]   'führen' (Präs. Part.)
      /tsi/   'wachsen'   [tsitsi]   'wachsen' (Präs. Part.)

Betrachten Sie die zusätzlichen Daten in (iii). Wie kann man diese redupli-
zierten Formen erklären? Machen Sie einen Vorschlag zur Repräsentation der
in Frage kommenden Konsonantenverbindungen, der vorhersagt, warum
[kokplo] bzw. [titsi] nicht vorkommen.

(3)   ● Stellen Sie aufgrund der Daten in (33) die Regel der Stimmhaftigkeitsassimilation für Zoque auf. Gehen Sie von dem Merkmalsbaum in (25) aus.

8 Silbenphonologie

In Kapitel 2 wurden phonologische Regeln und phonotaktische Beschränkungen eingeführt. Sie wurden auf das Wort und das Morphem bezogen, zwei wichtige Einheiten in der Phonologie. Dieses Kapitel widmet sich einer weiteren Einheit, die in der Phonologie eine entscheidende Rolle spielt: der Silbe. Wir werden besprechen, wie sich Regeln und Beschränkungen auch auf Silbengrenzen beziehen können. Das Kapitel ist folgendermaßen aufgebaut. In §8.1 werden Argumente vorgebracht, die die Silbe als eine phonologische Einheit ausweisen. §8.2 widmet sich der Markiertheit in der Silbenphonologie: Die Silbenstrukturen verschiedener Sprachen werden verglichen und Gemeinsamkeiten besprochen. In §8.3 wird ein Prinzip zur Plazierung von Silbengrenzen in Segmentketten dargestellt. Die Rolle der Silbe in der Phonotaktik und der Begriff der **Sonorität** werden in §8.4 behandelt. §8.5 bietet einen kurzen Überblick über die Silbenstruktur des Deutschen. Nichtlineare Repräsentationen der Silbe werden in §8.6 anhand von Modellen der Silbe diskutiert, die einen 'Onset', einen 'Nukleus', eine 'Koda', und einen 'Reim' einschließen. Es werden in Kapitel 8 auch Vorschläge zur Repräsentation von langen vs. kurzen Segmenten erläutert, nämlich die **Skelettpositionen** ('X-Positionen' oder 'CV-Positionen') und die **Moren**.

8.1 Die Silbe als phonologische Einheit

8.1.1 Die Silbe als Kontext für Regeln

Wie die bisher besprochenen phonologischen Einheiten Morphem und Wort kann auch die Silbe den Kontext für Regeln bilden. Dies sei zunächst anhand eines englischen und eines deutschen Beispiels illustriert.

In vielen Dialekten des Englischen hat das Phonem /t/ mehrere Allophone. Neben dem [t], das nach [s] in Wörtern wie *stand* [stænd] 'stehen' vorkommt, existieren mindestens drei weitere Allophone,

nämlich ein aspiriertes [tʰ], ein geschlagenes [ɾ] und ein glottalisiertes [tˀ]. Im folgenden wird die Verteilung von [tˀ] im amerikanischen Englisch (nach Kahn 1976) besprochen.
Die Daten in (1) zeigen, daß [tˀ] in zwei Kontexten vorkommt, nämlich am Ende eines Wortes, vgl. (1a), und wortintern vor bestimmten Konsonanten, vgl. (1b). Das Segment vor /t/ ist in diesen Fällen [–kons].

(1a)	eat	[iːtˀ]	'essen'
	rabbit	[ɹæbɪtˀ]	'Kaninchen'
	light	[laɪtˀ]	'leicht'
(1b)	atlas	[ætˀləs]	'Atlas'
	butler	[bʌtˀlɹ̩]	'Butler'
	lightning	[laɪtˀnɪŋ]	'Blitz'
	utmost	[ʌtˀmoʊst]	'äußerst'
	catkin	[kʰætˀkʰɪn]	'(Weiden)kätzchen'
(1c)	attract	[ətʰɹækt]	'anziehen'
	waitress	[weɪtʰɹəs]	'Kellnerin'

Die Generalisierung aus (1b) lautet, daß das glottalisierte Allophon [tˀ] vor allen Konsonanten außer 'r' (d.h. [ɹ]) auftritt. Vor [ɹ] wird /t/ immer als [tʰ] ausgesprochen, vgl. (1c).
Wenn die Silbe keine phonologische Einheit wäre, so könnte man die Regel in (2) postulieren, um die Verteilung von [tˀ] zu erfassen. (In (2) bezeichnet 'Kᵣ' die Menge aller Konsonanten außer [ɹ].)

$$(2) \quad /t/ \rightarrow [tˀ] \; / \; [–kons] \; \underline{\quad} \; \begin{Bmatrix} \# \\ K_r \end{Bmatrix}$$

(2) besagt, daß [tˀ] nach [–kons] in zwei Kontexten auftritt, nämlich am Ende eines Wortes und vor allen Konsonanten außer [ɹ].
Regel (2) ist jedoch problematisch: Erstens sind die beiden Kontexte arbiträr, weil eine Wortgrenze keine Gemeinsamkeiten mit der Menge 'alle Konsonanten außer [ɹ]' hat. Mit anderen Worten, die zwei Kontexte in (2) bilden eine Disjunktion. (Siehe die Diskussion über Disjunktionen in Kapitel 2.) Außerdem liefert Regel (2) keine Erklärung, warum [tˀ] vor allen Konsonanten außer [ɹ] vorkommt. Warum sollte sich [ɹ] anders als die anderen Konsonanten verhalten?

Wenn man jedoch die Silbe als phonologische Einheit hinzuzieht, kann man (2) durch die silbenbezogene Regel (3) ersetzen. Sie wird im weiteren als 'Glottalisierung' bezeichnet.[1]

(3)   *Glottalisierung:*   /t/ → [t$^?$] / [–kons] __]$_\sigma$

In der Phonologie ist es üblich, die Silbe mit dem griechischen Buchstaben Sigma 'σ' abzukürzen. Die silbenfinale Position wird mit Hilfe einer rechten Klammer als ']$_\sigma$' gekennzeichnet und die silbeninitiale Position als '.['. Die Glottalisierung in (3) besagt also, daß ein silbenfinales /t/ als [t$^?$] realisiert wird.

Wenn man die Plazierung der Silbengrenzen (die **Silbifizierung**) der Wörter in (1) betrachtet, stellt man fest, daß [t$^?$] stets am Ende einer Silbe auftritt, und daß [t] in dieser Position nicht zulässig ist. In den Beispielen in (1a) steht [t$^?$] am Silbenende, weil das Ende eines Wortes auch das Ende einer Silbe ist. Die zwei Wörter *eat* und *light* werden beispielsweise als [.iːt$^?$.] und [.laɪt$^?$.] silbifiziert, wobei der Punkt '.' in der phonetischen Transkription eine Silbengrenze kennzeichnet. Die Wörter in (1b) enthalten die Abfolge /VtKV/, wobei die Silbengrenze hinter /t/ liegt. Ein repräsentatives Beispiel ist das Wort *atlas* in (4a). Wo, wie in diesem Fall, die Wortgrenzen mit den Silbengrenzen übereinstimmen, läßt man die Silbengrenzen der Einfachheit halber weg, d.h. [æt$^?$.ləs] statt [.æt$^?$.ləs.].

(4a)   [æt$^?$.ləs]   (4b)   [weɪ.t^{h}ɹəs]

Die Wörter in (1c) enthalten die Abfolge /VtɪV/. Im Gegensatz zu den Beispielen in (1b) befindet sich in den Wörtern in (1c) die Silbengrenze *vor* dem /t/, wie z.B. im Wort *waitress* in (4b). Diese Silbifizierung wird dadurch unterstützt, daß nur silbeninitiale /p t k/ aspiriert werden (siehe §8.6.4).

Die silbenbezogene Regel in (3) bietet eine Erklärung für das Auftreten von [t$^?$] vor allen Konsonanten außer [ɹ]. In *waitress* und in

---

[1] Kahn (1976) weist darauf hin, daß für viele Sprecher auch /p k/ der Glottalisierung unterliegen.

ähnlichen Beispielen liegt die Silbengrenze vor dem /t/, während die
Silbengrenze in *atlas* usw. nach dem /t/ liegt. Mit anderen Worten, /t/
und nachfolgendes /ɹ/ gehören immer zu derselben Silbe, und das /t/ ist
in dem Fall nicht am Silbenende. Ein Prinzip zur Festlegung der
Silbengrenzen wird unten in §8.3 besprochen.
Auch im Deutschen gibt es zahlreiche Regeln, die die Silbe als Domäne haben. Die folgenden Alternationen (siehe dazu §2.3) zeigen, daß
die Auslautverhärtung sowohl am Ende eines Wortes operiert, vgl.
(5a), als auch wortintern vor bestimmten Konsonanten, vgl. (5b).

(5a)	Lob	[loːp]	lob+e	[loːbə]
	Rad	[ʀaːt]	Rad+es	[ʀaːdəs]
	Tag	[taːk]	Tag+e	[taːɡə]
	Nerv	[nɛʀf]	nerv+ös	[nɛʀvøːs]
	Haus	[haʊs]	Haus+es	[haʊzəs]
	orange	[ʔoʀaŋʃ]	Orange	[ʔoʀaŋʒə]
(5b)	streb+sam	[ʃtʀeːpzaːm]	streb+e	[ʃtʀeːbə]
	Bünd+nis	[bʏntnɪs]	Bund+es	[bʊndəs]
	bieg+sam	[biːkzaːm]	bieg+en	[biːɡən]
	les+bar	[leːsbaʁ]	les+en	[leːzən]

Die in Kapitel 2 aufgestellte Regel der Auslautverhärtung operiert nur
am Ende eines Wortes und erfaßt somit nicht die Daten in (5b). Eine
mögliche Alternative, die allerdings unten verworfen wird, wäre Regel
(6), wobei '+K' ein konsonantanlautendes Morphem darstellen soll.
Die Beschränkung des Kontexts auf Morpheme, die mit Konsonant
anlauten, ist notwendig, weil die Auslautverhärtung nicht vor vokalinitialen Suffixen operiert, wie man anhand der Daten in der zweiten
Spalte in (5) erkennen kann.

(6) $[-\text{son}] \rightarrow [-\text{sth}] / \_\_ \left\{ \begin{matrix} \# \\ +\text{K} \end{matrix} \right\}$

Die Regel (6) kann zwar alle Daten in (5) korrekt erfassen, aber sie
kann nicht erklären, warum die Auslautverhärtung ausgerechnet diese
zwei Kontexte hat. Warum sollten Morpheme, die mit einem Konsonanten anlauten, denselben Effekt haben wie die wortfinale Position?

Wenn man jedoch die Silbe als phonologische Einheit zuläßt, dann ergibt sich eine Erklärung für die Tatsache, daß die beiden Kontexte 'am Ende eines Wortes' und 'vor konsonantanlautendem Morphem' als Einheit fungieren. Die Generalisierung ist, daß sowohl der wortfinale Konsonant als auch der Konsonant, der unmittelbar vor '+K' vorkommt, am Ende einer Silbe stehen. Die Auslautverhärtung wird somit als silbenbezogener Prozeß verstanden:

(7) *Auslautverhärtung:* [–son] → [–sth] / __]$_\sigma$

Die wortfinalen Konsonanten in (5a) stehen am Ende einer Silbe, weil hier das Ende des Wortes immer auch das Ende einer Silbe ist, z.B. [.taːk.]. Die stammfinalen Obstruenten in der ersten Spalte in (5b) stehen ebenfalls in silbenfinaler Position, wie z.B. das [k] in dem Wort *bieg+sam* in (8a). Im Gegensatz dazu unterliegt ein prävokalischer Obstruent niemals der Auslautverhärtung, weil dieses Segment am Anfang einer Silbe steht, vgl. das [g] in *biegen* in (8b).

(8a) [biːk.zaːm]   (8b)   [biː.gən]

Weitere Evidenz dafür, daß die Auslautverhärtung im Deutschen ein silbenbezogener Prozeß ist, liefert die Aussprache von Lehnwörtern. So wird beispielsweise die irakische Hauptstadt im Standarddeutschen [bak.dat] und nicht [bag.dad] oder [bag.dat] ausgesprochen; der Vorname *Edgar* [ʔɛt.gaɐ] und nicht [ʔɛd.gaɐ] und *Rugby* [ʀak.bi] und nicht [ʀag.bi] (vgl. engl. *E[d]gar* und *ru[g]by*). Diese Beispiele zeigen, daß ein wortinterner Obstruent in silbenfinaler Position stimmlos ist und daß diese Regel produktiv auf neue Entlehnungen angewendet wird. Der Kontext der Auslautverhärtung wird in §8.6.1.1 erneut aufgegriffen.

Die Silbifizierung der Daten in (8) illustriert einen weiteren wichtigen Punkt: Silbengrenzen stimmen nicht immer mit den Morphemgrenzen überein. In (8a) befindet sich die Silbengrenze an derselben Stelle wie die Morphemgrenze (vgl. *bieg+sam*). Im Gegensatz dazu liegt die Silbengrenze in dem Wort in (8b) und in den Beispielen in der zweiten Spalte von (5) vor dem Obstruenten, aber die Morphemgrenze befindet sich dahinter, wie in *bieg+en*. Dies wird durch das Wort [biː.gən] in (9) veranschaulicht, wobei Morphem mit 'M' abgekürzt wird.

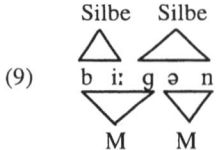

(9)

8.1.2 Die Silbe in der Phonotaktik

In Kapitel 1 wurden Beispiele phonotaktischer Beschränkungen auf-
gezeigt, die sich auf den rechten bzw. den linken Rand eines Wortes
beziehen. Genau wie das Wort kann auch die Silbe Domäne von
phonotaktischen Bedingungen sein (Hooper 1976). Dies ist ein
weiteres Argument dafür, daß die Silbe eine phonologische Einheit ist.
Im folgenden werden wir Beispiele solcher phonotaktischer Beschränkungen besprechen.
Ein Beispiel für eine silbenbezogene phonotaktische Bedingung ist die
Beschränkung im Englischen, die /tl/ (oder /dl/) in silbeninitialer
Position ausschließt. Auf den ersten Blick könnte man meinen, daß
sich die Bedingung, die diese **Cluster** ausschließt, auf das Wort
bezieht, vgl. (10a). Der Wortkontext in (10a) ist jedoch unvollständig,
weil /tl/ und /dl/ auch wortintern ausgeschlossen sind, wenn sie in
silbeninitialer Position stehen, also in *V.dlV, *V.tlV. Wörter wie
atlas (siehe (1b)) sind nur scheinbare Gegenbeispiele, denn die phonetische Form in solchen Beispielen enthält immer das glottalisierte
Allophon des /t/ (z.B. [æt$^?$.ləs]). Die Aussprache zeigt, daß dieses
Segment am Ende einer Silbe steht. Es gibt dagegen kein englisches
Wort, in dem /tl/ oder /dl/ am Anfang einer Silbe stehen (z.B. *[a.t̑las]
bzw. *[a.t^{h}las] in enger Transkription). Der richtige Kontext für die
Bedingung, die /tl dl/ ausschließt, ist also die Silbe, vgl. (10b).

(10a)   * # tl dl   (10b)   * $_\sigma$[tl dl

In §8.5 wird eine ganz ähnliche Restriktion für das Deutsche aufgestellt.
In Anlehnung an Clements & Keyser (1983) werden wir Beschränkungen wie (10b) als **Silbenstrukturbedingungen** (engl. **syllable
structure conditions**) bezeichnen. Silbenstrukturbedingungen sind
phonotaktische Beschränkungen, die sich auf die Silbe beziehen. So

wie alle anderen phonotaktischen Beschränkungen können sie positiv
oder negativ sein. (10b) ist ein Beispiel für eine negative Silbenstrukturbedingung.
Die Phonologen sind sich zwar einig, daß die Silbe die Domäne für
phonotaktische Bedingungen sein kann. Damit ist jedoch nicht
gemeint, daß *alle* phonotaktischen Beschränkungen silbenbezogen
sind. Es gibt z.b. Beschränkungen, die sich auf das Wort oder auf das
Morphem beziehen. Ein Beispiel für den Wortkontext ist dem
Deutschen zu entnehmen. Im Standarddeutschen ist nur [z] und nicht
[s] am Anfang eines Wortes vor Vokal möglich, vgl. *sehen* [zeːən],
Sonne [zɔnə] (siehe Kapitel 2, Aufgabe 10). Dies wird durch eine
Beschränkung erfaßt, die wortinitiale [s]+Vokal ausschließt, wie in
(11a).

(11a)   * # sV   (11b)   * ₒ[sV

Man kann (11a) nicht als Silbenstrukturbedingung umformulieren, wie
in (11b), weil wortinternes [s] in silbeninitialer Position doch zulässig
ist, etwa in *reißen* [ʀaɪ.sən].
Es gibt auch phonotaktische Beschränkungen, die sich auf das Morphem beziehen. In der traditiononellen Literatur werden sie als **Morphemstrukturbedingungen** (engl. **morpheme structure conditions**)
bezeichnet. Im Deutschen lauten beispielsweise viele Wörter auf zwei
Frikative aus (z.B. *Hofs, Krachs*). In solchen Beispielen liegt jedoch
immer eine Morphemgrenze zwischen den beiden Frikativen, z.B.
Hof+s, Krach+s. Es gibt kein deutsches *Morphem*, das auf zwei
Frikative auslautet. Die Bedingung, die zwei Frikative ausschließt,
wenn diese beiden Segmente zum selben Morphem gehören, ist eine
Morphemstrukturbedingung.[2]

---

[2] Der Leser sei darauf hingewiesen, daß Silbenstrukturbedingungen in den Sprachen
der Welt viel häufiger sind als Morphemstrukturbedingungen.
Zu Beispielen für englische Morphemstrukturbedingungen siehe Davis (1991).
Einige Linguisten haben aber Morphemstrukturbedingungen grundsätzlich in Frage
gestellt, z.b. Hooper (1976) und Paradis & Prunet (1993).

8.2 Markiertheit in der Silbenphonologie

In diesem Abschnitt werden wir phonotaktische Restriktionen in verschiedenen Sprachen vergleichen und dabei feststellen, daß es sprachübergreifende Generalisierungen für markierte und unmarkierte Silben gibt, entsprechend dem Begriff der Markiertheit in Kapitel 3. Diese Generalisierungen stellen Tendenzen dar, die sich auf die Zahl von Konsonanten am linken Rand der Silbe (dem **Silbenanlaut** oder **Anfangsrand**) bzw. am rechten Rand (dem **Silbenauslaut** oder **Endrand**) beziehen. Andere Markiertheitsbedingungen beziehen sich auf die Segmente im **Silbenkern** (oder **Silbengipfel**).[3]

8.2.1 Das Silbenanlautgesetz

Die Vielfalt der Sprachen der Welt zeigt sich ganz deutlich in den Konsonantenverbindungen, die in silbeninitialer Position zugelassen sind. In manchen Sprachen sind in dieser Position mehrere Segmente erlaubt, in anderen nur eine kleine Zahl. Beispiele für Sprachen, in denen die Höchstzahl von Konsonanten im Silbenanlaut bei vier oder mehr liegt, sind in (12a) aufgeführt, Sprachen, die in dieser Position höchstens einen Konsonanten zulassen, in (12b).[4]

(12a)	*Beispiel*	*Übersetzung*	*Sprache*
	[vzdwuʂ]	'entlang'	Polnisch
	[fspla.nout]	'aufflammen'	Tschechisch
	[vptskvni]	'ich schäle'	Georgisch
(12b)	*Beispiel*	*Übersetzung*	*Sprache*
	[a.lo.ha]	'Liebe'	Hawaiianisch
	[wa.hi.ne]	'Frau'	Samoanisch
	[duː.xo]	'Hochzeit'	Iraqw

---

[3] Diese Begriffe seien anhand des Wortes [blɪk] illustriert. Die zwei Konsonanten [bl] bilden den Silbenanlaut, der Konsonant [k] den Silbenauslaut und der Vokal [ɪ] den Silbenkern.

[4] Die Quellen der Sprachen in (12) sind Spencer (1996) für Polnisch und Tschechisch, Fähnrich (1986) für Georgisch, Elbert & Pukui (1979) für Hawaiianisch, Bauer (1993) für Samoanisch und Mous (1993) für Iraqw.

Sprachen, in denen die Höchstzahl von Konsonanten im Silbenanlaut bei Null liegt, gibt es nicht. Man bezeichnet Silbenanlaute ohne Konsonanten als 'leer'. Es gibt zwar in einigen Sprachen Silben mit einem leeren Silbenanlaut, aber nicht *alle* Silben in diesen Sprachen beginnen vokalisch. Der erste Silbenanlaut in dem Wort [a.lo.ha] im Hawaiianischen in (12b) ist beispielsweise leer, aber silbeninitiale Konsonanten sind zulässig, wie man an der zweiten und der dritten Silbe in [a.lo.ha] erkennen kann.

In (12) sind Beispiele für zwei 'extreme' Sprachtypen angeführt. Es gibt aber auch Sprachen, die höchstens zwei bis drei Konsonanten im Silbenanlaut zulassen, z.B. Deutsch.

Obwohl die Sprachtypen in (12) beide belegt sind, gibt es Grund zur Annahme, daß Sprachen vom Typ (12b) die unmarkierten darstellen. Diese Annahme, die unten gerechtfertigt werden soll, wird als **Silbenanlautgesetz** bezeichnet — ein Prinzip, das aus zwei Teilen besteht:[5]

(13) *Silbenanlautgesetz*
(13a) $_\sigma$[KV ist weniger markiert als $_\sigma$[V.
(13b) $_\sigma$[K^{n}V ist weniger markiert als $_\sigma$[K^{n+1}V

(13a) und (13b) zusammen ergeben die Aussage, daß ein Konsonant im Silbenanlaut der unmarkierte Fall ist.

Evidenz für das Silbenanlautgesetz liefert u.a. der Befund, daß alle Sprachen $_\sigma$[KV Silben haben, aber keine Sprache nur $_\sigma$[V Silben zuläßt. Hinzukommt, daß es viele Sprachen gibt wie Iraqw in (12b), die nur Silben zulassen, die mit einem einzigen Konsonanten anlauten.

Der Leser sei darauf hingewiesen, daß die komplexen Silbenanlaute in den Beispielen in (12a) in wortinitialer Position stehen. Eine kaum diskutierte, offene Frage ist, ob extrem markierte Silbenanlaute in solchen Sprachen *nur* wortinitial auftreten oder ob sie auch wortintern belegt sind, z.B. V.KKKKV. Ferner ist zu beachten, daß die Anlautverbindungen in (12a) morphologisch komplex sind. Wenn man nur

---

[5] Die hochgestellten Zahlen in (13b) geben die Anzahl der Konsonanten an; n ≥ 1. Obwohl (13) von vielen Phonologen angenommen wird, hat sich im Englischen kein Terminus dafür eingebürgert. Das Silbenanlautgesetz entspricht einem Teil von Vennemanns (1988) 'Head Law'. Siehe auch Pulgram (1970), der (13) anhand typologisch verschiedener Sprachen motiviert hat.

tautomorphemische Konsonantencluster untersucht — Cluster, die zum selben Morphem gehören —, ist die Zahl der zulässigen Konsonanten beträchtlich geringer.

8.2.2 Das Silbenauslautgesetz

In (14a) sind Beispiele für Sprachen angeführt, in denen die Höchstzahl von Konsonanten im Silbenauslaut bei vier oder fünf liegt. In (14b) sind Wörter aus Sprachen aufgelistet, in denen in dieser Position keine Konsonanten erlaubt sind.[6]

(14a)	*Beispiel*	*Übersetzung*	*Sprache*
	[hɛʀpsts]	'Herbsts'	Deutsch
	[t͡sɛhɛjəlɛwtxʷs]	'ihre Kirche'	Upriver Halkomelem
	[χosgwd͡ʒ]	'ich befahl'	Svan
(14b)	*Beispiel*	*Übersetzung*	*Sprache*
	[a.lo.ha]	'Liebe'	Hawaiianisch
	[wa.hi.ne]	'Frau'	Samoanisch
	[a.pá]	'Dach'	Ngiti

Es ist zu beachten, daß die Konsonantenverbindungen der Beispiele in (14a) morphologisch komplex sind. Bei Monomorphemen ist die Zahl der finalen Konsonanten in diesen Sprachen geringer.

Wenn man die Silbenstruktur einer größeren Anzahl typologisch verschiedener Sprachen untersucht, wird man feststellen, daß erheblich mehr Sprachen vom Typ (14b) belegt sind als vom Typ (14a). Man kann diese Generalisierung als **Silbenauslautgesetz** formulieren.[7]

(15)	*Silbenauslautgesetz:* Je weniger Konsonanten in silbenfinaler Position stehen, desto weniger markiert ist die Silbe.

---

[6] Die Quellen für die Sprachen in (14) sind: Galloway (1993) für Upriver Halkomelem, Tuite (1997) für Svan, Elbert & Pukui (1979) für Hawaiianisch, Bauer (1993) für Samoanisch und Lojenga (1993) für Ngiti.

[7] Das Silbenauslautgesetz entspricht Vennemanns (1988) 'Coda Law'. Vorläufer von (15) finden sich bei Jakobson (1962), Malmberg (1963) und Pulgram (1970).

Das Silbenauslautgesetz sagt also die folgende Markiertheitsskala vorher, wobei '<' = 'weniger markiert als'. Die hochgestellten Zahlen in (16) geben die Anzahl der Konsonanten an; n ≥ 0.

(16) $KVK^n]_\sigma < KVK^{n+1}]_\sigma$

Eine Silbe ist umso präferierter, je weniger Konsonanten im Auslaut stehen, d.h. die am wenigsten markierte Silbe lautet auf einen Vokal aus. Silben, die auf Vokal enden, werden als **offene Silben** bezeichnet. Silben, die auf mindestens einen Konsonanten auslauten, sind **geschlossene Silben**. Das Silbenauslautgesetz besagt also, daß offene Silben präferierter als geschlossene Silben sind. Das Silbenauslautgesetz wird nicht nur dadurch bestätigt, daß es viele Sprachen vom Typ (14b), aber wenige vom Typ (14a) gibt. Ein wieteres Argument, daß offene Silben weniger markiert als geschlossene Silben sind, ist, daß *alle* Sprachen offene Silben zulassen, auch die Sprachen in (14a), aber keine Sprache nur geschlossene Silben hat. Dies impliziert, daß offene Silben weniger markiert sind als geschlossene (zum Implikationen vgl. Kapitel 3).

Silbenauslautgesetz und Silbenanlautgesetz ergeben zusammen die Aussage, daß KV die unmarkierte Silbe schlechthin ist, weil KV eine Silbe ist, die sowohl im Silbenanlaut als auch im Silbenauslaut den jeweils am wenigsten markierten Fall darstellt.

8.2.3 Das Silbenkerngesetz

Jede Silbe enthält einen Laut, der den Silbenkern bzw. den Silbengipfel bildet. Der Silbenkern ist meistens ein Vokal, z.B. der Vokal [a] in der Silbe [kalt] und die Vokale [ɪ] und [ə] in [zɪl.bə].
Vokale bilden in allen Sprachen Silbengipfel. In vielen Sprachen aber können nicht nur Vokale, sondern auch Nasale und Liquide einen Silbengipfel bilden. Konsonanten, die als Silbengipfel auftreten, wie Nasale und Liquide, werden auch als **silbische Konsonanten** bzw. als 'silbische Nasale' und 'silbische Liquide' bezeichnet (vgl. §1.7.1). Silbische Nasale und Liquide kommen beispielsweise im Deutschen vor, allerdings nur unbetont und nach bestimmten Konsonanten, vgl. (17a). Silbische [m ŋ] treten im Deutschen in der Umgangssprache als Realisierungen von /n/ auf, vgl. (17b).

(17a) lesen   [leː.zn̩]   (17b)   haben   [haː.bm̩]

       Wandel   [van.dl̩]   Haken   [haː.kŋ̍]

Die Beispiele in (17) machen deutlich, daß Nasale und Liquide im Deutschen silbisch sein können. Silbische Obstruenten (z.b. [t̩ k̩ s̩]) kommen dagegen im Deutschen — außer in der Interjektion *pst* [ps̩t] — nicht vor. Segmente wie [t̩ k̩] sind phonetisch möglich und treten in einigen wenigen Sprachen auf (z.b. Tschechisch, Bella Coola, Berber; siehe Bell 1978, Hoard 1978). Die Sprache Imdlawn Tashlhiyt Berber (Dell & Elmedlaoui 1985) hat beispielsweise silbische Obstruenten in Wörtern wie [t̩ft̩kt] 'du hast dich verstaucht' und [tm̩sx̩t] 'du hast verwandelt'. Silbische Obstruenten sind jedoch extrem markierte Segmente, die nur in wenigen Sprachen vorkommen.

Bell (1978) hat einige sprachübergreifende Generalisierungen zum Silbengipfel formuliert. Sie beziehen sich auf die drei natürlichen Klassen 'Vokale', 'Obstruenten' und 'Sonoranten', wobei 'Sonorant' eine Abkürzung für sonorantische Konsonanten ist, also für Nasale und Liquide. In (18a) sind Sprachen genannt, in denen nur Vokale, also weder Sonoranten noch Obstruenten, Silbenkerne sein können. In anderen Sprachen können sowohl Vokale als auch Sonoranten, aber nicht Obstruenten Silbenkerne sein, vgl. (18b). Ein dritter Sprachtyp ist der, in dem Vokale, Sonoranten und Obstruenten Silbengipfel sein können, vgl. (18c).

	Silbenkern	*Sprache*
(18a)	Vokale	Litauisch, Bulgarisch
(18b)	Vokale, Sonoranten	Deutsch
(18c)	Vokale, Sonoranten, Obstruenten	Imdlawn Tashlhiyt Berber
(18d)	Sonoranten, Obstruenten	-------
(18e)	Sonoranten	-------
(18f)	Obstruenten	-------

In (18d)-(18f) sind die übrigen logischen Möglichkeiten aufgezählt. Diese sind jedoch nicht belegt. Mit anderen Worten, es gibt keine Sprache, in der nur Sonoranten und Obstruenten, aber nicht Vokale

Silbengipfel sind, vgl. (18d). Man kann aufgrund der Sprachtypen in (18) das **Silbenkerngesetz** in (19) aufstellen:[8]

(19) | *Silbenkerngesetz*: Sonoranten sind als Silbenkern markierter als Vokale. Obstruenten sind als Silbenkern markierter als Sonoranten.

Die Markiertheit von silbischen Sonoranten kann aufgrund einer Implikation festgestellt werden, die lautet: Wenn eine Sprache Sonoranten als Silbengipfel zuläßt, erlaubt sie auch Vokale als Silbengipfel. Eine ähnliche Implikation gilt für silbische Obstruenten: Wenn eine Sprache Obstruenten als Silbengipfel zuläßt, erlaubt sie auch Sonoranten als Silbengipfel. Die nicht belegten Sprachen in (18d)-(18f) würden also diese Implikationen verletzen.

Bell (1978) zufolge gibt es auch Silbengipfelpräferenzen innerhalb der zwei Kategorien Sonoranten und Obstruenten. So sind beispielsweise bei den Obstruenten Frikative als Silbengipfel weniger markiert als Plosive, d.h. [s̩] ist weniger markiert als [t̩].

8.3 Silbifizierung: Onset-Maximierung

Alle Lautfolgen in der gesprochenen Sprache, z.B. VKV oder VKKV, werden **silbifiziert**, d.h. in Silben eingeteilt. In diesem Abschnitt wird ein wichtiges universelles Prinzip aufgestellt, das die Silbifizierung von Lautketten vorhersagt, z.B. ob die Silbengrenze in VKKV zwischen den beiden Konsonanten (d.h. VK.KV), vor dem ersten Konsonanten (d.h. V.KKV) oder nach dem zweiten (d.h. VKK.V) liegt. Die Silbifizierung eines einzigen intervokalischen Konsonanten als Silbenanlaut ist universell, d.h. VKV wird immer als V.KV und nicht als VK.V silbifiziert. Das folgende Prinzip erfaßt diese Generalisierung:[9]

---

[8] Das Silbenkerngesetz entspricht dem ersten Teil von Vennemanns (1988) 'Nucleus Law'. Siehe auch Bell (1978).

[9] Siehe z.B. Kahns (1976) und Clements & Keyser (1993). Der Terminus 'Onset' wird in §8.6 als Konstituente in der nichtlinearen Repräsentation der Silbe verwendet. In (20) bezieht sich 'Onset' jedoch nur auf die silbeninitialen *Laute*.

(20) | *Onset-Maximierung:* Bilde zuerst den größtmöglichen Silbenanlaut;
     | dann bilde den Silbenauslaut.

Der Terminus 'größtmöglicher Silbenanlaut' wird im folgenden erläutert.
Es wird oft angenommen, daß zugrundeliegende Repräsentationen
keine Silben enthalten. Silben werden gemäß der Onset-Maximierung
nach Regeln zugewiesen (siehe Kahn 1976, Clements & Keyser 1983).
Einzelheiten zu diesem Vorschlag werden in §8.6.5 besprochen.
Will man die universelle Gültigkeit der Onset-Maximierung über-
prüfen, so betrachtet man z.b. VKV-Abfolgen in Einzelsprachen.
Unterliegt der Konsonant phonologischen Regeln, die am Silbenende
operieren, so wäre die Silbifizierung VK.V und würde gegen die
Onset-Maximierung verstoßen. Im Deutschen belegt beispielsweise
das Nichtapplizieren der Auslautverhärtung, daß zugrundeliegende
Formen wie /taːg+ə/ und /loːb+ə/ als [taː.gə] bzw. [loː.bə] silbifiziert
sind. In §8.1 haben wir festgestellt, daß alle silbenfinalen Obstruenten
im Deutschen der Auslautverhärtung unterliegen; da das /b/ in *lobe*
und das /g/ in *Tage* nicht stimmlos werden, kann man folgern, daß
diese Konsonanten silbeninitial sind und nicht silbenfinal.
Es gibt eine Erklärung, warum V.KV die universelle Silbifizierung
solcher Lautketten ist. Die Onset-Maximierung ist in diesem Fall eine
Konsequenz aus zwei unabhängigen Prinzipien, die wir bereits
kennengelernt haben: Die Silbifizierung V.KV erfüllt sowohl das
Silbenanlautgesetz (13a) (weil die zweite Silbe mit einem Konsonanten anfängt) als auch das Silbenauslautgesetz (15) (weil die erste Silbe
auf einen Vokal auslautet). Die Silbifizierung VK.V ist dagegen sehr
markiert, weil beide Prinzipien verletzt werden: Die zweite Silbe fängt
mit einem Vokal an und verstößt somit gegen das Silbenanlautgesetz
(13a); die erste Silbe lautet auf einen Konsonanten aus und ist daher
markierter als eine offene Silbe.
Betrachten wir jetzt die Silbifizierung einer Lautkette, in der zwei
Konsonanten in intervokalischer Position auftreten, also VKKV.
Onset-Maximierung besagt, daß solche Ketten als V.K_aK_bV silbifiziert
werden, wenn die jeweilige Sprache K_aK_b im Silbenanlaut zuläßt. (In
diesem Fall ist K_aK_b der 'größtmögliche' Silbenanlaut, die Indizes 'a'
bzw. 'b' kennzeichnen die Reigenfolge.) Eine Kette wie VbʀV wird
beispielsweise im Deutschen als V.bʀV silbifiziert, weil das Deutsche

viele Silben zuläßt, die mit [bʀ] anlauten, vgl. *bringen*. Die Gültigkeit der Silbifizierung V.bʀV können wir anhand des Beispiels *Fabrik* feststellen: [fa.bʀiːk] (und nicht [fab.ʀiːk]) ist die richtige Silbifizierung, weil das [b] nicht der Auslautverhärtung unterliegt. In anderen Sprachen kann dieselbe Abfolge anders silbifiziert werden, z.B. im Iraqw (vgl. (12b)) müßte die Silbifizierung Vb.rV die richtige sein, weil in dieser Sprache in silbeninitialer (und in silbenfinaler) Position nur ein Konsonant stehen darf. Im Iraqw ist also der größtmögliche Silbenanlaut ein einzelner Konsonant.

Onset-Maximierung kann auch die Silbifizierung der englischen Beispiele in (1b) und (1c) richtig vorhersagen. Beispiele wie *atlas* in (1b) werden als $VK_a.K_bV$ silbifiziert, weil K_aK_b (= /tl/) am Anfang einer englischen Silbe nicht vorkommt. In (1c) wird VtɹV jedoch als V.tɹV silbifiziert, weil /tɹ/ in silbeninitialer Position zulässig ist, vgl. *train* 'Zug'.

Die Onset-Maximierung berücksichtigt Morphemgrenzen: Wenn eine Morphemgrenze zwischen zwei intervokalischen Konsonanten liegt, befindet sich auch die Silbengrenze stets zwischen ihnen, selbst wenn die zwei Konsonanten einen zulässigen Silbenanlaut bilden. Ein Beispiel ist das Kompositum *Weg+rand*, das als [veːk.ʀant] silbifiziert wird, obwohl das Deutsche [gʀ] (und [kʀ]) als Silbenanlaute toleriert, vgl. [gʀoːs], [ʔa.gʀɛ.siːf] (siehe die Diskussion zu diesem Punkt in §10.2.2).

8.4 Phonotaktik und Sonorität

Die Silbe enthält Laute, deren Abfolge streng geregelt ist. So weiß jeder Muttersprachler des Deutschen, daß [bʀɪŋ] eine wohlgeformte Silbe des Deutschen ist, während [ʀbɪŋ] kaum aussprechbar ist. [ʀbɪŋ] ist folglich ein Beispiel für eine systematische Lücke (vgl. Kapitel 2). Dagegen sind nicht existierende Abfolgen mit [kʀ] im Anlaut, z.B. in [kʀant], oder mit [ŋk] im Auslaut, z.B. [maŋk], lediglich zufällige Lücken. Die Lautfolgen [kʀant] und [maŋk] kommen im Deutschen nicht als Morpheme bzw. Wörter vor, aber dennoch sind wohlgeformte deutsche Silben.

Man kann nachweisen, daß diese und ähnliche phonotaktische Restriktionen nicht nur für das Deutsche gelten, sondern auch für eine ganze

Reihe anderer Sprachen. Somit kann man von 'universellen Tendenzen' sprechen. Sie werden im nächsten Abschnitt näher erläutert.

8.4.1 Markiertheit in Konsonantenverbindungen

Zweigliedrige Anlautverbindungen im Deutschen unterliegen, wie
oben angedeutet, bestimmten Restriktionen. Die Wörter in (21a)
belegen, daß die Abfolgen Obstruent+Liquid und Obstruent+Nasal in
wortinitialer Position erlaubt sind. Im Gegensatz dazu zeigen die
'Nicht-Wörter' in (21b), daß die umgekehrte Reihenfolge Liquid+
Obstruent und Nasal+Obstruent wortinitial nicht möglich ist.

(21a)   [kʀaŋk], [plaːn], [fʀeç], [floː], [kniː], [gnaːdə]
(21b)   [lbat], [ʀtoːk], [nkiːl], [ngak]

Wenn man die beiden Klassen Liquid und Nasal zu 'Sonoranten'
zusammenfaßt (=[+son, +kons]), kann man die Generalisierung aufstellen, daß die Abfolge Obstruent+Sonorant im deutschen Wortanlaut
zulässig ist, die Abfolge Sonorant+Obstruent aber nicht.
Die Wörter in (22) zeigen, daß die phonotaktische Bedingung für den
deutschen Auslaut die spiegelbildliche Umkehrung der Bedingung für
den Anlaut ist. Die Wörter in (22a) lauten auf Liquid+Obstruent und
Nasal+Obstruent aus, während die Obstruent+Liquid- und Obstruent+
Nasal-Auslaute der 'Nicht-Wörter in (22b) ausgeschlossen sind.[10]

(22a)   [kalt], [haʀt], [lant], [kʀaŋk]   (22b)   [katl], [hatʀ], [latn], [kʀakŋ]

Man kann also festhalten, daß eine wortfinale Abfolge von Obstruent
+Sonorant im Deutschen unmöglich ist.
Die Beispiele in (21a) und (22a) zeigen, daß die Restriktionen wortinitiale bzw. wortfinale Cluster betreffen. Es gibt jedoch Gründe anzunehmen, daß sich diese Bedingungen auf die Silbe beziehen. Die
deutschen Beispiele in (23a) enthalten eine Abfolge von zwei inter-

---

[10] Konsonantenverbindungen, die aus Obstruent+Nasal oder Obstruent+Liquid bestehen, kommen in Beispielen wie *Atem* [ʔaː.tm̩] und *Wandel* [van.dl̩] nur mit sil-
bischem Sonoranten vor. Im Gegensatz dazu ist der wortfinale Sonorant in den Beispielen in (22b) nichtsilbisch.

vokalischen Konsonanten, also VK_aK_bV, wobei K_a ein Obstruent ist und K_b ein Sonorant. Die Silbifizierung dieser Wörter zeigt, daß eine Folge aus Obstruent+Sonorant am Anfang einer deutschen Silbe zugelassen ist, anderenfalls könnte die Silbengrenze nicht *vor* K_a liegen, vgl. [fa.bʀiːk] und nicht [fab.ʀiːk].

(23a) [fa.bʀiːk], [ʀeː.gnən], [neː.blɪç] (23b) [ʔɪm.kɐ], [fal.tə]

Betrachten wir jetzt die VK_aK_bV Abfolgen in (23b). In diesen Beispielen ist K_a ein Sonorant und K_b ein Obstruent. Im Gegensatz zu der $V.K_aK_bV$ Silbifizierung in (23a) werden die Wörter in (23b) gemäß der Onset-Maximierung als $VK_a.K_bV$ silbifiziert.

Die Beispiele in (23) machen deutlich, daß sich die oben besprochenen phonotaktischen Beschränkungen der An- und Auslautverbindungen auf die Silbe beziehen: $_\sigma$[Obstruent+Sonorant, aber nicht $_\sigma$[Sonorant+Obstruent, sind im Deutschen erlaubt, sowie Sonorant+Obstruent]$_\sigma$, aber nicht Obstruent+Sonorant]$_\sigma$.

Neben dem Deutschen lassen zahlreiche andere Sprachen nur Folgen aus Obstruent+Sonorant, aber nicht Sonorant+Obstruent im Anlaut und Sonorant+Obstruent, aber nicht Obstruent+Sonorant im Auslaut zu. Es wird im folgenden angenommen, daß sich die Generalisierungen in diesen anderen Sprachen wie im Deutschen auf die Silbe und nicht auf das Wort beziehen. Aus Platzgründen werden nur Beispiele aus anderen Sprachen mit wortinitialen bzw. -finalen Clustern aufgeführt.

Die oben besprochenen phonotaktischen Beschränkungen gelten jedoch nicht ausnahmslos, weil es auch Sprachen gibt, in denen Sonorant+Obstruent im Silbenanlaut und Obstruent+Sonorant im Silbenauslaut vorkommen können. Einige Beispiele (aus Clements 1990 und Spencer 1996) sind in (24) angeführt.

(24)

	Beispiel	*Übersetzung*	*Sprache*
	[.msəs.]	'Präriehund'	Klamath
	[.rta.]	'Mund' (Gen. Sg.)	Russisch
	[.te.atr.]	'Theater'	Polnisch
	[.daxl.]	'Einkommen'	Arabisch

Alle Sprachen in (24) lassen außer in den oben aufgeführten Wörtern auch Kombinationen von Obstruent+Sonorant im Silbenanlaut und von Sonorant+Obstruent auch im Silbenauslaut zu. Im Polnischen kommen beispielsweise [tr] und [rt] in silbenfinaler Position vor. Basierend auf diesen Beobachtungen kann man wichtige universelle Generalisierungen über Silbenanlaut- und Silbenauslautverbindungen gewinnen. Es gibt zwei Typen von Sprachen: (i) Sprachen, in denen $_\sigma$[Obstruent+Sonorant, aber nicht $_\sigma$[Sonorant+Obstruent zulässig ist, und (ii) Sprachen, in denen sowohl $_\sigma$[Obstruent+Sonorant als auch $_\sigma$[Sonorant+Obstruent zugelassen sind. Vom Typ (i) sind viele Sprachen belegt, dagegen nur wenige vom Typ (ii). Keine Sprache läßt *nur* $_\sigma$[Sonorant+Obstruent zu. Die folgende Tabelle faßt diese Sprachtypen zusammen.[11]

(25)

Silbenanlaut	*Sprache*
Obstruent+Sonorant	Deutsch
Sonorant+Obstruent, Obstruent+Sonorant	Polnisch
Sonorant+Obstruent	--------

Für den Silbenauslaut gelten die Generalisierungen spiegelbildlich: Es gibt viele Sprachen, in denen Sonorant+Obstruent]$_\sigma$, aber nicht Obstruent+Sonorant]$_\sigma$ vorkommt, und einige Sprachen, in denen Obstruent+Sonorant]$_\sigma$ und Sonorant+Obstruent]$_\sigma$ zugelassen sind, aber keine Sprache, die Obstruent+Sonorant]$_\sigma$ zuläßt, schließt Sonorant +Obstruent]$_\sigma$ aus.

Man kann aufgrund der oben beschriebenen Fakten die Implikationen in (26) postulieren. (26a) zufolge ist $_\sigma$[Sonorant+Obstruent markierter als $_\sigma$[Obstruent+Sonorant. Die Implikation in (26b) zeigt, daß die spiegelbildliche Generalisierung für den Auslaut gilt.

(26a)   Wenn eine Sprache $_\sigma$[Sonorant+Obstruent zuläßt, läßt sie auch $_\sigma$[Obstruent+Sonorant zu.

(26b)   Wenn eine Sprache Obstruent+Sonorant]$_\sigma$ zuläßt, läßt sie auch Sonorant+Obstruent]$_\sigma$ zu.

---

[11] Die hier besprochenen typologischen Generalisierungen beruhen auf der sprachübergreifenden Studie von Greenberg (1978a), die sich allerdings auf *Wort*anlaute und -auslaute beschränkt.

Die Implikation in (26a) sagt also vorher, daß der dritte Sprachtyp in
(25) nicht vorkommt. Nach (26b) gibt es keine Sprache, in der nur
Obstruent+Sonorant]$_\sigma$, aber nicht Sonorant+Obstruent]$_\sigma$ zulässig ist.
Die wichtige Frage ist, warum Silbenanlaute wie $_\sigma$[Sonorant+Obstru-
ent markiert sind (siehe §8.4.2).

Die beiden Klassen Nasale und Liquide unterliegen im Deutschen wie
auch in anderen Sprachen phonotaktischen Restriktionen hinsichtlich
ihrer Abfolge. $_\sigma$[Liquid+Nasal ist beispielsweise markierter als $_\sigma$[Nasal
+Liquid. In einigen wenigen Sprachen existieren sowohl $_\sigma$[Nasal+
Liquid als auch $_\sigma$[Liquid+Nasal Verbindungen. Im Gegensatz dazu
gibt es jedoch keine Sprache, in der $_\sigma$[Liquid+Nasal, aber nicht
$_\sigma$[Nasal+Liquid vorkommt. Im Silbenauslaut gilt wiederum die umgekehrte Generalisierung. Es existieren viele Sprachen, in denen Liquid+
Nasal]$_\sigma$, aber nicht Nasal+Liquid]$_\sigma$ zugelassen ist, z.B. Deutsch; vgl.
[.halm.], [.hɪʀn.], [.ʔɛʀm.lɪç.] vs. *[.ʔamʀ.], *[.haml.]. (Man beachte,
daß das Wort *Hammel* mit einem silbischen [l] ausgesprochen wird,
nicht aber als eine einzige Silbe.) Es gibt auch einige Sprachen, in
denen sowohl Liquid+Nasal]$_\sigma$ als auch Nasal+Liquid]$_\sigma$ vorkommen
(z.B. Polnisch), aber keine Sprache läßt Nasal+Liquid]$_\sigma$ zu und
schließt Liquid+Nasal]$_\sigma$ aus.
Die bisher gewonnenen Generalisierungen zur Markiertheit sind in der
folgenden Tabelle zusammengefaßt.

(27)   *unmarkiert*   *markiert*
         $_\sigma$[Obstruent+Nasal $_\sigma$[Nasal+Obstruent
         $_\sigma$[Obstruent+Liquid $_\sigma$[Liquid+Obstruent
         $_\sigma$[Nasal+Liquid $_\sigma$[Liquid+Nasal
         Nasal+Obstruent]$_\sigma$ Obstruent+Nasal]$_\sigma$
         Liquid+Obstruent]$_\sigma$ Obstruent+Liquid]$_\sigma$
         Liquid+Nasal]$_\sigma$ Nasal+Liquid]$_\sigma$

Im folgenden Abschnitt erörtern wir, warum die Cluster in der zweiten
Spalte in (27) markierter sind als die entsprechenden Cluster in der
ersten Spalte.

8.4.2 Die Sonoritätshierarchie

Das wichtigste universelle phonotaktische Prinzip in der Silbenphonologie, das u.a. die sprachübergreifenden Daten im letzten Abschnitt
erfaßt, beruht auf der **Sonoritätshierarchie** (engl. **sonority hierarchy**). Sämtliche Laute können nach einer **Sonorität** genannten Eigenschaft in Skalen angeordnet werden. Ein Beispiel für eine solche Skala
ist in (28) angeführt. '>' bedeutet 'sonorer als'.

(28) | *Sonoritätshierarchie:* Vokale > Liquide > Nasale > Obstruenten |

Die Sonoritätshierarchie in (28) besagt, daß Vokale die sonorsten
Segmente sind. Der Sonoritätswert der Konsonanten ist bei den
Liquiden am höchsten und nimmt über die Nasale bis zu den Obstru-
enten sukzessive ab.

Was bedeutet 'Sonorität'? Phonetiker gehen häufig davon aus, daß
Sonorität ein auditiver Faktor ist, d.h. je besser wahrnehmbar ein Laut
für den Hörer ist, desto sonorer ist er (Ladefoged 1993). Diese Definition besagt, daß Vokale sonorer sind als Obstruenten, weil Vokale
prominenter, d.h. lauter, sind als Obstruenten. Gemäß dieser auditiven
Definition sind Liquide und Nasale sonorer als Obstruenten.
Grundsätzlich gilt, daß die Sonorität aber nicht nur durch auditive
Faktoren bedingt ist, sondern auch dem Grad der Verengung bei der
Artikulation eines Segments entspricht, d.h. je geringer die Verengung, desto sonorer ist das betreffende Segment. Betrachten wir die
beiden Extreme in der Sonoritätshierarchie (28): Vokale und Obstruenten. Vokale werden per definitionem ohne Hemmung des Luftstroms
gebildet, während Obstruenten durch eine sehr starke Hemmung des
Luftstroms charakterisiert sind. Vokale sind also in dieser Hinsicht
sonorer als Obstruenten. Bei den Liquiden kann man im allgemeinen
sagen, daß sie durch einen höheren Grad der Verengung charakterisiert sind als die Nasale, z.B. kann die Luft bei [ɹ] und bei [l] ohne
große Verengung dem Mund entweichen, während der Luftstrom bei
[n m] usw. im Mundraum gestaut wird. Wir können also festhalten,
daß die Liquide in bezug auf die Hemmung des Luftstroms sonorer
sind als die Nasale.

Die sonorsten Segmente sind also am vokalähnlichsten, während die Segmente, die einen sehr niedrigen Sonoritätswert haben, d.h. die Obstruenten, prototypische Konsonanten sind.[12]

Seit mehr als hundert Jahren ist allgemein bekannt, daß die Struktur der Silben dem **Sonoritätsprinzip** folgt.[13]

(29) | *Sonoritätsprinzip*: In jeder Silbe gibt es ein Segment, das den Silbengipfel bildet, und dem ein oder mehrere Segmente vorangehen und/oder folgen, deren Sonoritätswerte zum Silbengipfel hin zunehmen und danach abnehmen.

Der Silbengipfel ist also das sonorste Segment in der Silbe. Wenn zwei Konsonanten im Silbenanlaut stehen, dann soll der Konsonant, der am Anfang der Silbe steht, weniger sonor sein als der Konsonant, der unmittelbar danach steht. Wenn zwei Konsonanten im Silbenauslaut stehen, hat nach dem Sonoritätsprinzip der Konsonant, der in silbenfinaler Position steht, einen niedrigeren Sonoritätswert als der vorangehende.

Das Sonoritätsprinzip sei an dem Wort *plump* in (30) veranschaulicht. In (30) und forthin gelten die folgenden Abkürzungen: 'V' = Vokal, 'L' = Liquid, 'N' = Nasal, 'O' = Obstruent.

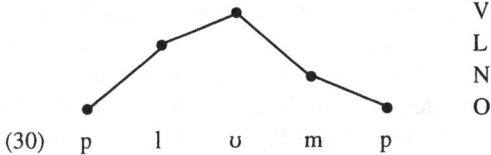

```
                                          V
                                          L
                                          N
                                          O
(30)    p    l    ʊ    m    p
```

[12] Die Definition von Sonorität ist umstritten und somit Gegenstand vieler phonetischer und phonologischer Studien. Der Leser sei auf Ohala & Kawasaki (1984) verwiesen, die sogar behauptet haben, daß Sonorität nicht definierbar sei. Zu alternativen Definitionen von Sonorität siehe Dogil & Luschützky (1990), Clements (1990), Rice (1992) und Hume & Odden (1996).

[13] Siehe u.a. Sievers (1901), Jespersen (1904), Vennemann (1972), Hooper (1976) und Selkirk (1984a). Das Sonoritätsprinzip heißt bei Selkirk und bei anderen Autoren **sonority sequencing generalization**.

In (30) ist [ʊ] der Silbengipfel, d.h. das Segment mit dem höchsten
Sonoritätswert, weil [ʊ] ein Vokal ist. Als Liquid ist [l] nicht so sonor
wie der Silbengipfel [ʊ], aber sonorer als die anderen Segmente in
dieser Silbe. Als Nasal hat [m] einen Sonoritätswert, der nicht so hoch
ist wie der von [l], aber höher als der von [p]. Dieses Beispiel soll das
Sonoritätsprinzip illustrieren: Die beiden Segmente im Silbenanlaut
bilden einen Sonoritätsanstieg, weil [l] sonorer ist als [p]. Umgekehrt
bilden die beiden Konsonanten im Silbenauslaut einen Sonoritätsabfall, weil [p] weniger sonor ist als [m].
Die Beispiele in (21b) und (22b) (z.B. [lbat], [katl]) können also im
Deutschen nicht vorkommen, weil diese Silbenanlaute bzw. -auslaute
das Sonoritätsprinzip verletzen würden.
Die Reihenfolge der vier Segmentklassen in der Sonoritätshierarchie
(28) stützt sich nicht nur auf phonetische Faktoren, sondern auch auf
die Markiertheitsverhältnisse. In (27) ist festgehalten, daß σ[Obstruent
+Sonorant weniger markiert ist als σ[Sonorant+Obstruent, und daß die
spiegelbildliche Generalisierung für den Silbenauslaut gilt. Diese Markiertheitsverhältnisse können auf die Sonorität zurückgeführt werden:
In dem unmarkierten zweigliedrigen Silbenanlaut steigt die Sonorität
und in dem unmarkierten zweigliedrigen Silbenauslaut nimmt die
Sonorität ab. Aus (27) kann man daher ebenfalls folgern, daß Liquide
sonorer als Nasale sind.
Obwohl sich die Phonologen einig sind, daß eine Sonoritätshierarchie
existiert, besteht kein Konsens, ob die vier Segmentklassen in (28) zur
Charakterisierung der Hierarchie ausreichen oder ob sie in weitere
Kategorien aufgespalten werden sollten. So haben Jespersen (1904)
und Selkirk (1984a) dafür plädiert, daß Frikative sonorer als Plosive
sind. Es gibt auch die Auffassung, daß stimmhafte Obstruenten sonorer sind als stimmlose. Einige Autoren stellen außerdem die Hypothese
auf, daß Gleitlaute wie [j w] einen Sonoritätswert haben, der zwischen
dem von Vokalen und Liquiden liegt (Clements 1990).
Obwohl das Sonoritätsprinzip eine sehr starke universelle Tendenz
erfaßt und in vielen Sprachen ausnahmslos gilt, darf man daraus nicht
schließen, daß das Sonoritätsprinzip *alle* Silben in *allen* Sprachen erfaßt. In (24) wurden Beispiele für Wörter aus verschiedenen Sprachen
angeführt, die das Sonoritätsprinzip verletzen. Bekanntlich gibt es
auch im Deutschen Silbenanlaute bzw. -auslaute, die gegen das Sonoritätsprinzip verstoßen, weil sie aus Konsonanten bestehen, die densel-

ben Sonoritätswert haben, z.B. silbeninitiales [ʃp] und silbenfinales [çt] in *Specht*, oder silbenfinales [kt] in *Akt*. Trotz dieser Ausnahmen stellt das Sonoritätsprinzip eine wesentliche Einsicht in die Lautstruktur der Sprachen der Welt dar. Der Status des Sonoritätsprinzips in Sprachen, die es anscheinend verletzen, wird in §8.6.1.3 behandelt.

8.4.3 Das Silbenkontaktgesetz

Einige Studien (z.B. Hooper 1976, Murray & Vennemann 1983, Vennemann 1988) haben gezeigt, daß zwei adjazente Konsonanten, die zu verschiedenen Silben gehören (z.B. K_a und K_b in $VK_a.K_bV$), auch sonoritätsbezogenen Restriktionen unterliegen können. Diese Generalisierung ist im **Silbenkontaktgesetz** erfaßt.[14]

(31) | *Silbenkontaktgesetz*: Ein Silbenkontakt ...$K_a.K_b$... ist umso präferierter, je größer die Sonorität von K_a und je geringer die von K_b ist.

Eine Liste von 'guten' (d.h. unmarkierten) und 'schlechten' (d.h. markierten) Kontakten ist in (32) angeführt.

(32) | *schlechte Kontakte* | | *gute Kontakte* | |
|---|---|---|---|
| VO.LV | [ʔat.las] | VL.OV | [ʔal.pən] |
| VO.NV | [ʔaːt.mən] | VN.OV | [ʔam.pəl] |
| VN.LV | [hɪm.lɪʃ] | VL.NV | [ʔal.mən] |

Ein unmarkierter Silbenkontakt ist einer, bei dem der erste der beiden Konsonanten sonorer ist als der zweite. Das Silbenkontaktgesetz in (31) sagt auch vorher, daß der **Sonoritätsabstand** zwischen den beiden Konsonanten groß sein sollte, d.h. VL.OV ist ein besserer Kontakt als VN.OV oder VL.NV, weil der Abstand zwischen Liquiden und Obstruenten in der Sonoritätshierarchie größer ist als der der zwischen Nasalen und Obstruenten oder Liquiden und Nasalen.

---

[14] Der Terminus 'Silbenkontakt' bezieht sich auf zwei Silben, die innerhalb einer Silbenfolge in Kontakt stehen, z.B. die Silbe VK_a und die Silbe K_bV in $VK_a.K_bV$.

Das Silbenkontaktgesetz ist hier unter Bezug auf die Sonoritätshierarchie umformuliert. Hooper, Murray und Vennemann verwenden in ihren Definitionen statt dessen die dazu reziproke Skala der 'konsonantischen Stärke'.

Die Silbenkontakte in der ersten Spalte in (32) sind markierter als die
entsprechenden Kontakte in der zweiten Spalte: Die unmarkierten
Silbenkontakte kommen z.b. in den Sprachen der Welt häufiger vor
als die markierten, und die Existenz der markierten Kontakte impliziert die Existenz der unmarkierten. Ein weiteres Argument ist, daß die
markierten Silbenkontakte in vielen Sprachen zugunsten der unmarkierten Silbenkontakte abgebaut werden. Im folgenden betrachten
wir eine Sprache, die diesen Fall illustriert, nämlich Spanisch. Im
Spanischen wurden bestimmte unbetonte Vokale getilgt, was in
einigen Fällen zu ungünstigen Silbenkontakten führte. Hooper (1976:
221) zeigt, daß das Silbenkontaktgesetz die daraus resultierenden dia-
chronischen Entwicklungen im Spanischen erfassen kann. ([á] ist ein
betontes [a].)

(33)   venirá   →   venrá   →   vendrá   'er wird kommen'
       ponerá   →   ponrá   →   pondrá   'er wird legen'

In einer Vorstufe des heutigen Spanischen wurde der vorletzte Vokal
in Beispielen wie *venirá* und *ponerá* getilgt. Die Vokaltilgung in (34)
erfaßt diese Änderung.

(34)   *Vokaltilgung:* V → Ø / n__ r

Nach der Tilgung eines Vokals gab es Wörter mit zwei adjazenten
Konsonanten, d.h. VKKV. Weil diese beiden Konsonanten auch im
früheren Spanischen als Silbenanlaut unzulässig sind, konnten *venrá*
und *ponrá* gemäß der Onset-Maximierung nicht als [ve.nra] und
[po.nra] silbifiziert werden. Die alternative Silbifizierung [venr.a] und
[ponr.a] ist unplausibel, weil keine Sprache VKKV als VKK.V silbifiziert. Viel plausibler sind die Silbifizierungen [ven.ra] und [pon.ra],
die allerdings eine Verletzung des Silbenkontaktgesetzes zur Folge
haben. Dies wird in (35) illustriert. Die senkrechte Linie stellt die
Silbengrenze dar.

       V
       L
       N
       O

(35)   p   o   n | r   a

Man kann aus (35) ersehen, daß [n] einen niedrigeren Sonoritätswert hat als [r].

Wenn man davon ausgeht, daß die Silbifizierungen [ven.ra] und [pon.ra] existierten, bestand die zweite historische Stufe in (33) aus Wörtern, die markierte Silbenkontakte hatten. Sie war deshalb nicht stabil und erforderte eine Strategie, um die markierten Silbenkontakte zu beseitigen. In der heutigen Standardsprache, d.h. in Stufe 3 in (33), wurde dann auch ein Obstruent (genauer: ein [d]) zwischen den Nasal und den Liquid eingefügt, um den schlechten Kontakt zu beseitigen.

(36)   *Konsonantepenthese:* Ø → [d] / n ___ r

Wie werden Wörter wie *vendrá, pondrá* usw. silbifiziert? Sie werden nicht als [ve.ndra] und [po.ndra] silbifiziert, weil [ndr] kein möglicher Anlaut im Spanischen ist. Gemäß der Onset-Maximierung ist die richtige Silbifizierung [ven.dra] und [pon.dra], was keinen Verstoß gegen das Silbenkontaktgesetz darstellt, weil der Nasal [n] sonorer ist als der Obstruent [d]. (37) illustriert das anhand des Wortes [pon.dra]. Die senkrechte Linie stellt die Silbengrenze dar.

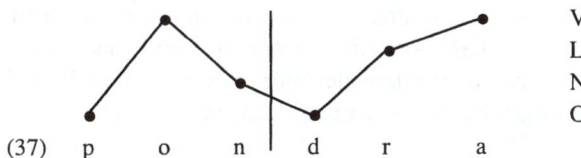

(37)   p   o   n   d   r   a

Im Gegensatz zu (35) verletzt [pon.dra] in (37) das Silbenkontaktgesetz nicht, denn der Sonoritätswert von [n] ist höher als der von [d]. Das spanische Beispiel zeigt, daß die Konsonantepenthese als Strategie in Anspruch genommen wird, um einen markierten Silbenkontakt zu beseitigen. Andere Sprachen, in denen das Silbenkontaktgesetz eine zentrale Rolle spielt, wählen andere Strategien, z.B. Assimilation oder Metathese. Der Leser sei auf die Studien von Vennemann (1988) und Rice (1992) verwiesen, die solche Vermeidungsstrategien anhand einer Reihe von Sprachen erläutern.

8.5 Eine Skizze der deutschen Silbe

Dieser Abschnitt bietet eine Skizze der Silbenanlaute und -auslaute im
Deutschen. Wir werden sehen, daß das Deutsche vielen der bisher aufgestellten universellen Prinzipien unterliegt, aber darüber hinaus auch
einigen sprachspezifischen Bedingungen.

8.5.1 Der Silbenanlaut

Am Anfang einer deutschen Silbe können null bis drei Konsonanten
stehen. Im folgenden besprechen wir Beschränkungen, die die Konso-
nantenabfolgen in dieser Position regeln.
Grundsätzlich scheint das Silbenanlautgesetz (13a) im Deutschen eine
wichtige Rolle zu spielen. Obwohl vokalinitiale Silben zulässig sind
(z.B. die letzte Silbe in *nahe* [naː.ə] und *etwaig* [ʔɛt.vaː.ɪç]), kommen
sie nur vor, wenn der Vokal unbetont ist. Wenn ein silbeninitialer
Vokal den Akzent trägt, muß der glottale Plosiv [ʔ] eingefügt werden
(vgl. §2.5.1), wie in *chaotisch* [ka.ʔoː.tɪʃ].
Alle Einzelkonsonanten des Deutschen können die Position K_a in
$_\sigma[K_a V$ besetzen. Die beiden Konsonanten [s] (vor Vokal) und [ŋ]
können zwar in silbeninitialer Position vorkommen, aber nur dann,
wenn die Silbe wortintern ist, z.B. *reißen* [ʀaɪ.sən] und *lange*
[la.ŋə], vgl. §8.1.2. Nicht existierende Wörter wie [seː] und [ŋoː]
werden durch die folgenden negativen Bedingungen ausgefiltert.

(38a)   * # s V   (38b)   * # ŋ

In §2.5.1 wurde der Status von [ŋ] in der Phonologie des Deutschen
besprochen. Wenn dieser Laut nicht als Phonem, sondern als Abfolge
von /nk/ oder /ng/ bewertet würde, wäre die Silbenstrukturbedingung
in (38b) überflüssig, denn die Abfolgen /nk ng/ sind silbeninitial prin-
zipiell angeschlossen.
Betrachten wir jetzt Anlaute, die mit zwei Konsonanten beginnen, also
$_\sigma[K_a K_b V$. Die Tabelle in (39) faßt mögliche und unmögliche zweigliedrige Anlautverbindungen zusammen. In den Spalten sind die
Konsonanten angeführt, die K_a besetzen, und in den Zeilen die
Konsonanten, die in der Position K_b vorkommen. Ein '+' kennzeichnet
die Existenz des Clusters und ein '–' eine systematische Lücke. Die

mit '(+)' aufgeführten Cluster kommen nur in sehr wenigen Beispielen vor. Es wird hier angenommen, daß 'pf' und 'ts' Einzelsegmente sind, vgl. §2.5.
Die Tabelle macht deutlich, daß K_a in $_\sigma[K_aK_bV$ ein Obstruent sein muß, während K_b entweder ein Sonorant oder ein Obstruent sein kann. Wenn K_b ein Sonorant ist, dann sind nur vier Segmente in dieser Position zulässig, nämlich die beiden Liquide [R l] und die beiden Nasale [m n].

(39)   *Zweigliedrige Anlautverbindungen im Deutschen*

	R	l	m	n	v	p	t	k
p	+	+	–	–	–	–	–	–
b	+	+	–	–	–	–	–	–
t	+	–	–	–	–	–	–	–
d	+	+	–	–	–	–	–	–
k	+	+	–	+	+	–	–	–
g	+	+	(+)	+	–	–	–	–
p͡f	(+)	+	–	–	–	–	–	–
t͡s	–	–	–	–	+	–	–	–
f	+	+	–	–	–	–	–	–
v	(+)	(+)	–	–	–	–	–	–
s	–	(+)	(+)	–	–	–	–	+
ʃ	+	+	+	+	+	+	+	–

Auch im Deutschen scheint das Sonoritätsprinzip eine wichtige Rolle zu spielen. Die meisten Cluster in (39) zeigen einen Sonoritätsanstieg; die einzigen Ausnahmen sind diejenigen Konsonantenverbindungen, die aus zwei Obstruenten bestehen, wie etwa [ʃt ʃp]. Der Status des Sonoritätsprinzips und Cluster wie [ʃt ʃp] im Deutschen werden unten in §8.6.1.3 behandelt.
Eine wichtige Generalisierung ist, daß Silbenanlaute aus Obstruent+ Liquid erheblich systematischer vertreten sind als solche aus Obstruent+Nasal. Mit anderen Worten, es gibt nur wenige Beschränkungen für den Obstruenten im Obstruent+Liquid Silbenanlaut, aber zahlreiche für den Obstruenten vor Nasal. Dies ist darauf zurückzuführen, daß $_\sigma[$Obstruent+Nasal in den Sprachen der Welt markierter ist als $_\sigma[$Obstruent+Liquid (Greenberg 1978a). Hierfür sprechen wiederum die uns schon bekannten Argumente. Erstens existieren erheblich mehr

Sprachen, die $_\sigma$[Obstruent+Liquid, aber nicht $_\sigma$[Obstruent+Nasal im Anlaut zulassen (z.B. Spanisch). Zweitens impliziert die Existenz von $_\sigma$[Obstruent+Nasal Verbindungen die Existenz von $_\sigma$[Obstruent+ Liquid in der betreffenden Sprache.

Die Grammatik des Deutschen muß spezifizieren, welche Kombinationen von Konsonanten im Silbenanlaut zugelassen sind und welche nicht. Dies erfolgt durch Silbenstrukturbedingungen (vgl. (10b)). Ein Beispiel für eine positive Silbenstrukturbedingung zeigt (40).

$$(40) \quad _\sigma[[-son] \begin{bmatrix} +\text{kons} \\ +\text{son} \\ -\text{nas} \end{bmatrix}$$

(40) besagt, daß die Kombination Obstruent+Liquid am Anfang einer Silbe erlaubt ist.

Die Cluster in (39), die aus $_\sigma$[Obstruent+Nasal und $_\sigma$[Obstruent+ Obstruent bestehen, werden durch (40) nicht erfaßt. Diese Kombinationen werden unten behandelt.

Die Bedingung in (40) läßt alle Obstruenten des Deutschen als Erstkonsonanten im Anlaut zu, wenn der zweite Konsonant ein Liquid ist. Da nicht alle Kombinationen von Obstruent+Liquid im deutschen Anlaut zulässig sind, muß man negative Bedingungen aufstellen, die die nichtvorkommenden Cluster ausschließen. Zwei Beispiele sind in (41a) angeführt. Das erste schließt silbeninitiales [tl] aus und das zweite wortinitiales [dl]. Silbeninitiales [dl] kommt nur wortintern vor (z.B. *Adler* [ʔaː.dl̯ɐ]), vgl. §8.1.2. Durch (41b) und (41c) werden silbeninitiales [t͡sl t͡sʀ] bzw. [sʀ] ausgefiltert.

(41a)	$*_\sigma$[tl	(41c)	$*_\sigma$[sʀ	(41e)	$*_\sigma$[zl zʀ ʒl ʒʀ
	$*\#$dl	(41d)	$*_\sigma$[çl çʀ	(41f)	$*_\sigma$[hl hʀ
(41b)	$*_\sigma$[t͡sl t͡sʀ				

In der Tabelle in (39) sind nur einige Konsonanten des Deutschen als zulässige Erst- bzw. Zweitkonsonanten verzeichnet. Andere Konsonanten des Deutschen, z.B. [ç z ʒ h] kommen niemals als Erstkonsonant in $_\sigma$[$K_a K_b$ vor. Die negativen Bedingungen in (41d)-(41f) sind daher notwendig, um weitere Kombinationen aus Obstruent+Liquid in silbeninitialer Position auszuschließen.

Man braucht außer den Bedingungen in (40) und (41) noch Bedingungen, die Obstruent+Nasal und Obstruent+Obstruent in silbeniniti-

aler Position zulassen. Die positiven Silbenstrukturbedingungen, die
diese Cluster zulassen, sind in (42) aufgezählt.

(42a)   ₒ[gn kn   (42b)   ₒ[kv   (42c)   ₒ[ʃt ʃp
        ₒ[ʃn ʃm   ₒ[t͡sv   ₒ[sk
                               ₒ[ʃv

Durch (42a) sind [gn kn] bzw. [ʃn ʃm] zugelassen. Die Bedingungen in
(42b) lassen [kv ʃv t͡sv] zu und die in (42c) [ʃt ʃp] bzw. [sk].
Wenn man die Phonotaktik einer Einzelsprache untersucht, gibt es oft
etliche Cluster, die einen 'marginalen' Status haben, d.h. sie kommen
nur in einigen wenigen nativen Wörtern oder nur in nicht integrierten
Lehnwörtern vor. Konsonantenverbindungen der ersten Gruppe sind in
(39) in Klammern vermerkt, es sind [p͡fʀ vʀ vl sm gm], vgl. *Pfropf*,
Wrack, Vladimir, Smaragd, Gmünd. Weitere Cluster in dieser Gruppe,
die in (39) nicht erscheinen, sind [sf s͡ts pn ps], vgl. *Sphäre, Szene,
Pneu, Psychologie*. Obwohl sie nur vereinzelt vorkommen, gibt es
wahrscheinlich zwischen dieser Gruppe und den anderen vorkommenden Clustern in (39) keinen formalen Unterschied. Der Grund: An-
lautende [p͡fʀ vʀ vl sm gm sf s͡ts pn ps] bereiten Muttersprachlern
keine Schwierigkeiten und werden folglich nicht in andere Cluster
abgeändert.
Zwei Beispiele von Anlautverbindungen, die nur in nicht integrierten
Lehnwörtern auftreten, sind [st sp], vgl. *Stop, Speed*. Anzumerken ist,
daß Wörter, in denen [st sp] im Anlaut stehen, oft als [ʃt ʃp] eingedeutscht werden, vgl. *Stop* [ʃtɔp]. Dies spricht dafür, wortanlautende
[st sp] mit einer negativen Bedingung auszuschließen. Diese Bedingung bezieht sich auf das Wort und nicht auf die Silbe, weil [st] in
silbeninitialer Position vorkommt, wenn es wortintern ist, vgl. *jüngste*
[jʏŋ.stə].
Betrachten wir zum Schluß Anlaute, die mit drei Konsonanten beginn-
nen. Die folgenden dreigliedrigen Anlaut-Cluster sind belegt.

(43)   [ʃpʀ]   Sprung   [skʀ]   Skrupel
       [ʃpl]   Splint   [skl]   Sklave
       [ʃtʀ]   Streich

Drei wichtige Generalisierungen zu den Beispielen in (43) besagen, daß der erste Konsonant [ʃ] oder [s] sein muß, der zweite Konsonant ein stimmloser Plosiv, und der dritte ein Liquid. Diese Generalisierungen können der Bedingung in (44) entnommen werden.

(44)   Wenn $_\sigma[K_aK_bK_c$ vorkommt, kommen auch $_\sigma[K_aK_b$ und $_\sigma[K_bK_c$ vor.

Durch die Bedingung in (44) werden nur [ʃpʀ ʃtʀ ʃpl skʀ skl] zugelassen und alle übrigen denkbaren dreigliedrigen Cluster ausgeschlossen (z.B. *[ʃbʀ ʃbl sgl]).

8.5.2 Der Silbenauslaut

Die deutsche Silbe kann auf null bis vier Konsonanten auslauten. Im folgenden werden wir wichtige Regularitäten dieser Position besprechen. Alle Einzelkonsonanten außer den stimmhaften Obstruenten und [h] können die Position K_a in $VK_a]_\sigma$ besetzen. Die stimmhaften Obstruenten werden durch die Auslautverhärtung ausgefiltert, d.h. die Regel sorgt dafür, daß alle zugrundeliegenden stimmhaften Obstruenten am Ende einer Silbe in der phonetischen Repräsentation stimmlos sind. Das silbenfinale [h] wird durch die folgende negative Silbenstrukturbedingung ausgeschlossen.

(45)   * h]$_\sigma$

Betrachten wir jetzt die beiden Konsonanten, die in $K_aK_b]_\sigma$ vorkommen. Die folgende Tabelle faßt die zweigliedrigen Cluster im Silbenauslaut zusammen. In den Spalten sind alle Konsonanten aufgeführt, die K_a besetzen können und in den Zeilen die Konsonanten, die in K_b vorkommen können. Affrikaten werden der Einfachheit halber in (46) nicht berücksichtigt.

(46)   *Zweigliedrige Auslautverbindungen im Deutschen*

	R	l	n	m	ç	ʃ	s	f	k	t	p
R	–	+	+	+	+	+	+	+	+	+	+
l	–	–	+	+	+	+	+	+	+	+	+
n	–	–	–	–	+	+	+	+	–	+	–
m	–	–	–	–	–	+	+	+	–	+	+
ç	–	–	–	–	–	–	+	–	–	+	–
ʃ	–	–	–	–	–	–	+	–	–	+	–
s	–	–	–	–	–	–	–	–	+	+	–
f	–	–	–	–	–	–	+	–	–	+	–
k	–	–	–	–	–	–	+	–	–	+	–
t	–	–	–	–	–	–	+	–	–	–	–
p	–	–	–	–	–	+	+	–	–	+	–

Die vorkommenden Cluster in (46) können in drei Gruppen eingeteilt werden: Sonorant+Obstruent]$_\sigma$, Sonorant+Sonorant]$_\sigma$ und Obstruent+Obstruent]$_\sigma$.

Betrachten wir zunächst Kombinationen aus Sonorant+Obstruent]$_\sigma$. Da die umgekehrte Reihenfolge, nämlich Obstruent+Sonorant]$_\sigma$, nicht vorkommt, liegt es nahe, das Sonoritätsprinzip als eine Art positive Silbenstrukturbedingung für den deutschen Auslaut zu betrachten. Diese Bedingung wird in (47) erfaßt.

(47)   Alle Kombinationen aus zwei Konsonanten, die einen Sonoritätsabfall vom Vokal aus aufweisen, sind am Ende einer Silbe zugelassen.

(47) erfaßt keine Abfolgen von zwei Obstruenten, weil alle Obstruenten nach der Sonoritätshierarchie in (29) gleich sonor sind. Auslautverbindungen von zwei Obstruenten werden weiter unten behandelt. Die Abfolge Sonorant+Obstruent]$_\sigma$ weist vier systematische Lücken auf, nämlich [nk np mk mç]. Die negative Silbenstrukturbedingung in (48a) sorgt dafür, daß [mk mç] nicht vorkommen. Silbenfinales [mt] kommt dagegen vor, weil diese Konsonantenverbindung nach (47) erlaubt ist; sie wird auch nicht durch (48a) ausgefiltert.

(48a)   * mk mç]$_\sigma$ (48b)   * nk np]$_\sigma$

(48a) ist eine sprachspezifische Silbenstrukturbedingung, die auf keine der in §8.2-§8.4 besprochenen universellen Tendenzen zurückzuführen ist. [np nk] sind ebenfalls in silbenfinaler Position im Deutschen nicht zugelassen. Die negative Bedingung in (48b) erfaßt diese Regularität. Im Gegensatz zu (48a) hat (48b) universellen Charakter. In der übergroßen Mehrheit der Sprachen der Welt sind die Ortsmerkmale eines Nasals identisch mit den Ortsmerkmalen eines folgenden Plosivs, insbesondere, wenn die beiden Konsonanten am Ende einer Silbe stehen.[15] Eine Ausnahme zu dieser sprachübergreifenden Tendenz ist [mt], vgl. *Amt*.

Zwei weitere systematische Lücken sind [ŋp ŋç]]σ. Wenn [ŋ] nicht als Phonem, sondern als Abfolge von /nk/ oder /ng/ aufgefaßt wird, dann braucht man keine Silbenstrukturbedingungen aufzustellen, die [ŋp ŋç] am Ende einer Silbe ausschließen. [ŋp ŋç] wären nach diesem Ansatz in silbenfinaler Position ausgeschlossen, weil die dreigliedrigen Verbindungen /ngp/ und /ngk/ nicht zulässig sind. Wenn [ŋ] jedoch als Phonem analysiert wird, dann braucht man eine negative Bedingung, nach der [ŋp ŋç] ausgefiltert werden.

Kombinationen von Sonorant+Sonorant im Auslaut zeigen, daß der zweite der beiden Laute gemäß Bedingung (47) weniger sonor als der erste sein muß. Aus diesem Grund kommen /ʀn ʀm ln lm/ in silbenfinaler Position vor, /nʀ mʀ nl ml/ jedoch nicht.

Eine Sonorant+Sonorant]σ Abfolge, die nicht durch (47) zugelassen wird, ist /ʀl/, z.B. *Kerl*. /ʀl/ kann nach der Sonoritätshierarchie in (29) nicht auftreten, da /ʀ/ und /l/ denselben Sonoritätswert haben. Die folgende positive Silbenstrukturbedingung für den deutschen Auslaut läßt dieses Cluster zu.

(49)   ʀl]σ

Eine Alternative zu (49) ist, die Kategorie 'Liquid' in der Sonoritätshierarchie in (29) in zwei Gruppen aufzuspalten, nämlich 'ʀ' und 'l';

---

[15] In §2.5.1 wurde auf eine Regel der regressiven Ortsassimilation hingewiesen, derzufolge /n/ als [ŋ] vor velaren Plosiven realisiert wird. Wenn man diesen Prozeß für das Deutsche annimmt, dann braucht man (48b) nicht, denn /n/ wird vor /p k/ immer als [m ŋ] ausgesprochen.

d.h. Vokale > R > l > Nasale > Obstruenten. Dieser Vorschlag wird
u.a. von Wiese (1988) und Hall (1992) verteidigt.
Man kann der Tabelle in (46) entnehmen, daß Kombinationen aus
zwei Obstruenten im Silbenauslaut sehr eingeschränkt sind. Eine wichtige Generalisierung betrifft die Artikulationsstelle des zweiten Obstruenten. Mit Ausnahme von [k] in [sk] ist der zweite Obstruent
immer koronal und mit Ausnahme von [ʃ] in [pʃ] ist der Obstruent
immer [+ant], d.h. [t] oder [s]. Mit anderen Worten, silbenfinale
Cluster wie [kt ks pt ps ft fs çt çs] sind zugelassen, aber [tk tp fk fp çk
çp fʃ] nicht. Diese Generalisierungen werden durch die positive
Bedingung in (50a) gewährleistet.

$$(50a) \quad [-\text{son}] \begin{bmatrix} -\text{son} \\ \text{KOR} \\ +\text{ant} \end{bmatrix}_\sigma \quad (50b) \quad \text{pʃ}\,]_\sigma \quad (50c) \quad \text{sk}\,]_\sigma \quad (50d) \quad {}^*\text{h}\,[+\text{kons}]]_\sigma$$

Die Bedingungen in (50b, c) sind notwendig, um [pʃ] und [sk] jeweils
in silbenfinaler Position zuzulassen. Um [h]+Konsonant auszuschließen, braucht man die negative Bedingung in (50d).
Der erste Obstruent in (50a) muß stimmlos sein, weil Cluster wie [bt gt
bs gs] usw. nicht vorkommen. Man könnte das Merkmal [−sth] hinzufügen, dann wäre das erste Segment in (50a) [−son, −sth]. Eine Alternative dazu ist, die Auslautverhärtung auf solche Obstruenten anzu-
wenden; siehe §8.6.1.1 unten.
Silbenfinale Geminaten wie [sː] und [tː] kommen im Deutschen nicht
vor. Das Deutsche verbietet allerdings solche Geminaten nicht nur am
Ende einer Silbe, sondern auch in allen Positionen innerhalb eines
Morphems. Dies bedeutet, daß die negative Bedingung, die [sː] usw.
im Deutschen ausschließt, nicht silbenbezogen ist.
Affrikaten wurden der Einfachheit halber in (46) nicht berücksichtigt.
Eine Analyse von Segmentabfolgen wie [p͡f] oder [mp͡f] am Ende einer
Silbe hängt eng mit dem Status der Affrikaten zusammen. Wenn die
Folge 'pf' bisegmental ist, dann erfordert sie eine zusätzliche positive
Bedingung, die [pf] zuläßt. Wenn 'pf' dagegen monosegmental ist
(=[p͡f]), ist eine solche Bedingung nicht notwendig, vgl. die Diskussion
in §2.5.
Es gibt auch silbenfinale Cluster, die aus drei oder vier Konsonanten
bestehen, vgl. *Herbst.* Solche Kombinationen legen nahe, daß das Sil-

benauslautgesetz (siehe (15)) im Deutschen keine wichtige Rolle
spielt.

8.6 Nichtlineare Repräsentationen der Silbe

Zahlreiche Phonologen sind zu der Auffassung gelangt, daß sich die
Silbe auf einer anderen Repräsentationsebene befindet als die Segmente, die innerhalb der Silbe vorkommen. Man spricht dann von verschiedenen **Schichten** in einer nichtlinearen Repräsentation, vgl. Kapitel 6. Nach dieser Auffassung verbinden **Assoziationslinien** die einzelnen Segmente mit dem **Silbenknoten** 'σ'. Das Verhältnis zwischen
Segmenten und dem Silbenknoten ist in (51) anhand des Wortes *blind*
dargestellt.

(51)   b   l   ɪ   n   t   Segmentschicht

Viele Phonologen sprechen sich zwar für eine nichtlineare Repräsentation wie in (51) aus, aber sie bevorzugen eher ein Modell der Silbe,
in dem die Silbe in weitere **Konstituenten** aufgeteilt wird. Diese Konstituenten werden manchmal als **subsilbische Konstituenten** bezeichnet. Eine solche Repräsentation enthält einen **Onset** (oder **Ansatz**) und
einen **Reim**, vgl. (52a). In dieser Abbildung und in allen folgenden
wird der Onset als 'O' und der Reim als 'R' abgekürzt. Die Struktur in
(52a) zeigt, daß alle Segmente im Silbenanlaut mit dem Onset verbunden sind, der Vokal und die Konsonanten im Silbenauslaut mit
dem Reim. Ein ähnliches Modell ist in (52b) dargestellt. Nach dieser
Repräsentation dominiert der Reim den **Nukleus** und die **Koda**, wobei
die meisten Autoren davon ausgehen, daß der Nukleus nur den Silbenkern enthält und die Koda die Segmente im Silbenauslaut. In den
folgenden Repräsentationen wird der Nukleus als 'N' und die Koda als
'Ko' abgekürzt.
Linguisten, die eine Repräsentation der Silbe mit Konstituenten wie in
(52) vorgeschlagen haben, sind unter anderem Pike & Pike (1947),
Hockett (1955), Haugen (1956), Fudge (1969), Selkirk (1980) und
Halle & Vergnaud (1980).

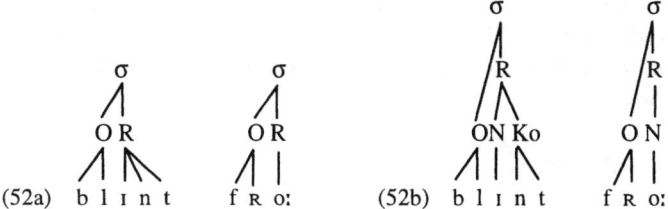

(52a) b l ɪ n t   f ʀ oː   (52b) b l ɪ n t   f ʀ oː

In der Phonologie wird oft angenommen, daß eine einheitliche Repräsentation für die Silbe existiert, z.B. (51), (52a) oder (52b). Die Repräsentation ist universell, weil sie für alle Sprachen der Welt gilt. Wenn (52a) universell ist, dann gibt es in jeder Sprache einen Onset und einen Reim, und der Nukleus und die Koda existieren nicht. In Diskussionen über Silben wird deshalb die Frage erörtert, ob (52a), (52b) oder eher (51) die universelle Repräsentation der Silbe ist. Folglich werden Daten aus bestimmten Sprachen herangezogen, um das eine oder das andere Modell zu bestätigen oder zu widerlegen. In Abschnitt §8.6.1 wird die Evidenz für die Konstituenten Reim, Onset, Nukleus und Koda vorgestellt.

Eine weitere nichtlineare Eigenschaft, die in §8.6.2 behandelt wird, ist die Länge. Zu diesem Thema gehören Vokallänge, Geminaten und auch Diphthonge. Vieles spricht dafür, die Unterscheidung zwischen kurzen und langen Segmenten, z.B. [a] vs. [aː] oder [t] vs. [tː], nicht durch ein Merkmal [±lang] zu repräsentieren, sondern auf einer unabhängigen Schicht. Eine solche Möglichkeit bieten die sog. **Skelettpositionen** in (53), die mit 'X' gekennzeichnet sind. Die Skelettschicht befindet sich zwischen der Segmentschicht und den Konstituenten Onset und Reim bzw. Nukleus und Koda. Die Positionen auf der Skelettschicht stellen abstrakte Zeiteinheiten dar. (53) zeigt nichtlineare Repräsentationen mit Skelettpositionen, Onset, Reim und Silbenknoten für die Wörter [blɪnt] und [fiːl].

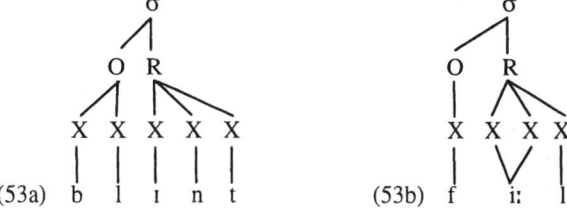

(53a) b l ɪ n t   (53b) f iː l

(53) zeigt, daß sich lange Segmente von den kurzen dadurch unterscheiden, daß sie zwei Zeiteinheiten auf der Skelettschicht besetzen. Die nichtlineare Repräsentation langer Segmente wird in §8.6.2 ausführlich behandelt.

8.6.1 Subsilbische Konstituenten

Der Status der subsilbischen Konstituenten in (52) ist umstritten. Während viele Phonologen Einheiten wie 'Onset', 'Reim', 'Nukleus' und 'Koda' in ihren Analysen verwenden, vertreten andere die Ansicht, daß solche Entitäten nicht notwendig sind. In diesem Abschnitt werden wir die Argumente für und gegen die einzelnen Konstituenten näher betrachten.

8.6.1.1 Onset und Reim

Die Modelle in (52) machen drei Annahmen hinsichtlich der Konstituenz der Segmente innerhalb einer Silbe:

(i)   Der Silbenkern und die nachfolgenden Konsonanten bilden eine Einheit, die durch den Reim erfaßt wird
(ii) Der Silbenkern und die Segmente davor bilden keine Einheit
(iii) Die Konsonanten am Anfang der Silbe und die Konsonanten am Ende der Silbe bilden zusammen keine Einheit

Beweise für diese Annahmen liefern Regelmäßigkeiten, denen subsilbische Bestandteile in Konstituenten zusammenfaßbar unterliegen.
Ein häufig angeführtes Argument für den Reim, also (i), bezieht sich auf Reime in der Poesie. Es wird behauptet, daß der Reim in (52) notwendig sei, weil dieser die Kategorie ist, innerhalb derer sich Wörter reimen können, vgl. *Hand* vs. *fand*; *Fisch* vs. *Tisch*.
Nun ist es zwar richtig, daß in einsilbigen Wörtern wie *Hand* vs. *fand* sich nur Laute innerhalb des Reims reimen, aber es gibt auch Beispiele, in denen die Elemente, die sich reimen, *nicht* zu demselben Reim gehören. In Segmentketten, die aus zwei oder mehr Silben bestehen, wie *Hokus Pokus*, *Techtelmechtel* reimt sich beispielsweise [oːkʊs] bzw. [ɛçtəl]. In [oːkʊs] gehört [oː] zum Reim der ersten Silbe und die drei Segmente in [kʊs] bilden die folgende Silbe. Man kann

also anhand von Beispielen, die aus mindestens zwei Silben bestehen, festlegen, daß Reime in der Poesie sich nicht immer auf den subsilbischen Reim in (52) beziehen, sondern auf eine Kette von Segmenten, die in (52) überhaupt nicht vorkommt, nämlich 'Reim + σ', z.B. in *Hokus Pokus*.

Als zweites Argument für den Reim wird angeführt, daß sich phonotaktische Bedingungen auf die Konstituenz in (i) beziehen können, d.h. nur auf einen Vokal und die Konsonanten im Silbenauslaut, aber nicht auf den Vokal und die Konsonanten davor (Fudge 1987). Im Englischen kommen beispielsweise nach dem Diphthong [aʊ] nur koronale Konsonanten vor, vgl. *mouth* [maʊθ] 'Mund', *loud* [laʊd] 'laut', *house* [haʊs] 'Haus', *rouse* [raʊz] 'wecken', *round* [raʊnd] 'rund', während nichtkoronale Konsonanten in dieser Position nicht zugelassen werden, vgl. *[aʊk], *[aʊp] usw. Die (positive) phonotaktische Bedingung, die Abfolgen wie [aʊt], [aʊθ] zuläßt, ist in (54) angeführt.

(54)   [aʊ]   R
                 ⟨image: tree structure⟩
                 [aʊ]   [+kons
                         KOR]

Im Gegensatz dazu existieren im Englischen keine Beschränkungen hinsichtlich der Laute, die *vor* [aʊ] vorkommen.

Das zweite Argument für den Reim ist jedoch nicht so überzeugend, weil es auch zahlreiche phonotaktische Bedingungen gibt, die sich auf Segmente beziehen, die *nicht* innerhalb des Reims stehen (Clements & Keyser 1983). Es gibt beispielsweise englische Silben der Form Obstruent+Liquid+Vokal+Konsonant, z.B. *trap* [tʰɹæp] 'Falle', *train* [tʰɹeɪn] 'Zug'. Der letzte Konsonant kann auch ein Liquid sein, wie in (55a), aber der Liquid links vom Vokal kann nicht mit dem Liquid nach dem Vokal identisch sein, d.h. die Abfolgen in (55b) sind nicht wohlgeformt.

(55a)   trail   [tʰɹeɪl] 'Pfad'   (55b)   *[tʰɹeɪɹ]
         floor   [floʊɹ] 'Boden'   *[floʊl]

Dieses Beispiel zeigt, daß sich phonotaktische Beschränkngen auch auf Segmente beziehen können, von denen eines im Reim steht, das andere jedoch nicht.

Ein drittes Argument für den Reim ist, daß sich Regeln auf ihn
beziehen können. Viele silbenbezogene Regeln operieren in der Tat
nicht am *Ende* einer Silbe, sondern innerhalb des Reims. In §8.1
wurde die Auslautverhärtung im Deutschen als klassisches Beispiel für
eine silbenbezogene Regel besprochen, aber es wurde davon ausgegangen, daß die Regel sich auf das Ende der Silbe bezieht. Die folgenden Daten zeigen, daß auch Obstruenten, die nicht in silbenfinaler
Position stehen, der Auslautverhärtung unterliegen.

(56)   /zaːg+t/   [zaːkt]
        /jaːg+d/   [jaːkt]

Im zweiten Wort sind die letzten beiden Konsonanten [kt] in der
zugrundeliegenden Form stimmhaft, d.h. /gd/, weil sie in anderen
Kontexten stimmhaft auftreten, vgl. [jaːkdən] und [jaːgən].
Wenn die Auslautverhärtung nur am Ende einer Silbe operiert, kann
man nicht erklären, daß /g/ in /zaːg+t/ sowie /g/ und /d/ in /jaːg+d/
stimmlos sind. Wenn die Silbe einen Reim hat wie in (52a), erkennt
man, daß alle Obstruenten, die im Reim vorkommen, auslautverhärtet
werden. Dies ist in (57) illustriert.[16]

(57)

Die Auslautverhärtung müßte dann in eine Regel umformuliert
werden, die alle Obstruenten im Reim umfaßt.

(58)   *Auslautverhärtung:*   [–son] → [–sth] / ___

$$\text{Reim} \atop |$$

Die Auslautverhärtung ist kein Einzelfall. Auch viele silbenbezogene
Regeln in anderen Sprachen operieren im Reim und nicht nur am Ende
einer Silbe.

---

[16] Eine zweite Möglichkeit besteht darin, daß die Auslautverhärtung in der Koda
operiert (siehe (52b)).

Ein viertes Argument für den Reim ist, daß man mithilfe dieser Konstituente das **Silbengewicht** formal erfassen kann. Das Wort 'Gewicht' bezieht sich in diesem Kontext auf die Unterscheidung zwischen **leichten** und **schweren** Silben. Das Silbengewicht manifestiert sich oft in Wortakzentregeln. Ein klares Beispiel dafür liefert das Lateinische. In dieser Sprache wie in zahlreichen anderen lauten leichte Silben auf einen kurzen Vokal aus (z.B. KV), während schwere Silben auf einen kurzen Vokal plus mindestens einen Konsonanten (z.B. KVK) oder auf einen langen Vokal (z.B. KV:) auslauten. Die Aufteilung in schwere und leichte Silben ist in (59) zusammengefaßt:

	schwere Silbe	*leichte Silbe*
(59)	KV:, KVK	KV

Die Unterscheidung zwischen schweren und leichten Silben im Lateinischen ist wichtig, weil die Wortakzentregel in (60) sich gerade darauf bezieht.

(60)   In einem Wort aus mindestens drei Silben wird die vorletzte Silbe betont, wenn sie schwer ist. Wenn die vorletzte Silbe leicht ist, wird die drittletzte Silbe betont.

(60) zufolge wird die vorletzte Silbe in den Wörtern in (61a) betont, weil sie schwer ist. Die vorletzte Silbe in (61b) kann dagegen nicht betont werden, weil sie leicht ist:

(61a)   [i.ni'.mi:.kus]   'Feind'
        [re:k'.sis.tis]   'ihr herrschet'
(61b)   ['i:n.su.la]   'Insel'

Schwere Silben (also KV: und KVK) haben eine Gemeinsamkeit, wenn man die **Verzweigung** in der Silbenstruktur berücksichtigt: Eine leichte Silbe hat einen **nichtverzweigenden Reim**, vgl. (62a), und eine geschlossene Silbe einen **verzweigenden Reim**, vgl. (62b). Wenn lange Vokale als zwei 'Einheiten' dargestellt werden, kann man Silben, die auf einen langen Vokal auslauten, ebenfalls mit einem verzweigenden Reim analysieren. Unter dieser Voraussetzung haben alle

schweren Silben, also (62b) und (62c), einen verzweigenden Reim.
Die Repräsentation von langen Vokalen wie in (62c) wird in §8.6.2
revidiert.

$$
\begin{array}{ccc}
\text{O R} & \text{O R} & \text{O R} \\
| \ | & | \ \wedge & | \ \wedge \\
(62a) \quad \text{k a} & (62b) \quad \text{k a t} & (62c) \quad \text{k a a}
\end{array}
$$

Wichtig ist hierbei, daß die Unterscheidung zwischen schweren und
leichten Silben ein Modell der Silbe mit der subsilbischen Konstituente Reim erfordert.
Anders als beim Reim ist die Evidenz für die Konstituente Onset
relativ dürftig. Ein Argument liefert die englische Spielsprache 'Pig
Latin'. Im Pig Latin werden alle prävokalischen Konsonanten am
Anfang eines Wortes an das Ende des Wortes bewegt und danach wird
ein [eɪ] hinzugefügt. Dieser Prozeß wird in (63) gezeigt.

(63) sat   [sæt²]   →   [æt²seɪ]   'gesessen'
      tip   [tʰɪp]   →   [ɪptʰeɪ]   'Trinkgeld'
      trip   [tʰɹɪp]   →   [ɪptʰɹeɪ]   'Reise'
      scram   [skɹæm]   →   [æmskɹeɪ]   'abhauen'
      criminal [kʰɹɪmənəl]   →   [ɪmənəlkʰɹeɪ]   'Verbrecher'

Man kann zum Ausdruck bringen, daß die Konsonanten, die sich be-
wegen, eine Konstituente bilden, wenn es einen Onset (und einen
Reim) gibt und die prävokalischen Konsonanten in (63) damit verbunden sind. Die 'Pig Latin' Regel ist in (64) formuliert:

(64)   # O R ... #   →   # R ... # O + [eɪ]

Das zuletzt besprochene Beispiel liefert **externe Evidenz** für den
Onset, d.h. Evidenz, die auf keiner Regel der Grammatik basiert. Im
Gegensatz zum Reim ist in den Sprachen der Welt die Zahl der
Regeln, die den Onset als Umgebung erfordern, sehr gering.

8.6.1.2 Nukleus

In Kapitel 4 (siehe S. 106) wurde das Merkmal [±silbisch] erwähnt, das nach Chomsky & Halle (1968) silbische Laute von ihren nichtsilbischen Gegenstücken unterscheidet. Nach der Definition dieses Merkmals sind alle Segmente [+silbisch], die einen Silbenkern bilden; die Laute, die keinen Silbengipfel bilden, sind dagegen [–silbisch]. Klassifikationen mit dem binären Merkmal [±silbisch] unterscheiden also die beiden hohen Vokale [i u] von den entsprechenden Gleitlauten [j w], wie in (65) dargestellt.

(65a) [i u] = [+hoch, +silbisch]   (65b) [j w] = [+hoch, –silbisch]

Ein Vorteil der subsilbischen Konstituenten, insbesondere des Nukleus, liegt darin, daß ihre Existenz das Merkmal [±silbisch] überflüssig macht. Der Grund dafür ist, daß alle Segmente, die vom Nukleus dominiert werden, per definitionem silbisch sind und alle anderen Segmente nichtsilbisch.
Das Verhältnis zwischen silbischen bzw. nichtsilbischen Segmenten und Nukleus bzw. Onset ist in (66) illustriert. In (66a) sind die beiden Silben [ja] und [wa] dargestellt und in (66b) die beiden Abfolgen [i.a] und [u.a]. [i] und [j] bzw. [u] und [w] sind auf der Segmentschicht gleich: Die Merkmale für [i] und [u] sind identisch mit den Merkmalen für [j] und [w]. Aus diesem Grunde werden die Symbole 'i' und 'u' — Abkürzungen für die Merkmale [–kons, +hoch] usw. — in (66) für [i] und [j] bzw. [u] und [w] verwendet.

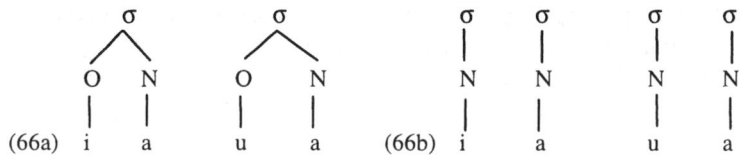

Der Vorteil des Nukleus liegt also darin, daß man schon aufgrund der Silbenstruktur weiß, ob /i u/ als nichtsilbische [j w] oder als silbische [i u] zu interpretieren sind. /i u/ sind nur dann silbisch, wenn sie vom Nukleus dominiert werden, sonst sind sie nichtsilbisch.[17] Postvokalische Gleitlaute haben dieser Theorie zufolge die spiegel-bildliche Repräsentation der Abfolgen in (66a), wie (67) zeigt.

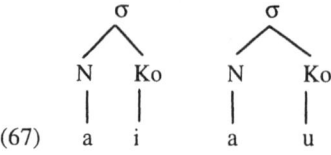

(67)   a   i   a   u

Die Strukturen in (67) sind mögliche Repräsentationen der beiden Diphthonge [aɪ aʊ].[18] Eine andere nichtlineare Repräsentation von [aɪ aʊ] — sowie eine ausführlichere Diskussion von Diphthongen generell — findet sich in §8.6.2.3.

Die Repräsentationen in (66) und (67) bringen also zum Ausdruck, daß Silbizität keine inhärente Eigenschaft des Segments selbst ist, sondern von der Position des betreffenden Segments in der Silbe ab-hängt. Diese Annahme wird auch dadurch gestützt, daß in vielen Spra-chen Laute wie [i u] in komplementärer Verteilung zu den ent-sprechenden Gleitlauten [j w] stehen, z.b. im Lenakel (Blevins 1995). Es wird meistens angenommen, daß der Nukleus universell nur sil-bische Segmente enthält. Einige Linguisten haben jedoch die Univer-salität dieser Definition von Nukeus in Frage gestellt, weil es einige Sprachen gibt, in denen ein Nukleus auch nichtsilbische Segmente ent-halten kann. So hat beispielsweise Pike (1967) dafür plädiert, daß der nichtsilbische glottale Plosiv [ʔ] in KVʔ Abfolgen im Totonaco zum Nukleus und nicht zur Koda gehört. Auch in der französischen Phono-logie wird oft angenommen, daß das unsilbische [w] in bestimmten [wa] Sequenzen, z.B. das [w] in *oie* [wa] 'Gans', zum Nukleus und nicht zum Onset gehört (Durand 1990). Davis & Hammond (1995) behaupten, daß das [j] in KjV Sequenzen im Englischen, z.B. *cute*

---

[17] Anzumerken ist, daß sich [i] und [j] nach bestimmten Merkmalstheorien (siehe Kapi-tel 4) auch durch Ortsmerkmale unterscheiden: Während [u] und [w] beide [DORS, LAB] sind, ist [i] [DORS] und [j] [KOR]. Eine mögliche Alternative ist, daß vordere Vokale wie [i] [KOR] und nicht [DORS] sind, vgl. § 4.2.4.

[18] Der Leser sei daran erinnert, daß Diphthonge wie [aɪ aʊ] auch als [aɪ̯ aʊ̯] oder als [aj aw] transkribiert werden können.

[kjuːt] 'niedlich', mit dem Nukleus und nicht mit dem Onset assoziiert ist. Nach dieser Auffassung sind Abfolgen wie [wa] oder [juː] in bestimmten Sprachen Diphthonge (siehe §8.6.2.3).

8.6.1.3 Extrasilbische Konsonanten

In §8.4.2 wurde das Sonoritätsprinzip aufgestellt und es wurden einige Sprachen besprochen, in denen dieses Prinzip verletzt wird. Einige deutsche Beispiele dafür sind in (68) angeführt. Die Wörter in (68a) haben wortinitiale Cluster, die das Sonoritätsprinzip verletzen, weil ihre Plosive und Frikative denselben Sonoritätswert aufweisen; die Beispiele in (68b) haben ebensolche wortfinale Cluster. Typisch für diese Fälle ist, daß der erste bzw. letzte Konsonant in solchen Clustern meistens ein koronaler Obstruent ist.[19]

(68a) [ʃpiːl], [ʃtiːl], [skaːt]   (68b) [maχt], [laks], [hɪlfst]

In diesem Abschnitt behandeln wir einen wichtigen theoretischen Ansatz zu solchen Konsonantenverbindungen, die das Sonoritätsprinzip verletzen.

Viele Phonologen sind der Ansicht, daß das Sonoritätsprinzip in den Sprachen der Welt ausnahmslos gilt. Um die Cluster in (68) unter dieser Annahme erklären zu können, schlagen viele ihrer Verteter vor, daß der Konsonant am rechten bzw. am linken Rand eines Wortes überhaupt nicht zur Silbe gehört, wenn dadurch eine Verletzung des Sonoritätsprinzips entsteht. Solche Konsonanten werden als **extrasilbisch** (engl. **extrasyllabic**) bezeichnet, weil sie buchstäblich nicht zur Silbe gehören. Zwei mögliche Repräsentationen des wortfinalen extrasilbischen Konsonanten [s] in dem Wort [laks] sind in (69) angeführt. In (69a) ist das extrasilbische [s] überhaupt nicht mit einer Konstituente verbunden. In (69b) ist dasselbe Segment mit einem **Appendix** (als 'A' abgekürzt) assoziiert. In beiden Fällen ist das extrasilbische Segment für silbenbezogene Regeln und Constraints 'unsichtbar'. Zu den Linguisten, die eine Struktur wie in (69a) annehmen, zählen Giegerich (1992) für das Englische, sowie Hall (1992) und

---

[19] Es gibt einige silbeninitiale Cluster, in denen der erste Konsonant nicht koronal ist, z.B. [p] in *Psychologie*.

Wiese (1996) für das Deutsche. Fudge (1969) und Halle & Vergnaud (1980) haben (69b) für das Englische motiviert.

Zu beachten ist, daß die Repräsentationen in (69) nicht für die phonetische Ebene gelten, sondern für eine abstraktere Stufe in einer Derivation. Der Grund ist, daß wortfinale extrasilbische Konsonanten in manchen Sprachen doch zur Silbe gehören müssen. Betrachten wir als Beispiel deutsche Wörter, die auf Obstruent plus /d/ auslauten, etwa *Smaragd, Magd, Jagd*. Das Wort *Jagd* ist phonologisch /jaːg+d/ und phonetisch [jaːkt]. Da *Jagd* auf zwei Obstruenten auslautet, müßte das /d/ als extrasilbisch analysiert werden, wie in (69). Das Problem liegt nun darin, daß die Auslautverhärtung dieses /d/ dann fälschlicherweise nicht erfassen würde, weil es nicht im Reim ist. Die Verfechter der zwei Repräsentationen in (69) müßten also postulieren, daß der auslautende extrasilbische Konsonant durch eine Regel in den vorangehenden Reim inkorporiert wird, damit die Auslautverhärtung in einer späteren Stufe der Derivation Zugriff auf dieses Segment hat, vgl. (58). Fazit: In der ersten Stufe der Derivation (= die Repräsentationen in (69)) existieren extrasilbische Konsonanten und das Sonoritätsprinzip gilt ausnahmslos. In der zweiten Stufe der Derivation (= phonetische Repräsentation), nachdem die extrasilbischen Konsonanten mit dem Reim bzw. dem Onset assoziiert sind, läßt das Sonoritätsprinzip Ausnahmen zu.

Es stellt sich die Frage, ob es Sprachen mit extrasilbischen Konsonanten in der *phonetischen* Repräsentation gibt. Ein mögliches Beispiel ist das Irische (Breatnach 1947). In dieser Sprache werden wie im Englischen (siehe §8.6.4) stimmlose Plosive am Anfang einer Silbe aspiriert. In (monomorphemischen) Wörtern wie [ʃkʲeːɫ] 'Geschichte' unterliegt das /kʲ/ der Aspiration nicht, weil [ʃ] und nicht [kʲ], die Silbe anlautet. In Beispielen wie /ʃ+kʲart/ 'es ist richtig' wird dagegen das /kʲ/ aspiriert: [ʃkʲʰart]. Beispiele wie das letzte können erklärt werden, wenn man das [ʃ] als extrasilbisch analysiert.

Im Irischen sind bestimmte Konsonanten, die unabhängige Morpheme sind, in der Oberflächenrepräsentation extrasilbisch, z.B. [ʃ]. In anderen Sprachen können stamminitiale oder stammfinale Konsonanten in der Oberflächenrepräsentation extrasilbisch sein, z.b. im Polnischen (Rubach 1997).

8.6.2 Quantität und Skelettschicht

Der Begriff **Quantität** wird meistens in bezug auf die phonologische Länge verwendet. Man nennt eine Sprache **quantitätssensitiv**, wenn sie einen phonologischen Kontrast zwischen langen und kurzen Segmenten aufweist. Latein ist nach dieser Definition ein Beispiel für eine quantitätssensitive Sprache, weil es Kontraste zwischen langen und kurzen Vokalen hat (vgl. [liber] 'Buch' vs. [liːber] 'frei'). Andere Sprachen (z.b. Hawaiianisch) sind dagegen nicht quantitätssensitiv, weil sie nur kurze Segmente zulassen bzw. weil lange und kurze Segmente nicht kontrastieren.

Das Ziel dieses Abschnitts besteht darin, Repräsentationen der Länge in der nichtlinearen Phonologie sowie das Verhältnis zwischen Länge und Silbenstruktur zu erläutern.

8.6.2.1 Kurze vs. lange Vokale

Chomsky & Halle (1968) haben das Merkmal [±lang] vorgeschlagen, um kurze von langen Segmenten unterscheiden zu können. Nach dieser Auffassung sind kurze Vokale (und Konsonanten) [–lang] und lange Vokale (und Geminaten) [+lang]. Dies wird in (70) anhand von [a] und [aː] gezeigt.

(70a)   [a] = [–lang]   (70b)   [aː] = [+lang]

Später argumentierten verschiedene Autoren dafür Länge nicht wie in (70) mit einem binären Merkmal darzustellen, sondern mit einer zusätzlichen Schicht in der nichtlinearen Repräsentation. Eine Theorie, die den Kontrast zwischen langen und kurzen Segmenten auf diese Weise erfaßt, ist die Theorie der Skelettpositionen (McCarthy 1979, Clements & Keyser 1983, Levin 1985). Im folgenden wird dieses Modell erläutert.

Wie bereits angedeutet, sind Skelettpositionen **Zeiteinheiten** in dem Sinne, daß lange Segmente von zwei solchen Einheiten und kurze Segmente von einer einzigen dominiert werden. Es gibt zwei Theorien über Skelettpositionen. Nach der einen werden sie mit **X-Positionen** und nach der anderen mit **CV-Positionen** dargestellt. In der zweiten Theorie ersetzen die CV-Positionen das Merkmal [±silbisch]: C= [–silbisch] und V=[+silbisch]. X-Positionen sind dagegen für Silbizität nicht spezifiziert. Die beiden Theorien werden in (71) anhand von [a], [aː], [t] und [tː] illustriert.[20]

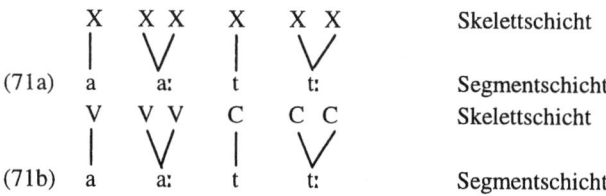

Die Skelettschicht befindet sich zwischen der Segmentschicht und den Konstituenten 'Onset' und 'Reim' bzw. 'Nukleus' und 'Koda'. Das Verhältnis zwischen den verschiedenen Schichten wird in (72) anhand der drei Wörter [fʀɛmt], [fiːl] und [baʊm] verdeutlicht. In (72a) ist die Skelettschicht mit X-Positionen und in (72b) mit CV-Positionen dargestellt.

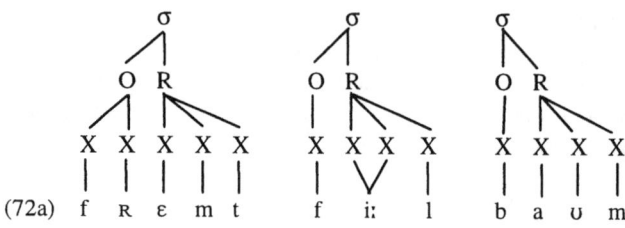

---

[20] Levin (1985) geht von X-Positionen aus, während McCarthy (1979) und Clements & Keyser (1983) CV-Positionen verwenden. In seiner Analyse des Deutschen verteidigt Wiese (1996) das CV-Modell.

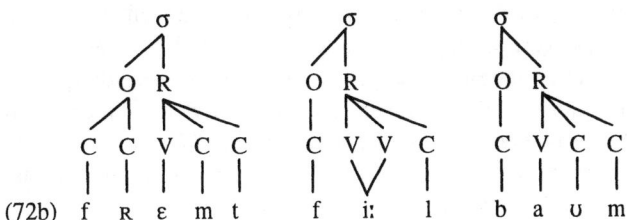

(72b)

Man erkennt, daß das Merkmal [±lang] überflüssig ist, weil die Länge durch Skelettpositionen erfaßt wird. Es ist auch anzumerken, daß die CV-Positionen nicht mit Konsonanten bzw. Vokalen gleichzusetzen sind, denn bestimmte Konsonanten, nämlich silbische Konsonanten wie [n̩ l̩], werden von V-Positionen dominiert, und bestimmte [–kons] Segmente, z.B. das /ʊ/ in *Baum*, von C-Positionen.

Im folgenden wird gezeigt, warum die Länge nichtlinear dargestellt werden sollte, anstatt wie in (70) mit einem binären Merkmal. Dabei wird das Modell mit X-Positionen verwendet.

Wir werden zwei Argumente für eine Repräsentation der Länge durch Skelettpositionen besprechen: (i) das Silbengewicht und (ii) ein besonderer Regeltyp, der als **kompensatorische Längung** (oder **kompensatorische Dehnung**) bezeichnet wird.

Die lateinischen Beispiele in (61) zeigen, daß leichte Silben auf einen kurzen Vokal auslauten, schwere Silben hingegen auf V: oder VK. Wir haben oben festgestellt, daß eine schwere Silbe einen verzweigenden Reim und eine leichte Silbe einen nichtverzweigenden Reim aufweist. Diese Unterscheidung ist in (62) nur provisorisch angezeigt. Die vollständigen Repräsentationen sind in (73) angeführt. Die Silben [kat] und [kaː] in (73b) bzw. (73c) haben jeweils einen verzweigenden Reim und sind folglich schwere Silben. Die leichte Silbe in (73a) zeigt dagegen einen nichtverzweigenden Reim.

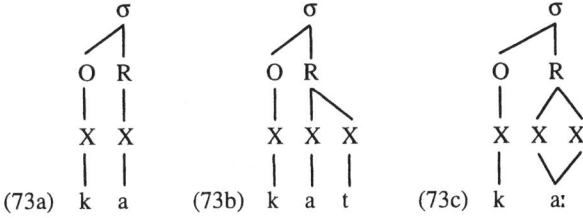

Das Argument für die Verwendung von Skelettpositionen lautet, daß
der Begriff eines 'verzweigenden Reims' nur sinnvoll ist, wenn lange
Segmente mit zwei Einheiten, z.b. zwei Skelettpositionen, dargestellt
werden. Wenn Länge nicht auf einer unabhängigen Schicht dargestellt
würde, sondern mit dem Merkmal [±lang] wie in (70), dann könnte
man die Schwere der Silben in (73b) und (73c) nicht einheitlich erfassen.
Ein zweites Argument für eine nichtlineare Repräsentation der Länge
ist, daß viele Sprachen kompensatorische Längungen aufweisen.
Unten wird illustriert, daß nur unter der Annahme, daß Länge auf einer
unabhängigen Schicht repräsentiert ist, die kompensatorische Längung
adäquat erklärt werden kann.
Die kompensatorische Längung ist ein Prozeß, bei dem ein Segment
getilgt und ein (meist benachbarter) Laut gleichzeitig gelängt wird. Ein
Beispiel für diesen Prozeß ist (74), wobei K_a und K_b zwei verschiedene
Konsonanten darstellen sollen.

(74) $VK_a.K_bV \rightarrow V{:}.K_bV$

Kompensatorische Längung stellt eine Art 'zeitliche Verschiebung'
dar, d.h. die segmentalen Merkmale werden getilgt, aber die 'Zeit', die
das getilgte Segment erfordert, bleibt erhalten, indem ein benachbartes
Segment gedehnt wird.
Ein Beispiel für (74) ist in (75a) angeführt (Ingria 1980, Hock 1986a).
Die Daten in (75a, b) illustrieren, daß im Lateinischen das indo-
germanische /s/ vor anterioren Konsonanten, z.B. /n l d/, getilgt wurde.
In den Beispielen in (75a) löste diese Tilgung die Dehnung des
vorangehenden Vokals aus[21] ('idg.' = indogermanisch).

(75a)   idg. nisdos   →   lat. ni:dus   'Nest'
        idg. kasnos   →   lat. ka:nus   'grau'
(75b)   idg. slu:brikos →   lat. lu:brikus   'schüpfrig'
        idg. snurus   →   lat. nurus   'Schwiegertochter'

In einem Silbenmodell mit Skelettpositionen drückt man die kompensatorische Längung dadurch aus, daß ein Konsonant, nicht aber die X-

---

[21] Der Wandel von idg. /o/ zu lat. /u/ wird im folgenden nicht berücksichtigt.

Position, die dieses Segment dominiert, getilgt wird. Der adjazente Vokal breitet dann seine Merkmale auf diese X-Position aus. (76a) tilgt ein /s/, wenn dieses Segment vor einem anterioren Konsonanten steht. (76b) stellt die Ausbreitung der vokalischen Merkmale nach rechts dar.

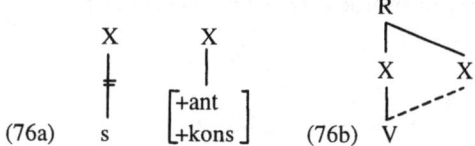

(77a) illustriert, wie das Wort [kaːnus] aus /kasnus/ entsteht. In (77b) findet in [nurus] (von /snurus/) keine kompensatorische Längung statt, weil dem wortinitialen /s/ kein Vokal vorangeht.

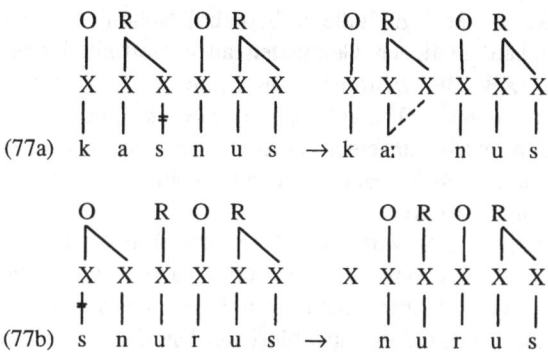

Die nicht assoziierte X-Position rechts vom Pfeil in (77b) wird nach dem Prinzip **Stray Erasure** getilgt.

Wenn man eine kompensatorische Dehnung wie die obige in einem Modell ohne Skelettpositionen erfassen will, z.B. mit dem Merkmal [±lang], hat man Schwierigkeiten, den Zusammenhang zwischen Tilgung und Längung zu erklären. Statt der nichtlinearen Regeln in (77) müßte man zwei lineare Regeln wie in (78) annehmen.

$$(78a) \quad V \rightarrow [+lang]/ \_\_ \, s \begin{bmatrix} +ant \\ +kons \end{bmatrix} \qquad (78b) \, s \rightarrow \emptyset/ \_\_ \begin{bmatrix} +ant \\ +kons \end{bmatrix}$$

Regel (78a) dehnt einen Vokal, wenn er vor /s/+anteriorem Konsonanten auftritt. Regel (78b) tilgt /s/ vor einem anterioren Konsonanten.
Die lineare Analyse in (78) hat jedoch den Nachteil, daß sie den Zusammenhang zwischen der Tilgung des /s/ in (78b) und der Längung
des adjazenten Vokals in (78a) nicht erklären kann.
Kompensatorische Dehnungen werden in §8.6.3 nochmals aufgegriffen.

8.6.2.2 Geminaten

In vielen Sprachen kontrastieren kurze und lange Konsonanten.
Letztere werden als **Geminaten** bezeichnet. Fast alle Konsonanten
können vom phonetischen Standpunkt aus als Geminaten auftreten,
z.b. Plosive, Frikative, Nasale, Liquide. In der überwiegenden Mehrheit der Sprachen mit Geminaten kommen diese Segmente nur
zwischen zwei Vokalen vor, vgl. Italienisch [bɛlːo] 'schön'. Es gibt
jedoch einige Sprachen, in denen Geminaten auch wortinitial oder
wortfinal auftreten, z.b. die austronesische Sprache Leti (Hume,
Muller & van Engelenhoven 1998), vgl. [sːoran] 'Husten'. Der Terminus 'Geminate' steht meist für einen langen *tautomorphemischen*
Konsonanten, d.h. einen Konsonanten, dessen 'Hälften' beide zu
einem einzigen Morphem gehören.
Das Merkmal [±lang] in (70) wurde von Chomsky & Halle (1968)
auch für Konsonanten angenommen, d.h. kurze Konsonanten sind
demnach [–lang] und lange Konsonanten [+lang]. Wie bei den Vokalen können jedoch Argumente dafür angeführt werden, daß kurze und
lange Konsonanten nicht durch [±lang], sondern sinnvoller als Zeiteinheiten auf der Skelettschicht, wie in (71), dargestellt werden
sollten. Dies wird in (79a) für den kurzen Konsonanten [v] und in
(79b) für den langen Konsonanten [vː] gezeigt. Es gibt Gründe,
weshalb (tautomorphemische) Geminaten nicht wie in (79c) als Abfolge von zwei benachbarten Konsonanten auf der Segmentschicht
analysiert werden sollten.

Ein Argument für die nichtlineare Repräsentation von Geminaten in
(79b) ist, daß sich in vielen Sprachen Geminaten als 'Barriere' für
phonologische Regeln erweisen. Es gibt beispielsweise Regeln, die die
Merkmale eines Konsonanten verändern, die aber nicht angewendet
werden, wenn dieser Konsonant eine Hälfte einer Geminate ist. Das
Farsi ist dafür ein Beispiel.
Die folgenden Daten (Hayes 1986b) illustrieren, wie das Farsi Morphem 'gehen' (/ræv/) entweder als [ræv] oder als [row] auftritt.

(80) /miː+ræv+æm/ → [miː.ræ.væm] 'ich gehe'
      /bo+ræv/ → [bo.row] 'gehen' (Imperativ)

Dieses Beispiel — und auch zahlreiche andere im Farsi — zeigen
folgende Regelmäßigkeiten: Ein /v/ wird am Ende einer Silbe (nach
einem kurzen Vokal) als [w] realisiert, und das /æ/ vor [w] als [o].
Diese beiden Generalisierungen werden durch die beiden Regeln in
(81) erfaßt.

$$\begin{array}{cc} \text{N} & \text{Ko} \\ | & | \\ \text{X} & \text{X} \\ | & \end{array}$$

(81a) /v/ → [w] / ___   (81b) /æ/ → [o] / __ w

Regel (81a) erfaßt die Distribution von [w]: Dieses Segment steht nach
kurzem Vokal nie in silbeninitialer Position.
Weitere Daten sind in (82) angeführt. Die Wörter in (82a) enthalten
eine tautomorphemische Geminate 'vv', die in (82b) eine heteromorphemische Abfolge aus zwei identischen Konsonanten; z.B. lautet der
Stamm /ræv/ auf [v] aus und es folgt ein Suffix mit anlautendem /v/.
Im folgenden werden tautomorphemische Geminaten wie in (82a) als
'echte' Geminaten und heteromorphemische Konsonantenfolgen wie
in (82b) als 'unechte' Geminaten bezeichnet. Die beiden Arten verhalten sich phonologisch unterschiedlich, z.B. hinsichtlich der Regel
in (81a). Man kann den Daten in (82) entnehmen, daß für die erste
Hälfte der echten Geminate in (82a) die Regel (81a) *nicht* angewendet
wird, obwohl dieses 'v' am Ende der ersten Silbe steht. Im Gegensatz
dazu wird die erste Hälfte der unechten Geminate in (82b) als [w]
realisiert.

(82a) /ævvæl/   →   [æv.væl]   'erst'

        /morovvæt/   →   [mo.rov.væt]   'Großzügigkeit'

(82b) /piːʃ+ræv+vaːr/   →   [piːʃ.row.vaːr]   'wie ein Führer'

Daten wie die in (82) gibt es in vielen Sprachen, der Unterschied
zwischen echten und unechten Geminaten scheint also ein generelles
Phänomen zu sein. In den meisten Sprachen gibt es allerdings nur unechte Geminaten, vgl. deutsch [ʔʊn.natʏʀlɪç].

Dem Vorschlag von Hayes (1986b) zufolge erklärt man die Daten in
(82) folgendermaßen: Echte Geminaten und unechte Geminaten haben
unterschiedliche nichtlineare Repräsentationen, wie in (79) illustriert.
(79b) stellt die echte Geminate [vː] dar und (79c) die entsprechende
unechte Geminate. Nur die echte Geminate ist demnach *ein* langes
Segment mit zwei Zeiteinheiten, die unechte Geminate besteht dagegen aus zwei unabhängigen aufeinanderfolgenden Segmenten.
Die Daten in (82a) und (82b) können mithilfe der Repräsentationen in
(79b) und (79c) erklärt werden. Das erste [v] in (83a) steht in silbenfinaler Position nach einem kurzen Vokal und unterliegt folglich der
Regel (81a), sodann appliziert (81b) und es entsteht die korrekte
phonetische Form [piːʃ.row.vaːr].

```
        O  N  Ko O  N  Ko O  N   Ko          N  Ko O  N  Ko
        |  /\ |  |  |  |  |  /\   |           |  |  |  |  |
        X  X  X  X  X  X  X  X  X  X          X  X  X  X  X
        |  \/ |  |  |  |  |  \/   |           |  \/ |  |
(83a)   p  i  ʃ+r æ  v+v  a   r   (83b)       æ  vː  æ  l
```

Das [vː] in [æv.væl] ist nach (79b) repräsentiert, vgl. (83b). Damit
aber kollidiert es mit (81a) und mit der Beschränkung, daß [w] nach
kurzen Vokalen nicht silbeninitial vorkommt. Einerseits sollte das
Segment 'v' gemäß (81a) zu [w] werden, weil es silbenfinal ist und auf
einem kurzen Vokal folgt. Da dasselbe Segment [v] auch in silbeninitialer Position steht, sollte es andererseits aber gerade *nicht* zu [w]
werden, weil [w] im Farsi nie in silbeninitialer Position auftritt.
Hayes (1986b) schließt daraus, daß (83b) die richtige Repräsentation
ist, wenn man postuliert, daß ein Segment einer Regel nur dann unterliegt, wenn das Segment und *alle* Skelettpositionen, die es dominieren,
die strukturelle Beschreibung der Regel erfüllen. Da die zweite Ske-

lettposition, die [v:] in (83b) dominiert, die strukturelle Beschreibung
von Regel (81a) nicht erfüllt, kann diese also nicht zur Anwendung
kommen.

Der Unterschied zwischen echten und unechten Geminaten liegt nicht
nur im Verhalten segmentaler Regeln, wie in (81a). In vielen Sprachen
sind auch Epenthesen belegt, die einen Vokal zwischen zwei Konsonanten einfügen. Eine solche Epenthese erfolgt nicht zwischen den
beiden Hälften einer echten Geminate, während sie bei unechten
Geminaten wie in (79c) erfolgt, weil die Epenthese-Regel unechte
Geminaten so behandelt wie beliebige andere Konsonantenfolgen, vgl.
engl. *phases* /feɪz+z/ [feɪzɪz] 'Phasen'.

8.6.2.3 Diphthonge

Diphthonge wurden in Kapitel 1 als Abfolgen von zwei Vokalen definiert, die zur selben Silbe gehören, vgl. [aɪ aʊ] bzw. [ai au]. Im folgenden werden verschiedene nichtlineare Repräsentationen von Diphthongen unter Berücksichtigung der subsilbischen Konstituenten
skizziert.

Diphthonge können entweder **steigend** oder **fallend** sein. Bei den
fallenden Diphthongen ist die zweite Hälfte nichtsilbisch, bei den
steigenden Diphthongen die erste. Die beiden Diphthonge, die in den
meisten Sprachen auftreten, nämlich [aɪ aʊ], sind Beispiele für fallende Diphthonge. Das Diakritikum unter dem zweiten Vokal in der
Transkription [aɪ̯ aʊ̯] kennzeichnet die Nichtsilbizität. Die Sequenz
[wa] (auch [u̯a]) in französischen Wörtern wie *oie* [wa] 'Gans' wird,
wie oben erwähnt, von vielen Phonologen als bisegmentale Abfolge
analysiert, die vom Nukleus dominiert wird, d.h. [wa] wäre nach dieser
Auffassung ein steigender Diphthong.

In der nichtlinearen Phonologie werden die beiden Hälften von Diphthongen von jeweils einer X-Position dominiert. Es wird meistens
angenommen, daß diese beiden X-Positionen zum Nukleus gehören,
wie in (84).

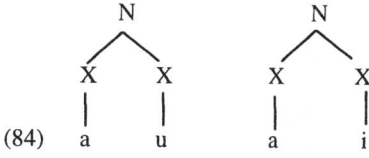

(84)

Im folgenden werden wir ein Argument für die Repräsentationen in (84) besprechen. Der Leser sei jedoch darauf hingewiesen, daß die Strukturen in (84) problematisch für die in §8.6.1.2 besprochene Generalisierung sind, derzufolge der Nukleus nur silbische Segmente dominiert. Eine logische Alternative zu (84) wäre die Struktur in (67), in der die zweite Hälfte des Diphthongs mit der Koda assoziiert ist.

Ein Argument dafür, daß fallende Diphthonge wie in (84) dargestellt werden sollten, ist die Tatsache, daß zugrundeliegende Diphthonge in vielen Sprachen phonetisch als lange Vokale realisiert werden, z.b. /aɪ/ → [aː]. Dieser Prozeß findet seinen Ausdruck in der nichtlinearen Phonologie, wenn die beiden Hälften eines Diphthongs von jeweils einer X-Position dominiert werden, und wenn die beiden X-Positionen unter dem Nukleus stehen, wie in (84).

Ein Beispiel für einen solchen Prozeß ist die Entwicklung des proto-germanischen Diphthongs [aɪ] zu [aː] im Altenglischen, vgl. proto-germ. *bain-* 'Knochen', altengl. *baːn*, mod. engl. *bone* 'Knochen'. Diese Regel wird in (85) illustriert.

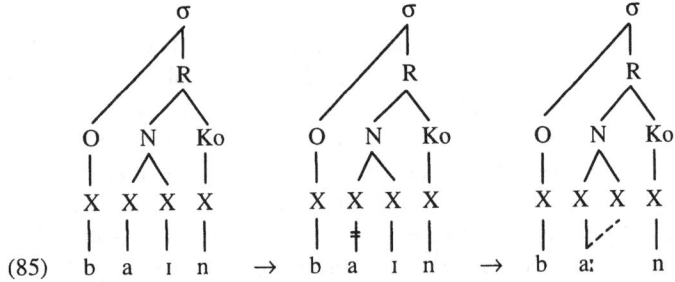

Die Entwicklung von [aɪ] zu [aː] wird als Tilgung des [ɪ] und an-schließende Ausbreitung der Merkmale des [a] zur 'leeren' X-Position erfaßt. Somit hat die Regel in (85) die formalen Eigenschaften einer kompensatorischen Längung, vgl. (77a).[22] Eine wichtige Generali-

---

[22] Wenn ein Diphthong zu einem langen Vokal wird, wie in (85), kommt es in den Sprachen der Welt häufig vor, daß [aɪ] nicht als [aː], sondern als [eː] realisiert wird, d.h. /aɪ/ → [eː]. Die Merkmale des tiefen Vokals [aː] verschmelzen dabei mit den Merkmalen des hohen Vokals [ɪ] zum mittleren [e].

sierung zu Regeln wie in (85) ist, daß der Output immer ein langer
Vokal ist, nie jedoch ein kurzer.

8.6.3 Silbengewicht und Moren

In §8.6.2.1 wurde das Silbengewicht in bezug auf die Reimstruktur
definiert, d.h. eine schwere Silbe hat nach dieser Auffassung einen
verzweigenden Reim und eine leichte Silbe einen nichtverzweigenden
Reim, vgl. (73). Es gibt eine alternative Theorie, derzufolge Silbengewicht nicht mit dem Reim ausgedrückt wird, sondern mit **Moren**
(Singular **Mora**). Einige Vertreter der Morenphonologie sind Hyman
(1985), Hock (1986b) und Hayes (1989a). Im folgenden wird die
Morentheorie kurz erläutert.

Die Mora ist als **Gewichtseinheit** definiert, wobei eine leichte Silbe
eine Mora hat und eine schwere Silbe *zwei*. Man geht also in der Regel
davon aus, daß die Höchstzahl von Moren innerhalb einer Silbe zwei
ist. Die Moren befinden sich nach Meinung der meisten Forscher in
der nichtlinearen Darstellung zwischen den Segmenten und den Silben, wie das in (86) gezeigt wird. Hier und im folgenden wird die
Mora wie allgemein üblich mit 'μ' abgekürzt. Ein kurzer Vokal wird
von einer Mora dominiert, vgl. (86a), während ein langer Vokal von
zwei Moren dominiert wird, vgl. (86b). In §8.6.1.1 wurde gezeigt, daß
es Sprachen wie das Lateinische gibt, in denen geschlossene Silben als
schwer gelten. Konsonanten, die im Silbenauslaut stehen, können in
der Morentheorie wie in (86c) dargestellt werden. Hier wird der Aus-
lautkonsonant [t] mit einer eigenen Mora assoziiert. In (86) sind die
Silben [a], [a:], [at] und [a:t] mit den entsprechenden Moren dargestellt.

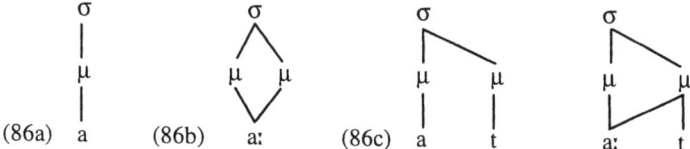

Diphthonge wie [aɪ aʊ] haben eine ähnliche Repräsentation wie die
Silbe [at] in (86c), d.h. die beiden Hälften werden mit jeweils einer
Mora verbunden.

Man kann den Repäsentationen in (86) entnehmen, daß die Moren
nicht nur Silbengewicht, sondern auch Länge anzeigen, denn ein
kurzer Vokal ist stets mit einer Mora verbunden (86a) und ein langer
mit zwei, wie in (86b) und (86c). Hyman (1985) und Hayes (1989a)
ziehen daraus den Schluß, daß Skelettpositionen in der Morentheorie
überflüssig sind.

Die hier beschriebene Morentheorie besagt also, daß lange Vokale
immer schwer sind, während Silben, die auf einen kurzen Vokal
auslauten, immer leicht sind. Für diese Vorhersage spricht, daß die
umgekehrte Korrelation nicht vorkommt, d.h. es gibt keine Sprache, in
der ein langer Vokal als leicht gilt (siehe unten).

Nach der in (86) illustrierten Morentheorie sind der Vokal und die
folgenden Segmente mit Moren verbunden, und der Silbenknoten
dominiert die Moren. Silbeninitiale Konsonanten sind nach der Theorie von Hayes (1989a) direkt mit dem Silbenknoten assoziiert, wie das
(87) anhand der Silben [taː], [ta], [tat] und [taːt] illustriert.

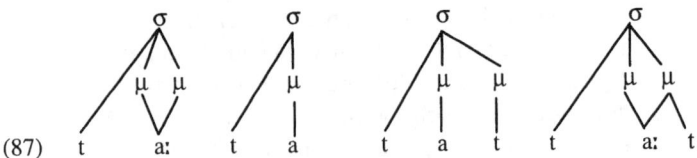

Die Repräsentationen in (87) haben einen Vorteil: Sie zeigen an, daß
Anlautkonsonanten nicht zum Silbengewicht beitragen. Mit anderen
Worten, wenn die Silbe eine universelle Repräsentation wie in (86)
und (87) hat, kann man die Vorhersage machen, daß es keine Sprache
gibt, in der sich Wortakzentregeln auf die silbeninitialen Segmente
beziehen.[23]

Nach Hyman (1985) und Hayes (1989a) ersetzt die Mora nicht nur die
Skelettpositionen, sondern auch alle subsilbischen Konstituenten. Die

---

[23] Manchmal wird diese Behauptung jedoch in Frage gestellt, weil es zumindest einige
Sprachen gibt, in denen sich Wortakzentregeln auf die silbeninitialen Segmente
beziehen, z.B. Western Aranda und Pirahã. Der Leser findet Beispiele dafür in Davis
(1985).

Eine alternative Morentheorie wird von Hyman (1985) vertreten, der vorgeschlagen
hat, daß alle silbeninitialen Konsonanten mit der ersten Mora verbunden werden.

drei deutschen Wörter *fremd, viel* und *Fabrik* in (72) haben nach der oben beschriebenen Morentheorie die Repräsentationen in (88).

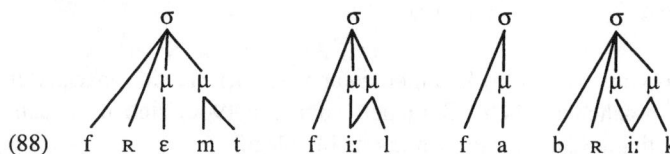

(88) f ʀ ɛ m t   f iː l   f a   b ʀ iː k

Im Rahmen der Morentheorie würde man Regeln, die im Reim operieren (z.B. die Auslautverhärtung in (58)), als Regeln interpretieren, die in der Mora zur Anwendung kommen.

Im Lateinischen und in den meisten anderen gewichtssensitiven Sprachen haben geschlossene Silben die Repräsentation in (86c), d.h. die Konsonanten im Silbenauslaut werden mit der zweiten Mora verbunden. In anderen gewichtssensitiven Sprachen sind schwere Silben nur diejenigen, die auf einen langen Vokal auslauten, während geschlossene Silben als leicht gewertet werden. Ein Beispiel hierfür ist Mongolisch. Diese Sprache verfügt über eine Wortakzentregel, die sich auf Silben bezieht, die auf einen langen Vokal auslauten.

In Sprachen wie Mongolisch sind also nur Silben, die auf einen langen Vokal auslauten, schwer, vgl. (89a), während geschlossene Silben und Silben, die auf einen kurzen Vokal auslauten, leicht sind, vgl. (89b).

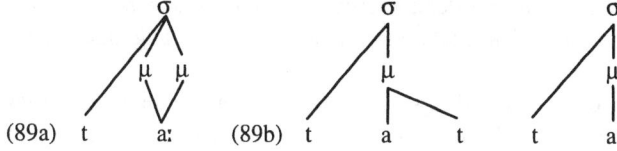

(89a) t aː   (89b) t a t   t a

Bisher wurden zwei Typen gewichtssensitiver Sprachen behandelt. In Sprachen wie dem Lateinischen sind geschlossene Silben schwer, im Mongolischen sind sie leicht. Eine dritte logisch mögliche Sprache wäre eine, in der nur geschlossene Silben schwer sind. Die folgende Tabelle faßt die drei Sprachtypen zusammen.

	schwere Silbe	*leichte Silbe*	*Sprache*
(90a)	KV:, KVK	KV	Latein
(90b)	KV:	KVK, KV	Mongolisch
(90c)	KVK	KV:, KV	---------

Sprachen vom Typ (90b) kommen zwar vor, aber sie sind markierter als die Sprachen in (90a). Sprachen vom Typ (90c) sind nach dem gegenwärtigen Stand der Forschung nicht belegt. Ein Vorteil des oben beschriebenen Morenmodells liegt darin, daß die nicht existierenden Sprachen vom Typ (90c) ausgeschlossen werden können. Der Grund hierfür ist, daß lange Vokale *immer* als bimoraisch zu werten sind. Nichtlineare Prozesse können auch im Rahmen des Morenmodells dargestellt werden. Die kompensatorische Dehnung im Lateinischen (siehe (75)) wird in (91) anhand des Beispiels /kasnus/ illustriert.

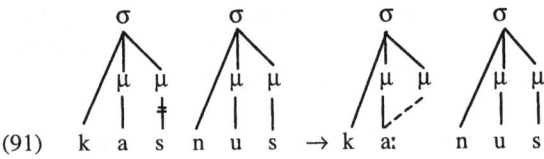

Hayes (1989a) stellt eine detailierte Analyse kompensatorischer Längungen im Rahmen der Morentheorie dar. Er folgert daraus, daß seine Morentheorie der Theorie der Skelettpositionen vorzuziehen ist, weil nur erstere die ganze Bandbreite kompensatorischer Längungen erfassen kann.

Die Morentheorie ist allerdings nicht unumstritten. Erstens behaupten einige Phonologen, daß man auf Skelettpositionen nicht verzichten kann. Hume, Muller & van Engelenhoven (1998) argumentieren beispielsweise, daß es zumindest eine Sprache gibt, in der X-Positionen *und* Moren notwendig sind, nämlich die austronesische Sprache Leti. Tranel (1991) weist darauf hin, daß die Morentheorie Schwierigkeiten hat, Geminaten darzustellen.

8.6.4 Ambisilbische Konsonanten

In §8.3 wurde Onset-Maximierung aufgestellt, um zu erklären, daß ein intervokalischer Konsonant immer silbeninitial ist, also VKV als V.KV silbifiziert wird. Es gibt jedoch aus verschiedenen Sprachen Daten, die zeigen, daß ein intervokalischer Konsonant nicht nur zum Onset der zweiten Silbe gehört, sondern gleichzeitig auch zum Reim der ersten gehören kann. Solche Konsonanten werden als **ambisilbisch** (engl. **ambisyllabic**; lat. *ambo* 'beide') bezeichnet. Ein ambisilbischer Konsonant [t] kann wie in (92) dargestellt werden.

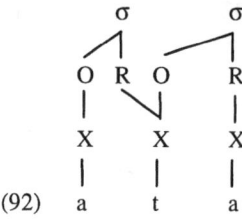

(92)

Im Gegensatz zu den (echten) Geminaten in (79b) sind ambisilbische Konsonanten kurz und werden daher nur von einer X-Position dominiert. Im folgenden wird ein Argument aus dem amerikanischen Englisch (nach Kahn 1976) aufgeführt, demzufolge bestimmte Konsonanten in dieser Sprache als ambisilbisch zu analysieren sind. Kahn postuliert ambisilbische Konsonanten u.a. deshalb, weil sie die Distribution der Allophone von /t d/ zu erfassen erlauben. Wie in §8.1 erwähnt, treten /t d/ in bestimmten Positionen im amerikanischen Englisch als [ɾ] auf, vgl. (93a). Hier werden /t d/ innerhalb eines Wortes als [ɾ] realisiert, wenn der folgende Vokal unbetont ist. Wenn ein wortinternes /t d/ vor einem betonten Vokal steht, wird /d/ als [d] und /t/ als [tʰ] realisiert, wie in (93b). Wortfinale /t d/ treten als [ɾ] auf, wenn das folgende Wort mit einem Vokal anfängt, wie im ersten Beispiel in (93c). Wenn das erste Wort auf einen Vokal auslautet, und das zweite mit /t d/ anfängt, wird /t/ als [tʰ] und /d/ als [d] realisiert, wie im zweiten und dritten Beispiel in (93c).

(93a)	eating	/iːt+ɪŋ/	[ˈiːɾɪŋ]	'essen' (Partizip)
	raided	/ɹeɪd+əd/	[ˈɹeɪɾəd]	'angegriffen'
	capital	/kæpɪtəl/	[ˈkʰæpɪɾəl]	'Hauptstadt'
(93b)	attack	/ətæk/	[əˈtʰæk]	'angreifen'
	attain	/əteɪn/	[əˈtʰeɪn]	'erreichen'
	ado	/əduː/	[əˈduː]	'Getue'
(93c)	meet Ann	/miːt# #æn/	[miːˈɾæn]	'lerne Ann kennen'
	see Ted	/siː# #tɛd/	[siːˈtʰɛd]	'sieh Ted'
	see Doris	/siː# #douɹɪs/	[siːˈdouɹɪs]	'sieh Doris'

Um das Vorkommen von [ɾ] in allen Daten in (93a) und (93c) in der
bisher beschriebenen Theorie zu erfassen, müßte man eine lineare
Regel mit einer Disjunktion wie in (94) aufstellen.

$$(94) \quad /t\ d/ \rightarrow [\mathrm{ɾ}]/\ V \underline{\quad} \left\{ \begin{bmatrix} -\text{kons} \\ -\text{betont} \end{bmatrix} \right\}$$
$$\#\#V$$

Der erste Kontext in (94) erfaßt die Daten in (93a) und der zweite das
erste Beispiel in (93c).
Kahns Theorie zufolge kann man die Disjunktion in (94) vermeiden,
wenn man die Konsonanten des Englischen in bestimmten Positionen
als ambisilbisch analysiert. Kahn argumentiert, daß ein Konsonant im
amerikanischen Englisch in zwei Kontexten ambisilbisch ist: (i) wenn
dieser Konsonant vor einem unbetonten Vokal steht; (ii) wenn dieser
Konsonant am Ende eines Wortes steht und das folgende Wort auf
einen Vokal anlautet. Die silbenstrukturen der beiden Wörter *eating*
/iːt+ɪŋ/ und *attain* /əteɪn/ sowie der Abfolge *meet Ann* /miːt# #æn/ sind
in (95) vermerkt (der Einfachheit halber sind subsilbische Konstituenten oder Skelettpositionen weggelassen).

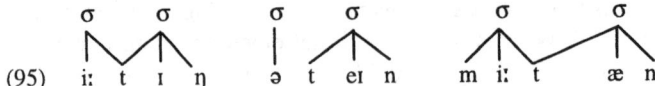

(95)

Unter der Voraussetzung, daß die Konsonanten in den Kontexten (i)
und (ii) ambisilbisch sind, kann man feststellen, daß /t d/ nur dann als
[ɾ] realisiert werden, wenn sie ambisilbisch sind. Im Gegensatz dazu

wird ein silbeninitiales, nicht ambisilbisches /t/ (oder /p k/) als [tʰ]
(bzw. [pʰ kʰ]) realisiert.
Anzumerken ist, daß die Kontexte für ambisilbische Konsonanten in
(i) und (ii) auch durch andere Phänomene in der englischen Phonologie bestätigt werden (siehe Kahn 1976, Rubach 1996).
Die Regel der Aspiration in (96a) bezieht sich auf (nicht ambisilbische) silbeninitiale /p t k/. Regel (96b) — in der Literatur als
'Flapping' bezeichnet — bezieht sich dagegen auf ambisilbische /t d/.
(96b) ersetzt somit (94) und die darin enthaltene Disjunktion ist vermieden.

(96a)   /p t k/ → [+asp]/ σ[___   (96b)   /t d/ → [ɾ]/ $\overset{\textstyle\sigma\ \ \sigma}{\vee}$ ___

Flapping besagt, daß /t d/ als [ɾ] ausgesprochen werden, wenn sie
gleichzeitig zu zwei Silben gehören, d.h. nur ambisilbische Konsonanten unterliegen dem Flapping.

8.6.5 Silbifizierung in der nichtlinearen Phonologie

Viele Phonologen gehen davon aus, daß die Silbenstruktur in den zugrundeliegenden Formen nicht anwesend ist, sondern in einer Derivation zugewiesen wird (Kahn 1976, Clements & Keyser 1983). Der
Vorgang, nach dem Silbenstruktur zugewiesen wird, heißt die **Silbifizierung**.
Regeln, die Silben zuweisen, sind in (97) angeführt (nach Kahn 1976).
In (97) wird der Einfachheit halber von einem nichtlinearen Modell
der Silbe ausgegangen, in dem keine subsilbischen Konstituenten vorhanden sind. Festzuhalten ist, daß die drei Schritte in (97) in der unten
angegebenen Reihenfolge operieren. Diese Annahme wird unten
gerechtfertigt.

(97a)   Assoziiere σ mit jedem [–kons] Segment.
(97b)   Assoziiere Konsonanten links vom [–kons] Segment mit σ, dabei muß
        eine wohlgeformte Konsonantenverbindung entstehen.
(97c)   Assoziiere Konsonanten rechts vom [–kons] Segment mit σ, dabei
        muß eine wohlgeformte Konsonantenverbindung entstehen.

Die Regeln in (97) sind universell, d.h. eine Kette von Segmenten wird in jeder beliebigen Sprache nach (97) silbifiziert. (97b) und (97c) beziehen sich auf 'wohlgeformte Konsonantenverbindungen'. Das bedeutet, daß (97b, c) den Silbenstrukturbedingungen für die jeweilige Sprache unterliegen. So darf (97b) im Deutschen nur Anlautcluster silbifizieren, die aus Obstruent+Liquid bestehen (siehe (40)), und die negativen Silbenstrukturbedingungen für das Deutsche in (41) nicht verletzen. (98) zeigt, wie das Wort *krank* nach (97) silbifiziert wird:

(98) /kʀaŋk/ → k ʀ a ŋ k → k ʀ a ŋ k → k ʀ a ŋ k

In diesem Beispiel wird der Silbenknoten zunächst mit dem Vokal assoziiert. Danach werden silbeninitiale bzw. silbenfinale Cluster gebildet. Betrachten wir jetzt die drei Beispiele in (99):

(99a) /liːb+ə/ → l iː b ə → l iː b ə

(99b) /fabʀiːk/ → f a b ʀ iː k → f a b ʀ iː k → f a b ʀ iː k

(99c) /zɪlbə/ → z ɪ l b ə → z ɪ l b ə → z ɪ l b ə

Alle Beispiele in (99) zeigen, daß (97b) vor (97c) applizieren muß. Wenn die Bildung von silbenfinalen Clustern der Bildung von silbeninitialen Clustern voranginge, dann entstünden die falschen Silbifizierungen [liːb.ə], [fab.ʀiːk] und [zɪlb.ə]. Betrachten wir nun (99b) und (99c). Der wichtige Schritt in diesen Beispielen ist (97b): Bei *Fabrik* werden die beiden Konsonanten [bʀ] mit der zweiten Silbe assoziiert, bei *Silbe* nur das [b]. Dies ist eine Konsequenz der Tatsache, daß das Deutsche [bʀ], aber nicht [lb] am

Anfang einer Silbe zuläßt. (97b) muß die *größtmögliche* Konsonantenverbindung bilden. Wenn (97b) nur das [ʀ] und nicht das [b] mit der zweiten Silbe integrieren würde, dann entstünde die falsche Silbifizierung [fab.ʀiːk]. In (20) wurde das Prinzip der **Onset-Maximierung** aufgestellt. Der Leser sei darauf hingewiesen, daß dieses Prinzip sich sowohl durch die Reihenfolge der Regeln in (97) ergibt als auch aus der Tatsache, daß die Cluster, die durch (97) entstehen, die größtmöglichen sind.

Historischer Überblick und weiterführende Literatur

Viele Linguisten im späten 19. bis weit ins 20. Jahrhundert haben die Wichtigkeit der Silbe für die Phonologie anerkannt. Sievers (1901), Jespersen (1904), Pike & Pike (1947), Hockett (1955), und Haugen (1956) zählen zu den wichtigsten Vertretern der Silbentheorie in dieser 'prägenerativen' Zeit.

Die erste wichtige Studie im Rahmen der generativen Phonologie, nämlich Chomsky & Halle (1968), ging davon aus, daß die Silbe keine phonologische Entität ist. Regeln und phonotaktische Beschränkungen bezogen sich in der frühen generativen Phonologie folglich nur auf Morphem- bzw. auf Wortgrenzen. Disjunktionen wie z.B. 'alle Obstruenten sind stimmlos vor Konsonant und vor einer Wortgrenze' waren eine unvermeidliche Folge dieser Annahme. Die Silbe als phonologische Einheit wurde in den 70er Jahren von vielen Linguisten wiederentdeckt (z.B. Pulgram 1970, Vennemann 1972, Hooper 1972, 1976, Kahn 1976). Seit dieser Zeit geht man auch in der generativen Phonologie davon aus, daß die Silbe eine unverzichtbare Einheit ist.

Zwei empfehlenswerte Studien über Markiertheit in der Phonotaktik sind Greenberg (1978a) und Vennemann (1988). Allerdings beziehen sich Greenbergs Generalisierungen auf das Wort und nicht auf die Silbe.

In den letzten Jahrzehnten sind zahlreiche Studien über die Phonotaktik der deutschen Konsonantenverbindungen erschienen. Eine der ersten war Menzerath (1954), der allerdings vom Wort und nicht von der Silbe ausgeht. Einige neuere Studien über die Phonotaktik des Deutschen und ihren Bezug zur Silbe sind Eisenberg et al. (1992), Hall (1992) und Wiese (1996).

Als weiterführende Studie zur Sonorität sei Clements (1990) empfohlen, ferner Vennemann (1988) zu Silbenkontakten und Silbengesetzen.

Die Literatur zu nichtlinearen Repräsentationen in §8.6 ist äußerst umfangreich. Der Status von Reim und Onset wird u.a. von Clements & Keyser (1983), Fudge (1987) und Davis (1989) kommentiert. Extrasilbische Konsonanten in der Phonologie werden von Clements & Keyser (1983), Giegerich (1992) und Kenstowicz (1994) diskutiert.

Als weiterführende Literatur zu Skelettpositionen und Moren sind Clements & Keyser (1983) (über CV-Positionen) sowie Hyman (1985), Hayes (1989a) und Zec (1995) (über Moren) zu empfehlen. Ein guter weiterführender Vergleich zwischen Skelettpositionen und Moren findet sich in Noske (1993), Roca (1994) und Kenstowicz (1994). Weiterführende Studien zu kompensatorischen Dehnungen bieten de Cheyne & Anderson (1979), Ingria (1980), Wetzels & Sezer (1986) und Hock (1986b). Die Literatur über das phonologische Verhalten von Geminaten ist sehr umfangreich. Der Leser sei auf die Studien von Kenstowicz & Pyle (1973), Guerssel (1978), Hayes (1986b), Schein & Steriade (1986) und Hume, Muller & van Engelenhoven (1998) verwiesen. Viel ist auch über die Rolle der Ambisilbizität in der Phonologie des Deutschen geschrieben worden. Argumente, unter welchen Umständen Konsonanten in dieser Sprache als ambisilbisch zu erfassen sind, findet der Leser bei Ramers (1991) und Wiese (1996).

Aufgaben

(1)   Die folgenden Daten sind aus dem Alabama (Davenport & Hannahs 1998).

[pʰosnoː]   'wir'   [tʰaːtʰaː]   'Vater'
[kʰolbiː]   'Korb'   [pʰaːniː]   'Bach'
[hiploː]   'Schnee'   [ifkʰiː]   'Bauch'
[hatkʰaː]   'weise'   [iːtʰospʰaː]   'Knie'

Nehmen Sie an, daß in dieser Sprache die maximale Silbe KVK ist.

(1a)   Fügen Sie in die oben aufgelisteten phonetischen Transkriptionen Silbengrenzen ein.

(1b)   Stellen Sie eine Regel auf, die die Verteilung der stimmlosen unaspirierten und der stimmlosen aspirierten Plosive erfaßt.

(1c)   Vervollständigen Sie die folgende Regel: V → Vː / ....

(2)   Inwiefern unterliegen die folgenden einsilbigen Lautsequenzen dem Silbenanlautgesetz, dem Silbenauslautgesetz und dem Silbenkerngesetz? Sind die Abfolgen vom universellen Standpunkt aus betrachtet markiert oder unmarkiert?

Beispiel: [talk]

Antwort: Der Silbenanlaut ist unmarkiert, weil in dieser Position nur ein Konsonant auftritt. Der Silbenkern ist nach dem Silbenkerngesetz unmarkiert, weil [a] ein Vokal ist. Der Silbenauslaut ist markiert, weil statt eines einzigen zwei Konsonanten in dieser Position auftreten.

(2a)   [blat]   (2c)   [ba]   (2e)   [bniː]   (2g)   [ig]
(2b)   [paŋkt]   (2d)   [tk̝f]   (2f)   [palmd]   (2h)   [pnloː]

(3)   In der historischen Entwicklung des Spanischen gab es eine bestimmte VokalTilgung (eine **Synkope**; siehe §3.3.2) und eine **Metathese** (siehe §3.3.4). Nach der Metathese wurde durch eine unabhängige Regel /t/ als [d] realisiert. Diese

historischen Prozesse werden in den folgenden Beispielen illustriert (Pulgram 1970).

[titulu]	→	[titlu]	→	[tilde]	'Tilde'
[spatula]	→	[spatla]	→	[espalda]	'Spachtel'

Erklären Sie die silbenbezogene Motivation der Metathese. [Hinweis: [tl] und [dl] waren nie zulässige Silbenanlaute in dieser Sprache.]

(4) Die folgenden Daten illustrieren eine historische Entwicklung im Italienischen (Vennemann 1988: 53).

[val.jo]	→	[val.go]	'ich gelte'
[ten.jo]	→	[teŋ.go]	'ich halte'
[ner.wo]	→	[ner.bo]	'Nerv'

Geben Sie eine silbenbezogene Erklärung, warum die Gleitlaute [j w] als Obstruenten realisiert wurden. [Hinweis: Nehmen Sie die folgende Sonoritätshierarchie an: Vokale > Gleitlaute > Liquide > Nasale > Obstruenten.]

(5) Sind die folgenden Lautsequenzen phonologisch wohlgeformte Wörter des Standarddeutschen? Welche sprachspezifischen Prinzipien werden befolgt oder verletzt?

Beispiel: [dag]
Antwort: Kein phonologisch wohlgeformtes Wort des Standarddeutschen, weil [g] im Deutschen in silbenfinaler Position durch die Auslautverhärtung ausgefiltert wird.

(5a)	[mi:dlə]	(5c)	[so:]	(5e)	[mɪl.tə]	(5g)	[le:mç]
(5b)	[knɪlt]	(5d)	[ɪŋ.kɐ]	(5f)	[fa:h.ʀə]	(5h)	[fatk]

(6) Die folgenden deutschen Beispiele enthalten Silben, die gegen universelle Prinzipien verstoßen. Welche Prinzipien werden verletzt?

Beispiel: [ʃtʀo:]
Antwort: Dieses Wort ist nach dem Anlautgesetz markiert, weil die Silbe mit drei Konsonanten beginnt. Außerdem wird im Anlaut das Sonoritätsprinzip verletzt, weil [ʃ] und [t] denselben Sonoritätswert haben.

(6a)	[kʀaŋk]	(6c)	[hɪm.lɪʃ]	(6e)	[ʔo:pst]	(6g)	[ʃtʀaɪçst]
(6b)	[gno:m]	(6d)	[be:.o]	(6f)	[ʔɛn.tə]		

(7) Stellen Sie eine Liste aller dreigliedrigen Auslaute im Deutschen zusammen. Stellen Sie Prinzipien auf, die die folgenden Auslaute ausschließen:

(7a)	[lmç]	(7b)	[lnk]	(7c)	[lmʀ]

(8)   ● Erstellen Sie die Silbenstruktur der folgenden deutschen Wörter. Verwenden
        Sie dabei das Modell mit den subsilbischen Konstituenten Onset, Nukleus,
        Koda und Reim sowie mit X-Positionen:

(8a)   [fiːl]   (8c)   [ʔalt]   (8e)   [hɪm.lɪʃ]
(8b)   [fʀoː]   (8d)   [ʔø.ko.noː.mɪʃ]   (8f)   [gə.faː.ʀŋ]

(9)   Erstellen Sie die Silbenstruktur der folgenden englischen Wörter (siehe
        §2.1.2). Verwenden Sie dabei das Modell mit den subsilbischen Konstituenten
        Onset, Nukleus, Koda und Reim sowie mit X-Positionen:

        lift   [lɪft]   'heben'   feel   [fiːɫ]   'fühlen'
        leaf   [liːf]   'Blatt'   bell   [beɫ]   'Glocke'
        feeling   [fiːlɪŋ]   'Gefühl'   milk   [mɪɫk]   'Milch'

        Nehmen Sie an, daß dem [ɫ] das Phonem /l/ zugrundeliegt. In welchem
        Kontext operiert die Regel der l-Velarisierung?

(10)   Zeigen Sie in einer Derivation, wie die folgenden deutschen Wörter nach den
        Regeln in (97) silbifiziert werden:

(10a)   viel   [fiːl]
(10b)   neblig   [neːblɪç]
(10d)   himmlisch   [hɪmlɪʃ]

9 Metrische Phonologie

In vielen Sprachen der Welt wird innerhalb eines Wortes eine bestimmte Silbe **betont** (oder **akzentuiert**), z.B. die erste Silbe in *Sprache*. Dies ist eine lexikalische Eigenschaft. Auch innerhalb eines Satzes wird normalerweise eine Konstituente aufgrund ihrer Rolle im Textzusammenhang gegenüber anderen akzentuiert. Die Bedingungen für die Plazierung von **Satzakzenten** gehören zu dem in sich komplexen Bereich der **Informationsstrukturierung** und müssen hier ausgeklammert werden. Kapitel 9 beschränkt sich auf den **Wortakzent** (oder die **Wortbetonung**). Der Zweig der nichtlinearen Phonologie, der sich mit Betonung befaßt, heißt **Metrische Phonologie** (engl. **metrical phonology**; vgl. *Metrik* 'Lehre vom Versmaß'). §9.1 führt einige wichtige Grundbegriffe ein und §9.2 stellt Prinzipien der metrischen Phonologie dar. In §9.3 wird eine kurze Übersicht über Wortakzentregeln in den Sprachen der Welt geboten. §9.4 behandelt die Akzentstruktur von Komposita.

9.1 Einführung

Obwohl Wörter in zahlreichen Sprachen der Welt aus betonten und unbetonten Silben bestehen, ist der Wortakzent keineswegs universell. Neben den sog. **Akzentsprachen** wie Deutsch, Englisch, Polnisch gibt es nämlich auch viele Sprachen ohne Wortakzent, z.B. **Tonsprachen** wie das Chinesische (vgl. Kapitel 6). Im folgenden beschränken wir uns auf den Wortakzent in Akzentsprachen.[1]
In Akzentsprachen wie dem Deutschen gibt es in jedem Wort eine Silbe, die den Akzent trägt, z.B. die erste Silbe in *Teppich* und *König* oder die zweite in *Vertrag* und *Entgelt*. In der Transkription wird der Akzent mit einem hochgestellten Strich ['] unmittelbar vor der Silbe,

---

[1] Es gibt noch einen dritten Sprachtyp, nämlich die sog. **Tonhöhen-Akzentsprachen** (engl. **pitch accent languages**) wie Japanisch und Schwedisch. Solche Sprachen haben Eigenschaften von Akzentsprachen und Tonsprachen.

die betont wird, gekennzeichnet, z.B. *Teppich* ['tɛpɪç]. In der Literatur
gilt üblicherweise die 'Silbe' als dasjenige Element in einem Wort,
das den Akzent trägt. Genau genommen ist es der Nukleus der Silbe,
d.h. der Vokal, der den Akzent trägt. In vielen Sprachen können
jedoch nur bestimmte Vokale betont sein, während andere nicht
betonbar sind. Im Deutschen und im Englischen kann beispielsweise
das Schwa ([ə]) keinen Akzent tragen.

Eine genaue phonetische Definition von Akzent umfaßt mehrere
Faktoren. Betonte Silben sind meistens phonetisch länger und in der
Regel lauter als unbetonte. In diesem Kapitel werden ausschließlich
die phonologischen Prinzipien des Wortakzents besprochen. Eine
Diskussion der phonetischen Korrelate des Wortakzents findet sich in
Hayes (1995: Kapitel 2).

In vielen Akzentsprachen gibt es bei mehrsilbigen Wörtern einen
Haupt- und einen **Nebenakzent**. In der Transkription wird der
Nebenakzent mit einem tiefgestellten senkrechten Strich [ˌ] unmittelbar vor der jeweiligen Silbe gekennzeichnet, z.B. das englische Wort
phonetician 'Phonetiker' wird als [ˌfoʊnəˈtʰɪʃən] mit Nebenakzent auf
der ersten Silbe transkribiert. Anzumerken ist jedoch, daß viele Akzentsprachen ausschließlich einen Hauptakzent und keine Nebenakzente aufweisen, z.B. das Lettische.

Der Akzent ist ein Kernbereich der Phonologie, weil viele Sprachen
über phonologische Regeln verfügen, die sich auf betonte bzw. unbetonte Silben beziehen. Es gibt beispielsweise Prozesse, die nur betonte
Vokale dehnen (z.B. im Mohawk; Kapitel 2, Aufgabe 5; §3.3.3), oder
auch solche, die lange Vokale kürzen, wenn sie in unbetonter Position
vorkommen (z.B. im Deutschen; §2.5.2). In vielen Sprachen werden
Vollvokale in unbetonten Silben zu Schwa reduziert. Ein Beispiel für
eine solche Sprache ist das Englische, wie ein Vergleich der ersten
Silbe in den Beispielen in (1a) mit der ersten Silbe in den Wörtern in
(1b) zeigt:

(1a)	sensation	[ˌsɛnˈseɪʃən]	'Empfindung'
	compensation	[ˌkʰɔmpənˈseɪʃən]	'Kompensation'
	phonetician	[ˌfoʊnəˈtʰɪʃən]	'Phonetiker'
(1b)	dependence	[dəˈpʰendəns]	'Abhängigkeit'
	phonetics	[fəˈnetʰɪks]	'Phonetik'

Die erste Silbe in den Wörtern in (1a) wird mit einem Vollvokal realisiert und die erste Silbe in den Beispielen in (1b) mit Schwa. Die erste Silbe in (1a) kann nicht als Schwa realisiert werden, weil sie einen Nebenakzent trägt. Die Nebenakzente in (1a) zeigen außerdem, daß es viele Wörter gibt, in denen Alternationen zwischen Silben mit Vollvokal und Silben mit Schwa vorkommen, vgl. die erste Silbe in *phonetician* mit der in *phonetics*. Die erste Silbe in *phonetics* ist unbetont und unterliegt der Vokalreduktion. Die erste Silbe in *phonetician* dagegen trägt einen Nebenakzent und kann folglich nicht als Schwa realisiert werden.

In vielen Sprachen der Welt beziehen sich morphologische Regeln der Affigierung auf die Akzentstruktur des Stammes. Ein typisches Beispiel liefert die englische Regel, die das substantivbildende Suffix *+al* an Verben affigiert, wie in (2a) gezeigt (siehe Raffelsiefen 1998):

(2a)	arrive	'ankommen'	arriv+al	'Ankunft'
	refuse	'ablehnen'	refus+al	'Ablehnung'
	commit	'anvertrauen'	committ+al	'Verpflichtung'
(2b)	happen	'geschehen'	*happen+al	
	visit	'besuchen'	*visit+al	

Die Beispiele in (2) machen deutlich, daß *+al* nur dann affigiert wird, wenn das Verbstamm über das Wortakzentmuster 'unbetonte Silbe+ betonte Silbe' verfügt, vgl. *refuse* [ɹə'fjuːz] in (2a). Wenn dagegen der Verbstamm ein anderes Akzentmuster hat, wird *+al* nicht affigiert, vgl. ['hæpən] in (2b).

Der Wortakzent ist nicht nur wichtig, weil es in zahlreichen Sprachen Regeln gibt, die sich darauf beziehen, sondern auch, weil es zahlreiche sprachübergreifende Generalisierungen zur Phonologie des Akzents gibt. Im folgenden werden vier solche Tendenzen kurz erläutert (Kager 1999: Kapitel 4).

(i)   In Akzentsprachen verfügen Wörter in der Regel über einen einzigen Hauptakzent.[2]

---

[2] Diese Eigenschaft wird in der englischsprachigen Literatur die 'culminative property' des Akzents genannt.

Eigenschaft (i) gilt aber nicht für alle Akzentsprachen, denn es sind
Sprachen wie das australische Yidiny belegt, in denen ein Wort mehr
als einen Hauptakzent haben kann (Dixon 1977). In Akzentsprachen
gibt es keine Wörter, die *keinen* Hauptakzent tragen.
Allerdings haben in vielen Sprachen nur **lexikalische Wörter** (Sub-
stantive, Verben, Adjektive, Adverbien) einen Akzent, während
Funktionswörter (Artikel, Personalpronomina, Hilfsverben) keinen
Akzent tragen. Dies kann man anhand eines englischen Beispiels
illustrieren: Das lexikalische Wort *can* [kʰæn] 'Büchse' wird stets mit
dem Vollvokal [æ] ausgesprochen, aber das orthographisch identische
Funktionswort *can* 'kann' unterliegt der oben erwähnten Regel der
Vokalreduktion und wird mit Schwa realisiert ([kʰən]), weil diese
Silbe — im Gegensatz zu der Silbe [kʰæn] 'Büchse' — unbetont ist.
Wenn es aus informationsstrukurellen Gründen im Satz doch betont
wird, wird es ebenso wie das lexikalische Wort als [kʰæn] realisiert.

(ii)   Der Wortakzent befindet sich in vielen Sprachen in der Nähe eines
         Wortrandes. Typisch ist, daß die erste, letzte oder vorletzte Silbe eines
         Wortes betont wird.[3] In solchen Sprachen hat der Wortakzent folglich
         die Funktion, die Wortgrenzen anzuzeigen.

In Akzentsprachen ist die am wenigsten markierte Position für den
Akzent die erste Silbe im Wort (z.b. Ungarisch, Tschechisch). Danach
folgen Sprachen mit Akzent auf der vorletzten Silbe (z.b. Suaheli,
Polnisch) gefolgt von Sprachen mit Akzent auf der letzten Silbe (z.b.
Türkisch).[4]

(iii)   In vielen Sprachen ist der Wortakzent **rhythmisch**. Dies bedeutet, daß
         sich Haupt- und Nebenakzente in regelmäßigen Abständen zueinander
         befinden.

---

[3] Dies wird in der englischsprachigen Literatur als die 'demarcative property' des
    Akzents bezeichnet.

[4] Im Gegensatz zu den oben aufgelisteten Sprachen hat das Deutsche eine sehr
    komplizierte Wortakzentregel. Zur Literatur siehe 'Historischer Überblick und
    weiterführende Literatur'.

Ein klares Beispiel für (iii) ist die australische Sprache Maranungku, in der jede zweite Silbe nach dem Hauptakzent akzentuiert wird, z.B. [ˈweleˌpeneˌmanta] 'Ente', vgl (10). Es gibt dagegen keine Akzentsprachen, in denen beispielsweise in einem sechssilbigen Wort die letzten drei Silben den Akzent tragen: *[tatataˈtaˌtaˌta].
Anzumerken ist, daß es neben Akzentsprachen wie Maranungku auch solche gibt, in denen kein Rhythmuseffekt vorkommt, weil Wörter lange Ketten von unbetonten Silben haben, z.b. im Lettischen [ˈatsvabinaːsimies] 'wir werden uns befreien' (Goldsmith 1991). Man unterscheidet folglich Sprachen wie Maranungku, in denen die Akzente in regelmäßigen Abständen vorkommen (engl. **bounded languages**), von denen wie Lettisch, die keinen Rhythmus aufweisen (engl. **unbounded languages**).

(iv)   In vielen Akzentsprachen ist der Wortakzent **quantitätssensitiv** (engl. **quantity sensitive**), d.h., er bezieht das Silbengewicht mit ein.

In vielen Sprachen werden beispielsweise nur **schwere** Silben (siehe §8.6) betont. Ein Beispiel dafür ist Latein (siehe §9.3). In anderen Akzentsprachen spielt das Silbengewicht keine Rolle, weil sowohl schwere als auch leichte Silben den Akzent tragen können. Ein Beispiel für eine nicht quantitätssensitive Sprache ist das oben erwähnte australische Maranungku.

9.2 Metrische Phonologie

In Chomsky & Halle (1968) wurde der Akzent als **lineare** Eigenschaft betrachtet und folglich durch ein binäres Merkmal [±betont] erfaßt (siehe §6.2 für eine Erläuterung des Terminus **linear**). Betone Vokale haben nach dieser Auffassung den '+'-Wert und andere Segmente den '–' -Wert. Der erste Vokal in *Mantel* hat beispielsweise gemäß dieser Theorie das Merkmal [+betont] und der zweite Vokal das Merkmal [–betont], vgl. die Regel des Flapping auf S. 263.
Seit den 70ern geht man in der Phonologie nicht mehr davon aus, daß es ein binäres Merkmal [±betont] gibt, weil Akzent (Wort- und Satzakzent) keine *absolute*, sondern eine *relative* Eigenschaft ist. Der Grund ist, daß der Akzent — im Gegensatz zu den distinktiven Merkmalen, die in Kapitel 4 dargestellt wurden — keine inhärente

Eigenschaft eines Segments ist. Betrachten wir zur Illustration die zwei Wörter *Mantel* und *Opa*. Das /a/ in den beiden Wörtern ist stets [+hint, +tief, −hoch] usw. Im Gegensatz dazu ist nach Chomsky & Halle (1968) das /a/ in *Mantel* [+betont] und in *Opa* [−betont]. Mit anderen Worten, segmentale Merkmale wie [+hint, +tief, −hoch] gehören immer zu /a/, während seine Betontheit vom jeweiligen Wort abhängt.

Die Betontheit einer Silbe kann nur in Bezug auf eine weniger betonte festgestellt werden. Man sagt also, daß Silbe X *stärker* bzw. *prominenter* ist als Silbe Y. Dies sei anhand des oben erwähnten englischen Wortes *phonetician* illustriert: Die erste Silbe ist stärker als die zweite und die dritte ist stärker als die vierte. Die zwei betonten Silben in dem Wort [ˌfoʊnəˈtʰɪʃən] sind jedoch nicht von gleicher Prominenz: Die dritte Silbe ist stärker als die erste.

Das Beispiel zeigt, daß der Akzent als **Prominenzrelation** zwischen (benachbarten) Silben zu verstehen ist. Metrische Phonologie befaßt sich mit solchen Prominenzrelationen. Es wird im Rahmen dieser Theorie versucht, einen **nichtlinearen** Formalismus zu entwickeln, der es ermöglicht, Akzent als relative Eigenschaft zum Ausdruck zu bringen. Diese Repräsentationen haben in der metrischen Phonologie entweder die Form von **Bäumen** (engl. **trees**) oder von **Gittern** (engl. **grids**).[5] Wir besprechen zunächst Bäume und wenden uns am Ende des Abschnitts Gittern zu.

Die Prominenzrelationen werden verdeutlicht, indem man benachbarte Silben je nach ihrer relativen Betontheit als 'stark' ('s'; engl. **strong**) oder als 'schwach' ('w'; engl. **weak**) bezeichnet. Die Silbe σ_s wird folglich stärker betont als die Silbe σ_w. Dies sei anhand der (partiellen) nichtlinearen Repräsentation des englischen Wortes *phonetician* in (3a) gezeigt:

(3a)

$$\sigma_s \quad \sigma_w \quad \sigma_s \quad \sigma_w$$

f oʊ n ə tʰ ɪ ʃ ə n

(3b)

$$F \qquad F$$
$$\sigma_s \quad \sigma_w \quad \sigma_s \quad \sigma_w$$

f oʊ n ə tʰ ɪ ʃ ə n

---

[5] Der Leser sei auf Kager (1995) hingewiesen, der die verschiedenen Repräsentationsmöglichkeiten in der metrischen Phonologie bespricht.

In der metrischen Phonologie werden die Prominenzrelationen in Repräsentationen wie in (3a) erweitert, indem benachbarte Silben Konstituenten bilden. Dies wird in (3b) gezeigt. In dieser Repräsentation bildet eine Abfolge von zwei aufeinanderfolgenden Silben einen **Fuß** ('F'; engl. **foot**) — der Terminus stammt aus der traditionellen Versmetrik. Füße bestehen immer aus einer betonten Silbe und den unbetonten Silben bis zum nächsten Fuß, z.B. $\sigma_s\,\sigma_w$ in (3b) oder spiegelbildlich $\sigma_w\,\sigma_s$ in engl. *refuse* [ɹə'fjuːz] 'ablehnen'. Der Fuß ist folglich die prosodische Konstituente, die die Silbe dominiert (zu einer Erläuterung des Begriffs 'Dominanz' in Bäumen siehe §7.3 und §8.6). In (3b) sind die zwei Füße [foʊnə] und [tʰɪʃən].
Der Leser sei darauf hingewiesen, daß die Repräsentation in (3b) eine Schwäche aufweist, weil sie nicht verdeutlicht, daß die dritte Silbe prominenter ist als die erste. Die Prominenzrelationen zwischen diesen beiden Silben in (3b) werden wir unten besprechen und den Baum entsprechend modifizieren.
In (3b) besteht ein Fuß aus einer betonten Silbe und einer adjazenten unbetonten Silbe. Die betonte Silbe in einem Fuß — auch **Kopf** des Fußes genannt — kann entweder den Haupt- oder den Nebenakzent tragen. Er enthält immer genau *eine* betonte Silbe. In Repräsentationen wie in (3b) bedeutet dies, daß jeder Fuß nur eine σ_s dominiert.
Es gibt in den Akzentsprachen eine ganze Reihe von **Fußtypen**, die Bezeichnungen aus der traditionellen Metrik tragen. Der Fußtyp $(\sigma_s\ \sigma_w)$ in (3b) wird **Trochäus** (oder **trochäischer Fuß**) genannt und sein Spiegelbild $(\sigma_w\ \sigma_s)$ **Iambus** (oder **iambischer Fuß**), z.B. engl. *refuse* [ɹə'fjuːz] 'ablehnen'. Ein dritter Fußtyp ist der **Daktylus**: $(\sigma_s\ \sigma_w\ \sigma_w)$, z.B. engl. *cinema* ['sɪnəma]. Diese drei Fußtypen sind in (4) dargestellt:

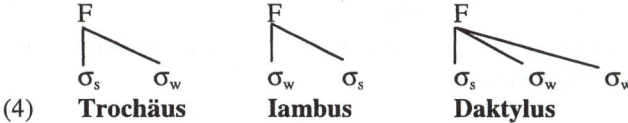

(4)   **Trochäus**   **Iambus**   **Daktylus**

Der Trochäus und der Iambus sind **binär verzweigend**: Ihre Füße dominieren nur jeweils zwei Silben. Der Daktylus ist **ternär verzweigend**. Es wird in der Literatur angenommen, daß der Trochäus in den Sprachen der Welt der am wenigsten markierte Fuß ist.

Die Repräsentation in (3b) macht deutlich, daß der Kopf eines Fußes
entweder den Haupt- oder den Nebenakzent tragen kann. Diese
Struktur hat jedoch, wie schon oben vermerkt, den Nachteil, daß sie
nicht zeigt, welcher der beiden Köpfe den Hauptakzent trägt. Wörter,
die einen Haupt- und einen Nebenakzent enthalten, bestehen aber aus
einem starken und mindestens einem schwachen Fuß. Folglich werden
nicht nur Silben, sondern auch Füße mit 's' und 'w' etikettiert. Dies
sei anhand der vollständigen Repräsentation des englischen Wortes
phonetician in (5) gezeigt:[6]

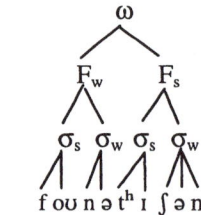

(5)

Man kann der Repräsentation in (5) entnehmen, daß der Hauptakzent
auf dem letzten Fuß und nicht auf dem ersten liegt, weil nur der
zweite Fuß mit 's' versehen ist. Die Silbe [t^hɪ] und nicht die Silbe
[foʊ] trägt den Hauptakzent, weil nur die erste 'σ$_s$' von einem 'F$_s$'
dominiert wird. Die Silbe [foʊ] trägt den Nebenakzent, weil diese 'σ$_s$'
von einem 'F$_w$' dominiert wird.
Die beiden Füße in (5) sind einer höheren prosodischen Konstituente
zugeordnet, nämlich dem **phonologischen Wort** (='ω'; engl. **phonological word**, mehr dazu in §10.2.2). Silbe, Fuß und phonologisches Wort sind drei Konstituenten, die sich wie in (5) gezeigt in
einer Hierarchie befinden. Die Einzelheiten dieser **prosodischen
Hierarchie** werden in §10.2 erläutert.
Im folgenden werden Repräsentationen mit Gittern vorgestellt und mit
Baumrepräsentationen verglichen.[7]

---

[6] In der metrischen Phonologie gibt es je nach Autor verschiedene Baumrepräsentationen. Repräsentationen wie die in (5) werden u.a. von Kager (1995) verwendet.

[7] In der Literatur über metrische Phonologie gibt es seit vielen Jahren eine Debatte
darüber, ob Repräsentationen mit Bäumen oder mit Gittern die richtigen sind (siehe
u.a. Kager 1995, der diese Debatte veranschaulicht).

Betrachten wir zunächst ein Wort mit einem Hauptakzent und ohne
Nebenakzente, z.B. *König*. Dieses Wort hat die Gitterrepräsentation in
(6):[8]

(6)
```
(*    .)        ← Ebene des Fußes
k ø:.n ɪ ç      ← Ebene der Silbe
```

Im metrischen Gitter befindet sich über dem Nukleus jeder Silbe
entweder '*' oder '.', wobei das Sternchen einer 'σ_s' und der Punkt
einer 'σ_w' in einem Baum entsprechen. Die Konstituente 'Fuß' wird
durch Klammern gekennzeichnet. Der Fuß in (6) ist ein Trochäus: Die
betonte Silbe (*) tritt vor der unbetonten (.) auf.

Wenn man in einer Gitterrepräsentation Wörter mit einem Haupt- und
einem Nebenakzent darstellt, benötigt man eine zusätzliche Ebene, die
dem phonologischen Wort entspricht. Die Akzentverhältnisse in der
Baumrepräsentation (5) können in der Gitterrepräsentation (7) so ausgedrückt werden:

(7)
```
(.      *    )       ← Ebene des phonologischen Wortes
(*    .) (*  .  )    ← Ebene des Fußes
f oʊ.n ə.tʰ ɪ.ʃ ə n  ← Ebene der Silbe
```

Diese Repräsentation zeigt ein phonologisches Wort mit zwei
trochäischen Füßen. Jede betonte Silbe auf der Ebene des Fußes wird
auf der Ebene des phonologischen Wortes entweder mit '*' oder '.'
versehen, je nachdem, ob die Silbe auf dieser Ebene relativ stärker
oder schwächer ist. Ein Punkt auf dieser höchsten Ebene eines Gitters
entspricht einem F_w und ein Sternchen einem F_s in einem Baum.
In den folgenden Abschnitten werden ausschließlich Bäume wie in (5)
verwendet.

---

[8] In der metrischen Phonologie gibt es je nach Autor verschiedene Gitterrepräsen-
tationen. Repräsentationen wie in (6) und (7) werden u.a. von Halle & Vergnaud
(1987) verwendet.

9.3 Wortakzentregeln

Traditionell unterscheidet man Sprachen mit **freiem** (engl. **free**) Wortakzent und Sprachen mit **festem** (engl. **fixed**) Wortakzent. In Sprachen mit freiem Akzent kann jede beliebige Silbe in einem Wort den Akzent tragen, während in Sprachen mit festem Akzent nur eine bestimmte Silbe akzentuiert wird. Ein Beispiel für eine Sprache mit freiem Akzent ist das Russische, vgl. das Minimalpaar ['muka] 'Leid' vs. [mu'ka] 'Mehl'. Der Terminus 'frei' bedeutet also, daß der Wortakzent phonemisch ist, weil man aufgrund einer Segmentabfolge nicht vorhersagen kann, auf welcher Silbe er liegt. Im Gegensatz dazu kann die Betonung in Sprachen mit festem Wortakzent durch **Wortakzentregeln** vorhergesagt werden. Drei Beispiele für Wortakzentregeln sind in (8) aufgeführt. In Sprachen mit festem Akzent ist der Akzent nicht phonemisch, weil er durch Wortakzentregeln wie in (8) vorhergesagt werden kann.

(8a)   Im Ungarischen wird die erste Silbe im Wort betont.

(8b)   Im Polnischen wird die vorletzte Silbe im Wort betont.

(8c)   Im Huasteco wird der letzte Langvokal betont. Gibt es keine Langvokale, wird die erste Silbe betont.

Im Ungarischen und Polnischen bezieht sich die Akzentregel lediglich auf die Position einer Silbe in einem Wort. Im Huasteco bezieht sich die Regel dagegen nicht nur auf die Position einer Silbe im Wort, sondern auch auf die Natur dieser Silbe. Weitere Beispiele für Wortakzentregeln werden in diesem Abschnitt besprochen.

Eine andere traditionelle Unterscheidung bezieht sich auf Wortakzentregeln, die durch phonologische Eigenschaften ausgelöst werden, und solche, die durch morphologische Faktoren bedingt sind. In (8) wurden phonologisch bedingte Akzentregeln aufgeführt. Ein Beispiel für eine morphologisch bedingte Wortakzentregel ist eine Regel des Spanischen, derzufolge die letzte Silbe eines Infinitivs den Hauptakzent trägt, z.B. *decír* [de'sir] 'sagen'. Die phonologisch bedingte Akzentregel für das Spanische verlangt dagegen, daß entweder die vorletzte (lat. **Paenultima**) oder die drittletzte Silbe (lat. **Antepaenultima**) betont wird (Harris 1983). Im folgenden beschränken wir uns

auf phonologisch bedingte Wortakzentregeln in Sprachen mit festem
Wortakzent. Basierend auf Liberman & Prince (1977) hat Hayes (1981) einen
Ansatz zur metrischen Phonologie vorgeschlagen, nach dem Promi-
nenzrelationen mit Bäumen wie in (5) dargestellt werden. Die Arbeit
von Hayes (1981), dessen Theorie im folgenden kurz geschildert wird,
stellt den Ausgangspunkt für viele spätere Studien zum Akzent (z.b.
Harris 1983, Halle & Vergnaud 1987, Burzio 1994, Hayes 1995) dar.
Hayes schlägt vor, daß man Wortakzentsysteme in den Sprachen der
Welt mit einer kleinen Anzahl von **Parametern** erfassen kann. Vier
solcher Parameter sind in (9) aufgeführt:

(9a)   **Fuß**:   Trochäus vs. Iambus
(9b)   **Richtung**:   von rechts nach links vs. von links nach rechts
(9c)   **Wort**:   erster Fuß stark vs. letzter Fuß stark
(9d)   **Quantität**: quantitätssensitiv vs. nicht quantitätssensitiv

Der Terminus 'Parameter' bedeutet, daß Sprachen entweder über die
eine oder die andere Option verfügen, z.b. sind sie entweder quantitätssensitiv oder nicht quantitätssensitiv usw.
Parameter (9a) bezieht sich auf den *maximalen* Fußtyp. Viele Sprachen mit trochäischen oder iambischen Füßen haben auch *einsilbige*
Füße. Parameter (9a) besagt außerdem, daß keine Sprache mit einem
Trochäus zugleich auch einen Iambus hat. Sprachen mit Wörtern, die
diesen Parameter zu widerlegen scheinen (vgl. engl. *happen* vs.
refuse) werden am Ende dieses Abschnitts kommentiert. Parameter
(9b) bezieht sich auf die Richtung, in der die Füße zugewiesen
werden: entweder vom rechten Ende des Wortes nach links oder
umgekehrt. Parameter (9c) ist notwendig, um zu erklären, welcher
Fuß in einem Wort den Haupt- und welcher den Nebenakzent trägt.
Nach Parameter (9d) sind Sprachen entweder quantitätssensitiv oder
nicht quantitätssensitiv.
Im folgenden werden die Parameter aus (9) anhand von Akzentregeln
in drei 'bounded' Sprachen erläutert: Maranungku, Weri und Latein.
Am Ende dieses Abschnitts werden 'unbounded' Sprachen kurz
kommentiert.

Die folgenden Daten stammen aus der australischen Sprache Maranungku (Hayes 1981). Jedes Wort in dieser Sprache trägt einen einzigen Hauptakzent und je nach Länge Null bis zwei Nebenakzente.

(10) ['ti.ralk]   'Speichel'   ['laŋ.ka₁.ra.te₁.ti]   'Garnele'
      ['me.re₁.pet]   'Bart'   ['we.le₁.pe.ne₁.man.ta] 'Ente'
      ['jan.gar₁.ma.ta]   'die Pleiaden'

Die Wortakzentregel für diese Sprache ist sehr einfach: Die erste Silbe trägt stets den Hauptakzent und jede zweite Silbe danach einen Nebenakzent. Diese Regel ergibt sich aus den folgenden Werten für die Parameter in (9):

(11a) Fuß: Trochäus   (11c) Wort: erster Fuß ist stark
(11b) Richtung: von links nach rechts (11d) Quantität: nicht quantitätssensitiv

Die Werte dieser Parameter werden auf folgende Weise umgesetzt: Ein linksköpfiger Fuß bestehend aus höchstens zwei Silben wird von links nach rechts zugewiesen; der erste Fuß im Wort ist stark.
Die Wortakzentregel für das Maranungku ist nicht quantitätssensitiv, weil es viele Wörter gibt, in denen eine leichte Silbe betont wird, vgl. ['ti.ralk]. Der Fuß ist ein Trochäus und der erste Fuß im Wort ist stark. Diese beiden Punkte werden in den folgenden Repräsentationen gezeigt:

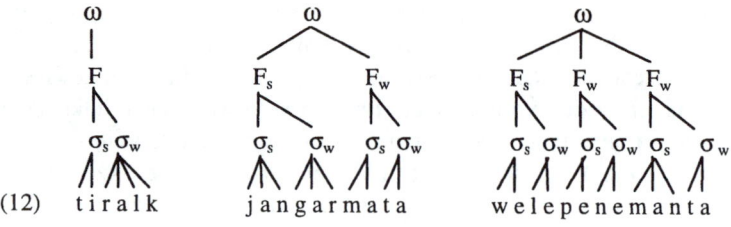

(12)   tiralk   jangarmata   welepenemanta

Die Beispiele in (12) enthalten eine gerade Anzahl von Silben. Wenn ein Wort aus einer ungeraden Anzahl von Silben besteht, bleibt eine Silbe übrig, d.h. sie hat kein schwaches Gegenstück. Solche Wörter haben die metrische Repräsentationen in (13), in der der letzte Fuß eine einzige Silbe dominiert. Ein Fuß, der eine einzige Silbe dominiert, wird als **degeneriert** (engl. **degenerate**) bezeichnet.

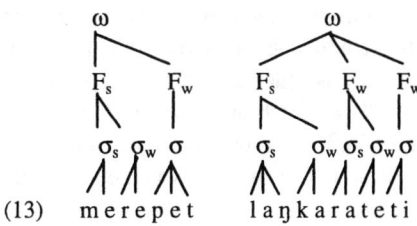

(13) m e r e p e t   l a ŋ k a r a t e t i

Die Silben der beiden degenerierten Füße in (13) brauchen nicht mit 's' etikettiert zu werden, denn sie haben kein schwaches Gegenstück. Diese Silben werden als stark interpretiert, weil sie von einem Fuß dominiert werden. Beispiele wie die in (13) mit einer ungeraden Anzahl von Silben sind aus zwei Gründen wichtig. Erstens zeigen sie, daß sich Parameter (11a) nur auf den *maximalen* Fuß bezieht, denn es gibt im Maranungku auch Füße, die nicht binär verzweigend sind. Zweitens zeigen die Bäume in (13) die Richtung der Fußzuweisung an: Diese Bäume können nur zustande kommen, wenn (maximale) trochäische Füße von links nach rechts zugewiesen werden.

Die folgenden Daten sind aus dem Weri — eine Sprache, die in Südamerika gesprochen wird. In jedem Wort des Weri gibt es einen einzigen Hauptakzent und maximal zwei Nebenakzente.

(14)   [nin'.tip]   'Biene'   [uˌ.lu.a'.mit]   'Nebel'
        [ˌku.li'.pu]   'Armhaare'   [ˌa.kuˌ.ne.te'.pal]   'Zeiten'

Die Wortakzentregel für diese Sprache ist das Spiegelbild zu der des Maranungku: Im Weri trägt die letzte Silbe im Wort den Hauptakzent und jede zweite Silbe davor von rechts nach links trägt einen Nebenakzent. Diese Regel ergibt sich aus den folgenden Parametern:

(15a) Fuß: Iambus   (15c) Wort: letzter Fuß ist stark
(15b) Richtung: von rechts nach links (15d) Quantität: nicht quantitätssensitiv

Die Werte dieser Parameter können auch auf folgende Weise ausgedrückt werden: Ein rechtsköpfiger Fuß bestehend aus höchstens zwei Silben wird von rechts nach links zugewiesen; der letzte Fuß im Wort ist stark.

In (16) sind drei Beispielrepräsentationen aufgeführt. Diese Bäume zeigen, daß der Fuß ein Iambus ist und daß der letzte Fuß im Wort stark ist. Das dritte Beispiel besteht aus einer ungeraden Anzahl von Silben und kann somit zeigen, daß die Richtung der Fußzuweisung von rechts nach links verläuft. Der Fuß im ersten Baum braucht nicht mit 's' etikettiert zu werden, weil er kein schwaches Gegenstück im Wort hat.

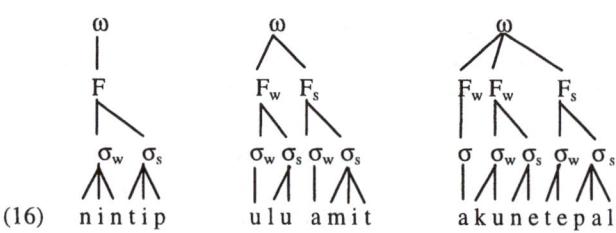

(16)   nintip   ulu amit   akunetepal

Betrachten wir jetzt eine quantitätssensitive Sprache. Ein typisches Beispiel ist Latein, wie in (17) gezeigt. In diesen Beispielen wird nur der Hauptakzent berücksichtigt.

(17a) [i.niˈ.miː.kus] 'Feind'   (17b) [ˈiːn.su.la] 'Insel'
       [reːkˈ.sis.tis] 'ihr herrschtet' (17c) [ˈka.pe]   'nimm!'

Man kann die Plazierung des Wortakzents im Latein auf folgende Weise beschreiben: In einem Wort, das aus mindestens drei Silben besteht, wird die Paenultima betont, wenn sie schwer ist (siehe (17a)). Wenn diese Silbe leicht ist, wird die Antepaenultima betont (siehe (17b)). In einem zweisilbigen Wort wird stets die vorletzte Silbe betont. Diese Silbe kann entweder schwer oder leicht sein (siehe (17c)).

Das Lateinische verfügt über die Parameterwerte in (18) und unterscheidet sich von Maranungku und Weri hauptsächlich durch Parameter (18d):

(18a) Fuß: Trochäus   (18c) Wort: letzter Fuß ist stark
(18b) Richtung: ~~von links nach rechts~~ (18d) Quantität: quantitätssensitiv
                rechts nach links

Die folgende Repräsentation zeigt die Silben- und Fußstruktur von
(17b):

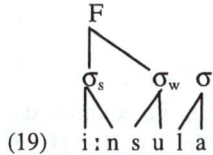

(19)   i : n s u l a

In dieser Struktur gibt es einen binär verzweigenden linksköpfigen
Fuß (=Trochäus), aber die letzte Silbe gehört nicht dazu. Silben wie
diese, die keinem Fuß zugeordnet sind, werden als **extrametrisch**
(engl. **extrametrical**) bezeichnet. Der Leser sei an §8.6.1.3 erinnert,
in dem **extrasilbische** Konsonanten besprochen wurden. Wenn man
die letzte Silbe in Wörtern wie [ˈiːn.su.la] als extrametrisch analysiert,
kann man erfassen, daß der Parameter (18a) im Lateinischen den Wert
Trochäus hat.[9]
Wir haben in diesem Abschnitt die Wortakzentregeln für Maranungku, Weri und Latein anhand der Parameter in (9) erfaßt. Parameter
(9a) bedarf noch eines Kommentars: Nach (9a) hat eine Sprache als
maximalen Fuß *entweder* einen Trochäus *oder* einen Iambus, aber
nicht beides. Das Englische scheint diese Annahme zu widerlegen,
denn es gibt in dieser Sprache sowohl zweisilbige Wörter mit dem
trochäischen als auch mit dem iambischen Muster, vgl. *practice*
'üben' vs. *delay* 'verzögern'. Mögliche Bäume für diese beiden
Wörter sind in (20a) aufgeführt:

---

[9] Eine Alternative zu (19) ist eine Struktur mit einem Daktylus (siehe (4)). Dies würde
bedeuten, daß die letzte Silbe nicht extrametrisch ist, und daß Latein ternär verzweigende Füße zuläßt. Hayes sowie viele andere Phonologen schlagen extrametrische
Silben in lateinischen Wörtern wie [ˈiːn.su.la] vor, um ternär verzweigende Füße zu
vermeiden. Ternär verzweigende Füße sind zwar in der metrischen Phonologie umstritten, aber sie werden von einigen Autoren akzeptiert (siehe z.B. Burzio (1994), der
den Daktylus für englische Wörter wie *Pamela* vorschlägt).

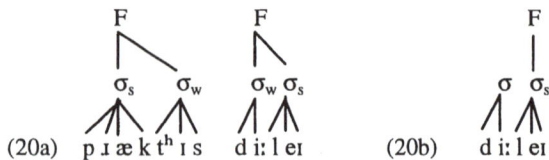

(20a) p ɹ æ k tʰ ɪ s   d iː l eɪ   (20b)   d iː l eɪ

Die meisten Studien über den englischen Wortakzent im Rahmen der
metrischen Phonologie analysieren den Fuß als linksköpfig (Hayes
1981, 1995, Halle & Vergnaud 1987, Burzio 1994). Wenn das stimmt,
müßte der Baum für *delay* in (20a) modifiziert werden, denn der Fuß
für dieses Wort ist rechtsköpfig. Eine Möglichkeit ist die Struktur in
(20b): Hier ist der letzte Fuß in *delay* degeneriert, weil er nur eine
einzige Silbe dominiert, während die erste Silbe extrametrisch ist.
Die drei hier besprochenen Sprachen Maranungku, Weri und Latein
weisen eine rhythmische Akzentstruktur auf, weil sich wie in §9.1
vermerkt die Akzente im Wort in regelmäßigen Abständen zueinander
befinden. Es gibt aber auch Sprachen ohne solche rhythmischen
Eigenschaften. In diesen Sprachen können die Abstände zwischen
Akzenten größer als zwei Silben und folglich die Füße mehrfach-
verzweigend sein. Ein Beispiel für einen linksköpfigen Fuß in einer
solchen Sprache (z.B. Lettisch) ist in (21) angeführt:

(21)   F

σ_s σ_w σ_w σ_w σ_w σ_w σ_w

9.4 Akzentstruktur von Komposita

In den meisten Akzentsprachen unterliegen Komposita Akzentregeln,
die sich von den in §9.3 besprochenen Regeln unterscheiden. In §9.4
wird die Akzentstruktur deutscher Komposita kurz dargestellt.
Die folgenden Beispiele sind zweigliedrige Komposita. Wir beschränken uns hier auf Komposita mit substantivischen Bestandteilen. Diese
Wörter zeigen, daß der erste Bestandteil stärker betont wird als der
zweite:

(22)   Bahnhof, Fußball, Haustür, Stuhlbein, Fensterrahmen, Herbstabend

Dieses Akzentmuster für zweigliedrige Nominalkomposita gilt nicht
nur für das Deutsche, sondern auch für eine ganze Reihe anderer Sprachen (z.b. Isländisch, Türkisch; siehe Hayes 1995).
Die folgende Repräsentation zeigt die Silben- und Fußstruktur des
Kompositums *Fensterrahmen*:

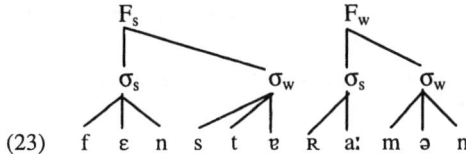

(23)   f ε n s t ɐ ʀ aː m ə n

Komposita wie (22) haben einen Hauptakzent und einen Nebenakzent.
Der Hauptakzent befindet sich auf der prominentesten Silbe im ersten
Bestandteil und der Nebenakzent auf der prominentesten Silbe im
zweiten Bestandteil. In (23) trägt die Silbe [fɛn] den Hauptakzent und
[ʀaː] den Nebenakzent.
Die unten besprochenen Akzentregeln für Komposita operieren über
den Wortakzentregeln, die in §9.2 besprochen wurden. Im Türkischen
wird beispielsweise die letzte Silbe in einem Wort betont, vgl. [oˈda]
'Zimmer', [eˈvi] 'Haus'. In einem Kompositum ist der erste Bestandteil stets der prominenteste. Die letzte Silbe dieses Bestandteils trägt
folglich den Hauptakzent, während die letzte Silbe des zweiten
Bestandteils den Nebenakzent trägt, vgl. *chai+evi* [ˈt͡ʃai.eˌvi] 'Tee-
haus'.
Für Komposita mit drei Bestandteilen muß man die morphologische
Konstituenz berücksichtigen. Aus semantischen Gründen müssen
manche Komposita mit drei Bestandteilen wie in (24a) analysiert
werden, andere wie in (24b):

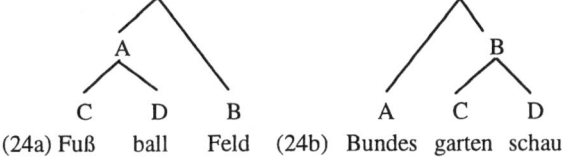

(24a) Fuß   ball   Feld   (24b) Bundes garten schau

Weitere Beispiele für (24a) und (24b) sind in (25) aufgelistet. Der
Vokal der Silbe, die den Hauptakzent trägt, ist in (25) unterstrichen.

(25a)   H<u>au</u>stürschlüssel, Bl<u>u</u>menkohlsuppe

(25b)   Landes<u>a</u>rbeitsamt, Schieneners<u>a</u>tzverkehr

In (25a) trägt der erste Bestandteil den Hauptakzent, während in (25b)
der zweite Bestandteil den Hauptakzent trägt. Der Hauptakzent in (25)
ist vorhersagbar: Er befindet sich auf der prominentesten Silbe im
verzweigenden Bestandteil.
Die Plazierung des Hauptakzents in den Daten in (23) und (25) wird
mit den Akzentregeln in (26) vorhergesagt:

(26a)   In einem Kompositum A+B, in dem weder A noch B verzweigt, ist
        Bestandteil A stark.

(26b)   In einem Kompositum A+B ist die Komponente B dann und nur dann
        stark, wenn B verzweigt.

Regel (26a) bezieht sich auf Komposita wie *Bahnhof* in (22), in denen
weder Bestandteil A noch B verzweigt. Regel (26b) bezieht sich auf
die dreigliedrigen Komposita in (25).[10] Man beachte, daß (26b) auch
korrekt gewährleistet, daß der zweite Bestandteil eines Kompositums
den Hauptakzent trägt, wenn beide Bestandteile verzweigen, vgl.
Atomwaffensperrvertrag.
Bekanntlich existieren zu Regel (26b) Ausnahmen, z.B. Komposita
wie *Zentralflughafen,* deren erster Bestandteil trotz einer Struktur wie
(24b) den Hauptakzent trägt. Der Leser sei auf Giegerich (1985: Kapitel 3), Benware (1987) und Jessen (1999) verwiesen, wo die Betonung
deutscher Komposita ausführlich behandelt wird.

Historischer Überblick und weiterführende Literatur

Die erste wichtige Veröffentlichung zur metrischen Phonologie ist der bereits zitierte
Artikel von Liberman & Prince (1977). Daraus entstanden die verschiedenen Rich-
tungen (z.B. Baum- vs. Gitterrepräsentation) in den Arbeiten von Hayes (1981, 1995),
Halle & Vergnaud (1987) und Burzio (1994). Gute englische Darstellungen der
metrischen Phonologie finden sich in Goldsmith (1991), Kenstowicz (1994: Kapitel 10)

---

[10] Liberman & Prince (1977) haben Regel (26b) für das Englische vorgeschlagen.
Giegerich (1985) übernimmt (26b) in seiner Analyse des Deutschen.

und Kager (1995). Van der Hulst (1999) enthält zahlreiche weiterführende Studien zum Akzent in den Sprachen Europas.

Der Wortakzent im Deutschen ist Gegenstand vieler Untersuchungen (z.B. Giegerich 1985, Wiese 1996). Im Gegensatz zu den Wortakzentregeln, die in §9.3 dargestellt wurden, ist die Natur der Wortakzentregeln für das Deutsche höchst komplex und es läßt sich keine einzige Regel ohne Ausnahmen aufstellen. Eine ausgezeichnete Darstellung der Problematik des deutschen Wortakzents bietet Jessen (1999).

Aufgaben

(1) ● Die folgenden Daten sind aus dem Nganasan (Spencer 1996).

    (i)   ['ki.ta]   'Tasse'   *Hauptbetonung 1. Silbe kein Nebenakzent*

        ['kuʔ.ba.sa] 'Perle'

        ['xe.ku.tɨ]   'heiß'

        ['so.lə.tu]   'Glas'

        ['tan.sa]   'Lasso'

    (ii) [kuʔ.ba'.saː] 'Perle' (Genitiv Sg.)

        [dy'.deː]   'Traum'

        [ŋə.d͡ʒu'.tiː.ə] 'sichtbar'

Diese Sprache hat einen festen Wortakzent. Beschreiben Sie, wie der Hauptakzent zugewiesen wird.

(2) Die folgenden Daten sind aus dem Hopi (Hayes 1981).

    (i)   ['paː.wi.kʲa]   'Ente'

        ['naː.tɨ.ho.ta] 'sich selbst verletzen'

        ['caj.ho.va]   'Kind' (Diminutiv)

        ['les.ta.vi]   'Balken'

    (ii) [qøˈ.tø.som.pi] 'Kopfband'

        [meˈ.lo.ni]   'Melone'

(2a) Erstellen Sie die Silbenstruktur für diese Wörter (gemäß §8.5). Verwenden Sie dabei das Modell mit Onset und Reim (ohne Nukleus und Koda) und Skelettpositionen (entweder X oder CV). Wie unterscheidet sich die erste Silbe in (i) strukturell von der ersten Silbe in (ii)?

(2b) Der Wortakzent in dieser Sprache ist vorhersagbar. Erklären Sie, auf welche Silbe der Hauptakzent fällt.

(3) ● Die folgenden Daten sind aus dem Warao (Hayes 1981).

    [ˌja.puˌ.ru.kiˌ.ta.neˈ.ha.se]   'klettern'

    [ˌna.hoˌ.ro.aˌ.ha.kuˈ.ta.i]   'derjenige, der gegessen hat'

    [jiˌ.wa.raˈ.na.e]   'er hat es vollendet'

    [eˌ.na.hoˌ.ro.aˌ.ha.kuˈ.ta.i] 'derjenige, der gegessen hat' (Kausativ)

(3a)   Ist der Wortakzent für diese Sprache 'bounded' oder 'unbounded'? Begründen
        Sie Ihre Antwort.

(3b)   Welche Werte haben die vier in §9.3 aufgestellten Parameter?

(3c)   Erstellen Sie einen Baum für die ersten beiden Beispiele. Berücksichtigen Sie
        dabei die Silbe, den Fuß und das phonologische Wort.

(3d)   Stellen Sie eine Gitterrepräsentation der ersten beiden Beispiele auf.

(4)   Ist der Hauptakzent in den folgenden deutschen Beispielen problematisch für
        die in §9.3 aufgestellten Regeln? Begründen Sie Ihre Antwort.

(4a)   H<u>au</u>ptbahnhof   (4c)   Landesh<u>au</u>ptversammlung

(4b)   K<u>u</u>nsthandwerk   (4d)   Str<u>a</u>ßenbahndepot

10 Lexikalische und prosodische Phonologie

In den letzten Kapiteln wurde ein Modell der Grammatik beschrieben, in dem nicht nur einzelne Wörter, sondern ganze Sätze die Eingabe für phonologische Regeln bilden. Mit anderen Worten, es wurde angenommen, daß die **phonologische Komponente** (=phonologische Regeln, phonotaktische Beschränkungen) sowohl der morphologischen als auch der syntaktischen Komponente nachgeordnet ist. Diese Organisation der Grammatik ist in (1) schematisch dargestellt:[1]

(1)

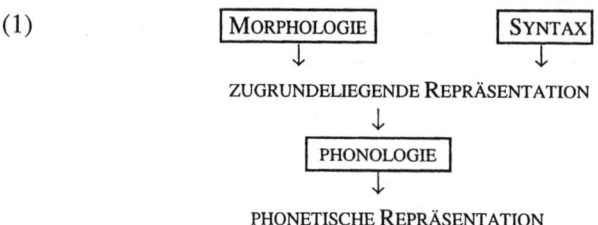

Es gibt jedoch viele Argumente, die gegen das in (1) angenommene Verhältnis zwischen Phonologie, Morphologie und Syntax sprechen. Eine Schwierigkeit besteht darin, daß bestimmte phonologische Regeln *vor* der Syntax operieren müssen, während andere danach zur Anwendung kommen. Ein zweites Problem bezieht sich auf den Zusammenhang zwischen Phonologie und Morphologie: Manche phonologischen Regeln operieren vor morphologischen Regeln der Affigierung, während andere danach angewendet werden. In §10.1 werden wir das Problem der 'Ordnung' zwischen den Komponenten in (1) diskutieren.

In den 80er Jahren wurde die **Theorie der lexikalischen Phonologie** entwickelt, um den Zusammenhang zwischen Phonologie und Morphologie/Syntax zu erfassen. Die Ansätze innerhalb dieser Theorie

---

[1] In (1) wird das Verhältnis zwischen Morphologie und Syntax nicht berücksichtigt.

divergieren stark, folglich wurden verschiedene Modelle der lexikalischen Phonologie vorgeschlagen. In §10.1 werden nur bestimmte Aspekte dieser Theorie erläutert. Die Organisation der Grammatik in Komponenten bringt es mit sich, daß phonologische Regeln eine **Domäne** haben, d.h. sie werden an einer bestimmten Stelle eines vorgegebenen Modells der Grammatik angewendet. Zahlreiche Studien haben gezeigt, daß phonologische Regeln auch durch **prosodische Domänen**, z.B. Silbe, Fuß u.a. eingeschränkt sein können. Die **Theorie der prosodischen Phonologie** beschäftigt sich mit solchen Domänen. Diese Theorie wird in §10.2 dargestellt.

10.1 Lexikalische Phonologie

In den letzten Kapiteln haben wir eine Reihe von phonologischen Regeln für verschiedene Sprachen aufgestellt. In den meisten Fällen haben wir angenommen, daß diese Regeln nur *innerhalb eines Wortes* operieren, vgl. u.a. die Wortakzentregeln, die in Kapitel 9 besprochen wurden. Aber es können auch segmentale Regeln durch Wortgrenzen beschränkt werden. Ein Beispiel liefert das Englische. Im Englischen gibt es Alternationen zwischen [k] und [s] bei Wörtern wie in (2a). Wenn man von dem Phonem /k/ ausgeht, kann man die Regel in (2c) aufstellen für einen Prozeß, der in der Literatur als Velar Softening bezeichnet wird. Gemäß Velar Softening wird /k/ zu [s] vor Morphemen, die mit vorderen Vokalen anlauten, z.B. +ity. Wichtig ist dabei, daß Velar Softening niemals zur Anwendung kommt, wenn ein wortfinales /k/ vor einem Wort steht, das mit /ɪ/ anlautet, wie in (2b).

(2a)	electric	/əlɛktɹɪk/	[əlɛktʰɹɪk]	'elektrisch'
	electricity	/əlɛktɹɪk+ɪtiː/	[əlɛktʰɹɪsɪtʰiː]	'Elektrizität'
(2b)	...book is...	/bʊk# #ɪz/	[bʊkɪz]	'...Buch ist...'
(2c)	*Velar Softening*:	/k/→ [s] / __ + [−kons, −hint]		

Velar Softening ist ein Beispiel für eine Regel, die nur angewendet wird, wenn sowohl das Segment, das der Regel unterliegt, als auch die Laute, die die Regel auslösen, sich innerhalb desselben Wortes befinden.

Es gibt aber auch phonologische Regeln, die über Wortgrenzen hinweg operieren. Ein Beispiel hierfür ist die regressive Stimmhaftigkeitsassimilation im Niederländischen in (3c) (Booij 1995) — ein Prozeß, der von einem stimmlosen Plosiv ausgelöst wird. Die Beispiele in (3a) zeigen, daß die Assimilation über Wortgrenzen hinweg operiert, d.h. der stimmhafte Plosiv und der Obstruent, der der Regel unterliegt, gehören zu verschiedenen Wörtern. Die Beispiele in (3b) machen deutlich, daß die Assimilation auch wortintern angewendet wird.

(3a) /ɔp# #di/   [ɔbdi]   '...auf dem...'
     /bɔs# #bɔu/   [bɔzbɔu]   '...Wald baue...'
(3b) /et+bɑr/   [edbɑr]   'eßbar'
     /zɑk+duk/   [zɑgduk]   'Taschentuch'
(3c) [–son] → [+sth] / __ [–son, –kont, +sth]

Ein zweites Beispiel für einen Prozeß, der über Wortgrenzen hinweg operiert, ist die Regel des Flapping im amerikanischen Dialekt des Englischen. In §8.6.4 wurde gezeigt, daß wortfinale /t d/ als [ɾ] realisiert werden, wenn das folgende Wort mit einem Vokal anlautet, z.b. *meet Ann* 'lerne Ann kennen' [miːˈɾæn].

Eine frühere Hypothese, die allerdings mittlerweile von vielen Linguisten verworfen wird, beruht auf der Annahme, daß alle phonologischen Regeln der syntaktischen und der morphologischen Komponente nachgeordnet sind, wie in (1). Um den wortinternen Charakter von Regeln wie Velar Softening zu kennzeichnen, nimmt diese Hypothese Grenzsymbole an. Wenn sich beispielsweise Velar Softening auf die Morphemgrenze '+' bezieht wie in (2c), wird es zwischen Wörtern blockiert, denn da steht nicht '+' sondern '# #', z.B. /bʊk# #ɪz/. Die Assimilation in (3c) bezieht sich dagegen nicht auf Grenzsymbole. Dies bedeutet, daß die Regel immer angewendet wird: morphemintern, über Morphemgrenzen und auch über Wortgrenzen hinweg.

Ein Argument gegen den oben beschriebenen Gebrauch von Grenzsymbolen besteht darin, daß die zwei Regeltypen, d.h. die 'wortinternen' und die 'wortübergreifenden', über eine Reihe von gemeinsamen Eigenschaften verfügen (siehe S. 295). Modell in (1) wäre es jedoch schwierig, zwischen diesen Eigenschaften und dem jeweiligen Regeltyp einen Zusammenhang herzustellen.

Im folgenden wird eine alternative Erklärung dargestellt, die in den
80er Jahren die Phonologie wesentlich geprägt hat, nämlich das
Modell der **lexikalischen Phonologie** (engl. **lexical phonology**). Die
wichtigsten Vertreter dieser Theorie sind Kiparsky (1982, 1985),
Mohanan (1986) und Booij & Rubach (1987). Diese Theorie versucht
u.a. den Zusammenhang zwischen Phonologie, Syntax und Morphologie darzustellen. Ein einfaches Modell der Grammatik nach dieser
Theorie ist in (4) zu sehen.

(4)

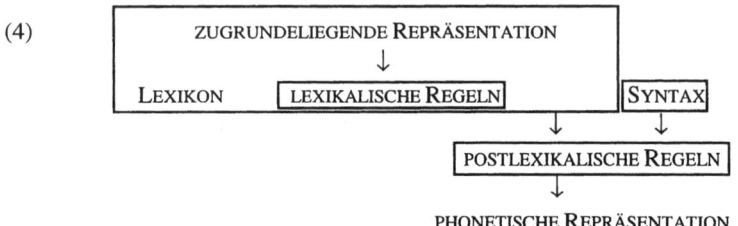

Viele Phonologen nehmen im Rahmen des Modells in (4) an, daß
bestimmte phonologische Regeln im **Lexikon** angesiedelt sind, während andere außerhalb davon operieren. Das Lexikon wird hier als der
Ort in der Grammatik verstanden, in dem nicht nur die zugrundeliegenden Formen gespeichert, sondern auch morphologische Regeln
der Affigierung und Komposition angewendet werden. Die Organisation des Lexikons bzw. die morphologische Komponente wird in
§10.1.2 erläutert. Die phonologischen Regeln, die im Lexikon operieren, werden folglich als **lexikalische** Regeln bezeichnet und diejenigen, die außerhalb des Lexikons applizieren, als **postlexikalische**
Regeln.
Die lexikalischen und postlexikalischen Regeln stehen in einem besonderen Verhältnis zur syntaktischen Komponente. Da die postlexikalischen Regeln zwischen Wörtern zur Anwendung kommen, müssen
sie als Block der syntaktischen Komponente *nachgeordnet* sein. Die
lexikalischen Regeln operieren dagegen als Block *vor* der Syntax, da
sie wortintern und nicht wortübergreifend wirken.
Man sagt, daß die phonologischen Regeln im Modell in (4) auf zwei
Ebenen (engl. **level**) — eine lexikalische Ebene und eine postlexikalische — verteilt sind. Ein Beispiel für eine lexikalische Regel ist
Velar Softening in (2c). Beispiele für postlexikalische Regeln sind die

Stimmhaftigkeitsassimilation in (3c) und das Flapping im amerikanischen Englisch. Lexikalische und postlexikalische Regeln unterscheiden sich nicht nur durch ihre Stellung in der Grammatik. In (5) und (6) sind die verschiedenen Eigenschaften der beiden Regeltypen zusammengefaßt:

(5)   *Eigenschaften lexikalischer Regeln*
(5a) Sie können nicht über Wortgrenzen hinweg operieren.
(5b) Sie kommen vor allen postlexikalischen Regeln zur Anwendung.
(5c) Sie können sich auf morphologische Informationen beziehen.
(5d) Sie können Ausnahmen haben.
(5e) Sie können strukturbewahrend sein.

(6)   *Eigenschaften postlexikalischer Regeln*
(6a) Sie können über Wortgrenzen hinweg operieren.
(6b) Sie kommen nach allen lexikalischen Regeln zur Anwendung.
(6c) Sie beziehen sich nicht auf morphologische Informationen.
(6d) Sie können keine Ausnahmen haben.
(6e) Sie müssen nicht strukturbewahrend sein.

Die Eigenschaften (5a, b) und (6a, b) ergeben sich aus dem Modell der Grammatik in (4). Die lexikalischen Regeln sind der syntaktischen Komponente vorgeordnet und können daher z.b. niemals über Wortgrenzen hinweg operieren.

Im folgenden werden die Eigenschaften (5c, d, e) und (6c, d, e) erläutert. Weitere Einzelheiten finden sich im Abschnitt 'Historischer Überblick und weiterführende Literatur'.

Eine wesentliche Behauptung der lexikalischen Phonologie ist, daß die Eigenschaften in (5) und (6) komplementär sind. Eine Regel, die Ausnahmen zuläßt, sollte beispielsweise niemals über Wortgrenzen hinweg operieren.

10.1.1 Lexikalische vs. postlexikalische Regeln

10.1.1.1 Morphologische Informationen in phonologischen Regeln

In vielen Sprachen existieren phonologische Regeln, die sich entweder auf die Morphemgrenze '+' oder auf syntaktische Kategorien wie Nomen, Verb oder Adjektiv beziehen.
Ein Beispiel für die letztere Regelart liefert das Italienische. Nespor & Vogel (1986) zeigen, daß der letzte Vokal eines Wortes nach einem Konsonanten fakultativ getilgt wird, wie in (7a) illustriert. Eine wichtige Bedingung dieser Vokaltilgung ist, daß ihr nur Verben unterliegen. Diese Beschränkung ist notwendig, denn das [e] in Substantiven wie *suole* in (7b) wird nicht getilgt. Die entsprechende Regel in (7c) bezieht sich folglich direkt auf Verben.

(7a)   So che vuole nuotare   →   so che vuol nuotare
        'Ich weiß, daß er schwimmen will'
(7b)   Ho le suole nuove   →   *Ho le suol nuove
        'Ich habe neue Sohlen'
(7c)   V→ Ø/ K __ # # _Verb_

Nach dem Modell der lexikalischen Phonologie in (4) ist die Vokaltilgung in (7c) im Lexikon angesiedelt, weil sich nur lexikalische Regeln auf lexikalische Kategorien wie Verben beziehen können.
Ein Beispiel für eine phonologische Regel, die sich auf eine Morphemgrenze bezieht, liefert das Englische. Es gibt im Englischen Alternationen zwischen [k] und [s], wie in (2a) illustriert. Die Regel des Velar Softening in (2c) wird durch zwei Faktoren ausgelöst: (i) durch die folgenden Merkmale (= [–kons, –hint]), und (ii) durch die Morphemgrenze '+'. Die Morphemgrenze ist wichtig, weil ein /k/ vor einem **tautomorphemischen** vorderen Vokal nicht zu [s] wird, z.B. *king* [kɪŋ] 'König', *brackish* [bɹækɪʃ] 'brackig'.
Die beiden Regeln, die wir in diesem Abschnitt besprochen haben, sind lexikalisch, weil sie sich gemäß (5c) auf morphologische Informationen beziehen. Das Modell der lexikalischen Phonologie besagt, daß morphologische Informationen für die Anwendung postlexikalischer Regeln unerheblich sind. Es sollte nach der Theorie der lexikalischen Phonologie keine wortübergreifende Regel geben, die

beispielsweise nur auf Nomen oder Verben angewendet wird. Dies wird anhand der niederländischen Assimilationsregel in (3c) sowie der englischen Regel des Flapping deutlich. Die Eigenschaften korrelieren innerhalb von (5) bzw. (6) und sind gruppenweise komplementär. Dies bedeutet, daß *alle* lexikalischen Regeln *alle* fünf Eigenschaften in (5), während *alle* postlexikalischen Regeln alle Eigenschaften in (6) aufweisen.

10.1.1.2 Ausnahmen in phonologischen Regeln

Nur lexikalische, nicht jedoch postlexikalische Regeln, können Ausnahmen haben. Ausnahmen sind sogar charakteristisch für lexikalische Regeln. Ein Beispiel liefert wieder die englische Regel des Velar Softening. Es gibt morphologisch komplexe Wörter wie *monarchism* /mɑnɑɹk+ɪzm/ [mɑnɑɹkɪzm̩] 'Monarchismus', in denen das /k/ als [k] und nicht als [s] erscheint, obwohl das folgende Suffix mit /ɪ/ anlautet. Das Wort *monarchism* muß folglich im Lexikon als Ausnahme zur Velar Softening Regel markiert werden.

Es gibt im Englischen viele Vokalalternationen, z.B. zwischen [ɛ] und [iː] wie in (8a). Diese Daten werden mit einem zugrundeliegenden /iː/ und einer Regel erfaßt, die als Trisyllabic Shortening bezeichnet wird. Gemäß Trisyllabic Shortening wird ein langer Vokal kurz realisiert, wenn er in der drittletzten Silbe eines Wortes vorkommt.[2]

(8a)	serene	/səɹiːn/	[səɹiːn]	'heiter'
	serenity	/səɹiːn+ɪtiː/	[səɹɛnɪtʰiː]	'Heiterkeit'
(8b)	obese	/oʊbiːs/	[oʊbiːs]	'fettleibig'
	obesity	/oʊbiːs+ɪtiː/	[oʊbiːsɪtʰiː]	'Fettleibigkeit'

Wie Velar Softening weist auch Trisyllabic Shortening viele Ausnahmen auf, vgl. das Wort *obesity* in (8b).

Im Gegensatz zu lexikalischen Regeln wie Velar Softening und Trisyllabic Shortening haben postlexikalische Regeln (wie die Assimi-

---

[2] Man beachte, daß sich nicht nur die Länge des Vokals, sondern auch seine Qualität ändert, z.B. /iː/ → [ɛ]. Die Änderung vom hohen zum mittleren Vokal wird durch eine unabhängige Regel erfaßt.

lation im Niederländischen und das Flapping im amerikanischen
Englisch) keine Ausnahmen. Anzumerken ist, daß lexikalische Regeln auch ausnahmslos sein
können. Booij & Rubach (1987) plädieren beispielsweise dafür, daß
die Auslautverhärtung im Niederländischen (siehe §5.2) lexikalisch ist
und keine idiosynkratischen Ausnahmen kennt.

10.1.1.3 Strukturbewahrung

Jede Sprache hat eine kleine Menge zugrundeliegender Segmente —
das Phoneminventar. Der Theorie der lexikalischen Phonologie zufolge muß der Output einer lexikalischen Regel immer ein Segment sein,
das zum Phoneminventar der jeweiligen Sprache gehört. Wenn eine
Regel einen Laut produziert, der kein Phonem ist, muß diese Regel
folglich postlexikalisch angewendet werden. Kiparsky (1985)
bezeichnet Regeln, die immer ein Phonem als Output haben, als
strukturbewahrende Regeln (engl. **structure preserving**). Regeln,
die als Output neue Segmente haben (d.h. allophonische Regeln),
werden **nicht strukturbewahrend** (engl. **non-structure preserving**)
genannt.

Die oben besprochenen Regeln illustrieren das Prinzip der Struktur-
bewahrung: Die englischen lexikalischen Regeln Velar Softening und
Trisyllabic Shortening sind strukturbewahrend, denn ihr Output ist
immer ein Phonem des Englischen. Im Gegensatz dazu ist die niederländische postlexikalische Regel der Assimilation nicht strukturbewahrend, denn sie produziert das Allophon [g] (vgl. (3b)), das kein
Phonem des Niederländischen ist. Das gilt auch für die Regel des
Flapping im amerikanischen Englisch, deren Output das Allophon [ɾ]
ist.

10.1.2 Interaktion zwischen Phonologie und Morphologie

Phonologische Regeln stehen in einem sehr engen Verhältnis zu mor-
phologischen Regeln, die Suffixe und Präfixe affigieren, sowie zu
Regeln, die Komposita bilden. In diesem Abschnitt wird dieser
Zusammenhang kurz beschrieben und die Rolle der morphologischen
Komponente in (4) besprochen.

Es sind zwei Zusammenhänge zwischen morphologischen und phonologischen Regeln denkbar:

(i) Alle morphologischen Regeln sind allen phonologischen Regeln vorgeordnet

(ii) Bestimmte phonologische Regeln können bestimmten morphologischen Regeln vorgeordnet sein.

(i) besagt, daß ein morphologisch komplexes Wort wie 'Stamm+ Suffix' den Input der lexikalischen (und postlexikalischen) Ebenen bildet. Wesentlich anders ist (ii): Hier ist der Input der lexikalischen phonologischen Regeln der Stamm, und die morphologische Regel, die das Suffix hinzufügt, ist diesen phonologischen Regeln nachgeordnet. In vielen Sprachen gibt es morphologische Regeln, die ein Affix nur dann an einen Stamm anhängen, wenn der Stamm über ein bestimmtes Akzentmuster verfügt. Wenn der Akzent in solchen Sprachen durch Regeln zugewiesen wird (siehe Kapitel 9), kann man daraus schließen, daß die phonologische Regel der Akzentzuweisung vor der morphologischen Regel angewendet wird. In Kapitel 9 wurden die folgenden Beispiele aus dem Englischen erwähnt:

(9) arrive   'ankommen'   arriv+al   'Ankunft'
     refuse   'ablehnen'   refus+al   'Ablehnung'
     commit   'anvertrauen' committ+al   'Verpflichtung'

Die Verben in der ersten Spalte weisen ein iambisches Akzentmuster auf. Bekanntlich wird das Suffix +al nur dann angehängt, wenn der Verbstamm das Akzentmuster $\sigma_w \, \sigma_s$ hat.
Beispiele wie in (9) legen nahe, daß die Morphologie den lexikalischen phonologischen Regeln nachgeordnet ist, wie im Grammatikmodell (10) dargestellt:

(10)

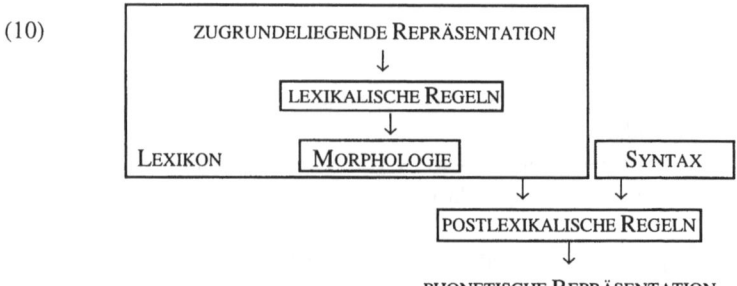

ZUGRUNDELIEGENDE REPRÄSENTATION
↓
LEXIKALISCHE REGELN
↓
LEXIKON   MORPHOLOGIE   SYNTAX
↓   ↓
POSTLEXIKALISCHE REGELN
↓
PHONETISCHE REPRÄSENTATION

Manche Studien haben dafür plädiert, den Zusammenhang zwischen lexikalischen Regeln und der Morphologie gemäß (10) zu modifizieren, weil phonologische Regeln *zwischen* zwei morphologischen Regeln operieren können. Betrachten wir zur Illustration das Velar Softening. Die Regel wird zwischen einem Stamm und einem Suffix angewendet, das mit einem vorderen Vokal anlautet, siehe (2c). Die Beispiele in (11) zeigen aber, daß Velar Softening nicht vor jedem Suffix, das mit /ɪ/ anlautet, appliziert.

(11)   panic   [pʰænɪk]   'in Panik versetzen'
       panicking   [pʰænɪkʰɪŋ]   'in Panik versetzen' (Partizip)

Eine mögliche Erklärung der englischen Daten in (2) und in (11) im Rahmen der lexikalischen Phonologie ist die folgende: Die morphologischen Regeln sind auf zwei **Ebenen** verteilt. Auf der ersten Ebene kommen morphologische Regeln zur Anwendung, die derivationelle Affixe wie +*ity* affigieren, und auf der zweiten Ebene werden Flexionsaffixe wie +*ing* angehängt. Velar Softening operiert auf Ebene 1 und nicht auf Ebene 2. Die Differenzierung in verschiedene lexikalische Ebenen, auf denen morphologische und phonologische Regeln angesiedelt sind, ist ein Grundgedanke der frühen lexikalischen Phonologie (siehe Kiparsky 1982 und Kaisse & Shaw (1985). Spätere Studien haben jedoch diese Organisation der Grammatik verworfen (siehe Booij & Rubach 1987).

10.2 Prosodische Phonologie

Im oben beschriebenen Modell der lexikalischen Phonologie sind alle
wortübergreifenden phonologischen Regeln postlexikalisch. Zahlreiche Studien haben belegt, daß die Anwendung postlexikalischer
Regeln beschränkt werden muß: Es gibt sowohl Regeln, die nur innerhalb einer Phrase applizieren, aber nicht über Phrasengrenzen hinweg,
als auch solche, die in einer Domäne operieren, die größer ist als die
Phrase. Die Theorie der prosodischen Phonologie (engl. **prosodic
phonology**) beschäftigt sich mit solchen **prosodischen Konstituenten**, die als Regeldomänen motiviert sind. Diese prosodischen Einheiten sind Gegenstand dieses Abschnitts.

In Kapitel 8 wurde gezeigt, daß die Konstituente 'Silbe' durch phonologische Regeln und phonotaktische Beschränkungen motiviert ist, die
sich auf sie beziehen. Die Silbe ist also ein Beispiel für eine
prosodische Konstituente. Ein zweites Beispiel ist der Fuß, der in
Kapitel 9 behandelt wurde. Außer Silbe und Fuß gibt es Evidenz aus
zahlreichen Sprachen für vier weitere prosodische Konstituenten. Die
sechs prosodischen Einheiten und die jeweiligen Abkürzungen sind in
(12) aufgezählt:

(12) | Silbe (σ), Fuß (F), phonologisches Wort (ω), phonologische Phrase
      | (φ), Intonationsphrase (IP), phonologische Äußerung (PÄ)

Einige Studien haben vorgeschlagen, daß es noch weitere prosodische
Konstituenten gibt.[3] Wir beschränken die Diskussion auf die Konstituenten in (12), weil diese Einheiten unumstritten sind.

Die Konstituenten in (12) werden in der Theorie der prosodischen
Phonologie postuliert. Die Fundamente dieser Theorie wurden von
Selkirk (1978), Booij (1983) und Nespor & Vogel (1986) gelegt. Der
prosodischen Phonologie zufolge sind die Einheiten in (12) gerechtfertigt, weil sie in verschiedenen Sprachen als Regeldomänen dienen
können.

---

[3] Ein Beispiel ist die Mora, die in Kapitel 8 dargestellt wurde. Andere prosodische
Konstituenten sind umstritten, z.b. die von Hayes (1989b) und Nespor & Vogel
(1986) postulierte 'klitische Gruppe'. Dazu siehe Peperkamp (1997).

In (13) sind zwei solche Regeltypen dargestellt. A und B sind Laute
bzw. Merkmale, und C bezeichnet eine prosodische Konstituente aus
(12):

(13a) A → B / (... ___)$_C$
      A → B / (___...)$_C$
(13b) A → B / (...___...)$_C$

Es gibt Regeln, die am rechten oder am linken Rand einer prosodischen Konstituente zur Anwendung kommen, wie in (13a). Typische
Beispiele hierfür sind silbenbezogene Prozesse, z.b. die Regel der
Aspiration im Englischen, derzufolge /p t k/ am Anfang einer Silbe als
[p^h t^h k^h] realisiert werden, siehe Kapitel 8. Eine zweite Möglichkeit
ist, daß eine Regel nur in Kraft tritt, wenn A sich innerhalb einer
bestimmten prosodischen Konstituente befindet, aber nicht an ihrem
Rand, wie in (13b). Konkrete Beispiele für (13b) werden in den folgenden Abschnitten diskutiert.[4]
Eine wichtige Motivation für die Theorie der prosodischen Phonologie
ist, daß die Einheiten in (12) nicht immer identisch mit morphosyntaktischen Konstituenten sind (z.B. das Morphem, das grammatische
Wort, die Nominalphrase (NP), die Verbalphrase (VP), die Präpositio-
nalphrase (PP), der Satz (S)). Es wurde beispielsweise in Kapitel 8
gezeigt, daß Silbengrenzen nicht immer mit Morphemgrenzen übereinstimmen. Weitere Beispiele sind das phonologische Wort und die
phonologische Phrase: Diese beiden Einheiten sind ähnlich, aber nicht
identisch mit dem grammatischen Wort bzw. der syntaktischen Phrase,
wie unten gezeigt wird.
Ein zweiter wichtiger Aspekt der prosodischen Phonologie ist, daß
diese Konstituenten durch Regeln abgeleitet werden. Im Gegensatz zu
Regeln, die Silben und Füße zuweisen, beziehen sich die Regeln zur
Zuweisung der übrigen prosodischen Kategorien in (12) auf die oben
erwähnten morphosyntaktischen Konstituenten. Die morphosyntaktischen Konstituenten sind jedoch nicht immer identisch mit den
'entsprechenden' prosodischen Einheiten. Konkrete Beispiele werden
wir unten besprechen.

---

[4] (13a) und (13b) werden in der Theorie von Nespor & Vogel (1986) als **domain limit**
bzw. **domain span** Regeln bezeichnet.

Die meisten Studien über prosodische Phonologie gehen davon aus, daß es sowohl eine lexikalische als auch eine postlexikalische Ebene gibt. Prosodische Konstituenten, die kleiner als ein Wort sind (z.B. die Silbe), werden folglich im Lexikon gebildet, während die Konstituenten, die aus mehreren Wörtern bestehen (z.B. die phonologische Phrase), postlexikalisch gebildet werden.

10.2.1 Der Fuß

In Kapitel 9 wurde aufgrund von Wortakzentregeln der **Fuß** als phonologische Konstituente motiviert. Es steht in der Literatur zur Debatte, ob der Fuß auch als Domäne einer segmentalen Regel dienen kann (siehe Nespor & Vogel 1986 für Diskussionen). Im folgenden wird eine Sprache diskutiert, in der der Fuß als Konstituente für eine morphologische Regel fungiert.

In der australischen Sprache Diyari trägt die erste Silbe im Wort den Hauptakzent und jede zweite Silbe danach einen Nebenakzent (siehe Poser 1989). Dies ist in der ersten Spalte in (14) illustriert. Die zweite Spalte in (14) gibt die Fußstruktur an.

(14)	['ḍaka]	(ḍaka)_F	'durchbohren'
	['waka͵ri]	(waka)_F (ri)_F	'brechen'
	['kaṇi͵ṇi]	(kaṇi)_F (ṇi)_F	'die Mutter einer Mutter'

Eine Regel, die sich auf die Füße in (14) bezieht, ist die **Reduplikation** (Kapitel 7, Aufgabe 2 bringt ein Beispiel für Reduplikation aus der westafrikanischen Sprache Ewe). (15a) zeigt, daß das Element, das redupliziert wird, das ganze Wort ist, wenn das Wort aus zwei Silben besteht. Die Daten in (15b) illustrieren, wie dreisilbige Wörter redupliziert werden. Im Gegensatz zu (15a) werden nur die ersten beiden Silben des Stammes redupliziert. Die Reduplikation dient zur Bildung verschiedener morphologischer Kategorien.

(15)	*Stamm*	*Reduplikation*	
(15a)	[ḍaka]	[ḍaka+ḍaka]	'durchbohren'
	[jaṭa]	[jaṭa+jaṭa]	'reden'
	[ḍuṇka]	[ḍuṇka+ḍuṇka]	'entstehen'

(15b)   [wakari]   [waka+wakari]   'brechen'

         [kaṇiṇi]   [kaṇi+kaṇiṇi]   'die Mutter der Mutter'

         [kuʟkuŋa]   [kuʟku+kuʟkuŋa]   'springen'

Man kann diesen Daten entnehmen, daß die ersten beiden Silben eines
Wortes redupliziert werden. Wenn man die Fußstruktur der Wörter in
(14) berücksichtigt, dann kann man die Regel in (16) aufstellen:

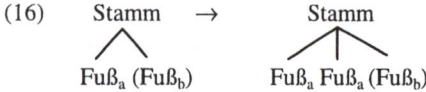

(16)   Stamm   →   Stamm

         Fuß$_a$ (Fuß$_b$)   Fuß$_a$ Fuß$_a$ (Fuß$_b$)

Die oben beschriebene Analyse erklärt auch, warum in (15b) nicht das
ganze Wort redupliziert wird (z.B. *kanini+kanini).
Man könnte Regel (16) auch ohne Bezug auf die Konstituente 'Fuß'
formulieren, indem man sagt, daß immer die ersten beiden Silben des
Wortes redupliziert werden. Diese alternative Analyse kann jedoch
nicht erklären, warum ausgerechnet die ersten *zwei* Silben in einem
Wort redupliziert werden.

10.2.2 Das phonologische Wort

In zahlreichen Studien wird das **phonologische Wort** (auch: das
prosodische Wort) als Konstituente vorgeschlagen, weil diese Einheit
für bestimmte Regeln die passende Domäne bildet.
Das phonologische Wort ist nicht mit dem grammatischen Wort zu
verwechseln, denn ein einziges grammatisches Wort kann aus zwei
oder mehr phonologischen Wörtern bestehen. In vielen Sprachen
besteht beispielsweise jeder Bestandteil eines Kompositums aus einem
phonologischen Wort, obwohl das ganze Kompositum ein einziges
grammatisches Wort ist. Dies ist in (17) illustriert, wobei A und B
Bestandteile eines Kompositums sind. Die eckigen Klammern stellen
das grammatische Wort dar.

(17)   [(A)$_\omega$ (B)$_\omega$]$_{Wort}$

Ein Beispiel für die prosodische Struktur in (17) liefert das Ungarische. In Kapitel 3 wurden die folgenden Daten aus dieser Sprache

besprochen. Die Wörter sind morphologisch komplex, d.h. sie bestehen aus einem Stamm+Suffix. In (18a) tritt das Allomorph [rø:l] auf und in (18b) [ro:l]. Das Suffix bedeutet 'über'.

(18a) [te:rke:p+rø:l] 'Landkarte'   (18b) [lɑ:ɲ+ro:l]   'Mädchen'
      [føld+rø:l]   'Land'   [u:r+ro:l]   'Herr'
      [yɟ+rø:l]   'Geschäft'   [fog+ro:l]   'Zahn'
      [si:n+rø:l]   'Farbe'

In dieser Sprache sind alle Vokale innerhalb eines 'Wortes' entweder [+hinten] oder [–hinten]. Daß nicht alle Vokale eines Kompositums der Vokalharmonie unterliegen, wird anhand der Komposita in (19) deutlich.

(19) [u:r+nø:]   'Dame'   (= 'sanft + Frau')
      [yɟ+buzgo:]   'eifrig' (= 'Angelegenheit + eifrig')

Viele Phonologen schließen daraus, daß die Vokalharmonie im Ungarischen eine prosodische Domäne hat, nämlich das phonologische Wort. Dies hat zur Folge, daß eine Kombination von Stamm+Suffix wie in (18) ein einziges phonologisches Wort ist, während jeder 'Stamm' in einem Kompositum ein unabhängiges phonologisches Wort bildet. Phonologische Wörter im Ungarischen werden folglich nach den folgenden Regeln zugewiesen:

(20a) Stamm + Suffix → (Stamm + Suffix)$_\omega$
(20b) Stamm + Stamm   → (Stamm)$_\omega$ + (Stamm)$_\omega$

Nespor & Vogel (1986) und andere Autoren haben für andere Sprachen ähnliche Regeln vorgeschlagen. Die Evidenz für das phonologische Wort unterscheidet sich von Sprache zu Sprache. Das ungarische Beispiel legt nahe, daß segmentale Regeln ausschlaggebend sind. In anderen Sprachen sprechen eher Fakten aus der Akzentzuweisung oder der Silbifizierung für phonologische Wörter.

Das folgende Beispiel illustriert, daß das phonologische Wort die Domäne der Silbifizierung sein kann (siehe (97) in Kapitel 8). In §8.6.5 wurde gezeigt, daß in einer Derivation der größtmögliche Silbenanlaut vor dem Silbenauslaut gebildet wird, z.B. wird *Fabrik* als [fa.bʀiːk] und nicht als [fab.ʀiːk] silbifiziert. Bekanntlich existieren zahlreiche Beispiele, die dieses Prinzip zu widerlegen scheinen, z.B. das Kompositum *Weg+rand* wird als [veːk.ʀant] silbifiziert und nicht als [veː.gʀant], obwohl viele deutsche Silben mit [gʀ] anlauten. Dieses Beispiel legt nahe, daß die in Kapitel 8 besprochenen Regeln für die Zuweisung der Silbenstruktur nur Kombinationen von Segmenten erfassen, die zum selben phonologischen Wort gehören, und daß jeder Bestandteil eines deutschen Kompositums ein unabhängiges phonologisches Wort bildet, z.B. (Weg)$_\omega$+(rand)$_\omega$. Diese Daten zeigen, daß im Deutschen, genau wie im Ungarischen, die Teile eines Kompositums unabhängige phonologische Wörter sind.

In vielen Sprachen können bestimmte Affixe bzw. Kombinationen von Affixen ein phonologisches Wort bilden. Zwei Möglichkeiten sind in (21) illustriert:

(21a) [(Stamm + Suffix) $_\omega$] $_\text{Wort}$ (21b)   [(Stamm) $_\omega$ + (Suffix) $_\omega$] $_\text{Wort}$

Das Ungarische liefert Evidenz für (21a), weil die Vokale eines Suffixes immer mit dem Wert für [±hinten] übereinstimmen, den der Vokal des Stammes hat.

Ein Beispiel für eine Sprache mit der Struktur (21b) ist die australische Sprache Yidiny (Dixon 1977). In dieser Sprache unterliegen Vokale in der vorletzten Silbe eines 'Wortes' einer Längung, allerdings nur dann, wenn das 'Wort' aus einer ungeraden Silbenzahl besteht, wie in (22a) und (22b) illustriert. Die Beispiele in (22c) zeigen, daß die Vokallänge in Stämmen wie [gudaːga] und [mudʲam] alterniert, wenn ein Flexionssuffix wie *+gu* hinzukommt (vgl. die Morpheme für 'Hund' und 'Mutter' in (22a) bzw. (22b)).

(22a) [gudaːga]   'Hund'   (22b) [mudʲam]   'Mutter'
      [madʲiːndaŋ]   'spazieren'   [galiŋ]   'gehen'
(22c) [gudaga+gu]   'Hund'
      [mudʲaːm+gu]   'Mutter'

Das Beispiel in (23a) weist wie erwartet einen langen Vokal in der vorletzten Silbe auf. Wenn jedoch zwei Suffixe an diesen Stamm affigiert werden, entsteht ein morphologisch komplexes Wort, in dem zwei lange Vokale auftreten, wie in (23b) illustriert.

(23a) [gumaːri]   'rot'

(23b) [gumaːri+dagaː+nʲu] 'rot werden'

Das Beispiel in (23b) ist in zwei Hinsichten problematisch. Erstens wird die vorletzte Silbe gelängt, obwohl das ganze Wort aus einer geraden Silbenzahl besteht. Und zweitens wird das [a] des *Stammes* gelängt, obwohl dieser Stamm nicht die vorletzte Silbe des Wortes ist. Dixon (1977) sowie Nespor & Vogel (1986) schlagen vor, daß ein Vokal in der vorletzten Silbe eines *phonologischen* Wortes mit ungerader Silbenzahl gelängt wird. Diese Analyse setzt prosodische Strukturen wie die folgenden voraus:

(24)   (gumaːri)$_\omega$+(dagaː+nʲu)$_\omega$
       (gudaga+gu)$_\omega$

Nespor & Vogel argumentieren daher, daß nur einsilbige Suffixe wie +*gu* mit dem Stamm zusammen ein phonologisches Wort bilden. Da das Suffix +*daga* aus zwei Silben besteht, kann es dies nicht, sondern es muß ein eigenes phonologisches Wort bilden. Das einsilbige Suffix +*gu* gehört zum phonologischen Wort des Stammes.

10.2.3 Die phonologische Phrase

In vielen Sprachen existieren postlexikalische phonologische Regeln, die sich auf den ersten Blick auf syntakische Phrasen wie NP, VP und PP zu beziehen scheinen. Die Theorie der prosodischen Phonologie hat aber gezeigt, daß sich solche Prozesse nicht direkt auf die syntaktische Struktur, sondern ausschließlich auf prosodische Einheiten beziehen. Eine Möglichkeit, dies zu erfassen, besteht darin die **phonologische Phrase** als relevante Domäne solcher Regeln anzunehmen. Das bekannteste Argument für die phonologische Phrase ist die Geminierung in zentralen und südlichen Dialekten des Italienischen (ital. *Raddoppiamento Sintattico*; siehe Nespor & Vogel 1986). Diese Regel dehnt einen wortinitialen Konsonanten unter zwei phonologischen Bedingungen: (i) Das vorangehende Wort lautet auf einen betonten Vokal aus, (ii) das Segment nach dem gedehnten Konsonanten ist ein Vokal, Gleitlaut oder Liquid (= [+son, −nas]). Die Geminierung hat also die generelle Form K →K: / 'V # # __ [+son, −nas].

Die Beispiele in (25) illustrieren die Geminierung. Der Konsonant, der durch die Geminierung gelängt wird, ist in phonetischen Klammern transkribiert. Betonte Vokale werden in der Orthographie mit einem diakritischen Zeichen wiedergegeben, z.b. <é ú>:

(25) Ho   visto   tré   [k:]olibrí   molto   scuri
      habe   gesehen   drei   Kolibri   sehr   dunkle
      'Ich habe drei sehr dunkle Kolibris gesehen'
      Era venuto   con   tré   [p:]iccoli cobra
      war gekommen   mit   drei   kleinen   Kobras
      'Er ist mit drei kleinen Kobras gekommen'

In (25) wird der Konsonant gelängt, wenn das folgende Segment [+son, −nas] ist. Wichtig ist dabei, daß das vorangehende Wort auf einen betonten Vokal auslautet.
In (26) werden weitere Beispiele aufgeführt. Anders als die wort-initialen Konsonanten in (25) unterliegen die in Klammern transkri-bierten wortinitialen Konsonanten in (26) der Geminierung nicht.

(26) Devi   comprare   delle   mappe   di   cittá   [m]olto   vecchie
     mußt   kaufen   von (pl.) Pläne   von   Städten   sehr   alte
     'Du mußt sehr alte Stadtpläne kaufen'
     L'entrata allo   zoo   costa   di piú [p]er   i turisti
     der Eintritt zum   Zoo   kostet   mehr   für   Touristen
     'Der Eintritt zum Zoo kostet für Touristen mehr'

Nespor & Vogel (1986) schlagen vor, daß die Geminierung nur dann zur Anwendung kommt, wenn der wortinitiale Konsonant und das vorangehende Wort zur selben phonologischen Phrase gehören. Der gedehnte Konsonant steht am Anfang eines phonologischen Wortes und der vorangehende Vokal ist in finaler Position in einem anderen phonologischen Wort innerhalb derselben phonologischen Phrase:

(27)   *Geminierung*: $K \rightarrow K: / ((...'V)_{\omega} (\underline{\quad} [+son, -nasal] ...)_{\omega})_{\phi}$

Die Sätze in (25) − (26) haben folglich die prosodische Struktur in (28):

(28a) (Ho visto)$_\phi$ (tré [k:]olibrí)$_\phi$ (molto scuri)$_\phi$
       (Era venuto)$_\phi$ (con tré [p:]iccoli cobra)$_\phi$
(28b) (Devi comprare)$_\phi$ (delle mappe)$_\phi$ (di cittá)$_\phi$ ([m]olto vecchie)$_\phi$
       (L'entrata)$_\phi$ (allo zoo)$_\phi$ (costa di piú)$_\phi$ ([p]er i turisti)$_\phi$

In (28a) werden die in Klammern stehenden Konsonanten durch die Geminierung gelängt, weil sie — im Gegensatz zu den Konsonanten in (28b) — innerhalb (und nicht am Anfang) einer phonologischen Phrase stehen. Nespor & Vogel (1986) weisen darauf hin, daß die Domäne der Geminierung keine syntaktische Phrase sein kann. Ein vereinfachter syntaktischer Baum des ersten Satzes in (25) ist zur Illustration in (29) angegeben:[5]

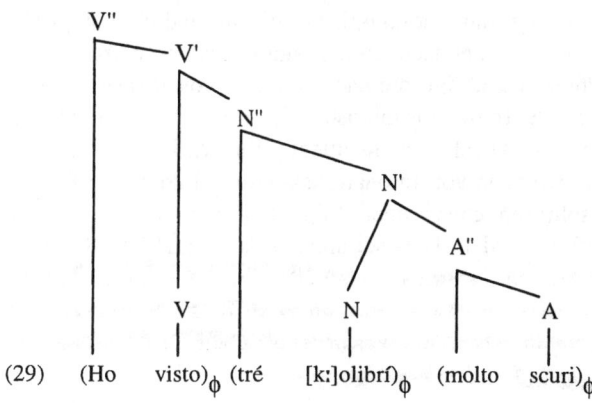

(29) (Ho   visto)$_\phi$ (tré   [k:]olibrí)$_\phi$ (molto   scuri)$_\phi$

Der Satz in (29) besteht aus drei phonologischen Phrasen, aber keine dieser prosodischen Konstituenten entspricht einer syntaktischen Konstituente in diesem Syntaxmodell (siehe Fußnote 5). Die phonologische Phrase *tré [k:]olibrí* wird beispielsweise von N" dominiert, aber N" dominiert auch *molto scuri*.
Eine wichtige Frage lautet, wie man die phonologischen Phrasen im Italienischen (und in anderen Sprachen) aus der syntaktischen Struktur ableitet. Einige Aspekte der Prinzipien, die phonologische Phrasen vorhersagen, sind universell, d.h. sie gelten für alle Sprachen, während

---

[5] Nespor & Vogel (1986) nehmen das X-bar Modell der Syntax an (Chomsky 1981).

andere Aspekte sprachspezifisch sind. Eine universelle Bedingung ist, daß eine phonologische Phrase den syntaktischen Kopf dieser Phrase enthalten muß. Dies kann man dem Baum in (29) entnehmen: Die A" *molto scuri* ist eine phonologische Phrase, die den Kopf dieser A", nämlich das Adjektiv *scuri* enthält.

Ein zweiter universeller Aspekt der Zuweisung von phonologischen Phrasen betrifft Ergänzungen eines Kopfes, z.B. Adjektive, die Substantive ergänzen, oder Adverbien, die ein Verb ergänzen. Wenn diese Ergänzungen links vom Kopf stehen (wie in (29)), werden sie in die phonologische Phrase des Kopfes integriert. Wenn sie dagegen rechts vom Kopf stehen, bilden sie ihre eigene phonologische Phrase.

10.2.4 Die Intonationsphrase

Es wurde oben gezeigt, daß phonologische Wörter und phonologische Phrasen nicht immer identisch mit grammatischen Wörtern und syntaktischen Phrasen sind. Für die nächsthöhere prosodische Domäne in (12), nämlich die Intonationsphrase (IP), gilt dies auch: Die IP entspricht keiner syntaktischen Konstituente. Sie wird als IP bezeichnet, weil sie die Domäne von Intonationskonturen bildet. Die Ränder von Intonationsphrasen entsprechen folglich den Stellen, an denen Pausen hinzugefügt werden. Dies sei anhand des englischen Satzes in (30a) illustriert werden. Die erste IP lautet auf *shore* aus, da an dieser Stelle eine Pause eingesetzt werden kann. An diesem Beispiel wird deutlich, daß eine Pausengrenze in der englischen Orthographie mit einem Komma gekennzeichnet werden kann.

(30a)   (By the sea shore)$_{IP}$, (they found an old cave)$_{IP}$.
(30b)   (Isabelle is an artist)$_{IP}$
           (Isabelle)$_{IP}$ (as you know)$_{IP}$ (is an artist)$_{IP}$
           (Isabelle is)$_{IP}$ (as you know)$_{IP}$ (an artist)$_{IP}$

Studien über Intonationsphrasen haben gezeigt, daß bestimmte syntaktische Einheiten, z.B. Parenthesen und nicht-restriktive Relativsätze, immer ihre eigenen Intonationsphrasen bilden. Dies ist in (30b) illustriert. Der erste Satz bildet eine einzige IP. Wenn die Phrase *as you know* vorkommt, besteht der Satz aus drei Intonationsphrasen.

Die Intonationsphrase bildet in bestimmten Sprachen die Domäne für (postlexikalische) segmentale Regeln. Ein Beispiel liefert die Regel der **Spirantisierung** im toskanischen Dialekt des Italienischen (nach Nespor & Vogel 1986).[6] In diesem Dialekt werden /p t k/ zwischen zwei Vokalen als [ɸ θ h] realisiert, wie in (31a) gezeigt. Die in phonetischen Klammern stehenden [h]s sind auf /k/ zurückzuführen. Das Beispiel (31b) zeigt, daß die Anwesenheit des Relativsatzes *quando dorme solo* zur Folge hat, daß die Spirantisierung des /k/ in *[k]ade* nicht zur Anwendung kommt, denn dieses Wort steht am Anfang einer IP. Es ist auch anzumerken, daß das [k] im Relativpronomen *[k]uando* nicht zu [h] wird, weil es in IP-initialer Position steht. Die Spirantisierung ist in (31c) formuliert.

(31a) (Hanno [h]atturato sette [h]anguri appena nati)$_{IP}$
    'Sie haben sieben neu geborene Känguruhs gefangen'
    (I [h]anarini [h]ongolesi [h]ostano molto [h]ari in Ameri[h]a)$_{IP}$
    'Kongolesische Kanarienvögel sind sehr teuer in Amerika'
(31b) (Almri[h]o)$_{IP}$ ([k]uando dorme solo)$_{IP}$ ([k]ade spesso dall'amaca)$_{IP}$
    'Almerico, wenn er alleine schläft, fällt (er) oft aus der Hängematte'
(31c) *Spirantisierung:* /p t k/ → [ɸ θ h] / (... [–kons] ___ [–kons] ...)$_{IP}$

Die Regeln, die Intonationsphrasen innerhalb einer Äußerung ableiten, sind komplex und umstritten. Nespor & Vogel (1986) schlagen vor, daß sie sich auf syntaktische und semantische Informationen beziehen.

10.2.5 Die phonologische Äußerung

Die phonologische Äußerung ist eine prosodische Konstituente, die aus einem oder mehreren Sätzen besteht. Im folgenden besprechen wir eine postlexikalische Regel aus der Phonologie des Englischen, die die phonologische Äußerung als Domäne hat.

In der 'Received Pronunciation' des britischen Englisch wird ein postvokalisches *r* nach nichthohen Vokalen phonetisch nicht realisiert, z.B. wird das Wort *stir* 'mischen' [stɜː] ausgesprochen. Wenn Wörter

---

[6] Die Spirantisierung ist ein Prozeß, bei dem Plosive als Frikative realisiert werden (zur Spirantisierung im Hebräischen siehe Kapitel 2, Aufgabe 7). Anzumerken ist, daß 'Spirant' ein anderes Wort für Frikativ ist.

mit Finalvokal wie *stir* oder *spa* 'Kur' vor Suffixen oder Wörtern mit Initialvokal stehen, erscheint stets ein [ɹ], z.B. *stir[ɹ]ing, the spa[ɹ]*
is... In Wörtern wie *stirring*, in denen r in der Orthographie erscheint, wird dieses 'r' als 'Linking-r' bezeichnet. In Beispielen wie *the spa is*, in denen r nicht orthographisch wiedergegeben ist, wird das [ɹ] 'Intrusive-r' genannt. 'Linking-r' und 'Intrusive-r' haben dieselbe Funktion: Sie gewährleisten, daß [ɹ] nach den nichthohen Vokalen bzw. Diphthongen ([ə ɪə ɛə ɔː ɑː ɜː]) erscheint, wenn das folgende Segment ein Vokal ist. Die beiden Prozesse können also als Epenthese folgender Form zusammengefaßt werden:

(32)   Ø →[ɹ]/ [–kons, –hoch] __ [–kons]

Nespor & Vogel schlagen vor, daß die r-Epenthese in (32) nur dann angewendet wird, wenn das r und die zwei Segmente links und rechts davon zur selben phonologischen Äußerung gehören. Die Daten in (33) (aus Gussenhoven & Jacobs 1998) illustrieren die Anwendung der r-Epenthese. Die letzte Spalte in (33a) und (33b) zeigt, daß die Regel sowohl innerhalb eines Wortes als auch zwischen Wörtern zur Anwendung kommt. Die kritischen Beispiele sind (33c) und (33d). In (33c) operiert die r-Epenthese zwischen zwei Sätzen, die denselben Adressaten haben, vorausgesetzt, es gibt keine Pause dazwischen. In (33d) wird die r-Epenthese zwischen zwei Sätzen nicht angewendet, wenn der zweite Satz einen anderen Adressaten hat als der erste, auch wenn keine Pause dazwischen erscheint.

(33a)	stir	[stɜː]	(...... sti[ɹ]ing...)ₚÄ
(33b)	fair	[fɛə]	(a fai[ɹ]idea)ₚÄ
(33c)	Sheila	[ʃiːlə]	(Hi Sheila![ɹ]Everything all right?)ₚÄ
(33d)	Peter	[pʰiːtə]	* (Hi Peter!)ₚÄ ([ɹ]Open the window, Sheila!)ₚÄ

Nespor & Vogel (1986) zeigen, daß die Regel der r-Epenthese in (32) nur angewendet wird, wenn sich die beiden Segmente links und rechts vom [ɹ] innerhalb einer phonologischen Äußerung befinden, wie in (34):

(34)   Ø → [ɹ]/ (....[–kons, –hoch] __ [–kons]....)ₚÄ

10.2.6 Die prosodische Hierarchie

Die vollständige prosodische Struktur einer Äußerung schließt alle oben dargestellten prosodischen Konstituenten ein. Die Theorie der prosodischen Phonologie basiert darauf, daß diese Einheiten hierarchisch organisiert sind, wie in (35) gezeigt. Sie werden als **prosodische Hierarchie** (engl. **prosodic hierarchy**) bezeichnet.

(35)

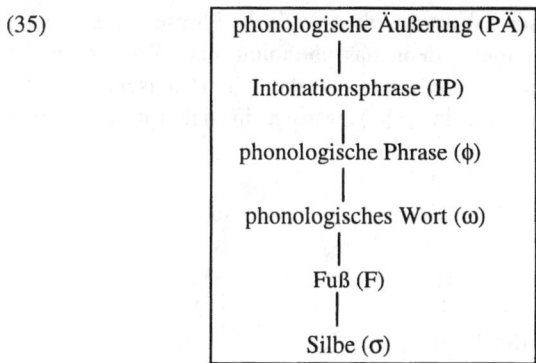

phonologische Äußerung (PÄ)

Intonationsphrase (IP)

phonologische Phrase (φ)

phonologisches Wort (ω)

Fuß (F)

Silbe (σ)

Die prosodische Hierarchie in (35) unterliegt dem folgenden wichtigen Prinzip (Selkirk 1984b, Nespor & Vogel 1986):

(36) *Strict Layer Hypothese*: Eine prosodische Konstituente n wird unmittelbar von einer einzigen prosodischen Konstituente $n+1$ dominiert.

Die Strict Layer Hypothese gewährleistet, daß z.B. phonologische Wörter komplett in einer phonologischen Phrase enthalten sind, und daß phonologische Phrasen komplett in Intonationsphrasen enthalten sind usw. Eine wohlgeformte prosodische Repräsentation sollte nach der Strict Layer Hypothese wie in (37) aussehen. Hier werden nur die vier größten Konstituenten aus (35) berücksichtigt.

```
       (                              )PÄ
       (        )IP(                   )IP
       (      )φ (         )φ (        )φ
(37)   ( )ω ( )ω ( )ω ( )ω ( )ω ( )ω
```

Die Repräsentation in (37) ist eine notationelle Variante für einen
Baum, in dem die Einheiten auf einer Ebene mit Einheiten der nächsthöheren Ebene durch Assoziationslinien verbunden sind.
Manche Phonologen sind der Ansicht, daß die Strict Layer Hypothese
immer gültig ist. Andere vertreten die Ansicht, daß dieses Prinzip
unter bestimmten Umständen verletzt werden kann. In (38) werden
drei verschiedene prosodische Repräsentationen illustriert, die mit der
Strict Layer Hypothese nicht im Einklang stehen. In (38a) dominiert
das obere phonologische Wort die phonologische Phrase. Dies verletzt
die Strict Layer Hypothese, denn das phonologische Wort ist in der
prosodischen Hierarchie niedriger als die phonologische Phrase.
Repräsentationen wie die in (38a) werden in der Literatur nicht
vorgeschlagen.

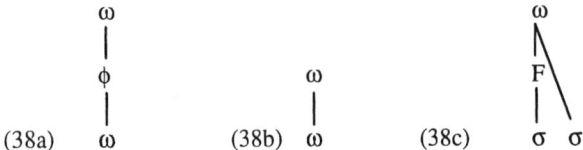

(38a) ω   (38b) ω   (38c) σ σ

Zwei mögliche Verletzungen der Strict Layer Hypothese, die in der
Literatur vorgeschlagen wurden, sind in (38b) und (38c) gezeigt. Die
Struktur in (38b) zeigt eine **Rekursion**, d.h. eine Einheit dominiert
eine Einheit derselben Hierarchiestufe. Ladd (1986) schlägt beispielsweise vor, daß Intonationsphrasen andere Intonationsphrasen dominieren. In (38c) ist die zweite Silbe direkt mit dem phonologischen Wort
verbunden. Die Strict Layer Hypothese wird verletzt, weil diese Silbe
von einer anderen als der nächsthöheren Konstituente, dem Fuß,
dominiert wird. Diese Art von Repräsentation wird in einigen neueren
Studien vorgeschlagen, z.b. in den Studien in Roca (1997).

Historischer Überblick und weiterführende Literatur

Die Theorie der lexikalischen Phonologie hat sich in den 80er Jahren aus dem Modell
der generativen Phonologie in Chomsky & Halle (1968) und dem Modell der generativen Morphologie (Siegel 1974) entwickelt. Einschlägige Arbeiten sind Kiparsky
(1982, 1985), Mohanan (1986) und Booij & Rubach (1987). Das von Booij & Rubach
(1987) postulierte Modell lehnt die lexikalischen Ebenen ab, die in den früheren

Studien von Kiparsky vorgeschlagen wurden. Eine empfehlenswerte Darstellung der lexikalischen Phonologie findet sich in Kaisse & Shaw (1985) und Kenstowicz (1994: Kapitel 5). Neuere Studien finden sich in Hargus & Kaisse (1993). Die oben besprochenen Eigenschaften lexikalischer und postlexikalischer Regeln gelten als Faustregeln, denn es gibt bekannte Ausnahmen. So argumentierten beispielsweise Harris (1988) und Hall (1992), daß bestimmte lexikalische Regeln in manchen Sprachen nicht strukturbewahrend sind. Kaisse (1986) hat gezeigt, daß postlexikalische Regeln in bestimmten Sprachen Ausnahmen zulassen können.

Obwohl sich die Unterscheidung zwischen lexikalischen und postlexikalischen Regeln bei vielen Phonologen durchgesetzt hat, sind viele Aspekte der lexikalischen Phonologie durchaus umstritten, z.B. wird die oben erwähnte Trennung zwischen Ebenen innerhalb des Lexikons von den meisten Phonologen nicht mehr akzeptiert. Sowohl in der Theorie der **natürlichen Phonologie** (Stampe 1973) als auch in der Theorie der **natürlichen generativen Phonologie** (Hooper 1976) gibt es eine Unterscheidung zwischen 'rules' und 'processes', die in vielen Hinsichten der Unterscheidung zwischen lexikalischen und postlexikalischen Regeln in der später entstandenen Theorie der lexikalischen Phonologie ähnelt.

Die in diesem Kapitel besprochenen prosodischen Konstituenten stammen aus Booij (1983), Selkirk (1984b) und Nespor & Vogel (1986). Weiterführende Studien über das phonologische Wort sind die Artikel in Hall & Kleinhenz (1999), sowie Peperkamp (1997) und Hannahs (1995). Die meisten Studien in Inkelas & Zec (1991) behandeln phonologische Phrasen in verschiedenen Sprachen. Andere wichtige Arbeiten zu phonologischen Phrasen sind Hayes & Lahiri (1991) zum Bengali sowie Booij (1995) zum Niederländischen. Die Intonationsphrase wird in Nespor & Vogel (1986) und Ladd (1986) besprochen.

Die in diesem Kapitel dargestellte Theorie der prosodischen Phonologie basiert darauf, daß sich phonologische Regeln nicht direkt auf syntaktische Phrasen, sondern nur auf prosodische Einheiten wie phonologische Phrasen beziehen können. Eine alternative Theorie wird von Kaisse (1985) verteidigt. Sie stellt die These auf, daß sich phonologische Regeln direkt auf syntaktische Konfigurationen beziehen können.

Aufgaben

(1) Die Daten in (i)-(iii) aus dem Standarddeutschen zeigen die Verteilung des glottalen Plosivs (dazu siehe §2.5.1.2). Die Regel (iv) wurde in Kapitel 2 formuliert.

(i)	ost	[ˈʔɔst]	(ii)	Theater	[teˈʔaːtɐ]
	Idee	[ʔiˈdeː]		chaotisch	[kaˈʔoːtɪʃ]
(iii)	Chaos	[ˈkaɔs]			
	Duo	[ˈduːo]			

(iv)　*[?]-Epenthese*: $\emptyset \rightarrow$ [?] / $\left\{ \begin{array}{c} V \underline{\quad} {}^{\prime}V \\ \# \underline{\quad} V \end{array} \right\}$

(1a)　Erstellen Sie prosodische Strukturen für die phonetische Repräsentation der drei Wörter *ost, Chaos* und *Duo*. Berücksichtigen Sie dabei die Silbe, den Fuß und das phonologische Wort.

(1b)　Erstellen Sie prosodische Strukturen für die phonetische Repräsentation der drei Wörter *Idee, Theater* und *chaotisch*. Die Silben sollen mit 's' bzw. 'w' etikettiert werden (siehe Kapitel 9). [Hinweis: Gehen Sie davon aus, daß der maximale Fuß ein Trochäus ist (siehe Kapitel 9) und daß extrametrische Silben mit dem phonologischen Wort verbunden sind].

(1c)　Wie kann man die beiden Kontexte in (iv) in bezug auf prosodische Konstituenten umformulieren?

(1d)　Erstellen Sie Silben-, Fuß- und phonologische Wortstruktur für das Wort *abartig* [ʔap.ʔaːɐtɪç]. Steht diese Struktur im Einklang mit der Regel, die Sie für (1c) formuliert haben?

(1e)　Sollte die Regel der [?]-Epenthese als lexikalisch oder als postlexikalisch klassifiziert werden? Begründen Sie Ihre Antwort. [Hinweis: Beachten Sie die Eigenschaften der Regeltypen in (5)].

11 Optimalitätstheorie

Das in den letzten Kapiteln zugrunde gelegte Modell der Phonologie geht davon aus, daß phonologische Regeln im Verlauf einer Derivation angewendet werden und ggf. untereinander geordnet sind (siehe Kapitel 5).

In den letzten Jahren ist eine sehr einflußreiche Theorie entstanden, die auf phonologische Regeln (und Derivationen) verzichtet: **Optimalitätstheorie** (abgekürzt **OT**; Prince & Smolensky 1993, McCarthy & Prince 1993, 1994, 1995). Dieses Kapitel führt in die Grundlagen der OT ein.

11.1 Einführung

In der OT werden phonologische Generalisierungen nicht mit phonologischen Regeln, sondern ausschließlich mit **Constraints** ausgedrückt. Constraints sind einfache Aussagen bzw. Beschränkungen über einen bestimmten Aspekt der Oberflächenrepräsentation. Die Natur dieser Constraints und konkrete Beispiele werden wir in den folgenden Unterkapiteln besprechen.

Die OT basiert darauf, daß die Grammatiken der Sprachen der Welt durch Tendenzen gekennzeichnet sind, die in Konflikt miteinander stehen. Solche Tendenzen lassen sich durch die oben erwähnten Constraints ausdrücken. Zwei generelle konfligierende Tendenzen sind **Markiertheit** und **Treue** (engl. **faithfulness**). Markiertheit besagt als Tendenz, daß nur unmarkierte Strukturen vorkommen sollen (konkrete Beispiele siehe §3.2 und §8.3). Treue hat dagegen die Funktion, lexikalische Kontraste zu erhalten. Mit anderen Worten verlangt Treue, daß die phonetischen Repräsentationen (die **Outputformen**) mit den jeweiligen zugrundeliegenden Repräsentationen (die **Inputformen**) identisch sind.

Beispiele für **Markiertheitsconstraints** sind in (1) aufgezählt. Sie betreffen segmentale Aspekte von einzelnen Lauten wie in (1a) und (1b) oder prosodische Strukturen wie in (1c). Markiertsheitconstraints

beziehen sich nur auf eine Repräsentationsebene, nämlich die Outputform, nicht auf die Inputform.

(1)   *Beispiele für Markiertheitsconstraints:*
(1a)   Vordere Vokale sind ungerundet.
(1b)   Sonoranten sind stimmhaft.
(1c)   Silben sind offen.

Markiertheitsconstraints wie in (1) sind durch typologisch unterschiedliche Sprachen gerechtfertigt (siehe z.B. die Inventare in §3.1
aus Maddieson 1984). Es wird ferner angenommen, daß solche Constraints phonetisch motiviert sind, d.h. sie haben entweder in der
Artikulation oder in der Wahrnehmung ihre Erklärung.
Drei Beispiele für Treueconstraints sind in (2) aufgeführt.

(2)   *Beispiele für Treueconstraints:*
(2a)   Der Input enthält alle Segmente, die im Output erscheinen.
(2b)   Der Output enthält alle Segmente, die im Input erscheinen.
(2c)   Die Outputsegmente haben dieselben Merkmale wie die Input-
        segmente.

Im Gegensatz zu Markiertheitconstraints beziehen sich Treuecon-
straints auf *zwei* Ebenen der Repräsentation, nämlich Inputform und
Outputform. Zu beachten ist jedoch, daß alle Constraints letztlich die
Outputform betreffen. Dies ist ein wichtiger Unterschied zwischen der
OT und dem regelbasierten Modell der Phonologie, in dem sich
Regeln in einer Derivation auch auf eine abstrakte Stufe beziehen
können, die nicht der Oberflächenrepräsentation entspricht.
Die Constraints in der OT sind **universell** in dem Sinne, daß sie in der
Grammatik aller Sprachen der Welt wirksam sind. Diese Annahme
wird dadurch gestützt, daß zumindest die Markiertheitsconstraints
durch typologische Studien motiviert sind. Im Gegensatz zu den
Constraints der OT sind phonologische Regeln im regelbasierten
Modell nicht universell, sondern sprachspezifisch. Das Deutsche
verfügt beispielsweise über die Auslautverhärtung, das Englische
nicht.
Obwohl die Constraints universell sind, haben nicht alle in jeder
Sprache denselben Stellenwert, mit anderen Worten: Ein Constraint

kann in einer Sprache zentral sein, während es in einer anderen Sprache nur eine marginale Rolle spielt. Dies wird durch das jeweilige **Ranking** der Constraints zum Ausdruck gebracht. Jede Sprache hat also eine eigene Constrainthierarchie. Beispiel: Die zwei Constraints A und B gelten in allen Sprachen, aber in bestimmten Sprachen ist A hierarchisch **höher angeordnet** als B (kurz: A » B). Man sagt auch, daß in dieser Sprache Constraint A Constraint B **dominiert**. In anderen Sprachen ist A hierarchisch **niedriger angeordnet** als B (B » A) bzw. B dominiert A. Ein Constraint, das von keinem anderen Constraint dominiert wird, bezeichnet man als **undominiert**. Eine weitere wichtige Eigenschaft der Constraints in der OT ist, daß sie **verletzbar** sind. Verletzbarkeit bedeutet, daß eine Outputform bestimmte (niedrig geordnete) Constraints nicht **erfüllt**. Eine Grundidee der OT ist, daß es für jede Inputform eine *unendliche* Anzahl von Outputformen gibt. Diese Outputformen werden durch die Funktion **Gen** (für **Generator**) generiert. Von dieser unendlichen Menge Outputformen wird diejenige, die die wenigsten Constraintverletzungen aufweist, als **optimal** ausgewählt. Die optimale Form erscheint als Oberflächenform. Der Vorgang, bei dem die optimale Outputform ausgewählt wird, wird als **Evaluation** bezeichnet. Die verschiedenen Outputformen werden **evaluiert**, um festzustellen, welche davon die optimale Form ist. Der optimale Output ist somit die Form, die hinsichtlich der gegebenen Constrainthierarchie die wenigsten Verletzungen aufweist. Die Evaluation der Outputformen wird in einem **Tableau** ausgedrückt wie in (3):

(3)

/Input/	A	B
Kand 1	*	
Kand 2		*

Die Outputformen (auch **Kandidaten** genannt) werden in der linken Spalte aufgeführt. In Tableau (3) gibt es zwei Kandidaten (Kand 1 und Kand 2), obwohl deren Zahl, wie oben erwähnt, unendlich ist. In den Tableaus werden nur die Kandidaten berücksichtigt, die der Inputform ähneln. Die Constraints werden in der obersten Zeile aufgelistet. In Tableau (3) gibt es zwei Constraints, nämlich A und B. Wenn Con-

straint A (hierarchisch) höher angeordnet ist als Constraint B, dann
wird A links von B aufgeführt und durch eine senkrechte Linie davon
abgetrennt. Wenn ein Kandidat ein Constraint nicht erfüllt, wird die Verletzung in
der entsprechenden Zelle mit einem Sternchen vermerkt. In Tableau
(3) verletzt Kand 1 Constraint A und Kand 2 verletzt Constraint B.
Wenn ein Kandidat ein Constraint erfüllt, bleibt die betreffende Zelle
leer. In (3) erfüllt also Kand 1 Constraint B und Kand 2 Constraint A.
Dies ist eine typische Konfliktsituation, die zeigt, daß das Ranking A
» B für die Auswahl des optimalen Kandidaten entscheidend ist.
In Tableau (3) **gewinnt** Kandidat 2 die Evaluierung, weil er — im
Gegensatz zu Kandidat 1 — das ranghöchste Constraint (=A) erfüllt,
und weil Kandidat 2 (und alle anderen Kandidaten) dieses Constraint
verletzen. Der optimale Kandidat wird durch einen Zeigefinger markiert, wie in Tableau (4).

(4)

/Input/	A	B
Kand 1	*!	
☞ Kand 2		*

Das Ausrufezeichen unter Constraint A zeigt die Stelle an, an der
Kand 1 Constraint A entscheidend verletzt, d.h. an der Stelle wird
Kand 2 ausgewählt. Anders ausgedrückt: Die Verletzung von Constraint A ist **fatal**, weil es einen anderen Kandidaten gibt, der dasselbe
Constraint erfüllt (Kand 2). Die schattierten Felder unter Constraint B
besagen, daß es unerheblich ist, wenn die jeweiligen Kandidaten
dieses Constraint verletzen, weil der optimale Kandidat schon in der
ersten 'Runde', nämlich unter Constraint A, ermittelt wurde, d.h.
Constraint B ist für die Selektion des optimalen Kandidaten nicht
relevant.
Nicht alle Constraints in einer Sprache sind untereinander hierarchisch
geordnet, denn es kommt oft vor, daß zwei Constraints denselben
Platz in der Constrainthierarchie einnehmen. Solche Constraints sind
also untereinander **ungeordnet** (engl. **unranked**). Im folgenden
Tableau sind Constraint A und B ungeordnet; dies wird im Tableau
mit einer gestrichelten Trennlinie zwischen A und B zum Ausdruck
gebracht. Wenn A und B ungeordnet sind, können sie im Tableau in

beliebiger Reihenfolge aufgeführt werden (z.B. A » B, wie in (5), oder
B » A).

(5)

/Input/	A	B	C
☞Kand 1	*		
Kand 2		*	*!

In Tableau (5) wird Kand 1 als optimal ausgewählt. Dies wird aber
erst unter Constraint C sichtbar, weil die Summe der Verletzungen bei
den ungeordneten Constraints für Kand 1 und Kand 2 gleich ist.
Ein weiterer wichtiger Punkt ist, daß ein Kandidat ein Constraint mehr
als einmal verletzen kann. In Tableau (6) erfüllen Kand 1 und Kand 2
Constraint A und beide verletzen Constraint B. Kand 1 gewinnt die
Evaluierung, denn er verletzt B nur einmal, während Kand 2 dasselbe
Constraint zweimal verletzt. Das Ausrufezeichen hinter dem zweiten
Sternchen unter Constraint B besagt, daß Kand 2 erst nach der zweiten
Verletzung von Constraint B ausscheidet.[1]

(6)

/Input/	A	B
☞Kand 1		*
Kand 2		**!

Das Tableau (6) zeigt, daß Verletzungen **minimal** sind, denn Output-
formen mit wenigen Verletzungen der betreffenden Constraints
(= Kand 1 in (6)) sind besser als solche mit mehr Verletzungen (=
Kand 2 in (6)).
Die wichtigsten Bestandteile der OT sind in (7) zusammengefaßt:

---

[1] Ein Beispiel für ein Constraint, das mehrmals verletzt wird, wird in §11.4 besprochen.

(7)   *Eigenschaften der OT:*
(7a)   **Constraints**: Grammatische Generalisierungen werden allein durch
        Constraints ausgedrückt. Es gibt keine Regeln und keine Deriva-
        tionen. Alle Constraints betreffen die Outputrepräsentation.
(7b)   **Universalität**: Alle Constraints sind in der Grammatik aller Sprachen
        der Welt vorhanden.
(7c)   **Verletzbarkeit**: Constraints sind verletzbar, aber die Verletzung ist
        minimal.
(7d)   **Ranking:** Die Constraints sind je nach Sprache hierarchisch ange-
        ordnet. Der Begriff der 'minimalen' Constraintverletzung wird mit
        Hilfe dieses sprachspezifischen Rankings definiert.

Die OT wurde zuerst für die Phonologie entwickelt, aber sie stellt eine
allgemeine Annahme über alle Bereiche der Sprachen der Welt dar. In
den letzten Jahren wurde die OT auch auf andere Bereiche der
Grammatik, u.a. auf Syntax und Morphologie, angewendet (Kager
1999: Kapitel 8 bietet eine Übersicht über die OT in der Syntax).

11.2 Anwendung der OT

Die OT wird in diesem Abschnitt anhand der Verteilung der drei
Pluralallomorphe [z], [s] und [ɪz] im Englischen illustriert (nach
Gussenhoven & Jacobs 1998). Die Beispiele in (8) zeigen die letzten
beiden Allomorphe:

(8a)   faces   /feɪs+z/   [feɪsɪz]
(8b)   hats   /hæt+z/   [hæts]

In den Kapiteln 2 und 5 wurden diese Alternationen mit zwei Regeln
erfaßt, nämlich Epenthese und Assimilation:

(9a)   *Epenthese:*   Ø → [ɪ] / [+sibil] ___ [+sibil] #
(9b)   *Assimilation:*   /z/ → [−sth] / [−sth, +kons] ___ #

Statt dieser beiden (sprachspezifischen) Regeln des Englischen erklärt
man die Daten in (8) im Rahmen der OT mit universellen Constraints.
Zwei davon sind in (10) aufgeführt:

(10a) *SIBILSIBIL: Eine Folge aus Sibilanten am Wortende ist ungrammatisch.

(10b) STIMMSTIMM: Eine Folge aus zwei Obstruenten hat für beide denselben Wert des Merkmals [stimmhaft].

*SIBILSIBIL verbietet Folgen von [ss sʃ ʃs zʒ] usw. am Wortende. Nach STIMMSTIMM ist eine Folge aus zwei Obstruenten wie [bs] oder [pz], in denen ein stimmloser Laut einem stimmhaften Laut folgt oder umgekehrt, nicht zulässig. Folgen wie [ps] oder [bz] erfüllen dagegen STIMMSTIMM. Die beiden Constraints in (10) sind Beispiele für Markiertheitsconstraints, denn Folgen aus [bs] bzw. [pz] und [sʃ] bzw. [zʒ] sind in den Sprachen der Welt ungewöhnlich (siehe Greenberg 1978a). Die Constraints in (10) können anhand des Beispiels *faces* (Input /feɪs+z/) illustriert werden. Drei Kandidaten, die durch Gen generiert werden, sind [feɪsz], [feɪzz] und [feɪss] — Outputformen, die das Constraint *SIBILSIBIL verletzen. Die richtige Form, nämlich [feɪsz], erfüllt zwar *SIBILSIBIL, aber sie verletzt das Treueconstraint, das Epenthesen verhindern soll. Dieses Constraint wird als DEP-IO bezeichnet (McCarthy & Prince 1995): [2]

(11)   DEP-IO: Keine Epenthese.

In Sprachen, in denen überhaupt keine Segmente eingefügt werden, ist DEP-IO undominiert. In Sprachen, in denen Epenthesen vorkommen (z.B. Englisch), wird DEP-IO hingegen von (mindestens) einem anderen Constraint dominiert.

Es gibt in englischen Wörtern wie /feɪs+z/ einen Konflikt zwischen Treue, nämlich DEP-IO, und Markiertheit, nämlich *SIBILSIBIL. Wenn Input und Output immer identisch wären, dann wäre die richtige Outputform für /feɪs+z/ die phonetische Form *[feɪsz]. (*[feɪsz] wäre der zugrundeliegenden Form /feɪs+z/ 'treu'.) Wenn DEP-IO niedriger als

---

[2] DEP ist eine Abkürzung für 'dependency' und IO für 'Input-Output'. Das Constraint besagt, daß jedes Outputsegment ein 'entsprechendes' Inputsegment haben muß (die ähnliche Formulierung siehe in (2b)). Wenn dies nicht der Fall ist, handelt es sich um die Epenthese eines Segments.

*SIBILSIBIL rangiert, kann man die richtige Pluralform [feɪsɪz] vorhersagen, wie in Tableau (12) gezeigt.

(12) /feɪs+z/	*SIBILSIBIL	DEP-IO	STIMMSTIMM
[feɪsz]	*!		*
☞[feɪsɪz]		*	
[feɪss]	*!		
[feɪzz]	*!		

In Tableau (12) ist außer *SIBILSIBIL und DEP-IO das (niederrangige) Constraint STIMMSTIMM aufgeführt. Es gibt keine Belege dafür, daß DEP-IO höher oder niedriger rangiert als STIMMSTIMM, daher die gestrichelte Linie. In Tableau (12) sind vier Kandidaten aufgeführt. Der erste, dritte und vierte sind, wie oben erwähnt, ungrammatisch, weil sie das hochrangige Constraint *SIBILSIBIL verletzen. Der Gewinner, der zweite Kandidat [feɪsɪz], ist optimal, weil er *SIBILSIBIL erfüllt. Man beachte, daß die Form [feɪsɪz] die Evaluierung gewinnt, obwohl sie DEP-IO verletzt. Das Tableau in (12) zeigt also, daß ein Markiertheitsconstraint, nämlich *SIBILSIBIL, ein Treueconstraint, nämlich DEP-IO, dominiert.

Betrachten wir jetzt Beispiel (8b): /hæt+z/. In dieser Outputform wird das folgende Treueconstraint (= (2c)) verletzt (McCarthy & Prince 1995):[3]

(13) IDENT (F): Die Merkmale des Inputsegments sind identisch mit den Merkmalen des Outputsegments.

IDENT (F) besagt, daß jedes Merkmal im Inputsegment einem Merkmal im Outputsegment entsprechen muß. Dieses Constraint wird verletzt, wenn beispielsweise /d/ zu [t] wird ([+sth] verändert sich zu [−sth]), oder /i/ zu [e] ([+hoch] verändert sich zu [−hoch]). In der Outputform [hæts] (von /hæt+z/) wird IDENT (F) verletzt, denn /z/ wird als [s] realisiert.

---

[3] IDENT ist eine Abkürzung für 'identity' und F für 'feature'.

Das Tableau in (14) zeigt drei Kandidaten für die Inputform /hæt+z/. In diesem Tableau sind alle vier in diesem Abschnitt besprochenen Constraints aufgeführt. Man beachte, daß IDENT (F) niedriger rangiert als DEP-IO und STIMMSTIMM.

(14)

/hæt+z/	*SIBILSIBIL	DEP-IO	STIMMSTIMM	IDENT (F)
[hætz]			*!	
☞[hæts]				*
[hætɪz]		*!		

Der Vergleich zwischen dem ersten und dem zweiten Kandidaten zeigt, daß das Markiertheitsconstraint STIMMSTIMM höher als das Treueconstraint IDENT (F) rangieren muß. Bei der umgekehrten Rangfolge würde man die falsche Outputform [hætz] vorhersagen. Kandidat 3 in (14) illustriert, warum keine Vokalepenthese in Wörtern vorkommt, deren Stamm auf einen Nichtsibilanten auslautet: Da DEP-IO höher als IDENT (F) rangiert, sind alle Kandidaten, in denen ein Vokal eingefügt wird, nicht optimal.

Ein zusätzlicher Kandidat, der in Betracht zu ziehen wäre, ist [hædz]. Wie [hæts] verletzt [hædz] nur IDENT (F). Man kann die falsche Form [hædz] mit einem zusätzlichen Treueconstraint ausfiltern, das besagt, daß es besser ist, ein Merkmal in einem Affix zu verändern als eins in einem Stamm (siehe Prince & Smolensky 1993, die dieses Constraint für andere Sprachen motiviert haben). Wenn dieses Constraint höher rangiert als IDENT (F), wird korrekt vorhergesagt, daß [hæts] und nicht [hædz] optimal ist.

An dieser Stelle muß betont werden, daß die oben aufgeführten Tableaus nur eine kleine Anzahl aus einer unendlichen Menge von Kandidaten auflisten. In Tableau (14) gehörten beispielsweise nicht nur die drei aufgeführten Kandidaten, sondern auch Outputformen wie [hats], [katz], [kats], [katsk], [katskk] usw. Diese Formen wurden nicht aufgeführt, weil sie erheblich schlechter sind als alle in (14) aufgeführten Kandidaten. [hats] verletzt beispielsweise IDENT (F) zweimal, weil zwei Merkmale verändert werden ([–hint] /æ/ wird zu [+hint] [a], und [+sth] /z/ wird zu [–sth] [s]). Die Form [kɪtskk] verletzt zweimal DEP-IO, weil /k/ zweimal eingefügt wurde.

11.3 Silbenstruktur in der OT

In §8.2 haben wir Markiertheit in der Silbenphonologie besprochen. Zwei wichtige Generalisierungen wurden dort durch das Silbenanlautgesetz (= (13a) in Kapitel 8) und das Silbenauslautgesetz (= (15) in Kapitel 8) zum Ausdruck gebracht. Dem ersten Gesetz zufolge sind konsonantinitiale Silben wie [tat] weniger markiert als solche, die mit einem Vokal anlauten, z.B. [at]. Nach dem Silbenauslautgesetz sind offene Silben wie [ta] weniger markiert als geschlossene Silben wie [tat]. In der OT werden diese beiden Gesetzmäßigkeiten durch die Markiertheitsconstraints ONSET und NOCODA ausgedrückt (Prince & Smolensky 1993):

(15a) ONSET: Silben haben einen Onset.
(15b) NOCODA: Silben haben keine Konsonanten in der Koda.

Wie alle Constraints sind ONSET und NOCODA in der Grammatik aller Sprachen vorhanden; sie unterscheiden sich lediglich durch ihr sprachspezifisches Ranking. So ist NOCODA in Sprachen wie dem Hawaiianischen, in denen nur offene Silben vorkommen, undominiert, aber im Englischen und im Deutschen ziemlich niederrangig, weil diese beiden Sprachen geschlossene Silben zulassen. Eine in §8.3 besprochene Generalisierung ist, daß eine Folge KVKV immer als KV.KV und niemals als KVK.V silbifiziert wird. Diese universelle Silbifizierung findet in der OT eine einfache Erklärung: KV.KV ist optimal im Vergleich zu KVK.V, weil die zweite Form sowohl ONSET als auch NOCODA verletzt. Dies wird in dem Tableau in (16) anhand der KVKV Abfolge /tata/ gezeigt:

(16)

/tata/	ONSET	NOCODA
☞[ta.ta]		
[tat.a]	*!	*

Das Ranking zwischen ONSET und NOCODA ist unerheblich. Wenn ONSET und NOCODA in der Grammatik aller Sprachen gelten, muß die Form als optimal gewählt werden, in der der intervokalische Konsonant der zweiten Silbe zugeordnet ist und somit beide Constraints erfüllt sind.

Im folgenden besprechen wir zwei phonologische Prozesse, die einen engen Zusammenhang mit der Silbenstruktur haben, nämlich Epenthese und Tilgung. Die Treueconstraints, die Epenthese und Tilgung verhindern, konfligieren in vielen Sprachen mit ONSET und NOCODA. In vielen Sprachen haben Epenthese und Tilgung die Funktion, eine markierte Silbenstruktur in eine unmarkierte zu verwandeln (siehe Ito 1989 zur Epenthese). Wenn beispielsweise eine zugrundeliegende Form wie /tat/ als [ta] realisiert wird, wird der letzte Konsonant getilgt, um eine offene Silbe zu bilden. Mit anderen Worten, die Tilgung kommt zur Anwendung, damit NOCODA erfüllt wird. Im oben besprochenen englischen Beispiel wird /feɪs+z/ als [feɪsɪz] realisiert, Epenthese findet also statt, damit die markierte Abfolge [sz] vermieden wird.

Im folgenden wird eine Analyse der Konsonantenepenthese des Axininca Campa im Rahmen der OT dargestellt (nach Kager 1999: Kapitel 6). Die folgenden Daten zeigen, daß das Morphem /i/ zwei Allomorphe hat, nämlich [i] und [ti]. In Prince & Smolensky (1993) wird gezeigt, daß es sich hier um die Epenthese von [t] zwischen zwei Vokalen handelt:

(17) /no+n+koma+i/   [noŋ.ko.ma.ti]   'er wird rudern'
      /no+n+tʃʰik+i/   [noɲ.t͡ʃʰi.ki]   'er wird schneiden'

Im ersten Beispiel in (17) wird ein Konsonant zwischen /a/ und /i/ eingefügt, um eine Silbe zu vermeiden, die mit einem Vokal anlauten würde. Mit anderen Worten, wenn die Epenthese in diesem Wort nicht angewendet würde, wäre die phonetische Form [noŋ.ko.ma.i], in der die letzte Silbe mit einem Vokal anlautet. Im zweiten Wort in (17) erfolgt keine Epenthese, weil hier kein [t] notwendig ist, um eine Silbe zu bilden, die mit einem Konsonanten anlautet.

Axininca Campa ist ein Beispiel für eine Sprache, in der ONSET höher als DEP-IO rangiert. Dies ist im folgenden Tableau gezeigt:[4]

---

[4] Eine vollständige Analyse des Axininca Campa müßte auch die Änderung von /n/ zu [ŋ] bzw. [ɲ] in (17) berücksichtigen.

(18)

/no+n+koma+i/	ONSET	DEP-IO
☞ [noŋ.ko.ma.ti]		*
[noŋ.ko.ma.i]	*!	

Diese Analyse des Axininca Campa bietet auch eine Erklärung,
warum ein Konsonant und kein Vokal eingefügt wird. Ein Kandidat
wie [noŋ.ko.ma.e.i], in den [e] eingefügt ist, verletzt ONSET *zweimal,*
weil es in dieser Form zwei Silben gibt, die mit einem Vokal anlauten.
Allerdings wird durch die obige Analyse noch nicht erklärt, warum
ausgerechnet [t] und kein anderer Konsonant eingefügt wird. Die
Qualität des eingefügten Segments ist durch weitere Constraints
vorhersagbar (siehe Kager 1999: Kapitel 3).

Das Tableau in (18) zeigt, daß markierte Silben im Axininca Campa
durch die Epenthese eines Konsonanten in unmarkierte Silben verwandelt werden. Eine andere Möglichkeit, stark markierte Silben zu
reparieren, ist die Tilgung eines Segments. Es wäre also denkbar, daß
die 'potentielle' onsetlose Silbe in zugrundeliegenden Formen wie
/no+n+koma+i/ vermieden wird, wenn einer der letzten Vokale im
Wort getilgt wird, z.B. in [noŋ.ko.ma]. Es gibt aber in der OT ein
Treueconstraint, nämlich Max-IO, das die Funktion hat, Tilgung
grundsätzlich zu verhindern (McCarthy & Prince 1995):[5]

(19)   MAX-IO: Keine Tilgung.

Weil die Tilgung im Axininca Campa nicht vorkommt, kann man
schließen, daß MAX-IO, wie ONSET, höher als DEP-IO rangiert. Dies
zeigt das folgende Tableau:

---

[5] MAX ist eine Abkürzung für 'maximality' und IO für 'input-output'. Der Constraint
besagt, daß jedes Inputsegment ein 'entsprechendes' Outputsegment hat (siehe (2a)
für eine ähnliche Formulierung). Wenn dies nicht der Fall ist, handelt es sich um die
Tilgung eines Segments.

(20)

/no+n+koma+i/	ONSET	MAX-IO	DEP-IO
☞[noŋ.ko.ma.ti]			*
[noŋ.ko.ma]		*!	
[noŋ.ko.ma.i]	*!		

In §11.4 werden zusätzliche Daten aus dem Axininca Campa besprochen, und das Constraintranking in (20) wird entsprechend modifiziert. Im Axininca Campa operiert die Epenthese, weil DEP-IO niedriger als ONSET und MAX-IO rangiert. Drei mögliche Rankings zwischen diesen drei Constraints sind in (21) zusammengefaßt:

(21a) ONSET, MAX-IO » DEP-IO: Konsonantenepenthese, um einen Onset herzustellen.

(21b) ONSET, DEP-IO » MAX-IO: Vokaltilgung, um onsetlose Silben zu verhindern.

(21c) MAX-IO, DEP-IO » ONSET: Keine Epenthese oder Tilgung. Onsetlose Silben kommen vor.

Das Ranking in (21a) gilt für das Axininca Campa. In Sprachen mit dem Ranking in (21b) wird eine Folge aus zwei Vokalen, z.b. /ai/ als [i] bzw. [a] realisiert. In solchen Sprachen (z.b. Griechisch) operiert nicht die Epenthese, sondern die Tilgung, um eine onsetlose Silbe zu verhindern. In Sprachen mit dem Ranking in (21c) (z.b. Englisch) wird eine Abfolge wie /ai/ als [a.i] realisiert, d.h. eine onsetlose Silbe verletzt ONSET, was möglich ist, da ONSET niedriger rangiert als die beiden Constraints DEP-IO und MAX-IO.

11.4 Alignmentconstraints

Das in den letzten Unterkapiteln beschriebene Modell der OT kann nicht erfassen, daß morphologische Faktoren phonologische Constraints beeinflussen können. In diesem Abschnitt wird anhand von zwei Beispielen gezeigt, daß solche Einflüsse vorkommen, und welche Erklärung die OT dafür hat.

In vielen Sprachen gilt, daß ein Rand einer morphologischen Konstituente (z.B. Morphem, grammatisches Wort, Affix) mit einem Rand

einer prosodischen Konstituente (z.B. Silbe, Fuß, phonologisches
Wort) zusammenfallen muß. In solchen Fällen spricht man in der OT
von **Alignment**. Es gibt eine ganze Reihe von einschlägigen **Alignmentconstraints**, die die entsprechenden Grenzübereinstimmungen
gewährleisten (McCarthy & Prince 1995).
Ein Beispiel für Alignment kommt in der oben besprochenen Sprache
Axininca Campa vor. In §11.3 wurde festgestellt, daß die t-Epenthese
im Axininca Campa die Funktion hat, vokalanlautende Silben zu
verhindern. Die zusätzlichen Daten in (22) aus derselben Sprache
zeigen, daß [t] aber niemals in wortinitialer Position eingefügt wird.

(22)   /osampi/   [o.sam.pi]   'fragen'
         /i+n+koma+i/   [iŋ.ko.ma.ti]   'du wirst rudern'

Es stellt sich die Frage, wie man erklären kann, daß ein [t] nur eingesetzt wird, um wortinterne vokalanlautende Silben zu verhindern. In
der OT legen die Daten in (22) nahe, daß das in dieser Sprache hochrangige Constraint ONSET von einem anderen Constraint dominiert
wird.
Belege aus anderen Sprachen zeigen, daß in vielen Sprachen die
Epenthese gerade am Wortanfang nicht stattfindet. Dies wird in der
OT durch das Alignment-Constraint in (23) erfaßt:[6]

(23)   ALIGN-L: Der linke Rand eines grammatischen Wortes stimmt mit
                    dem linken Rand eines phonologischen Wortes überein.

Das Constraint ALIGN-L wird anhand des Beispiels [osampi] illustriert. In den Repräsentationen in (24) werden zwei Konstituenten
gezeigt, nämlich das phonologische Wort und das grammatische
Wort. Der linke Rand des grammatischen Wortes fängt mit [o] an; das
phonologische Wort lautet mit dem ersten Segment in dieser Lautkette
an, nämlich mit [o], wenn keine Epenthese angewendet wird, oder mit
[t], wenn die Epenthese erfolgt wäre. In der richtigen Repräsentation
in (24a) stimmt der linke Rand des phonologischen Wortes mit dem
linken Rand des grammatischen Wortes überein. Diese Repräsentation
erfüllt also ALIGN-L. Die falsche Repräsentation in (24b) verletzt

---

[6] Zum phonologischen Wort siehe §10.2.2.

dagegen ALIGN-L, weil der linke Rand des grammatischen Wortes nicht mit dem linken Rand des phonologischen Wortes zusammenfällt.

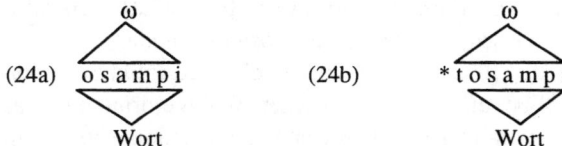

(24a) o s a m p i   (24b) * t o s a m p i

        Wort   Wort

Die Daten in (22) legen also nahe, daß ALIGN-L einen hohen Rang einnimmt. Dies ergibt das Tableau (25), das drei Kandidaten berücksichtigt: den optimalen Kandidaten [o.sam.pi], eine Outputform mit einem epenthetischen [t] ([to.sam.pi]) und eine Outputform, in der ein Segment getilgt wurde ([sam.pi]).

(25) /osampi/	ALIGN-L	MAX-IO	ONSET	DEP-IO
☞ [o.sam.pi]			*	
[to.sam.pi]	*!			*
[sam.pi]		*!		

Der Vergleich zwischen dem ersten und dem zweiten Kandidaten zeigt, daß ALIGN-L ONSET dominieren muß. Der dritte Kandidat weist eine Verletzung von MAX-IO auf. In Tableau (20) wurde angenommen, daß ONSET und MAX-IO untereinander ungeordnet sind, Tableau (25) zeigt aber, daß MAX-IO ONSET dominieren muß.
Ein weiteres Beispiel für ein Alignment-Constraint sei anhand der Morphologie des Tagalog illustriert (siehe Prince & Smolensky 1993; Kager 1999: Kapitel 3). In dieser Sprache tritt das Affix *um* als Präfix auf, wenn der Stamm mit einem Vokal anlautet, wie in dem ersten Beispiel in (26). Im zweiten und dritten Beispiel erscheint *um* hingegen als **Infix**. Die Generalisierung lautet, daß *um* unmittelbar vor dem ersten Vokal im Wort auftritt, wie in der zweiten Spalte gezeigt:

(26)	aral	um+aral	[u.ma.ral]	'lehren'
	sulat	s+um+ulat	[su.mu.lat]	'schreiben'
	gradwet	gr+um+adwet	[gru.mad.wet]	'graduieren'

Die *um*-Affigierung hängt von der Silbifizierung des Outputs ab, denn *um* kommt stets in einer Position im Wort vor, in der das [m] in silbeninitialer Position steht. Dies kann man den phonetischen Formen in (26) entnehmen. Eine Form wie *um+sulat* [um.su.lat] wäre also nicht möglich, weil das [m] in silbenfinaler Position stünde. Es handelt sich bei den Beispielen in (26) um einen Konflikt zwischen Markiertheit der Silbe und morphologischer Wohlgeformtheit. Das morphologische Constraint bezieht sich auf die Position von *um* in einem Wort, und das Markiertheitsconstraint ist NOCODA. Das morphologische Constraint ist in (27) formuliert:

(27)   ALIGN-*um*-L: Der linke Rand von *um* stimmt mit dem linken Rand eines phonologischen Wortes überein.

ALIGN-*um*-L besagt, daß *um* soweit links wie möglich vorkommen soll, d.h. *um* soll immer als Präfix und niemals als Infix auftreten. Wenn ALIGN-*um*-L undominiert wäre, dann würde *um* also immer als Präfix erscheinen.

Das folgende Tableau zeigt, daß NOCODA ALIGN-*um*-L dominiert. Dieses Ranking sagt vorher, daß *um* manchmal als Präfix und manchmal als Infix auftritt.

(28)

INPUT: {um, gradwet}	NOCODA	ALIGN-*um*-L
[um.grad.wet]	***!	
[gum.rad.wet]	***!	*g
☞ [gru.mad.wet]	**	*gr!
[gra.dum.wet]	**	*gra!d
[grad.wu.met]	**	*gra!dw

NOCODA wird im ersten und im zweiten Kandidaten jeweils dreimal verletzt, denn die drei Silben in diesen Formen sind geschlossen. Die letzten drei Kandidaten verletzen NOCODA jeweils nur zweimal. Betrachten wir jetzt die Verletzungen des Constraints ALIGN-*um*-L in (28). Der erste Kandidat erfüllt ALIGN-*um*-L, weil *um* als Präfix auftritt. Je weiter *um* von dem linken Rand des Wortes entfernt ist, desto mehr wird ALIGN-*um*-L verletzt. Diese **graduelle** (engl. **gradient**) Verletzung von ALIGN-*um*-L wird an den letzten vier Kandidaten ersichtlich: Der dritte Kandidat ist beispielsweise besser als der vierte, weil er zwischen dem [u] in *um* und dem linken Wortrand nur zwei Segmente hat, nämlich [gr]. Im vierten Kandidaten ist die Zahl dieser Segmente um eins höher; deshalb ist [gra.dum.wet] mit einem Ausrufezeichen hinter *gra* versehen. Man beachte, daß sich ALIGN-*um*-L in (27) nur auf ein Morphem bezieht, nämlich *um*. (27) legt nahe, daß entgegen (7b) bestimmte Constraints sprachspezifisch sein können. Festzuhalten ist jedoch, daß die generelle Form von (27) den Alignmentconstraints in anderen Sprachen ähnelt, denn ein Rand eines (sprachspezifischen) Morphems muß mit einem Rand einer (universellen) prosodischen Konstituente übereinstimmen.

Historischer Überblick und weiterführende Literatur

Die OT wurde 1993 mit einem sehr einflußreichen unveröffentlichten Manuskript eingeführt, nämlich Prince & Smolensky (1993). Es folgten einige wichtige Artikel, z.B. McCarthy & Prince (1993, 1994, 1995). Unveröffentlichte Arbeiten zu verschiedenen Aspekten der OT finden sich unter der Internetadresse http://ruccs. rutgers.edu/roa.html. In den letzten Jahren sind zahlreiche Artikel und Dissertationen im Rahmen der OT erschienen, und die Theorie von heute unterscheidet sich folglich in wichtigen Aspekten von dem Ausgangsmodell von 1993. Empfehlenswerte Einführungen in die Grundlagen der OT sind Kager (1999) und Archangeli & Langendoen (1997). Weiterführende Aufsätze über die OT sind in Roca (1997).

Eine Herausforderung für die OT sind die in Kapitel 5 besprochenen extrinsischen Regelordnungen (z.B. Counterfeeding, Counterbleeding), weil sie eine Derivation erfordern. In der OT gibt es keine zufriedenstellende Analyse solcher Beispiele. Ein sehr umstrittener Versuch wurde von McCarthy (1999) unternommen.

Aufgaben

(1) ● Stellen Sie ein Tableau für das deutsche Wort *Staat* auf (zugrundeliegend /ʃtaːt/; phonetisch [ʃtaːt]). Berücksichtigen Sie dabei die drei Kandidaten [ʃtaːt], [ʃtaː] und [ʃtaː.tə] und die drei Constraints NOCODA, DEP-IO und MAX-IO.

(2) ● Betrachten Sie die folgenden deutschen Daten:

| Ameise | /aːmaɪzə/ | [ʔaːmaɪzə] |
| Objekt | /ɔpjɛkt/ | [ʔɔpjɛkt] |

Stellen Sie ein Tableau für *Ameise* auf. Berücksichtigen Sie dabei die folgenden Kandidaten: [ʔaːmaɪzə], [aːmaɪzə], [maɪzə]. Die relevanten Constraints sind ONSET, DEP-IO, MAX-IO und ALIGN-L.

(3)   Im Zoque werden Konsonanten in bestimmten Kontexten getilgt. Die Daten in
        (i) (aus Wonderly 1951) illustrieren, daß das Präfix /n/ mit der Bedeutung
        'mein' phonetisch nicht realisiert wird, wenn das folgende Wort mit einem
        Konsonanten anlautet:

        (i) /n+faha/   [faha]   'mein Gürtel'
             /n+sʌk/   [sʌk]   'meine Bohnen'
             /n+ʃapun/   [ʃapun]   'meine Seife'

        (ii) SP: Alle Onsets zeigen vom Silbengipfel an einen abnehmenden Grad von
             Sonorität ('Sonoritätsprinzip'; siehe Kapitel 8)
        Berücksichtigen Sie für diese Aufgabe die Constraints DEP-IO und MAX-IO
        sowie das Sonoritätsprinzip (=SP) in (ii).

(3a)   Stellen Sie ein Tableau mit den drei Kandidaten [fa.ha], [nfa.ha] und [nə.fa.ha]
        auf. In welcher Rangfolge befinden sich die drei oben erwähnten Constraints in
        dieser Sprache?

(3b)   Kann die Analyse in (3a) erklären, warum /n/ vor vokalinitialen Wörtern nicht
        getilgt wird? Begründen Sie Ihre Antwort.

Lösungen

Kapitel 1:

(4a)	[v]	(4e)	[r]	(5a)	[ɪ]	(5e)	[œ̃]
(4b)	[tʰ]	(4f)	[g]	(4b)	[εː]		
(4c)	[l]	(4g)	[ŋ]	(5c)	[u]		
(4d)	[pʲ]	(4h)	[ɣ]	(5d)	[ɑː]		

Kapitel 2:

(1a)   [s z] und [ʃ ʒ] kontrastieren nicht, denn sie stehen in komplementärer Verteilung: [ʃ ʒ] stehen nur vor [i], während [s z] in allen anderen Positionen vorkommen. [s z] und [ʃ ʒ] sind phonetisch ähnliche Laute (koronale Frikative). Fazit: [ʃ ʒ] sind Allophone von /s z/.

(1b)   /s z/ →[ʃ ʒ] / __ i

(5)   Ein betonter Vokal wird gelängt, wenn ein einzelner Konsonant dahinter steht.

(6)   [ʔ] ist ein Phonem des Hawaiianischen. Im Gegensatz zum Deutschen gibt es im Hawaiianischen Kontraste zwischen [ʔ] und 'Ø', vgl. die beiden Wörter [ao] und [ʔahi], in denen [ʔ] und 'Ø' am Wortanfang vor [a] auftreten.

Kapitel 3:

(4a)   [lar] kommt nach Stämmen vor, die einen hinteren oder zentralen Vokal enthalten. Wenn der Stamm einen vorderen Vokal hat, tritt [ler] auf.

(4b)   Diese Assimilation wird als Vokalharmonie bezeichnet. Die Vokalharmonie im Türkischen ist progressiv.

(7a)   /hit/ kommt in den Wörtern in (ii) als Präfix vor. Es folgt eine Metathese zwischen dem letzten Konsonanten dieses Präfixes und dem ersten Konsonanten des Stammes. Die stamminitialen Konsonanten in (ii) sind koronale Obstruenten.

(7b)   Metathese

Kapitel 4:

(4)   Der Kontext der Vokallängung: ___ [+kons, +sth, +kont]

(8)   [+kons, −son, +kont, DORS] → [+hint] / [−kons, +hint] ___

(9a)	[+kons, +kont]	(9d)	[KOR, −son]	(9g)	[+rund]
(9b)	[+kont, −son]	(9e)	[KOR]	(9h)	[+rund, +hint]
(9c)	[+kons, +son]	(9f)	[KOR, +ant]		

Kapitel 5:

(1a)   /pətit+ə##njɛs/

Konsonantentilgung   -----

Schwa-Tilgung   pətit njɛs

[pətitnjɛs]

(1b)   Counterfeeding. Die Schwa-Tilgung könnte den Input für die Konsonantentilgung bilden, aber nur die umgekehrte Ordnung 'Konsonantentilgung vor Schwa-Tilgung' erzeugt den richtigen Output.

Kapitel 6:

(1a)   /kɔ/   /mbu/   /mba/   /pɛlɛ/   /bɛlɛ/
         H   HT   TH   H   T

(1b)   /kɔ/   /mbu/   /mba/   /pɛlɛ/   /bɛlɛ/
         H   HT   TH   H   T

(a)   /kɔ/   /mbu/   /mba/   /pɛlɛ/   /bɛlɛ/
          | | | | |
          | | | | |
          H   HT   TH   H   T

(b)   -----   /mbu/   /mba/   ------   ------
                         ⟍   ⟍
                        H T   T H

(c)   -----   -------   -----   /pɛlɛ/   /bɛlɛ/
                                                     V   V
                                                     H   T

(1c)   [hú] kommt hinter Stämmen vor, deren letzten Ton H ist. [hù] tritt nach einem stammfinalen T auf.

Kapitel 7:

(3)

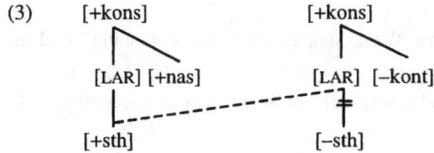

Kapitel 8:

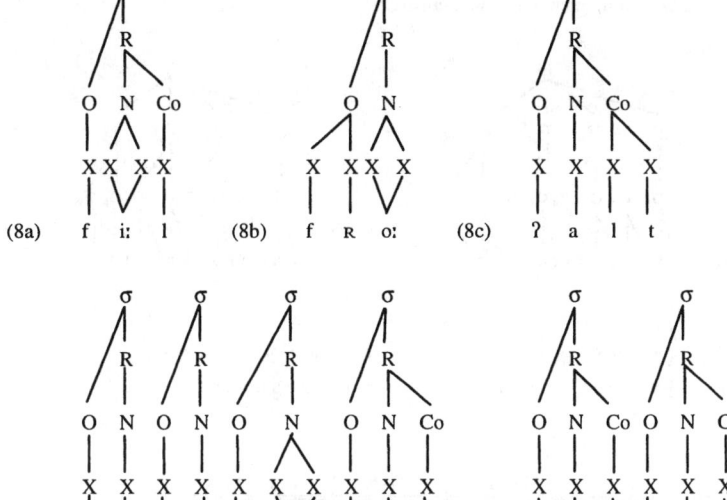

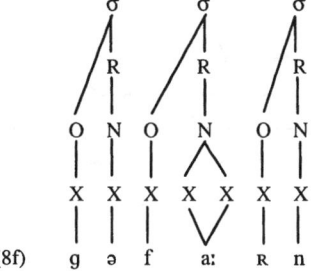

Kapitel 9:

(1)   Ein langer Vokal wird betont. Wenn kein langer Vokal vorkommt, wird die erste Silbe betont.

(3a)   Dies ist eine 'bounded' Sprache, weil sich der Wortakzent in regelmäßigen Abständen vorkommt.

(3b)   Fuß: Trochäus
        Richtung: von rechts nach links
        Wort: letzter Fuß ist stark
        Quantität: nicht quantitätssensitiv

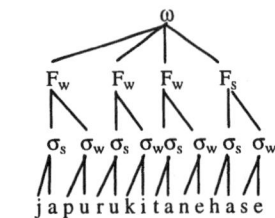

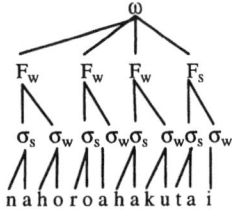

(3c)   j a p u r u k i t a n e h a s e   n a h o r o a h a k u t a i

        (.   .   .   *   )   (.   .   .   *   )
        (*   .)(*   .)(*   .)(*   .)   (*   .)(*   .)(*   .)(*   .)

(3d)   j a p u r u k i t a n e h a s e   n a h o r o a h a k u t a i

Kapitel 11:

(1)

/ʃtaːt/	Max-IO	Dep-IO	NoCoda
[ʃtaː]	*!		
[ʃtaː.tə]		*!	
☞ [ʃtaːt]			*

(2)

/aːmaɪzə/	Onset	Max-IO	Dep-IO	Align-L
[maɪ.zə]		*!		
[aː.maɪ.zə]	*!			
☞ [ʔaː.maɪ.zə]			*	*

Literaturverzeichnis

Anderson, J. & C. Ewen 1987. *Principles of Dependency Phonology.* Cambridge: Cambridge University Press.

Anderson, S. 1985. *Phonology in the Twentieth Century. Theories of Rules and Theories of Representations.* Chicago: University of Chicago Press.

Aoki, H. 1968. "Towards a Typology of Vowel Harmony." *International Journal of American Linguistics* 34: 142-145.

Archangeli, D. 1988. "Aspects of Underspecification Theory." *Phonology* 5: 183-207.

Archangeli, D. & D. T. Langendoen, Hrsg. 1997. *Optimality Theory: An Overview.* Oxford: Blackwell.

Baudouin de Courtenay, J. 1895. *Versuch einer Theorie phonetischer Alternationen.* Strasbourg: Trübner.

Bauer, W. 1993. *Maori.* London: Routledge.

Becker, T. 1998. *Das Vokalsystem der deutschen Standardsprache.* Frankfurt: Lang.

Beeler, M. S. 1970. "Sibilant Harmony in Chumash." *International Journal of American Linguistics* 36: 14-17.

Bell, A. 1978. "Syllabic Consonants." In: Greenberg 1978b: 153-201.

Benware, W. 1987. "Accent Variation in German Nominal Compounds of the Type (A(BC))." *Linguistische Berichte* 108: 102-127.

Blevins, J. 1994. "A Place for Lateral in the Feature Geometry." *Journal of Linguistics* 30: 301-348.

Blevins, J. 1995. "The Syllable in Phonological Theory." In: Goldsmith 1995: 206-244.

Bloomfield, L. 1933. *Language.* New York: Holt, Rinehart & Winston.

Bloomfield, L. 1939. "Menomini Morphophonemics." *Travaux du cercle linguistique de Prague* 8: 105-115.

Booij, G. 1983. "Principles and Parameters in Prosodic Phonology." *Linguistics* 21: 249-280.

Booij, G. 1995. *The Phonology of Dutch.* Oxford: Clarendon Press.

Booij, G. & J. Rubach 1987. "Postcyclic versus Postlexical Rules in Lexical Phonology." *Linguistic Inquiry* 18: 1-44.

Brauner, S. 1993. *Einführung ins Schona.* Köln: Köppe.

Breatnach, R. B. 1947. *The Irish of Ring, Co. Waterford: A Phonetic Study*. Dublin: Dublin Institute for Advanced Studies.

Burzio, L. 1994. *Principles of English Stress*. Cambridge: Cambridge University Press.

Campbell, L. 1974. "Phonological Features: Problems and Proposals." *Language* 50: 52-65.

Carr, P. 1993. *Phonology*. New York: St. Martins Press.

Catford, J. C. 1988. *A Practical Introduction to Phonetics*. Oxford: Clarendon Press.

Cho, Y.-M. Y. 1990. *The Parameters of Consonantal Assimilation*. Dissertation. Stanford University.

Chomsky, N. 1981. *Lectures on Government and Binding*. Dordrecht: Foris.

Chomsky, N. & M. Halle 1968. *The Sound Pattern of English*. New York: Harper & Row.

Clements, G. N. 1980. "Vowel Harmony in Nonlinear Generative Phonology: An Autosegmental Model." Bloomington: Indiana University Linguistics Club.

Clements, G. N. 1985. "The Geometry of Phonological Features." *Phonology Yearbook* 2: 223-250.

Clements, G. N. 1987. "Phonological Feature Representation and the Description of Intrusive Stops." *Chicago Linguistics Society* 23: 29-50.

Clements, G. N. 1990. "The Role of the Sonority Cycle in Core Syllabification." In: J. Kingston & M. Beckman, Hrsg. *Papers in Laboratory Phonology I: Between the Grammar and Physics of Speech*. 283-333. Cambridge: Cambridge University Press.

Clements, G. N. 1999. "Affricates as Noncontoured Stops." In: O. Fujimura, B. Joseph & B. Palek, Hrsg. *Item Order in Language and Speech*. Prag: Charles University Press.

Clements, G. N. & E. Hume 1995. "The Internal Organization of Speech Sounds." In: Goldsmith 1995: 245-306.

Clements, G. N. & S. J. Keyser. 1983. *CV Phonology. A Generative Theory of the Syllable*. Cambridge, Mass.: MIT Press.

Comrie, B. 1981. *Language Universals and Linguistic Typology*. Oxford: Blackwell.

Cowan, W. & J. Rakušan 1998. *Source Book for Linguistics*. Amsterdam: Benjamins.

Crothers, J. 1978. "Typology and Universals of Vowel Systems." In: Greenberg 1978b: 93-152.

Cutler, A., J. Hawkins & G. Gilligan 1985. "The Suffixing Preference: A Processing Explanation." *Linguistics* 23: 723-758.

Davenport, M. & S. J. Hannahs 1998. *Introducing Phonetics & Phonology*. London: Arnold.

Davis, S. 1985. "Syllable Onsets as a Factor in Stress Rules." *Phonology* 5.1: 1-20.

Davis, S. 1989. "On a Non-Argument for the Rhyme." *Journal of Linguistics* 25: 211-217.

Davis, S. 1991. "Coronals and the Phonotactics of Nonadjacent Consonants in English." In: Paradis & Prunet 1991: 49-60.

Davis, S. & M. Hammond 1995. "On the Status of Onglides in American English." *Phonology* 12.1: 159-182.

De Chene, B. & S. R. Anderson 1979. "Compensatory Lengthening." *Language* 55: 505-535.

Dell, F. & M. Elmedlaoui 1985. "Syllabic Consonants and Syllabification in Imladlawn Tashlhiyt Berber." *Journal of African Languages and Linguistics* 7: 105-130.

Dixon, R. M. W. 1977. *A Grammar of Yidiny.* Cambridge: Cambridge University Press.

Dogil, G. & H. C. Luschützky 1990. "Notes on Sonority and Segmental Strength." *Rivista di Linguistica* 2.2: 3-54.

Donegan, P. & D. Stampe 1977. "The Study of Natural Phonology." In: D. Dinnsen, Hrsg. *Current Approaches to Phonological Theory.* Bloomington: University of Indiana Press.

Drosdowski, G. et al., Hrsg. 1995. *Duden Aussprachewörterbuch. Wörterbuch der deutschen Standardaussprache. Band 6.* Mannheim: Bibliographisches Institut.

Durand, J. 1990. *Generative and Non-Linear Phonology.* London: Longman.

Eisenberg, P. et al., Hrsg. 1992. *Silbenphonologie des Deutschen.* Tübingen: Narr.

Elbert, S. & Pukui, M. K. 1979. *Hawaiian Grammar.* Honolulu: University Press of Hawai'i.

Fähnrich, H. 1986. *Kurze Grammatik der georgischen Sprache.* Leipzig: VEB Verlag Enzyklopädie.

Ferguson, C. A. 1963. "Assumptions about Nasals: A Sample Study in Phonological Universals." In: Greenberg 1963a: 53-60.

Fudge, E. 1969. "Syllables." *Journal of Linguistics* 5: 253-286.

Fudge, E. 1987. "Branching Structure within the Syllable." *Journal of Linguistics* 23: 359-377.

Galloway, B. D. 1993. *A Grammar of Upriver Halkomelem.* Berkeley: University of California Press.

Giegerich, H. 1985. *Metrical Phonology and Phonological Structure: German and English.* Cambridge: Cambridge University Press.

Giegerich, H. 1987. "Zur Schwa-Epenthese im Standarddeutschen." *Linguistische Berichte* 112: 449-469.

Giegerich, H. 1992. *English Phonology: An Introduction.* Cambridge: Cambridge University Press.

Goldsmith, J. 1976. *Autosegmental Phonology*. Dissertation. MIT.

Goldsmith, J. 1990. *Autosegmental and Metrical Phonology*. Oxford: Blackwell.

Goldsmith, J., Hrsg. 1991. *The Last Phonological Rule*. Chicago: University of Chicago Press.

Goldsmith, J., Hrsg. 1995. *The Handbook of Phonological Theory*. Oxford: Blackwell.

Green, A. D. 1997. *The Prosodic Structure of Irish, Scots Gaelic, and Manx*. Dissertation. Cornell University.

Greenberg, J., Hrsg. 1963a. *Universals of Language*. Cambridge, Mass.: MIT Press.

Greenberg, J. 1963b. "Some Universals of Grammar with Particular Reference to the Order of Meaningful Elements." In: Greenberg 1963a: 73-113.

Greenberg, J. 1966a. "Synchronic and Diachronic Universals in Phonology." *Language* 42: 508-517.

Greenberg, J. 1966b. *Language Universals with Special Reference to Feature Hierarchies*. Den Haag: Mouton.

Greenberg, J. 1978a. "Some Generalizations Concerning Initial and Final Consonant Clusters." In: Greenberg 1978b: 243-280

Greenberg, J., Hrsg. 1978b. *Universals of Human Language. Volume 2. Phonology*. Stanford: Stanford University Press.

Guerssel, M. 1978. "A Condition on Assimilation Rules." *Linguistic Analysis* 4: 225-254.

Gussenhoven, C. & H. Jacobs 1988. *Understanding Phonology*. London: Arnold.

Hall, T. A. 1992. *Syllable Structure and Syllable Related Processes in German*. Tübingen: Niemeyer.

Hall, T. A. 1993. "The Phonology of German /ʀ/." *Phonology* 10: 83-105.

Hall, T. A. 1997. *The Phonology of Coronals*. Amsterdam: Benjamins.

Hall, T. A. & U. Kleinhenz, Hrsg. 1999. *Studies on the Phonological Word*. Amsterdam: Benjamins.

Halle, M. & G. N. Clements 1983. *Problem Book in Phonology*. Cambridge, Mass.: MIT Press.

Halle, M. & J.-R. Vergnaud. 1980. "Three Dimensional Phonology." *Journal of Linguistic Research* 1: 83-105.

Halle, M. & J.-R. Vergnaud 1987. *An Essay on Stress*. Cambridge, Mass.: MIT Press.

Hannahs, S. J. 1995. *Prosodic Structure and French Morphophonology*. Tübingen: Niemeyer.

Hansen, K. C. & L. E. Hansen 1969. "Pintupi Phonology." *Oceanic Linguistics* 8: 153-170.

Hargus, S. & E. Kaisse, Hrsg. 1993. *Studies in Lexical Phonology*. Orlando: Academic.

Harris, J. 1983. *Syllable Structure and Stress in Spanish*. Cambridge, Mass.: MIT Press.

Harris, J. 1988. "Non-Structure Preserving Rules in Lexical Phonology." *Lingua* 73: 255-292.

Haugen, E. 1956. "The Syllable in Linguistic Description." In: M. Halle et al., Hrsg. *For Roman Jakobson*. 213-221. Den Hague: Mouton.

Hawkins, P. 1984. *Introducing Phonology*. London: Routledge.

Hayes, B. 1981. *A Metrical Theory of Stress Rules*. Dissertation. MIT.

Hayes, B. 1986a. "Assimilation as Spreading in Toba Batak." *Linguistic Inquiry* 17: 33-74.

Hayes, B. 1986b. "Inalterability in CV Phonology." *Language* 62: 321-351.

Hayes, B. 1989a. "Compensatory Lengthening in Moraic Phonology." *Linguistic Inquiry* 20: 253-306.

Hayes, B. 1989b. "The Prosodic Hierarchy in Meter." In: P. Kiparsky & G. Youmans, Hrsg. *Rhythm and Meter*. 201-260. Orlando: Academic.

Hayes, B. 1995. *Metrical Stress Theory. Principles and Case Studies*. Chicago: University of Chicago Press.

Hayes, B. & A. Lahiri 1991. "Bengali Intonational Phonology." *Natural Language and Linguistic Theory* 9: 46-99.

Hoard, J. 1978. "Syllabification in Northwest Indian Languages, with Remarks on the Nature of Syllabic Stops and Affricates." In: A. Bell & J. B. Hooper, Hrsg. *Syllables and Segments*. 59-72. Amsterdam: North Holland.

Hock, H. H. 1986a. *Principles of Historical Linguistics*. Berlin: Mouton de Gruyter.

Hock, H. H. 1986b. "Compensatory Lengthening: In Defense of the Concept Mora." *Folia Linguistica* 20: 431-460.

Hockett, C. 1955. *A Manual of Phonology*. Baltimore: Waverly Press.

Hoffman, C. 1963. *A Grammar of the Margi Language*. London: Oxford University Press.

Hooper, J. 1972. "The Syllable in Phonological Theory." *Language* 48: 525-540.

Hooper, J. 1976. *An Introduction to Natural Generative Phonology*. New York: Academic.

Howard, I. 1973. *A Directional Theory of Rule Application in Phonology*. Dissertation. MIT.

Hulst, H. van der, Hrsg. 1999. *Word Prosodic Systems*. Berlin: Mouton.

Hulst, H. van & K. Snyder, Hrsg. 1993. *The Phonology of Tone. The Representation of Tonal Register*. Berlin: Mouton.

Hulst, H. van & J. van de Weijer 1995. "Vowel Harmony." In: Goldsmith 1995: 495-534.

Hume, E. 1992. *Front Vowels, Coronal Consonants and their Interaction in Nonlinear Phonology.* Dissertation. Cornell University.

Hume, E., J. Muller & A. van Engelenhoven 1998. "Non-Moraic Geminates in Leti." *Phonology* 14: 371-402.

Hume, E. & D. Odden 1996. "Reconsidering [consonantal]." *Phonology* 13.3: 345-376.

Hurch, B. 1988. *Über Aspiration. Ein Kapitel aus der natürlichen Phonologie.* Tübingen: Narr.

Hyman, L. 1975. *Phonology: Theory and Analysis.* Fort Worth: Rinehart & Winston.

Hyman, L. 1985. *A Theory of Phonological Weight.* Dordrecht: Foris.

Ingria, R. 1980. "Compensatory Lengthening as a Metrical Phenomenon." *Linguistic Inquiry* 11: 465-495.

Inkelas, S. & D. Zec, Hrsg. 1991. *The Phonology-Syntax Connection.* Chicago: University of Chicago Press.

Isačenko, A. V. 1963. "Der phonologische Status des velaren Nasals im Deutschen." *Zeitschrift für Phonetik* 16: 77-84.

Isačenko, A. V. 1974. "Das 'Schwa mobile' und 'Schwa constans' im Deutschen." In: U. Engel & P. Grebe, Hrsg. *Sprachsystem und Sprachgebrauch. Festschrift für H. Moser.* 142-171.

Ito, J. 1989. "A Prosodic Theory of Epenthesis." *Natural Language and Linguistic Theory* 7: 217-259.

Iverson, G. & J. Salmons 1995. "Aspiration and Laryngeal Representation in Germanic." *Phonology* 12: 369-396.

Jakobson, R. 1941. *Kindersprache, Aphasie und allgemeine Lautgesetze.* Uppsala: Uppsala Universiteits Aarskrift.

Jakobson, R. 1962. *Selected Writings 1: Phonological Studies.* Den Haag: Mouton.

Jakobson, R. G. Fant & M. Halle 1952. *Preliminaries to Speech Analysis.* Cambridge, Mass.: MIT Press.

Jakobson, R. & M. Halle 1956. *Fundamentals of Language.* Den Haag: Mouton.

Jakobson, R. & L. R. Waugh 1979. *The Sound Shape of Language.* Brighton: Harvester Press.

Jespersen, O. 1904. *Lehrbuch der Phonetik.* Leipzig & Berlin: Teubner.

Jessen, M. 1999. "German." In: Hulst 1999: 515-545.

Jones, D. 1918. *An Outline of English Phonetics.* Cambridge: Heffer.

Jones, D. 1950. *The Phoneme: Its Nature and Use.* Cambridge: Heffer.

Kager, R. 1999. *Optimality Theory.* Cambridge: Cambridge University Press.

Kahn, D. 1976. *Syllable Based Generalizations in English Phonology.* Dissertation. MIT.

Kaisse, E. 1985. *Connected Speech.* Orlando: Academic.

Kaisse, E. 1986. "Locating Turkish Devoicing." In: *Proceedings of the West Coast Conference on Formal Linguistics*, Band 5. Stanford: Stanford Linguistics Association

Kaisse, E. 1992. "Can [consonantal] Spread? " *Language* 68: 313-332.

Kaisse, E. & P. Shaw 1985. "On the Theory of Lexical Phonology." *Phonology Yearbook* 2: 1-30.

Katamba, F. 1989. *An Introduction to Phonology*. London: Longman.

Kaye, J., J. Lowenstamm & J. R. Vergnaud 1985. "The Internal Structure of Phonological Elements: A Theory of Charm and Government." *Phonology* 7: 193-231.

Kenstowicz, M. 1994. *Phonology in Generative Grammar*. London: Blackwell.

Kenstowicz, M. & C. Kisseberth 1977. *Generative Phonology*. New York: Academic.

Kenstowicz, M. & C. Pyle 1973. "On the Phonological Integrity of Geminate Clusters." In: M. Kenstowicz & C. Kisseberth, Hrsg. *Issues in Phonological Theory*. 27-43. Den Haag: Mouton.

Keyser, S. J. & K. Stevens 1994. "Feature Geometry and the Vocal Tract." *Phonology* 11: 207-236.

Kim-Renaud, Y.-K. 1974. *Korean Consonantal Phonology*. Dissertation. University of Hawaii.

Kiparsky, P. 1968a. "Linguistic Universals and Language Change." In: E. Bach & R. Harms, Hrsg. *Universals in Linguistic Theory*. 191-212. New York: Holt, Rinehart & Winston.

Kiparsky, P. 1968b. "How Abstract is Phonology?" In: O. Fujimura, Hrsg. 1974. *Three Dimensions of Linguistic Theory*. Tokyo: TEC.

Kiparsky, P. 1973. " 'Elsewhere' in Phonology." In: S. Anderson & P. Kiparsky, Hrsg. *A Festschrift for Morris Halle*. 93-106. New York: Holt.

Kiparsky, P. 1982. "Lexical Phonology and Morphology." In: I.-S. Yang, Hrsg., *Linguistics in the Morning Calm*. 3-91. Seoul: Hanshin.

Kiparsky, P. 1985. "Some Consequences of Lexical Phonology." *Phonology Yearbook* 2: 83-138.

Kloeke, W. U. S. van Lessen 1982. *Deutsche Phonologie und Morphologie. Merkmale und Markiertheit*.Tübingen: Niemeyer.

Kohler, K. J. 1990. "German." *Journal of the International Phonetics Association* 20: 48-50.

Kohler, K. J. 1995. *Einführung in die Phonetik des Deutschen*. Berlin: Erich Schmidt Verlag. 2 Auflage.

Koutoudas, K. , G. Sanders, & C. Noll 1970. "The Application of Phonological Rules." *Language* 50: 1-20.

Kruszewski, M. 1881. *Über die Lautabwechslung*. Kazan'.

Labov, W. 1971. "Methodology." In: W. O. Dingwall, Hrsg. *A Survey of Linguistic Science.* 412-497. University of Maryland.

Ladd, D. R. 1986. "Intonational Phrasing: The Case for Recursive Prosodic Structure." *Phonology* 3: 311-340.

Ladefoged, P. 1993. *A Course in Phonetics.* New York: Harcourt Brace Jovanovich.

Ladefoged, P. 1996. *Elements of Acoustic Phonetics.* Chicago: University of Chicago Press.

Ladefoged, P. & I. Maddieson 1996. *The Sounds of the World's Languages.* Oxford: Blackwell.

Lahiri, A. & V. Evers 1991. "Palatalization and Coronality." In: Paradis & Prunet 1991: 79-100.

Lass, R. 1976. *English Phonology and Phonological Theory.* Cambridge: Cambridge University Press.

Lass, R. 1984. *Phonology.* Cambridge: Cambridge University Press.

Leben, W. 1973. *Suprasegmental Phonology.* Dissertation. MIT.

Lehiste, I. 1970. *Suprasegmentals.* Cambridge. Mass.: MIT Press.

Levin, J. 1985. *A Metrical Theory of Syllabicity.* Dissertation. MIT.

Libermann, M. & A. Prince 1977. "On Stress and Linguistic Rhythm." *Linguistic Inquiry* 8: 249-336.

Lojenga, C. K. 1993. *Ngiti. A Central-Sudanic Language of Zaire.* Köln: Rüdiger Köppe Verlag.

Lombardi, L. 1990. "The Nonlinear Organization of the Affricate." *Natural Language and Linguistic Theory* 8: 375-426.

Lombardi, L. 1994. *Laryngeal Features and Laryngeal Neutralization.* New York: Garland.

Maddieson, I. 1978. "Universals of Tone." In: Greenberg 1978b: 335-365.

Maddieson, I. 1984. *Patterns of Sounds.* Cambridge: Cambridge University Press.

Malmberg, B. 1963. *Structural Linguistics and Human Communication. An Introduction to the Mechanism of Language and the Methodology of Linguistics.* Berlin.

McCarthy, J. 1979. *Formal Problems in Semitic Phonology and Morphology.* Dissertation. MIT.

McCarthy, J. 1988. "Feature Geometry and Dependency: A Review." *Phonetica* 45: 85-108.

McCarthy, J. 1999. "Sympathy and Phonological Opacity." *Phonology* 16: 331-399.

McCarthy, J. & A. Prince 1993. "Generalized Alignment." In: G. Booij & J van Marle, Hrsg. *Yearbook of Morphology* 1993. 79-153. Dordrecht: Kluwer.

McCarthy, J. & A. Prince 1994. "The Emergence of the Unmarked: Optimality in Prosodic Morphology." In: M. Gonzàlez, Hrsg. *Proceedings of the North East Linguistics Society* 24. 333-379. Amherst: GLSA.

McCarthy, J. & A. Prince 1995. "Faithfulness and Reduplicative Identity." In: J. N. Beckman et al., Hrsg. *Papers in Optimality Theory.* 249-384. Amherst: GLSA.

McCarthy, J. & A. Taub 1992. Review of Paradis & Prunet 1991. *Phonology* 9: 363-370.

Menzerath, P. 1954. *Die Architektonik des deutschen Wortschatzes.* Bonn: Dümmlers.

Mohanan, K. P. 1986. *Lexical Phonology.* Dordrecht: Reidel.

Mohanan, K. P. 1991. "On the Bases of Radical Underspecification." *Natural Language and Linguistic Theory* 9: 285-325.

Mous, M. 1993. *A Grammar of Iraqw.* Hamburg: Buske.

Murray, R. W. & T. Vennemann 1983. "Sound Change and Syllable Structure in Germanic Phonology." *Language* 59: 514-528.

Nespor, M. & I. Vogel 1986. *Prosodic Phonology.* Dordrecht: Foris.

Noske, R. 1993. *A Theory of Syllabification and Segmental Alternation.* Tübingen: Niemeyer.

Odden, D. 1986. "On the Role of the Obligatory Contour Principle in Phonological Theory." *Language* 62: 353-383.

Odden, D. 1995. "Tone: African Languages." In: Goldsmith 1995: 444-475.

Ohala, J. J. & H. Kawasaki 1984. "Prosodic Phonology and Phonetics." *Phonology Yearbook* 1: 113-127.

Palmer, F. R. 1970. *Prosodic Analysis.* London: Oxford University Press.

Paradis, C. & J.-F. Prunet, Hrsg. 1991. *Phonetics and Phonology. The Special Status of Coronals. Internal and External Evidence.* San Diego: Academic.

Paradis, C. & J.-F. Prunet 1993. "On the Validity of Morpheme Structure Constraints." *Canadian Journal of Linguistics* 38.2: 236-256.

Pearson, B. L. 1977. *Workbook in Linguistic Concepts.* New York: Knopf.

Peperkamp, S. 1997. *Prosodic Words.* Den Haag: Holland Academic Press.

Pike, K. 1947. *Phonemics: A Technique for Reducing Languages to Writing.* Ann Arbor: University of Michigan Press.

Pike, K. 1948. *Tone languages: A Technique for Determining the Number and Type of Pitch Contrasts in a Language, with Studies in Tonemic Substitution and Fusion.* Ann Arbor: University of Michigan Publications in Linguistics.

Pike, K. 1967. *Language in Relation to a Unified Theory of Human Behaviour.* Den Haag: Mouton.

Pike, K. & E. Pike 1947. "Immediate Constituents of Mazateco Syllables." *International Journal of American Linguistics* 13: 78- 91.

Pompino-Marschall, B. 1995. *Einführung in die Phonetik*. Berlin: de Gruyter.

Poser, W. 1989. "The Metrical Foot in Diyari." *Phonology* 6: 117-148.

Prince, A. & P. Smolensky 1993. "Optimality Theory: Constraint Interaction in Generative Grammar." Ms.

Pulgram, E. 1970. *Syllable, Word, Nexus, Cursus*. Den Haag: Mouton.

Pulleyblank, D. 1986. *Tone in Lexical Phonology*. Dordrecht: Reidel.

Pulleyblank, E. 1989. "The Role of Coronal in Articulator Based Features." *Papers from the Chicago Linguistics Society* 25: 379-393.

Pullum, G. K. & W. A. Ladusaw 1996. *Phonetic Symbol Guide*. Chicago: University of Chicago Press.

Raffelsiefen, R. 1998. "Phonological Constraints in English Word-Formation." In: G. Booij & J. van Marle, Hrsg. *Yearbook of Morphology* 1998. Dordrecht: Kluwer.

Ramers, K.-H. 1988. *Vokalquantität und -qualität im Deutschen*. Tübingen: Niemeyer.

Ramers, K.-H. 1991. "Ambisilbische Konsonanten im Deutschen." In: Eisenberg et al. 1992: 246-283.

Recasens, D. 1990. "The Articulatory Characteristics of Palatal Consonants." *Journal of Phonetics* 18: 267-280.

Rice, K. 1992. "On Deriving Sonority: A Structural Account of Sonority Relationships." *Phonology* 9: 61-99.

Rice, K. 1994. "Peripheral in Consonants." *Canadian Journal of Linguistics* 39: 191-216.

Rice, K. & P. Avery 1991. "On the Relationship between Laterality and Coronality. " In: Paradis & Prunet 1991: 101-124.

Roca, I. 1994. *Generative Phonology*. London: Routledge.

Roca, I., Hrsg. 1997. *Derivations and Constraints in Phonology*. Oxford: Clarendon Press.

Roca, I. & W. Johnson 1999. *A Course in Phonology*. Oxford: Blackwell.

Rubach, J. 1994. "Affricates as Strident Stops in Polish." *Linguistic Inquiry* 25: 119-143.

Rubach, J. 1996. "Shortening and Ambisyllabicity in English." *Phonology* 13: 197-237.

Rubach, J. 1997. "Extrasyllabic Consonants in Polish: Derivational Optimality Theory." In: I. Roca, Hrsg. *Derivations and Constraints in Phonology*. 551-581. Oxford: Clarendon Press.

Sagey, E. 1986. *The Representation of Features and Relations in Phonology*. Dissertation: MIT.

Sapir, E. 1921. *Language*. New York: Harcourt, Brace & World.

Saussure, F. de 1916. *Cours de linguistique générale*. Paris: Payot.

Schane, S. 1973. *Generative Phonology*. New York: Prentice Hall.

Schein, B. & D. Steriade 1986. "On Geminates." *Linguistic Inquiry* 17: 691-744.

Schütz, A. J. 1995. *All about Hawaiian*. Honolulu: University of Hawai'i Press.

Selkirk, E. 1978. "On Prosodic Structure and its Relation to Syntactic Structure." In: T. Fretheim, Hrsg. *Nordic Prosody II*. Trondheim: TAPIR.

Selkirk, E. 1980. "The Syllable. " In: H. van der Hulst & N. Smith, Hrsg. *The Structure of Phonological Representations. Part I*. 337-383. Dordrecht: Foris.

Selkirk, E. 1984a. "On the Major Class Features and Syllable Theory." In: M. Aronoff & R. T. Oehrle, Hrsg. *Language Sound Structure*. 107-136. Cambridge, Mass.: MIT Press.

Selkirk, E. 1984b. *Phonology and Syntax. The Relation between Sound and Structure*. Cambridge, Mass.: MIT Press.

Sezer, E. 1986. "An Autosegmental Analysis of Compensatory Lengthening in Turkish." In: Wetzels & Sezer 1986: 227-250.

Shaw, P. 1991. "Consonant Harmony Systems: The Special Status of Coronal Harmony." In: Paradis & Prunet 1991: 125-158.

Siegel, D. 1974. *Topics in English Morphology*. Dissertation. MIT.

Sievers, E. 1901. *Grundzüge der Phonetik. Zur Einführung in das Studium der Lautlehre der indogermanischen Sprachen*. Leipzig: Breitkopf & Härtel.

Spencer, A. 1996. *Phonology*. Oxford: Blackwell.

Stampe, D. 1973. *A Dissertation on Natural Phonology*. Dissertation. University of Chicago.

Steriade, D. 1982. *Greek Prosodies and the Nature of Syllabification*. Dissertation. MIT.

Steriade, D. 1995. "Underspecification and Markedness." In: Goldsmith 1995: 114-174.

Thráinsson, H. 1978. "On the Phonology of Icelandic Preaspiration." *Nordic Journal of Linguistics* 1: 3-54.

Traill, A. 1985. *Phonetic and Phonological Studies of !Xóõ Bushmen*. Hamburg: Buske.

Tranel, B. 1991. "CVC Light Syllables, Geminates and Moraic Theory." *Phonology* 8: 291-302.

Trubetzkoy, N. 1939. *Grundzüge der Phonologie. Travaux du cercle linguistique de Prague* 7.

Tuite, K. 1997. *Svan*. München: Lincom Europa.

Ultan, R. 1978. "A Typological View of Metathesis." In: Greenberg 1978b: 367-402.

Vago, R. 1980a. *The Sound Pattern of Hungarian*. Washington: Georgetown University Press.

Vago, R., Hrsg. 1980b. *Issues in Vowel Harmony*. Amsterdam: Benjamins.

Vennemann, T. 1970. "The German Velar Nasal. A Case for Abstract Phonology." *Phonetica* 22: 65-81.

Vennemann, T. 1972. "On the Theory of Syllabic Phonology." *Linguistische Berichte* 18: 1-18.

Vennemann, T. 1988. *Preference Laws for Syllable Structure and the Explanation of Sound Change*. Berlin: Mouton de Gruyter.

Wang, W. S.-Y. 1967. "The Phonological Features of Tone." *International Journal of American Linguistics* 33: 93-105.

Wängler, H.-H. 1981. *Atlas deutscher Sprachlaute*. Berlin: Akademie-Verlag.

Weijer, J. M. van de 1994. *Segmental Structure and Complex Segments*. Tübingen: Neimeyer.

Wetzels, L. & E. Sezer, Hrsg. 1986. *Studies in Compensatory Lengthening*. Dordrecht: Foris.

Whitney, W. D. 1885. *Sanskrit Grammar*. Cambridge: Harvard University Press.

Wiese, R. 1988. *Silbische und lexikalische Phonologie: Studien zum Chinesischen und Deutschen*. Tübingen: Niemeyer.

Wiese, R. 1996. *The Phonology of German*. Oxford. Clarendon Press.

Williamson, K. 1977. "Multivalued Features for Consonants." *Language* 53: 195-206.

Wonderly, W. L. 1951. "Zoque II: Phonemes and Morphophonemes." *International Journal of American Linguistics* 17.2: 105-123.

Wurzel, W. U. 1981. "Phonologie: Segmentale Struktur." In: K. E. Heidolph et al., Hrsg. *Grundzüge einer deutschen Grammatik*. 898-990. Berlin: Akademie-Verlag.

Yip, M. 1995. "Tone in East Asian Languages." In: Goldsmith 1995: 476-494

Zec, D. 1995. "Sonority Constraints on Syllable Structure." *Phonology* 12: 85-129.

Sprachenregister

Sentani	Indo-Pazifisch	Papua Neuguinea	81-82
Sinhala	Indoeuropäisch	Sri Lanka	201
Spanisch	Indoeuropäisch, Romanisch	Spanien, Latein- amerika	11, 14, 85, 93, 126, 228-229, 268-269, 280
Squamisch	Salish	Kanada	83, 85
Suaheli	Niger-Kongo, Bantu	Kenia, Tansania	192, 274
Südkongo	Niger-Kongo, Bantu	Zaire	75, 99
Svan	Kaukasisch	Georgien	214
Tagalog	Austronesisch	Philippinen	77, 95, 331-333
Tahltan	Nadene	Kanada	13
Tamil	Drawidisch	Indien	100
Tangale	Afro-Asiatisch, Tschadisch	Nigeria	177
Tavgy	Uralisch, Samojedisch	Rußland	136-137
Teke	Niger-Kongo, Bantu	Kongo	11, 18
Terena	Arawak	Brasilien	175
Thai	Tai	Thailand	31, 151
Tiwi	Australisch	Australien	83-84
Tlingit	Nadene	USA (Alaska), Kanada	10
Toba Batak	Austronesisch	Indonesien	92-93, 195-196
Toda	Drawidisch	Indien	12, 107, 113
Totonaco	Totonacanisch	Mexiko	246
Tschechisch	Indoeuropäisch, Slawisch	Tschechien,	11, 212, 274
Türkisch	Altaisch	Türkei	91, 99, 124, 174-175, 180, 274, 287
Uduk	Nilo-Saharisch	Äthiopien	15
Ungarisch	Uralisch, Finno-Ugrisch	Ungarn	10, 77, 83, 91, 121- 122, 274, 280, 304-305
Upriver Halkomelem Salisch	Salish	Kanada	214
Vietnamesisch	Austro-Asiatisch	Vietnam	26
Walisisch	Indoeuropäisch, Keltisch	Wales	134-135
Warao	Isolierte Sprache	Surinam, Guyana	289-290
Weri	Trans-Neuguinean	Papua-Neuguinea	283-284
!Xóõ	Khosian	Botswana, Angola	16, 97, 198
!Xũ	Khosian	Namibia, Angola	80, 85

Sachregister

Das Zeicheninventar des IPA (Stand 1996)

KONSONANTEN (PULMONAL)

ARTIKULATIONS-STELLE / ARTIKULATIONS-MODUS	bilabial (stl. sth.)	labio-dental	dental	alveolar	post-alveolar	retroflex	palatal	velar	uvular	pharyn-gal	glottal
plosiv	p b			t d		ʈ ɖ	c ɟ	k g	q ɢ		ʔ
nasal	m	ɱ		n		ɳ	ɲ	ŋ	ɴ		
vibrant	ʙ			r					ʀ		
geschlagen				ɾ		ɽ					
frikativ	ɸ β	f v	θ ð	s z	ʃ ʒ	ʂ ʐ	ç ʝ	x ɣ	χ ʁ	ħ ʕ	h ɦ
lateral-frikativ				ɬ ɮ							
approximant		ʋ		ɹ		ɻ	j	ɰ			
lateral-approximant				l		ɭ	ʎ	ʟ			

schraffierte Flächen kennzeichnen unmögliche Artikulationen

KONSONANTEN (NICHT-PULMONAL)

Clicks	Implosive (sth.)	Ejektive
ʘ bilabial	ɓ bilabial	' Diakritikum, wie in:
ǀ dental	ɗ dental/alveolar	p' bilabial
ǃ (post)alveolar	ʄ palatal	t' dental/alveolar
ǂ palatoalveolar	ɠ velar	k' velar
ǁ alveolar lateral	ʛ uvular	s' alveolar frikativ

WEITERE SYMBOLE

ʍ stl. velar-labialer Frikativ

w sth. labial-velarer Approximant

ɥ sth. labial-palataler Approximant

ʜ stl. epiglottaler Frikativ

ʢ sth. epiglottaler Frikativ

ʡ epiglottaler Plosiv

ɕ ʑ alveolo-palatale Frikative

ɺ alveolarer lateraler Schlag

ɧ gleichzeitig ʃ und x

Doppelartikulationen und Affrikaten können durch Klammerung gekennzeichnet werden:

k͡p t͡s

VOKALE

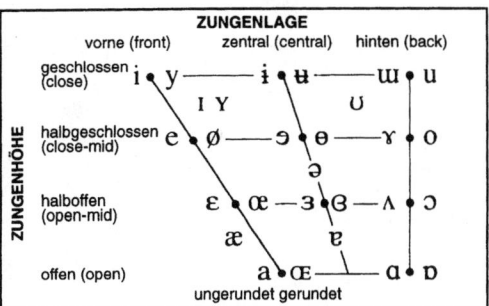

ZUNGENLAGE

	vorne (front)	zentral (central)	hinten (back)

ZUNGENHÖHE

geschlossen (close): i • y — ɨ • ʉ — ɯ • u

ɪ ʏ ʊ

halbgeschlossen (close-mid): e • ø — ɘ • ɵ — ɤ • o

ə

halboffen (open-mid): ɛ • œ — ɜ • ɞ — ʌ • ɔ

æ ɐ

offen (open): a • ɶ — ɑ • ɒ

ungerundet gerundet

SUPRASEGMENTALIA

ˈ Hauptbetonung		**TÖNE UND WORTAKZENT**	
ˌ Nebenbetonung		STUFEN	KONTUREN
ː lang			
ˑ halblang	˝ oder ꜛ extra-hoch	̌ oder ˄ steigend
̆ extra kurz	´	
. Silbengrenze	ꜛ hoch	˄ fallend
| kürzere (Takt-/Fuß-)Gruppe	¯ ꜓ mittel	˞ hoch steigend
|| größere (Intonations-)Gruppe	`	
‿ verschliffen (fehlende Grenze)	꜔ tief	ˎ tief steigend
↗ global steigend	˵ ꜕ extra-tief	꜖ steigend-fallend
↘ global fallend	↓ Downstep	
	↑ Upstep	etc.

DIAKRITIKA

̥ stimmlos	n̥ d̥	̹ gerundeter	ɔ̹	ʷ labialisiert	tʷ dʷ	̃ nasaliert	ẽ
̬ stimmhaft	s̬ t̬	̜ weniger gerundet	ɔ̜	ʲ palatalisiert	tʲ dʲ	ⁿ nasale Lösung	dⁿ
ʰ aspiriert	tʰ dʰ	̟ vorverlagert	u̟	ˠ velarisiert	tˠ dˠ	ˡ laterale Lösung	dˡ
̈ behaucht	b̈ ä	̠ rückverlagert	i̠	ˤ pharyngalisiert	tˤ dˤ	̚ ungelöst	d̚
̰ laryngalisiert	b̰ a̰	̈ zentralisiert	ë	~ velarisiert od. pharyngalisiert	ɫ		
̼ linguolabial	t̼ d̼	̽ mittel-zentralisiert	ě	̝ erhöht	e̝ ɹ̝	(ɹ̝ = sth. alveolarer Frikativ)
̪ dental	t̪ d̪	̘ vorverlagerte Zungenwurzel	e̘	̞ erniedrigt	e̞ β̞	(β̞ = sth. bilabialer Approximant)
̺ apikal	t̺ d̺	̙ rückverlagerte Zungenwurzel	e̙				
̻ laminal	t̻ d̻	˞ rhotaziert	ɚ	̩ silbisch	ɹ̩	̯ nichtsilbisch	e̯